DIANA

W0171741

Das Buch

»Nichts ist trister als jene Gemeinplätze über das Komische, die sich den Anschein hemdsärmeliger Unangepaßtheit geben. Daß nichts komischer sei als eine Theorie des Komischen, daß das Leichte des Deutschen Sache nicht sei, daß gerade das Leichte das Schwerste sei, daß Lachen nicht gleich Lachen sei und das, welches einem im Halse steckenbleibe, das wertvollste – all das gehört seit Jahrzehnten zum Standardrepertoire wohlmeinender Kulturträger und wird doch immer noch so vorgetragen, als verdanke es sich jäher Erleuchtung.«

In dieser Kritik der Komik nimmt Robert Gernhardt, selbst begnadeter Humorist, den berühmt-berüchtigten deutschen Humor mit gewohnt spitzer Feder und beißender Schärfe aufs Korn.

Der Autor

Robert Gernhardt, geboren 1937 in Reval/Estland, hat viele Talente. Er studierte Malerei und Germanistik in Stuttgart und Berlin und ist Mitbegründer der *Neuen Frankfurter Schule*. Als Maler, Zeichner, Schriftsteller, Satiriker, Cartoonist und Romancier lebt er heute in Frankfurt am Main. Erfolge feierte er mit seinen satirischen Cartoons in Zeitschriften wie *Pardon* und *Titanic*, und einem breiteren Publikum wurde er als Texter für Otto Waalkes bekannt.

Folgende Titel sind als Diana-Taschenbuch erhältlich: *Ich Ich Ich* (62/68), *Lug und Trug* (62/84), *Klappaltar* (62/123), *Was deine Katze wirklich denkt* (62/139), *Vom Schönen, Guten, Baren* (62/165), *Kippfigur* (62/176).

Robert Gernhardt

Was gibt's denn da zu lachen?

Kritik der Komiker
Kritik der Kritiker
Kritik der Komik

DIANA VERLAG
München Zürich

Diana Taschenbuch Nr. 62/0217

Taschenbucherstausgabe 09/2001
Copyright © 1988, 2000 by Haffmans Verlag AG Zürich
Der Diana Verlag ist ein Unternehmen der
Heyne Verlagsgruppe München
Printed in Germany 2001

Umschlagillustration: Robert Gernhardt
Umschlaggestaltung: Hauptmann und Kampa
Werbeagentur, CH-Zug
Satz: Schaber Satz- und Datentechnik, Wels
Druck und Bindung: Elsnerdruck, Berlin
Gedruckt auf chlor- und säurefreiem Papier

ISBN: 3-453-18856-X

http://www.heyne.de

Inhalt

Aufsätze und Reden

II. KRITIK DER KRITIKER

III. KRITIK DER KOMIK

WER? WO? WAS? WANN? WARUM?

1980 war's, da trat während eines Buchmesse-Empfanges der Grafiker Willy Fleckhaus auf mich zu. Er verfolge unser Frankfurter Satiremagazin ›Titanic‹ seit seinem Bestehen, seit genau einem Jahr also, und er könne mir großes Lob spenden, er müsse allerdings auch einen meiner Kollegen heftig tadeln. Die Zeichnungen auf meiner Doppelseite ›Gernhardts Erzählungen‹ – fast jedesmal eine Freude. Aber das, was dieser alte, griesgrämige Herr, dieser Hans Mentz, da in seiner Rubrik ›Humor-Kritik‹ von sich gebe – unmöglich. Weshalb wir einen solch aufgeblasenen Humorpapst überhaupt in unserem Blatte duldeten? Ob wir nicht auch das Gefühl hätten, der gehöre eigentlich auf die Liste der ›Peinlichsten Persönlichkeiten‹?

Damit spielte Fleckhaus auf eine weitere, von Bernd Eilert betreute ›Titanic‹-Kolumne an, doch war es nun an mir, eine ziemlich peinliche Enthüllung zu machen: Der Humorkritiker Hans Mentz sei nichts als bare Fiktion, seinen Namen hätten wir uns bei einem verstorbenen, allseits verehrten Frankfurter Gastwirt ausgeborgt, sein Foto, das die Kolumne so herrisch wie düster schmücke, sei das nur unwesentlich veränderte Profil eines ebenfalls verschiedenen, von uns allen bewunderten Philosophen, die humorkritischen Texte aber stammten vorwiegend von drei ›Titanic‹-Mitarbeitern der ersten Stunde, von Bernd Eilert, Eckhard Henscheid und mir.

Peinlich, peinlich, dieses Doppelleben als Macher und Kritiker, auch Eilert und Henscheid veröffentlichten ja in ›Titanic‹ komische Texte – Polemiken, Satiren und Parodien –, und befanden zugleich in der Humor-Kritik darüber, was an komisch gemeinten Veröffentlichungen außerhalb von ›Titanic‹ denn eigentlich komisch sei. Wobei das »außerhalb« auch in vergangenen Jahrhunderten gesucht und gefunden werden konnte: Wiederholt wies Henscheid auf den vorbildlich komischen Schriftsteller Dostojewski hin, während Eilert – beispielsweise – die Engländer Boswell und Pepys feierte.

Was ich für diese Rubrik verfaßt habe, ist in dieser Auswahl nachzulesen, die Überlegungen von 1979 bis 1988 versammelt, also rund neun Jahre humorkritischer Bemühungen umfaßt. »Komikkritischer«, besser gesagt, und das aus zwei Gründen: Der »Humorkritiker« Hans Mentz war stets als Sprachrohr gedacht, aus welchem viele, auch einander ins Wort fallende Stimmen ertönen konnten und sollten. Die drei Obengenannten waren die beständigsten Sprecher, doch von Anfang an kamen auch Gaststimmen zu Wort. Eine Zeitlang fungierte ich als Redakteur der Kolumne, sichtete die Beiträge und stellte sie zusammen, dann übergab ich diese Aufgabe bestallten ›Titanic‹-Redakteuren. Seither bin ich ein Mitarbeiter unter anderen, nicht *der* »Humorkritiker«.

Doch noch aus anderem Grunde scheint mir der »Komikkritiker« die angemessenere Bezeichnung meiner etwas ausgefallenen Tätigkeit zu sein. Humor ist eine Haltung, Komik das Resultat einer Handlung. Humor hat man, Komik macht oder entdeckt man. »Der Vogel, scheint mir, hat Humor«, sagt Wilhelm Busch von jenem Todeskandidaten, der, festgeleimt und der Katze ausgeliefert, noch den letzten Augenblick zum Quinquilieren benutzt, und dieses »scheint« bereits entrückt das Humor-Haben oder Nichthaben – völlig zu Recht – der Sphäre des Beleg- und Bewertbaren.

Während der Komikkritiker mit vollem Recht den uralten und doch vor jedem komisch gemeinten Werk stets neuen Fragen nachgeht: »Ist es komisch? Wenn ja – warum? Wenn nein – warum nicht?«

Fragen, die – zumindest gilt das für Fragen zwei und drei – bis auf den heutigen Tag etwas unangebracht wirken. Daß Komisches belacht wird, weiß jeder; wie es gemacht wird, möchte kaum jemand erfahren. Wieso auch. Komische Wirkung ist lustvolle Wirkung. Wer einen Schmerz verspürt, fragt »Warum?«, weil er ihn loswerden möchte. Weshalb aber sollte jemand »Warum?« fragen, wenn ihm ein Scherz Lust bereitet hat? Ich hatte all die Jahre lang zwei triftige Gründe, diesem »Warum?« nachzugehen. »Warum lache ich?« bedeutete für mich, den Komikhersteller, zugleich: »Was macht mich lachen?« Und wer so fragt, der will auch wissen, welche Regeln den lachauslösenden komischen Zusammenhang in Gang setzen und am Laufen halten: »Wie geht das?« Oder auch: »Geht das noch?«

Ein ganz selbstisches Interesse also, welches das Blickfeld zwangsläufig einengt. Doch war es gerade diese Verengung, die mich angesichts der Weite des Komikfeldes auf genauere Wahrnehmung und bessere Einsicht hoffen ließ.

»Vom Leben geglüht, mit Fleiß gehämmert und nicht unzweckmäßig zusammengesetzt« – derart handwerkerhaft hat Wilhelm Busch seine Bildergeschichten beschrieben. Noch eindringlicher als diese Kunstschmied-Metaphorik aber machen einige ganz und gar nüchterne Sätze Chaplins deutlich, daß Komik hergestellt und Stück für Stück zusammengesetzt wird und daß diese Tätigkeit in Zahl und Maß erfaßbare Arbeit ist. In seiner Autobiographie berichtet er vom Erfolg seines Films ›Modern Times‹ und von der »bedrückenden Frage: sollte ich noch einen Stummfilm machen?« Denn mittlerweile, 1936, produziert Hollywood ausschließlich Tonfilme. Mit dem Stummfilm fortzufahren, »geplagt von dem Gefühl, daß die Pantomime langsam veralte, war ein entmutigender Gedanke«.

Doch es gibt noch ein anderes, ganz handfestes Problem, das Chaplin vor einem weiteren Film alter Machart zurückschrecken läßt: »Zudem war es nicht leicht, eine stumme Handlung zu ersinnen, die eine Stunde und vierzig Minuten ausfüllte. Das bedeutete, witzige Einfälle in Handlung umzusetzen und auf einer Strecke von zwei- bis dreitausend Filmmetern alle sieben Meter einen neuen Scherz zu erfinden.« Komik als Menschenwerk also. Zugleich aber zeugt alle große Komik von einer Kraft, die höher ist denn alle Vernunft. Je mehr ich über Gesetzmäßigkeiten und Regeln des Komischen in Erfahrung brachte, desto uneingeschränkter bewunderte ich Gesetzesbruch und Regelverstoß immer dann, wenn die Komik dadurch nicht verwässert oder verharmlost, sondern verschärft wurde. Hin und wieder habe ich versucht, solche Bewunderung in Worte zu fassen. Nicht allzu häufig, denn für das, was diese Bewunderung auslöst, fehlen auch mir verbindliche Begriffe, da überlasse auch ich mich gern der schieren lustvollen Wirkung, ohne viel nach Gründen zu fragen: Das Erforschbare eifrig erforschen, das Unerforschliche herzlich belachen.

»Wie geht das?« war für mich der eine Grund, Komikkritiken zu schreiben: Er bezieht sich auf die Komik. Der andere kann auf die Formel »So geht das« oder, abgemildert, »So geht's doch auch« gebracht werden, und er meint: die Kritik.

1962 habe ich damit begonnen, wie immer Komisches zu publizieren, in Zeitschriften und in Büchern, im Funk und in Filmen. All die Jahre lang hat mich weniger der Unverstand der Kritiker bekümmert, als ihr Unwille oder ihr Unvermögen, sich zu komischen Produkten zu äußern. Wieviel an Komischem produziert wird und was alles es dazu zu sagen gibt, wollten wir mit der ›Humor-Kritik‹ beweisen. Ob diese durchaus beispielhaft gemeinte Unternehmung etwas genutzt, bewirkt, gar verändert hat? Das mögen andere entscheiden, die ganze Arbeit kann ich nun wirklich nicht selber machen. Statt dessen lieber rasch noch drei, vier Worte zum Buch:

Es zerfällt in drei Teile, in Römisch eins ›Kritik der Komiker‹, in Römisch zwei ›Kritik der Kritiker‹ und in Römisch drei ›Kritik der Komik‹.

Der erste Teil enthält neben der erwähnten Auswahl jener Komikkritiken, die ich als Hans Mentz veröffentlicht habe, auch andere komikkritische Arbeiten aus nunmehr vierundzwanzig Jahren, Reden, Katalogbeiträge und Artikel für Zeitschriften.

Der mittlere Teil versammelt überwiegend unveröffentlichtes Material, das die Kritiker des Komikkritikers als das entlarvt, was sie in Wirklichkeit sind, als ganz ge – Aber nein! Kann ja alles in ›Kritik der Kritiker‹ nachgelesen werden.

Der dritte Teil schließlich, die ›Kritik der Komik‹, zeigt den Komikkritiker auf befremdlichen Abwegen. Seine jahrelang unter Beweis gestellte Praxisbezogenheit, sein lauthals bekundetes Mißtrauen gegenüber Humor- und Komiktheorien – wohin sind sie entschwunden? Nun versucht er sich an etwas, das er selber den ›Versuch einer Annäherung an eine Feldtheorie der Komik‹ nennt, das anderen aber wie Bruchstücke einer großen Konfusion vorkommen mag. Wer recht hat? Immer der, der fragt …

Da der Komikkritiker sich auf den folgenden Seiten noch häufiger, ja mit einer gewissen Penetranz, zu seinem Handwerk äußern wird, kann ich mir weitere Hinweise auf die Bedingungen und Bedingtheiten seines Tuns ersparen. Gegen einen Vorwurf freilich möchte ich ihn in Schutz nehmen, einen, der so alt ist wie der ganze Hans Mentz, also neun Jahre, und den bereits der kritische Willy Fleckhaus eingangs erhoben hat: Humorpapst.

Ja sicher, der Hans Mentz doziert dann und wann, er liest manchmal die Leviten und urteilt bisweilen ex cathedra, doch er tut all das nur deshalb so ungebrochen, weil er eine Kunstfigur ist. Anders gesagt: Die hin und wieder eingenommene Großkritiker-Pose war mir nur deswegen möglich, weil ich wußte, daß all die großen Worte über Komik usw. einem Sprachrohr entquellen würden, das bereits selber eine komische Figur war. Daher enthalten die Mentz-Beiträge nicht nur mein höchstpersönliches kritisches Urteil, sie sind auch – analog zur Rollenprosa – immer wieder so etwas wie Rollenkritik.

Nicht, daß ich mich mit dieser Feststellung von den Inhalten meiner Überlegungen distanzieren wollte! Meine Urteile habe ich nach bestem Wissen und Gewissen gefällt; ob der Leser ihnen nun zustimmt, oder ob er sie ablehnt – in jedem Fall kann er sie für bare Münze nehmen. Der Attitüde aber, mit der diese Urteile vorgetragen werden, sollte er von Fall zu Fall mißtrauen, da selbst ich beim Wiederlesen all der Einlassungen manchmal nicht mehr so recht wußte: Rede ich da noch via Mentz, oder ist es schon der Mentz, der da aus *mir* redet?

I. KRITIK DER KOMIKER

Wenn die Frankfurter Rezensenten wüßten, wie sie bei vernünftigen Leuten ständen, so würden sie gewiß jeden loben, den sie verworfen wissen wollen.

GEORG CHRISTOPH LICHTENBERG

1979/80

Wenn Komiker eine ernste Rolle spielen, schmerzt es mich immer, ansehen zu müssen, wie die Kritiker außer sich geraten, auf den Straßen tanzen und den Komiker mit Ruhm und Ehre bedecken.

GROUCHO MARX

In vielen Filmen gibt es kein bißchen Bedeutung. Ganz sicher gibt es keine Komödie mit Bedeutung.

WOODY ALLEN

Ich habe nie begreifen können, warum es gewisse Gattungen der Kunst geben soll, die als etwas Niedrigeres oder Trivialeres abseits verwiesen werden. Eine Komödie wird als zur »Posse ausartend« bezeichnet, es wäre richtiger, von einer Umwandlung in die Posse zu sprechen, aber was das Ausarten betrifft, so könnte ebensogut von einem Ausarten ins Tragische die Rede sein.

G. K. CHESTERTON

Wer ängstlich abwägt, sagt gar nichts. Nur die scharfe Zeichnung, die schon die Karikatur streift, macht eine Wirkung. Glauben Sie, daß Peter von Amiens den ersten Kreuzzug zusammengetrommelt hätte, wenn er so etwa beim Erdbeerpflücken einem Freund mitgeteilt hätte, das Grab Christi sei vernachlässigt und es müsse für ein Gitter gesorgt werden?

THEODOR FONTANE

Kurz, das Komische setzt, soll es voll wirken, etwas wie eine zeitweilige Anästhesie des Herzens voraus, es wendet sich an den reinen Intellekt.

HENRI BERGSON

Der neue Kishon

Den bisher letzten Bestseller von Ephraim Kishon, ›Paradies neu zu vermieten‹, Langen Müller, las ich im Zug, und das ist ein sehr angemessener Ort, Kishon zu lesen. Schaute ich aus dem Fenster, waren da lauter Bäume, die auf die Dauer alle gleich aussahen; schaute ich in das Buch, waren da lauter Humoresken, die einander immer mehr ähnelten, je länger ich las, und nach und nach geriet ich in einen angenehm träumerischen Zustand, der hin und wieder durch eine überraschende Bahnstation oder eine unerwartete Pointe unterbrochen wurde.

Jedes Land hat den Humoristen, den es verdient. Amerika hat seinen Art Buchwald, Italien seinen Luca Goldoni, Österreich seinen Hugo Wiener und die Bundesrepublik ihren Kishon. Daß wir mit einem Adoptiv-Humoristen leben müssen, spricht nicht unbedingt gegen uns – diese Humoristen sind im Grunde herzlich überflüssig, seit den Zeiten von Mark Twain selig hat sich ihr Genre formal und inhaltlich nur unwesentlich weiterentwickelt. Daß die Wahl der Deutschen auf den »Weltmeister des Humors« (Klappentext) fiel, spricht nicht unbedingt gegen Kishon; er kann witzig sein, wenn er sich anstrengt, nur strengt er sich selten an. Warum auch?

Der Erfolg all dieser Humoristen rührt ja daher, daß sie auf das teils schmunzelnde, teils dröhnende »Genau so isses!« des Lesers abzielen, daß sie ihm immer und immer wieder das erzählen, was er eh schon nicht besser weiß: Frauen können nicht Auto fahren, überraschender Besuch ist eine Plage, immer witzig sein zu müssen ist hart, Kinder sind laut – der Klappentext nennt das »herrliche Alltagssatiren«.

»Scheußliche Allerweltsplattheiten« wäre richtiger, doch Kishon richtet sie wenigstens professionell an. Er geht zwar haushälterisch mit seinen Einfällen um, doch er strapaziert sie auch nicht. Er verläßt sich in der Regel auf so abgedroschene Witzmechanismen wie die Übertreibung, doch er ist auch zu überraschenden Volten fähig. Zwei Beispiele aus ›Wozu der Lärm?‹

»Mein Nachbar Felix Seelig hat in seiner Wohnung ganz ähnliche Wirkungen einer Travolta-Platte festgestellt. Als die Decke einstürzte, blickten seine Zwillingssöhne nicht einmal auf …« – das ist natürlich gelogen.

»Mein Zahnarzt behauptet, man müsse der irregeleiteten Jugend mit psychologischem Raffinement beikommen. ›Sie lärmen mit Absicht‹, sagte er, ›und sie freuen sich, wenn sie uns leiden sehen. Das darf man ihnen natürlich nicht zeigen. Deshalb bitte ich meinen Danny immer, das Radio oder den Plattenspieler stärker aufzudrehen.‹

›Und wie reagiert Ihr Danny?‹

›Er dreht stärker auf‹ …« – das ist natürlich ein hübsches Unterlaufen der erwarteten Antwort.

Eine solche Umkehrung markiert freilich bereits den Witz-Höchstpegel Kishons. Seine Beiträge erscheinen übrigens in einer israelischen rechtsradikalen Tageszeitung; und da er sich selbst in vollem Scherz als Reaktionär bezeichnet, »in Wahrheit bin ich ein alter Reaktionär«, möchte ich wenigstens diese Mordspointe schenkelklopfend bestätigen: »Genau das isser!«

Ungerer

Es ist höchste Zeit, Tomi Ungerer vor seinen Bewunderern in Schutz zu nehmen. Der Jubel, der nach seinem bisher fadesten Werk, ›Das große Liederbuch‹, losbrach, hatte seine bisher verlogensten Illustrationen zur Folge, die zu den beiden ›Heidi‹-Büchern. Schon befürchtete ich, Alm-Tomi sei mitsamt seiner Begabung endgültig in dieser Marktlücke versackt, da legt er ein neues Buch vor, ›Babylon‹, erschienen ebenfalls im Diogenes-Verlag. Und schon droht neues Unheil.

›Babylon‹ – das ist der »schwarze« Ungerer, der von ›Fornicon‹. Dürrenmatt hat das Buch eingeleitet, auch er ein Bewunderer Ungerers: »Beim Betrachten seiner neuen Zeichnungen dachte ich sofort an Daumier.« Das glaube ich ihm gerne; ich vermute sogar, daß Ungerer beim Zeichnen seiner neuen Zeichnungen gedacht hat: Wenn der Dürrenmatt die betrachtet, wird er sofort an Daumier denken.

Wieso auch nicht? Immerhin sind es zeitkritische Bleistiftzeichnungen, und Daumier soll ja so was Ähnliches gemacht haben. Dem etwas aufmerksameren Betrachter freilich werden einige Unterschiede nicht entgehen. Daumier machte seine Zeichnungen für den Tag, sie erschienen, als Lithographien, in Tageszeitungen. Er behandelt

Dämonisierend und doof. Ungerers Zeitkritik

Werbend und witzig: Ungerer-Entwurf für eine
Realitätsentlastungs-Zigarette

konkrete Ereignisse wie die 48er Revolution, karikiert Zeitgenossen wie Louis Napoleon – und trifft den Nerv der Zeit. Ungerer dagegen setzt zum prophetenmäßigen Rundumschlag gegen unsere Zeit, die große Hure Babylon, an und schlägt ins Leere. Seine Blätter haben knappe, bedeutungsträchtige Titel, ›Individualist‹, ›Optimist‹, ›Held der Arbeit‹; der Kapitalist, der Pop-Star, die Feministin – alle kriegen was ab, doch niemand wird sich getroffen fühlen.

Wieso auch? Ungerers Bilderfindungen sind ebenso unverbindlich wie bemoost: Die Welt als Labyrinth, der Schlemmer mit dem Schweinsgesicht, die Äffin, die sich schminkt – sie alle waren bereits zur Barockzeit alte Hüte. Die Unverfrorenheit, mit der Ungerer sie unserer

Zeit überstülpt, hat sehr wenig mit Daumier und viel mit A. Paul Weber zu tun. Wie Webers Zeitkritik hat auch die seine durchaus larmoyante Züge: Da betet beispielsweise ein Kind ein Kruzifix an, an dem statt des Heilands eine Micky-Maus hängt. Ja und?

Möglicherweise leidet Ungerer an seiner Zeit, sicherlich leidet sein Talent unter dem selbstauferlegten Zwang, die Zeit auf Deubel komm raus in zeitlose Bilder zu pressen: so formelhaft, so bar all jener Kraft und Spannung, von der er sonst doch lebt, schien mir sein Strich noch nie.

Ich würde all das nicht so laut sagen, gäbe es nicht jenen anderen, von den Feuilletons gerne übersehenen Ungerer, den, der Werbung macht. Der ist nach wie vor flink, witzig, zeitgenössisch, zynisch – die lebende Widerlegung nicht nur seiner eigenen »Alles-ist-eitel«-Rufe, sondern auch jener Kulturkritiker, die den Künstler totsagen, sobald er in die Fänge der Werbung fällt. Ungerer blüht in ihnen auf, bürstet die törichten Werbebotschaften gegen den Strich, verwandelt sie in oft listiges, stets sehr persönliches Entertainment. Da, wo er für den Tag und gegen seinen Auftrag arbeitet, ist Ungerer beziehungsreich, unverkrampft und gut; wer ihn unbedingt mit Daumier vergleichen will, sollte hier ansetzen. Material zum Bedenken und Betrachten liefert Ungerers schönes, teures Werbe-Ideenbuch ›Abrakadabra‹, das im Kölner Argos-Verlag erschienen ist.

Wilhelm Busch

Im Piper-Verlag erscheint eine Reihe, die bekannten deutschen Humoristen gewidmet ist, Christian Morgenstern, Ludwig Thoma, Erich Kästner und anderen. In der Regel enthalten diese »Hausbücher« vor allem umfangreiche Arbeitsproben, die durch manchmal etwas zufällig zusammengetragen wirkende Selbstzeugnisse und biographische Hinweise unterbrochen werden. Der bisher letzte Band jedoch, ›Das große Wilhelm-Busch-Buch‹, bildet eine Ausnahme. Eine Vielzahl von Skizzen, Zeichnungen, Fotos, Texten, Stimmen, Busch-Exegesen und Busch-Äußerungen hat der Herausgeber Dietrich Leube zu einem sehr dichten und beklemmenden Busch-Bild zusammengefügt. Daß Busch kein fröhlicher Vogel war, wußte ich bereits. Daß er schon mit 52 Jahren das Zeichnen und Schreiben fast völlig sein ließ, daß ihn zu seinem 70. Geburtstag weder ein Telegramm des Kaisers noch der Kartengruß eines »Kolonialbruders« aus Togo, der seine Kinder Max und Moritz getauft hatte, aufheitern konnte – das und sehr vieles andere war mir neu. Und bisher unbekannt war mir auch Buschs Meinung über Humor-Publizistik, die, schön menetekelmäßig gerahmt, an keiner Humoristenwand fehlen dürfte: »Ein schrecklicher Gedanke, solch ein Blatt schreiben zu müssen. Das ist wie ein gefräßiges Ungeheuer, das immer und regelmäßig gefüttert sein will. Erst gibt man ihm die besten und nahrhaftesten Speisen, ja

Schwarzer Humor aus Togo.

Delikatessen; nach und nach zwingt einen das nimmer-
satte Vieh dazu, in den zugeworfenen Brocken immer weniger wählerisch zu werden, bis man zu faulem, stinkigem
Fleisch und leeren Wurstpellen kommt. Die Bücher kann
ich machen, wenn ich Lust habe und mir was einfällt.«

Männerwitze

›Wer muß hier lachen?‹ nennt Karin Huffzky ihr bei
Luchterhand erschienenes Buch über »Das Frauenbild im
Männerwitz«. Eine berechtigte Frage, denn zu lachen
gibt es in dem Buch wenig; die zitierten Witze sind fast
alle abscheulich, mit »Vatta – wie lange biste schon verheiratet?« – »Zwölf Jahre.« – »Und wie lange mußte
noch?« geht es los, ähnlich finster geht es weiter.

»Frauen, die über solche Witze nicht lachen, gelten oft
als humorlos«, kommentiert Karin Huffzky eine Breitseite
dümmlicher Büttenwitze – ich kann über solche Witze
ebenfalls nicht lachen. Nicht, weil sie gegen die Frauen
gerichtet, sondern weil sie schlecht sind. Karin Huffzky
bezeichnet ihr Buch als »Streitschrift«; über die Witze, die
sie zusammengetragen hat, läßt sich kaum streiten, wohl
aber über das, was sie dem Witz abverlangt. Sie zitiert
Klein-Erna-Witze und bemängelt, sie nähmen »allen dort
zitierten Mädchen und Frauen jegliche weibliche Anmut,
insbesondere der Mutter«. Sie sagt zu einigen »Vater-
Sohn-Witzen«: »Daß in solchen Witzen etwas wie Verehrung für die Frau verborgen sei, habe ich nie erkennen
können.« Sie hebt den Zeigefinger wie weiland mein
Jungscharführer, spricht von der »Zotenlust der Männer«
und stellt streng fest: »Selbst vor der Schwangerschaft
machen Witze nicht halt ...« Was heißt hier »selbst«?
Witze sollten grundsätzlich vor nichts haltmachen. Es ist

nicht ihre Aufgabe, die Anmut der Mutter zu feiern, Frauen zu verehren oder angesichts des werdenden Lebens zu verstummen – dafür gibt es Damenreden, Minnelieder und Bistumsblätter. Witze haben lediglich einen Zweck: den, komisch zu sein. Das sind sie nur, wenn sie bedenkenlos neue Blickwinkel öffnen und überraschende Zusammenhänge herstellen. Die Witze, die Karin Huffzky zitiert, tun das in der Regel nicht, sie wandeln lediglich dumpf und breit Stereotype ab: Schwiegermütter sind böse, Frauen sind blöd, die Ehe ist ein Kreuz.

Natürlich: Karin Huffzky wollte keine gute Witzesammlung, sondern beinhartes Belastungsmaterial zusammenstellen. Dieser Optik fallen auch die wenigen besseren Witze zum Opfer: »Warum schlägst du denn immer deine Alte?« – »Na, weil das Aas sagt, sie ist unglücklich verheiratet.« – »Gewalt gegen Frauen ist witzig, denn Aggression ist Männertugend«, folgert Karin Huffzky und tut damit dem Witz bitter unrecht. Der nämlich richtet sich gegen Gewalt, nach einem zwar wohlbekannten, doch immer wieder wirkungsvollen Muster: »Warum bombardiert ihr Amerikaner Vietnam?« – »Weil die Schlitzaugen nicht an unsere friedlichen Absichten glauben« etc.

Außerdem ist es mit der Kronzeugenschaft der Witze so eine Sache, oft werden sie aufgerufen, wie frau es gerade braucht. Aus dem folgenden Witz liest Karin Huffzky die »Verständigung der Männer über den Umweg der gemeinsamen Aggression gegen die Frau« heraus: »Ein Ehemann begleitet seine Frau zum Arzt. Nach der Untersuchung nimmt der Arzt den Mann beiseite und meint: ›Um ehrlich zu sein, Ihre Frau gefällt mir gar nicht.‹ – ›Mir auch nicht, Herr Doktor, aber wenn Sie wüßten, wieviel Geld sie hat.‹«

In ihrem rororo-aktuell-Band ›Weibs-Bilder, Zeugnisse zum öffentlichen Ansehen der Frau‹ zitiert die Autorin Heide Hering eine Variante dieses Witzes: »Die junge

Millionärsfrau verbringt die Flitterwochen in einem Luxushotel. Aber bereits in der Hochzeitsnacht wird der Mann krank. Der Hotelarzt kommt. ›Hm‹, sagt er nach einer kurzen Untersuchung. ›Ihr Mann sieht aber gar nicht gut aus.‹ – ›Weiß ich, Sie Idiot‹, flüstert die Schöne zurück, ›aber er hat eine Menge Geld.‹« Für Heide Hering belegt dieser Witz das Vorurteil »Frauen sind böse«. Für mich sind beide Witze ein weiterer Beweis dafür, daß die meisten Männerwitze äußerst klägliche Variationen äußerst simpler Witzemuster sind.

Denn darin hat Karin Huffzky recht: Die herrschenden Witze – nicht nur über Frauen – sind die Witze der Herrschenden, also der Männer. Ich kenne keine Frauenwitze, doch was sich an Frauenhumor tut – in den Strips von Claire Bretécher etwa oder in denen von Franziska Becker –, stimmt hoffnungsvoll. Frauenwitze – nicht nur über Männer – würden die recht verschnarchte Witzszene heilsam beleben. Es müßten freilich Witze sein, die vor nichts haltmachen, nicht mal vor der Anmut des Mannes und vor dem – aber nein: Das Wunder des Ziesemanns bewitzeln zu wollen, das hieße denn doch wirklich zu weit gehen. Finger weg, meine Damen!

Pressesatire

Hoch droben auf dem Berge,
da steht ein Karton,
da machen die Zwerge
aus Scheiße Bonbon

berichtet ein altes Drobenlied, und einen solchen Karton nennt auch ›konkret‹-Herausgeber Hermann L. Gremliza sein eigen. Den Berg von Presse-Scheiß, den er jeden Monat liest, verarbeitet er allmonatlich in der Kolumne ›konkret-express‹ zu handlichen Pralinen, seit fünf Jahren macht er das schon, nun hat er die handlichsten in einer wunderschönen Bonbonniere versammelt: ›Was Gabriele Henkel alles mit der Hand macht‹, Zweitausendeins.

Falls ich mich zu süßlich ausgedrückt haben sollte: Gremliza betreibt Pressesatire, indem er Zeitungszitate für, nein, gegen sich sprechen läßt; wo es not tut, hilft er nach, indem er die zitierten Stimmen, Tonfälle und Bilder aufgreift und dorthin überführt, wo sie herkommen: in Dummheit, Gedankenlosigkeit, Verlogenheit und blanke Berechnung.

Das hat er von Karl Kraus gelernt, sicherlich nicht im Handumdrehn. Gedrucktes gegen den Strich zu lesen, ist gar nicht so einfach, auch das Gehirn kann eine Hornhaut bilden, wenn es zu oft verletzt wurde; schließlich merkt es gar nicht mehr, was ihm da bei der täglichen Lektüre zugefügt wird. Gremliza hat viel gelesen, von ›Manager Magazin‹ bis ›UZ‹. Als sein Buch zur Buchmesse erschien, prophezeite er, keine Zeitung werde es besprechen, noch hat es keine besprochen. Auch die ›Zeit‹ nicht, obwohl drei von sieben ›Zeit‹-Kulturredakteuren das Handbuch als Weihnachtsgeschenk empfahlen und ›Zeit‹-Chefredakteur Theo Sommer der unangefochtene Star des Gremliza-Ensembles ist. Einunddreißig Mal tritt er zum Paarlauf an, stets läuft das Duo Sommer-Gremliza zur Hochform auf:

SOMMER: Sadat schob die Verfahrens-Quisquilien beiseite,

GREMLIZA: daß es quisquietschte, aber es geht noch immer nicht los.

SOMMER: Hier liegt die Crux: jetzt müssen die Israelis aus ihrer geistigen Maginot-Linie heraus,

GREMLIZA: die cruxweise über die Bahnsteigsquisquilien verläuft. Maginot ist eben überall, wo's nicht wei-

tergeht, während, wo's kracht, Valmy ist, wo's rüber-
geht, Rubikon, und wo's wehtut, die Achillesferse ...

And the show goes on. Als Marion Gräfin Dönhoff, »die
Kanone von Valmy des deutschen Leitartikels« (Gremliza), siebzig Jahre alt wurde, entlud sich in der ›Zeit‹ und
mitten im Spätherbst ein Sommer-Gewitter. Die Gräfin
sei viel gereist, doch »überall, so schien es, donnerten ihr
die Kanonaden der modernen Valmys um die Ohren«.
Die modernen Valmys – wieviel ließe sich über diesen
Eingeborenenstamm sagen, doch das wird ja, leider, leider, schon der Gremliza besorgen. Soll er. Er hat sich den
Sommer redlich verdient. Ich sag nur. Lest sein Buch.

Kapitalisten-Karikaturen

In Berlin gibt es die Elefanten-Press, die etwas sehr Ge-
scheites tut: Sie bringt politische, linke Karikatur unter
die Leute, wobei sie alle möglichen Verbreitungsformen
nutzt. Sie organisiert beispielsweise Einzel- oder Gruppenausstellungen und gibt zugleich ein Buch zur Ausstellung heraus, das seinerseits wieder durch einen Post-
kartensatz und ein Plakat flankiert wird. Auf diese Weise wurden bereits Rainer Hachfeld, er allerdings nur
mit Ausstellung und Buch, ›Bananen und Kanonen‹, und
Gerhard Seyfried vorgestellt, folgen sollen Marie Marcks,
Poth, Wolinski, Pitter und andere.

Angefangen hat das alles 1974, damals erschien zur
Wanderausstellung ›Politische Karikatur seit 1968‹ das
gleichnamige Buch, jetzt liegt es in der dritten Auflage
vor, erweitert, verbessert, nachdenklich stimmend.

Da sind acht recht verschiedenartige Zeichner versammelt. Unter ihnen sind DKP-Mitglieder wie Stefan Sie-

gert, SPD-Zeichner wie Arno Ploog und parteilose Linke wie Chlodwig Poth. Da stehen gute Zeichner neben äußerst mäßigen. Da sage ich, ohne die Zeichner »aufspalten« zu wollen, etwas, was der Herausgeber Tom Fecht der bürgerlichen Presse nachsagt; zwischen Poth (aber auch Siegert) und Stuttmann gibt es nunmal ein unübersehbares Talentgefälle. Gemeinsam ist allen, daß sie Stellung beziehen: für den Arbeitnehmer und gegen das Kapital. Unterschiedlich sind ihre bildnerischen Mittel. Es ist kein Zufall, wenn Ploog und Poth den Strip bevorzugen, weil sie »differenzieren« und »aufklären« wollen, weil sie »in der Verkürzung eine Gefahr sehen« – Skrupel, die anderen Zeichnern fremd sind. In einem Punkt aber sind sich dann alle wieder einig, darin, wie der Unternehmer von heute aussieht: Er ist fett, er trägt

Von links oben nach rechts unten:
Hachfeld, Volland, Stuttmann, Poth, Ploog, Siegert, Kurowski

entweder einen Hut oder er raucht eine Zigarre, meist tut er beides.

Sieht der Unternehmer von heute denn so aus? Das ist keine hämische oder beckmesserische Frage, sie zielt auf den springenden Punkt, he Punkt, hiergeblieben!, inwieweit die politische Karikatur alten Stils heutige Wirklichkeit in den Griff kriegen kann. Wer einmal Fotos oder Fernsehbilder von Unternehmertagungen gesehen hat, weiß, daß die Unternehmer so nicht aussehen. Keiner läuft mehr im Homburg rum, die meisten haben das Rauchen aufgegeben und halten sich verzweifelt fit.

Wo kommt dieses Unternehmer-Bild eigentlich her? Das älteste Beispiel, das ich bei – allerdings flüchtigen – Recherchen fand, stammt aus dem ›Simplicissimus‹, Jahrgang 1911. 1925 ersetzte George Grosz den Zylinder durch die damals zeitgemäße Melone, heute ist der Homburg-Zigarren-Kapitalist ein Phantom, das nur noch in, vorwiegend leider linken, Karikaturen anzutreffen ist. Durchaus im Widerspruch zur linken Theorie: »Der Karikierende will durch ein neues, sinnlich-konkretes Abbild des Objektes eine vertiefte Erkenntnis des Wesens bzw.

Erich Schilling, George Grosz

einiger gesellschaftlich interessierender Züge vermitteln«, lehrt ein ›Kulturpolitisches Wörterbuch‹ aus dem Dietz-Verlag (DDR).

Ob einige der Genossen Karikaturisten das wirklich wollen? So sieht das Mitglied des Parteivorstandes der DKP, der Zeichner Guido Zingerl, den Unternehmer:

»Und jetzt das Hemd!«

Da stimmt nun nichts mehr. Es sollte sich auch bis in den DKP-Vorstand herumgesprochen haben, daß wir in einer Konsumgesellschaft leben, in der die Unternehmer nicht mehr daran verdienen, daß sie uns bis aufs Hemd ausziehen, sondern daran, daß sie uns möglichst viele neue Hemden andrehen: »Iiiih, du hast ja immer noch eins mit spitzem Kragen an, zieh's aus, wirf's weg, runde Kragen sind in!«

Es ist halt alles komplizierter geworden; so zu tun, als lebten wir noch im Frühkapitalismus, zeugt nicht von wacher Parteilichkeit, sondern von schlichter Denkfaulheit.

Pitigrilli?

Ich begreife nicht, wieso Pitigrilli zur Zeit derart gefeiert wird. Pitigrilli? Pitigrilli: bürgerl. Dino Segré, it. Journalist und Schriftsteller, 1893–1975, verfaßte in den 20er und 30er Jahren eine Reihe angeblich verruchter Romane – aber all das schreibe ich da ab, wo Sie es möglicherweise ebenfalls bereits gelesen haben: im ›Spiegel‹, der zu dem jetzt bei Matthes und Seitz verlegten Roman ›Kokain‹ (Erstveröffentlichung 1921) sagt: »Ein böses, witziges, auch triviales Buch, schnittig und schneidend geschrieben«, oder im ›tip magazin‹, in dem Jörg Fauser Pitigrilli als einen »der mondänsten, geistreichsten, witzigsten etc. Autoren« lobt, »die Italien dem 20. Jahrhundert und Europa geschenkt hat«.

Das alles mag ja stimmen, vor allem aber ist ›Kokain‹ ein sehr langweiliges Buch. Pitigrilli ist manchmal witzig, ja, aber nie komisch. Er liebt die »Paradoxie, das mondäne, zynische Aperçu« (›Spiegel‹), sehr wahr, doch er füllt mit dieser Kurzform 271 Seiten.

Pitigrilli über Verse: »Auf meinem Passivum stehen einige Verse, Verse sind eine Sache, die niemand liest, aber alle schreiben.« Pitigrilli über Frauen: »Je besser ich die Frauen kenne, um so mehr schätze ich die Päderasten.« (»Je mehr ich die Menschen kenne, desto mehr liebe ich die Tiere.« – Deutsche Spruchweisheit.) Über das Ausland: »Im Ausland kann man nicht ohne Geliebte leben. Wenn es nicht gelingt, sich eine Geliebte zu verschaffen, ist man gezwungen, nach einem Monat in die Heimat zurückzukehren.« Noch mal über die Frauen: »Die Frauen sind in unserem Herzen wie Maueranschläge. Um den ersten zu verdecken, wird ein zweiter darübergeklebt.« Über Leben und Arbeit: »Das Leben ist nur ein kurzes Antichambrieren, bevor wir ins Nichts eintreten. Wer denkt daran, in Vorzimmern zu arbeiten« – all das lauert stets auf den amüsierten Widerspruch: »Also dieser Pitigrilli – shocking!« Damit dergleichen mondän wirkt, braucht es die Folie einer einigermaßen gefestigten »großen Welt«, vor der sich ja auch die Paradoxien und Aperçus Oscar Wildes und Bernhard Shaws einstmals funkelnd abhoben – aber heute? Mon dieu! Da, wo er sich richtig gehenläßt, ist Pitigrilli gut: »Ich trinke keinen Alkohol. Ich glaube, daß nur wenige Alkohol trinken. Weißwein und Liköre, ja.« Oder: »Ich möchte stark sein, um 75 von 100 meiner Nächsten eins in die Fresse zu geben.«

Doch so locker ist er selten.

Meist strengt er sich sehr an, seinen Witz leicht erscheinen zu lassen.

Das macht seine Lektüre anstrengend. (Und hätte von Pitigrilli sein können.)

Zwerenz über Tucholsky

›Kurt Tucholsky. Biographie eines guten Deutschen‹ von Gerhard Zwerenz ist ein durchgehend glanzloses, meist schlichtes, häufig verworrenes Buch, das freilich manchmal einer gewissen unfreiwilligen Komik nicht enträt. Auch nach 1918 hätten die Deutschen das Ressentiment der Reflexion vorgezogen, meint Zwerenz und schreibt: »Faßte man solche Bewegungen in Maßeinheiten, lieferte die Mehrzahl der Deutschen auch nach den desaströsen Erfahrungen des Ersten Weltkriegs noch immer lieber ein ›Fühl‹ statt ein ›Denk‹.«

Anders Zwerenz. Er möchte ganz sicher ganz, ganz viele »Denks« liefern, tut sich jedoch mit dem Formulieren schwer. Über den kranken, emigrierten Tucholsky sagt er: »Kranker Mann, was nun. Das intellektuelle und emotionale Feuer geht in die Brisanz der Briefe. Dann wieder ab ins Sanatorium, ins Krankenhaus, unters Messer ...« – da geht nicht nur das intellektuelle Feuer erst in die Brisanz der Briefe und dann ab ins Sanatorium, da geht auch jeder Sinn in die Hose.

Doch Tucholskys Selbstmord – mußte der denn sein? Je nun: »Heinrich Heine ... hatte in den langen qualvollen Jahren der Matratzengruft nicht Hand an sich gelegt; oder näher zum politischen Aktivisten hin, Wladimir Iljitsch Lenin hätte sich auch im langen Züricher Exil, voll von Erfahrungen desaströser Einsamkeit, nie umgebracht. (Hat er auch nicht, Anm. R.G.) Aber Heine war Heine, Lenin war Lenin und Tucholsky war eben Tucholsky.«

Und Zwerenz ist unverkennbar Zwerenz, wer sonst würde derart brummende Tautologien in die Welt setzen. Doch offensichtlich mußte mal wieder alles furchtbar schnell gehen. Zwerenz zitiert Tucholsky, der sich gegen anbiedernde Rezensionen wendet: »»Der gute alte Tolstoi‹ schrieb neulich so ein Fortschrittsgewächs, das offenbar nicht fühlt, daß man keinem Größern auf die Schulter klopfen kann« – und keine zwanzig Zeilen später klopft Zwerenz selber: »Das muß einem einfallen. Da muß man, wie Tucho gern formulierte ...« Tucho. Das hat unser alter guter Lsky wirklich nicht verdient.

Seit fünfundzwanzig Jahren schreibt Gerhard Zwerenz; in dieser Zeit hat er nach eigenen Angaben siebenunddreißig Bücher veröffentlicht. Das 38. und 39. werden bereits vom Universitas-Verlag und Goldmann-Taschenbuch-Verlag angekündigt, ›Die Geschäfte des Herrn Morgenstern‹, Satiren, und ›Eine Liebe in Schweden‹, Roman vom seltsamen Spiel und Tod des Satirikers K.T.«

K.T. – wer mag denn nun das schon wieder sein? Doch nicht etwa Kerhard Twerenz? Aber nein – der lebt ja, und ob, und schreibt ja, und wie.

Szene-Kabaretts

Irgendwann gegen Ende der 60er Jahre verschied das bürgerlich-liberale Kabarett. Es hinterließ eine Lücke, die jahrelang durch Liedermacher, Blödelbarden und Nonsens à la Insterburg gefüllt wurde, bis auf einmal (Tusch) die Szene-Kabaretts auf den Plan traten, nicht eins, nein, gleich zwei, die Berliner ›Drei Tornados‹ und das Frankfurter ›Karl Napps Chaos Theater‹. Mit ihnen möchte ich mich im folgenden … (Schluß des historischen Teils.)

Beide Gruppen sind mittlerweile recht erfolgreich, auch außerhalb der Szene. Von den ›Tornados‹ gibt es zwei Platten (›Rundschlag am Mittag‹ und ›Flipper-Schau‹, Vertrieb Trikont-Verlag), sie waren im Fernsehen zu sehen, der ›Spiegel‹ berichtete darüber. Und ›Karl Napp‹ schließt auf, Platten gibt es zwar noch keine, das Fernsehdebut haben sie jedoch bereits hinter sich, ebenso ein Berlin-Gastspiel in der Kassenhalle der Freien Volksbühne.

Ich habe mir beide Gruppen angeschaut. Die ›Tornados‹ im eiskalten Offenbacher ›Kolbenfresser‹, einer ehemaligen Fabrik, die ein Jugend- und Kulturtreff werden soll, Eintritt zwei Mark. ›Karl Napp‹ in der geheizten ›Harmonie‹, einem Frankfurter Programm-Kino, Eintritt sieben Mark. Ein brechend volles Haus bei beiden Veranstaltungen, auch sonst gab es Parallelen. Beide Gruppen nutzen das sehr hilfreiche Vehikel der fiktiven Fernsehübertragung, die bekannten Vermittlungsformen »Nachrichten«, »Interview«, »Show« etc. Beide benutzen populäre, meist ältere Schlager. Beide wenden sich an Zuschauer, die dem angehören, was sich mal Szene, mal Scene, mal Subkultur, mal linkes Milieu nennt – oder dafür gehalten wird.

Unterschiede gibt es freilich noch genug. Die ›Tornados‹ sind drei Männer, die ›Karl Napp‹-Truppe hat zehn

Mitglieder, darunter drei Frauen. Die ›Tornados‹ gehen direkter, auch gröber, dilettantischer vor, sie reihen Nummer an Nummer, Sketche wechseln ab mit umfunktionierten Schlagern. Zur Melodie ›Auf der Reeperbahn ...‹ feiern sie das Schwarzfahren: »Auf der Straßenbahn nachts um halb eins, ob du'n Ticket hast oder auch keins ...« Zur ›Schneewalzer‹-Melodie singen sie »Das ist ein Ra ra ra ra Razziaüberfall, die Tür zerbricht, der Staatsschutz spricht ...« Moral: »Die nächste Ra ra ra Razzia machen wir, gegen Bullen und Bubacks mobilisieren wir.«

›Karl Napps Chaos Theater‹ meidet derart plane Darbietungsformen und versucht für den angestrebten chaotischen Inhalt szenische Entsprechungen zu finden; im Ergebnis ist das sehr viel artistischer, eine Mischung von Pantomime, Sketch, Tanz zu Playback, Medienparodie und einem Scene-Oratorium, in dem sich so schöne Sätze finden wie: »Wir tauschen Partner um Partner, und staunend sehen die Kinder den Wandel.« ›Szenen aus der Scene‹ heißt das – vorerst – letzte ›Napp-Programm‹; die Napps produzierten es aus Ärger darüber, daß ihr vorletztes Spektakel ›Polizeifest‹ auf, wie sie meinten, ungerechtfertigte Scene-Kritik gestoßen war. Und nun sitzt die Scene da, schaut sich die Szenen an, findet alles irgendwie unheimlich locker und fährt wahnsinnig darauf ab. Genauso bei den ›Tornados‹: Die meisten Lacher gab es bei den zahlreichen Nummern, in denen die Truppe Sprache, Verhaltensweisen und Probleme der Zuschauer aufgriff und ebenso kenntnisreich wie liebevoll verarschte.

Beide Gruppen sind nämlich – unabhängig voneinander, wie sie versichern – auf einen Born munter sprudelnder Komik gestoßen, der so bald nicht versiegen wird. Da Komik am liebsten und prächtigsten in Widersprüchen Wurzeln faßt und gedeiht, da, wo hohe Theorie, hehrer Anspruch, verbindliche Moral und niedere Alltagspraxis auseinanderklaffen, liefert ihr die linke Scene einen geradezu idealen Nährboden: Wie schafft man es, eine Frau nicht zum Sexualobjekt zu degradieren und sie trotzdem flachzulegen? Wie wird frau damit fertig, Autonomie und Kuschelbedürfnis unter einen Hut zu bringen? Wie packen es die beiden, zusammenzuleben, ohne in eine normale Zweierbeziehung abzurutschen? Wie bringt man/frau/kind das alles in die Reihe: Sinnlichkeit *und* Konsumverzicht, Spontaneität *und* solidarisches Handeln, Revolution *und* Realitätssinn, Anarchie *und* Abwaschordnung? Wer weiß überhaupt noch, wo es langgeht – die K-Gruppen oder die Öko-Freaks, die Aktionisten oder die Selbsterfahrungszirkel? Wie ist ein so schlichter Vorgang wie das Bündnis USA – China einzuordnen? Wie ein so komplexer wie der, daß ein Alternativunternehmen plötzlich Gewinn abwirft?

Gnädigerweise gab ein Gott der Scene zu sagen, was sie leide, jenen aus vielfältigsten Quellen gespeisten Jargon, den weder ›Napp‹ noch die ›Tornados‹ zu parodieren brauchen, bereits die pure Reproduktion (»Wenn ich mich auch mal einbringen darf ...«) bewirkt bereits Juchzer und Ausrufe wie »Genau!«

Was den Erfolg der Szene-Kabaretts ausmacht, mag sich vorerst jeder selbst zurechtlegen. Warum lacht jemand über sich – weil er sich stark genug fühlt? Weil er seine Schwäche überspielen möchte? Dreitausendmal dürft Ihr raten.

Nur soviel noch: Dieser Geist hat Vorgänger, von Robert Crumb bis zu Chlodwig Poths ›Mein progressiver Alltag‹, er wird uns, glaube ich, noch lange erheitern. Die Zahl derer, die versuchen, inmitten des sie umgebenden Sumpfes halbwegs sauber über die Runden zu kommen, nimmt zu, jeder dieser Versuche trägt den Keim des – gottlob auch komischen – Scheiterns in sich. Und bevor andere darüber lachen, kann man das ja auch gleich selber besorgen.

Aufschrei

Wo kann man eigentlich ein Verbot gewisser Witze erwirken? Der Mona-Lisa-Scherze etwa? Gibt es wirklich niemand, der dagegen vorgehen darf? Gar niemand? Inquisition – nein? NKWD – auch nicht? CIA, BND, Schwarze Hand, Robin Hood – alle nicht zuständig? So werde ich denn wohl selber tätig werden müssen: »Reich mir die Mollis, mein Weib, doch frag mich nicht, wohin ich gehe: zum Falken-Verlag in 6272 Niedernhausen/Ts.«

Beifall

Ein Hoch, ein dreifach Hoch dem von Geburt an blinden Sänger Stevie Wonder, der, von einem Ö-III-Reporter danach gefragt, wieso er denn als hm … na ja … so oft Farben besinge, zur Antwort gab, auch er habe seine Lieblingsfarben, nämlich Violett und Grün, die finde er unheimlich irre – und bei diesen Worten begann er zu lachen, um prustend fortzufahren: Die finde er so irre, schon wenn er dran denke, das seien ja aber auch irre Farben, ganz irre.

Anekdoten

Ich habe Anekdoten noch nie gemocht. Für mich sind sie untrennbar verbunden mit dem verwesenden Feuilleton gehobener Provinzblätter – »Während eines Abendessens fragte eine etwas unbedarfte junge Dame ihren Tischherrn Mark Twain...« –, untrennbar auch verknüpft mit dem ungelüfteten, augenzwinkernden Humor eines Bildungsbürgertums, das seine finsteren Zerstreuungen durch Esprit zu adeln glaubte, wenn es zu gut abgehangenem Wein und einer bukettreichen Zigarre heitere Rülpser aus dem Reich der Kultur servierte: »Der Dichter Johann Wolfgang Goethe, ebenso bekannt für seine Freßlust wie für seinen Geiz, traf einmal...« – schrecklich.

Als wahre Schreckenskammer entpuppt sich denn auch »›Das Anekdotenbuch‹, Rund 4000 Anekdoten von Adenauer bis Zatopek, herausgegeben von Dieter Lattmann«, Fischer Taschenbuch Verlag.

»Tue das geneigte Publikum dem editorischen Unternehmen bitte nicht den Ernst an, ihm seine gute Laune anzukreiden«, bittet Lattmann im Vorwort seiner Sammlung, der so ziemlich alles anzukreiden ist, nur nicht gute Laune. Lassen wir also alles Ankreiden, zitieren wir lediglich zwei der rund viertausend Anekdoten (ich schwöre beim Barte Lattmanns, daß ich wortgetreu und vollständig zitiere): »Als Vigny (1797–1863, frz. Schriftsteller) in die Académie française aufgenommen werden sollte, erhielt er nur acht Stimmen. Aber vierzehn Akademiker versicherten ihm, daß sie für ihn gestimmt hatten.«

Geht's noch launiger? Aber sicher, klar doch, ich bitt'
Sie: »1916 wurde Banting (1891–1941, kanad. Arzt) im
Weltkrieg so schwer verwundet, daß ihm die Ärzte den
Unterarm amputieren wollten. Da kam aber in Banting
der kanadische Dickschädel zum Durchbruch:
›Ich laß mir den Arm nicht abnehmen, und wenn ich
draufgehen sollte.‹«
Als Dieter Lattmann (1926 –, deutsch. Abg.) erklärte, er
wolle den deutschen Bundestag verlassen, schrieb der Kritiker Fritz J. Raddatz: »Die Intelligenz verläßt den Bundestag.« Als die Intelligenz (Alter unbek., selt. Eigenschaft)
das hörte, entgegnete sie schlagfertig: »Spinnt der?«

Chef-Aphorismen

Ich habe den Glauben an unser Gesellschaftssystem erst
verhältnismäßig spät verloren, vor zwei Wochen etwa.
So lange ist es nämlich her, daß mir ein unseliger Zufall
das Buch »›Je höher der Gipfel, desto dünner die Luft‹,
Aphorismen für die Chefetage« aus dem Wirtschaftsver-
lag Langen-Müller/Herbig in die Hände spielte.
Das Buch, eine Sammlung dämlicher, bornierter und
hämischer Platitüden, wäre keiner Erwähnung wert,
stammte es nicht aus der Feder von Inge und Siegfried
Starck und wären diese beiden nicht Vertreter von Be-
rufsgruppen, die in diesem unserem Lande das Sagen haben: sie als Studienrätin, er als Direktor der Dresdner
Bank in Düsseldorf. Wie sieht es in solch staatstragenden
Köpfen aus? Vorwiegend schlicht: »Güte vergütet«, heißt
einer der Aphorismen, andere lauten: »Größe ist nie
kleinlich«, »Wer dient, verdient«, »Wer danken kann, der
kann auch denken« – törichte Wortklingeleien, die sich
manchmal dem puren Schwachsinn nähern: »Vor den

Kern haben die Götter die Nuß gesetzt« oder »Wo der Chef ein guter Schäfer, sind seine Mitarbeiter keine rauhbeinigen Cowboys«.

Doch getreu ihrem Aphorismus »Dummheit und Frechheit sind kommunizierende Röhren«, belassen es die Starck-Aphoristiker nicht bei der Dummheit. Sie wenden sich auch an die einkommensschwächeren Schichten. Die müssen sein, denn: »Es steht nicht wohl bei zuviel Wohlstand.« Die haben es hier eh zu gut: »Der Prolet gilt viel in seinem Lande.« Die machen noch ihren Schnitt, wenn sie nichts tun: »Arbeitslos – häufig genug ein Los. Manchmal aber auch – das große Los.«

Die Chef-Aphoristiker
Inge und
Siegfried Starck

Daß Herrschaften, die solchen zynischen Kappes produzieren, bei uns Kinder und Konten verwalten dürfen, läßt mich eine düstere Zukunft befürchten; behaupten die beiden doch selber: »Erst verfällt der Geist, dann die Wirtschaft.«

›Stürmer‹-Stil

Dr. Peter Schütt sandte auch mir Kopien der Presseerklärung und des Briefes, die er anläßlich eines in der ›Hör zu‹ erschienenen Kannibalen-Witzes an die Presse gerichtet hat. Darin schreibt er unter anderem: »Diese rassistische Karikatur diffamiert im schlimmsten Stürmer-Stil die Völker Afrikas und unterscheidet sich in nichts von den antisemitischen Karikaturen der Nazizeit ...«

Ach, aber ach, das stimmt doch überhaupt nicht. Der schwarze Kannibale ist doch lediglich ein schlichter Witz-Topos, vergleichbar dem geizigen Schotten, der Frau mit dem Nudelholz oder dem Fakir auf dem Nagelbrett. Zu glauben, daß die Zeichner solcher Witze mit solchen Witzen diffamierende Absichten verbänden, heißt, diese Zeichner erheblich überschätzen: Die stricken diese uralten Witzmuster weiter, da das sehr viel einfacher ist, als sich etwas Neues einfallen zu lassen. Ja, in lichten Momenten sind sie sogar fähig, die Ausgelaugtheit des Witzklischees zum Thema des Witzes zu machen.

Und auch die Betrachter solcher Scherze wissen natürlich, was und daß da gespielt wird. Zu glauben, daß ihnen irgend jemand eine realitätsbezogene Botschaft

Kannibalenwitz aus ›Hör zu‹, 1980, und Kannibalenwitzwitz von 1974

entnehmen könnte, heißt, den Leser derart zu unterschätzen, daß es schon fast einer Diffamierung gleichkommt.

Natürlich kann man sich darüber ärgern, mit welcher Gedankenlosigkeit solche Witze produziert und konsumiert werden. Gedankenlos ist es aber auch, in einem solchen Fall gleich die ›Stürmer‹-Keule aus dem Waffenschrank zu holen. Wer keine ›Stürmer‹-Witze aus eigener Anschauung kennt – mittlerweile sicher die Mehrzahl der Deutschen –, muß aufgrund des Vergleichs, den Dr. Schütt anstellt, zur Meinung gelangen, daß diese nun wirklich furchtbaren Witze so schlimm ja wohl nicht gewesen sein können.

Didi

Dieter Hallervorden hat im Falken-Verlag, 6272 Niedernhausen/Ts., ein Buch, ›Non Stop Nonsens‹, veröffentlicht, und das hätte er nicht tun sollen. Die vor dem Fernseher hin und wieder gestellte Frage »Ist er nun blöd, oder tut der nur so?« wird durch diese Sammlung von Sketchen und Witzen »mit Spielanleitungen« derart gnadenlos beantwortet, daß – aber worum geht es bei dem Buch überhaupt?

Nun, um Witze »mit Spielanleitungen«, die Witze sind halt Witze, die Spielanleitungen aber gehen so: »Zur Unterstützung der Schlußpointe macht man einen Black, das heißt, das Licht wird ausgeschaltet. Ehrlich gesagt, ist das eine kleine Hilfestellung für die Zuschauer: die merken dann blitzartig: ›Ach, das sollte die Pointe sein!‹ Zur Unterstützung fährt man gleichzeitig eine kurze Zwischenmusik ab. Das Publikum wird auf diese Weise bevormundet, indem man ihm noch ein akustisches Signal zum Lachen gibt.«

Wer trotzdem immer noch nicht lachen muß, sollte weitere »Spielanleitungen« lesen: »Die gute Frau fällt fast in Ohnmacht, Vater und Sohn kringeln sich vor Lachen. Black!« Oder: »Die Gastgeberin ist auch im Ton unnatürlich überkandidelt.« Oder: »Der Professor reagiert, indem er wie von der Tarantel gestochen aus seinen Akten hochfährt und den Studenten blöd anglotzt.« Oder: »Der dritte Patient hat eine Macke hoch drei ...« – *so* liest sich das, was Hallervorden spielt, die Primitivität seiner Sprache macht jede Analyse seiner darstellerischen Mittel überflüssig, besser lassen die sich gar nicht verbalisieren, zurück also zur eingangs gestellten Frage: »Ist er oder tut er?« Ich möchte Ihrem Urteil nicht vorgreifen, aber: Er ist.

Traumreisen

Der Hanser-Verlag brachte, hervorragend gedruckt, den Cartoon-Band ›Pepsch Gottschebers Traumreisen‹ von Pepsch Gottscheber heraus. Ein Buch, bei dessen Durchblättern man dauernd den Hut ziehen möchte – so viele alte Bekannte. Magritte, Chas Addams, Flora, Murschetz, Pasteur, selbst Arnold Hau – sie alle lassen grüßen, sei es als stilistische, sei es als inhaltliche Vorbilder und Vorläufer der Gottscheberschen Blätter. Wobei ich nicht unterstelle, daß Gottscheber bewußt plagiiert hat. Nur: das Thema Reisen, Straßen, Camping ist bereits so oft nach allen Regeln des absurden, schwarzen und Ohne-Worte-Humors gemolken worden, daß ihm ganz einfach kein überraschender Tropfen mehr abzupressen ist. Die Kamera des fotografierenden Touristen wird – wozu wohl, ja richtig: zum Phallus bzw. Maschinengewehr; hinter dem Tunnel lauert – ja was wohl, stimmt: eine ganz schrecklich große Ameise bzw. Spinne; der nichtsah-

Wie sich die Straßen gleichen:
Arnold Hau 1966 ...

nende Schmetterlingsjäger steht – worauf wohl, natürlich: auf einem Riesenschmetterling.

Bevölkert werden Gottschebers Zeichnungen mit Figuren, die allesamt einem Kabarettprogramm der 50er Jahre entstiegen sein könnten, mit fetten Wohlstandsbürgern, die heutzutage weniger denn je so aussehen, wie sich das der kleine Moritz seit Jahrzehnten vorstellt. Ein Zeichner, der ernsthaft Tourismus-Satire betreiben will, sollte sich vorher etwas auf einem Strand der 80er Jahre umschauen, er würde dann seinen Gestalten typischere und vielfältigere Accessoires verpassen als die stereotype Schmetterlingssonnenbrille (»Hallo, Steinberg!«) und den Strohhut.

Die Mühe, genauer hinzugucken, aber hat Gottscheber konsequent gescheut. Statt dessen verwandte er viel Zeit darauf, seine Cartoon-Ideen durch fleißiges Schraffieren in Kunstbereiche hochzustricheln – was seinen Kohl allerdings auch nicht fetter macht.

... und Pepsch
Gottscheber
1980

49

›New Yorker‹-Cartoons

»Die Amerikaner kommen bestimmt alle in die Hölle, besonders die frommen«, schrieb Tucholsky 1932, doch er milderte sein Verdikt ab: »aber eins wird ihnen hoch angerechnet werden: ihr Humor ... Was denen in ›Life‹ und im ›New Yorker‹ einfällt –: ach, wenn wir das doch hätten!« Tucholsky spricht von Cartoons, vor 50 Jahren gab es offensichtlich nichts Vergleichbares in Deutschland. Und heute? Mit stetem Hinblick auf diese Frage – irgendwohin muß der Mensch ja gucken – blätterte ich in ›The New Yorker Album of Drawings, 1925–1975‹. (Es ist bei Penguin Books erschienen und in deutschen Buchläden für DM 22,20 zu bekommen.)

Von 40 000 Zeichnungen, die im Laufe dieser 50 Jahre im ›New Yorker‹ erschienen, wählten die Herausgeber 500 aus, die Blätter stammen von ca. 90 Zeichnern, gewidmet ist das Buch James M. Geraghty, der von 1939 bis 1972 Art Editor der Zeitschrift war – welch eine Humor-Tradition!

Die Zeichnungen belegen diese Kontinuität auf eindrucksvolle Weise. Sie sind nicht chronologisch geordnet, selbst dem geschulten Blick fällt es manchmal schwer, die Entstehungsjahrzehnte zu datieren; Entwicklungen sind noch am leichtesten bei zeitlich auseinanderliegenden Arbeiten ein und desselben Zeichners festzustellen, bei Steinberg etwa. Doch der ist ein Fall für sich, kein typischer Vertreter des NY-Cartoons, zurück also zur eingangs gestellten ... Ja?

»Cartoons – was is'n das eigentlich?«

Eine gute Frage. Cassels New German Dictionary behauptet flott und falsch, es seien Karikaturen, und das sind sie sicher nicht.

Denn schaut man im Duden unter »Karikaturen« nach, findet man dort die Definition »Zerr-, Spottbild, Fratze« –

nichts davon trifft auf den Cartoon zu. »Witzzeichnung« oder »Bilderwitz« käme der Sache schon näher, wären nicht diese Begriffe durch die Witzseiten deutscher Periodika bereits seit anno Tobak so entsetzlich heruntergewirtschaftet worden: »Der Lenz ist da! Unser Zeichner Pit Päng meint dazu: …« Nein, sowenig ein Song ein Schlager ist, sowenig ist ein Cartoon …

»Was is'n nun eigentlich ein Cartoon?«

Ruhe! Wie soll man bei diesem Lärm so diffizile Begriffe klären?! Am einfachsten ist es, den NY-Cartoon durch das zu definieren, was er in der Regel nicht ist: Er ist kein aktuell politischer und kein Nonsenswitz, kein gezeichneter Kalauer, kein schwarzer Humor, er ist keine Weiterschreibung von Witzklischees (von Insel-, Teppich-, Fakirwitzen), er ist kein »Ohne-Worte«-, kein Underground- und kein Sexwitz. Er ist vielmehr ein Witz, der …

»Kommt's nun endlich, Onkel?«

Schnüss! Ein Witz, der scheinbar völlig absichtslos daherkommt, der eine komische Situation darstellt, die auf den ersten Blick aus dem Leben gegriffen zu sein scheint, aus dem Leben einer recht fest umrissenen Schicht freilich: des gehobenen New Yorker Bürgertums. Genauer: Nicht immer geht es in den NY-Cartoons um diese Schicht, aber immer um Inhalte, Werte und Fakten, die dieser Schicht vertraut sind. Neuinterpretierte biblische oder geschichtliche Ereignisse sind ein beliebtes Thema, ebenso Literatur und Bildende Kunst. Vernissagen- und Museumswitze sind in dem Buch geradezu überrepräsentiert, da kennen sich die Zeichner offensichtlich besonders gut aus.

Erstaunlich ist, wie wenige dieser Cartoons einem gutwilligen Mitteleuropäer unverständlich bleiben – so weit weg scheinen der und diese New Yorker nicht zu sein.

Erstaunlich bleibt, auf den ersten Blick, daß wir »das« hierzulande immer noch nicht haben. Wir bauen doch

»Schämen die sich eigentlich gar nicht mehr?«

auch Coca Cola und Hamburger in Lizenz nach – wieso nicht ebenfalls den NY-Cartoon? Weil's nicht geht. Weil florierender Humor eine Kulturleistung ist, die sich nicht einfach transplantieren läßt. Weil bei uns kein James M. Geraghty dreiunddreißig Jahre lang in seinem Gärtlein Cartoonisten pflanzen, wässern, wachsenlassen und ver-

»Alles in allem hält er bemerkenswert gute Predigten. Es ist so schwer, Beleidigungen gegen Leute wie uns zu vermeiden.«

*»Oh, Entschuldigung!
Ich dachte, Sie seien ausgestorben.«*

»Nein danke, ich trinke nicht.«

edeln konnte. (»Friend and guiding spirit of comic artists«, nennt ihn die Widmung.) Weil der deutsche Bilderwitz jahrzehntelang überhaupt keine Publikation hatte, in der er kundig gepflegt wurde – so wucherte er hier bräsig vor sich hin, schoß dort im Alleingang ins Kraut. Auf diese Weise kann sich kein Stil bilden, und Stil hat der NY-Cartoon. Manchmal streift er die Grenze des Manierierten, meist aber ist er hell, schnell, menschlich, schön gezeichnet und fast immer – ich vergaß das zu sagen – sehr witzig.

Nachtrag und Anregung

Unter den ›New Yorker‹-Cartoonisten überwiegen, natürlich, die Männer, es gibt jedoch auch Cartoonistinnen: die Autorenliste nennt u. a. Alice Harvey und Barbara Shermund. Auch eines der hier abgebildeten Beispiele stammt von einer Frau: Die Leute vor der Kirche zeichnete Mary Petty. Allenthalben durchstöbern Frauen die Museen und Kunstgeschichten auf der Suche nach vergessenen oder unterschlagenen Malerinnen; daß jemand auch mal nach komischen Schwestern geforscht hätte, ist mir nicht bekannt. Dabei ließe sich da einiges auftun, auch außerhalb des ›New Yorker‹, ich sage nur Jeanne Mammen, Charlotte Kleinert oder – doch die ist bereits bekannter – Elizabeth Shaw.

Allen/Brooks

Der 21. Band der bei Hanser erscheinenden ›Reihe Film‹ beschäftigt sich mit Woody Allen und Mel Brooks. Es ist eine in vieler Hinsicht an-, ja aufregende Sammlung von

Aufsätzen und Interviews. Vor allem die Beiträge der ausländischen Autoren Robert Benayoun und Vincent Canby sind von staunenswerter Sachkenntnis, herzwärmender Engagiertheit und erfreulicher Subjektivität, die deutschen Deuter Hans Günther Pflaum und Peter W. Jansen sind ausführlicher, gründlicher, manchmal leicht verblasen. Pflaum: »Woody Allens Einfallsreichtum – die Gags von ›Take the Money and Run‹ würden für drei Filme reichen –« ... würden sie natürlich nicht, sie haben für einen gereicht, ›Take the Money and Run‹, und der ist denn auch sehr dicht und schön geworden. Jansen: »›Jung Frankenstein‹ ist die Wendemarke für Kaminsky-Brooks: der Film erledigt nicht nur seinen Vaterkomplex, sondern ...« Klappe zu, Komplex tot, wenn doch alles im Leben so einfach wäre.

Trotzdem: Auch Pflaum und Jansen bleiben in der Regel auf dem Teppich, vor allem ihre Materialien und Überlegungen zum materiellen Erfolg der beiden Komiker überraschten mich.

»Der geborene Verlierer, als der sich Woody Allen in seinen Filmen immer wieder präsentiert, ist reinste Fiktion«, stellt Pflaum fest und kommt zum glaubwürdigen Ergebnis, daß Allen bereits im Alter von dreißig Jahren Millionär war: »Eher ein geborener Sieger.« Jansen vergleicht die Umsatzzahlen von Mel Brooks' Filmen mit denen seiner Kollegen Woody Allen oder Jerry Lewis und denen seiner Vorbilder, z. B. Hitchcock, und erstaunt durch den Nachweis, daß Brooks an der Spitze liegt – seine Hitchcock-Parodie ›High Anxiety‹ spielte in den USA 17 Millionen Dollar ein, der erfolgreichste Hitchcock-Film, ›Psycho‹, nur 11,2 Millionen. »In dieser Epoche profunden Hungers nach Komik ...« beginnt Robert Benayoun seinen Aufsatz – erst die Daten von Pflaum und Jansen geben einer solchen Feststellung und der Frage nach den Ursachen dieses Hungers Gewicht.

Die erstaunlichsten Äußerungen aber stammen von einem der Betroffenen selber. Sie finden sich in dem Interview, das Christa Maerker mit Mel Brooks führte; aus all seinen Äußerungen spricht jener überlebensnotwendige Größenwahn, ohne den es überhaupt keine legitime Komik gäbe:

»Ich kann alles über jeden sagen. Ich kann jeden Schwarzen, jeden Juden, einfach jeden auslachen ... Ich bedrohe alle Dogmen. Ob die der Kirche, ob die der kommunistischen Partei. Ich bin hinter allen her ... Wir können die Blinden nicht auslassen, sie leiden wie die Sehenden. Wir können niemanden auslassen. Geht es um Komik, kriegt jeder was ab.«

Selbst einer der zähesten aller heiligen Humorkühe geht Brooks ans sakrosankte Leder, der Mär vom Clown, der im Grunde seines Herzens ... lache, Bajazzo ...

»Frage: Ist es nicht anstrengend, wenn immer erwartet wird, daß Sie komisch sind?

Antwort: »Für mich? Nein. Ich bin immer komisch. Meistens jedenfalls.«

Fundsache

So gerne ich auch über freiwillige Scherze lache, meine Freude über unfreiwillige ist ungleich größer.

Das ›Göttinger Tageblatt‹ hat mir schon häufiger diesen sonst leider raren Spaß bereitet, bei meinem letzten Göttinger Aufenthalt wurde ich wieder fündig. Da nämlich leitete die Zeitung eine Besprechung des Auftritts des Wiener Sängers Ludwig Hirsch folgendermaßen ein:

Prost liebe Blattmacher!

Satirekritik

In der ›Zeit‹ nahm sich Dieter Hildebrandt – nein, nicht der Kabarettist, der andere – das Mai-Heft von ›Titanic‹ vor, sein Fazit ist niederschmetternd: »Zu den ganz schlimmen Zuständen in unserer Republik, die nach Satire nur so schreien, gehört die bundesdeutsche Satire.«

Das war nicht immer so: »Nimmt man eine Gestalt wie die der fast schon legendären Hannelore Kaub, so weiß man, daß es hierzulande Satire gibt, die seit zehn Jahren nicht etwa totgeschwiegen wird, sondern, böser noch, sich selber totschweigt …« Merke: Früher gab es in Deutschland noch echte Satire, was gegenwärtig unter diesem Namen läuft, verdient ihn nicht einmal: »Deutsche Satire – ein einziger Witz.«

Dem möchte ich einiges hinzufügen:

Vor vierzehn Jahren – Hannelore Kaub und ihr Kabarett ›Das Bügelbrett‹ waren noch sehr beredt – erschien im ›Rheinischen Merkur‹ eine Besprechung des Buches ›Unsterblicher Witz‹, einer Sammlung von Glossen und Satiren des Karl Kraus. In dieser Rezension kommt der Rezensent Rainer Fabian zu dem Urteil: »Wer diese Satiren des großen Karl Kraus liest, wendet sich mit

Schaudern ab von allen jenen Produkten, die heute in Deutschland als Satire verkauft werden. Was gegenwärtig angerührt wird, ist bestenfalls ein dünner deutscher Eintopf ... Kraus dagegen ... Kraus ist souverän, das unterscheidet ihn, er hat Geist, er hat Charme ...«

Merke: Viel früher gab es im deutschen Sprachraum noch echte Satire, was gegenwärtig unter diesem Namen läuft ...

Dem möchte ich noch etwas hinzufügen:

Vor 59 Jahren – im deutschen Sprachraum publizierten Karl Kraus, Kurt Tucholsky, Walter Mehring, Alfred Polgar – erschien in der ›Frankfurter Zeitung‹ ein Artikel Kasimir Edschmids, in dem dieser einen Überblick über die Satireproduktion seiner Zeit gibt. Diesen Aufsatz wiederum nahm Karl Kraus zum Anlaß einer Erwiderung – sie findet sich unter dem Titel ›Der Lächler‹ im Sammelband ›Unsterblicher Witz‹ –, in der Kraus den Edschmid zitiert: »Die sehr heftig bewegliche Zeitlichkeit hat keinen eigentlichen satirischen Stil. Sie hat auch keine satirischen Schriftsteller ... Man ist in Deutschland im Augenblick zu gehemmt, man hat nicht die Überlegenheit ... Man kann keine Satire machen ohne die graziöse Skepsis, die Anatole Frances Spitzbart so heiter macht ...«

Merke: Viel viel früher gab es – allerdings nicht in Deutschland – echte Satire, was gegenwärtig ... Dem möchte ich nur dies noch hinzufügen:

Offensichtlich gibt es überhaupt keine deutsche Satire, es hat sie immer nur gegeben. Kleiner Trost: Während es mit dieser nichtexistenten Satire wenigstens ständig bergab gegangen ist, hat sich ihre Kritik seit über einem halben Jahrhundert auf unverändert niedrigem Niveau gehalten. Große Bitte: Kritiker – laßt Euch doch endlich einmal einen neuen Dreh einfallen, ich kann Euer Ja-damals-Gejammer nicht mehr hören.

Markus

›Das BRD-Dossier‹ ist ein ›stern‹-Buch, es enthält politische Karikaturen des ›stern‹-Zeichners Markus, eingeleitet
hat es der ›stern‹-Chefredakteur Henri Nannen: »Markus
fand eine für Deutschland ganz neue Form der aktuellen politischen Satire, die er selbst Storykaturen nennt:
Statt gezeichneter Leitartikel erzählt Markus scheinbar
reale Geschichten, in denen die bundesdeutschen Politiker
ihre ins Komische verfremdeten Rollen spielen.«

Stimmt das? Haben nicht auch andere – beispielsweise
Ernst Maria Lang – bereits während der Adenauerzeit
politische Karikaturen gezeichnet, die ohne die traditionellen Symbole (»Russischer Bär«, »Deutscher Michel«,
»Europa-Stier«) auskamen?

Doch das mögen Cartoon-Komparatisten entscheiden,
sicher ist, daß Markus die symbolfreie politische Karikatur nun schon über Jahre und mit großer Stilsicherheit
betreibt, die Ergebnisse können sich sehen lassen.

Natürlich fallen auch seine Schwächen ins Auge:
Markus ist ein sehr trockener Zeichner, er gibt sich bei
seinen sauber umrissenen Figuren viel Mühe, leider
spürt man sie auch; auf der Strecke bleiben Ausdrucks-
und Bewegungskomik – und doch lohnt sich die Mühe
alles in allem.

Markus nimmt das ernst, was die meisten anderen komischen Zeichner entweder ganz weglassen oder möglichst schnell hinter sich bringen: das Ambiente seiner
Figuren. Da schaut er stets erstmal sehr genau hin, bevor
er sich ans Zeichnen macht; ob Sitzungssaal, ob Schul-
raum, ob bürgerliches Wohnzimmer – immer stimmen die
Details, immer weiß der Betrachter sofort: Jawohl, so leben wir. (Und möglicherweise werden die Betrachter in
50 Jahren darüber am meisten lachen müssen: Ach was –
so haben die gelebt?) Besonders Lampen und Beleuch-

tungskörper haben es Markus angetan, keine strahlende Scheußlichkeit ist ihm fremd; mit welcher Genauigkeit er diese gläsernen bzw. metallenen Zeugen der 70er, 80er Jahre den jeweiligen Räumen zuordnet, ist bewundernswert.

Natürlich würden die ganzen schönen Details nichts nützen, hätte Markus nicht auch schöne komische Einfälle. Die aber hat er. Nicht immer, aber immer wieder; mit jener schönen Regelmäßigkeit, die den guten Profi auszeichnet.

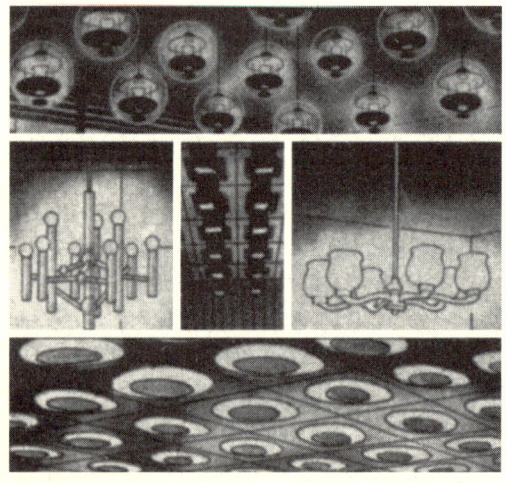

Keine strahlende Scheußlichkeit ist ihm fremd:
Lampen und Leuchten in den Karikaturen von Markus

Witz-Didaktik

Dank Helge M. Weinrebe kann der Witz nun auch Bestandteil der Unterrichtspraxis unserer Grundschulen werden; er schrieb das Büchlein ›Vom Umgang mit Wit-

zen. Zur Didaktik und Methodik von Witz und Witzi-
gem‹, Diesterweg Verlag.

»Witze sind in«, stellt er zu Beginn fest, sodann arbeitet
er sich mit aller Gründlichkeit durch die Witztheorien
von Bergson bis Freud, um auf Seite 15 zu einem ersten
komischen Höhepunkt seiner Überlegungen zu gelangen:

»Idealtypisch läßt sich eine Kommunikationssituation,
in der ein Witz gemacht wird, in folgendem Muster nach-
zeichnen: Ein Sender erzählt einem Empfänger einen
Witz, und dieser reagiert mit Lachen oder Lächeln darauf.«

Oder, in einem Weinrebeschen Diagramm verdeutlicht:

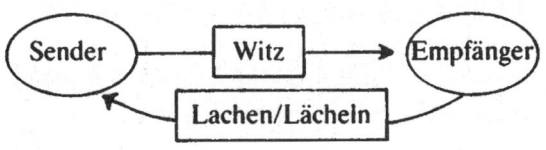

Oder, wie Häuptling Kommunizierender Hirsch zu
röhren pflegte: »Roter Mann machen Witz, weißer Bruder lachen oder lächen.«

Neben solch komischer Theorie können Weinrebes
Witzbeispiele nicht bestehen. Daß es so etwas wie bessere
und schlechtere Witze gibt, scheint ihm unbekannt zu
sein, die Qualitätsfrage taucht in seinen didaktischen
Überlegungen nicht auf, um so ungenierter breitet er im
praktischen Teil den ganzen Witzschrott der gängigen
Witzseiten aus. Seine Bilderwitze hat er offenbar rasch
und wahllos aus ›Funkuhr‹, ›Bild und Funk‹, ›Hör zu‹
und ›Slapstick‹ zusammengeklaubt, dementsprechend
schlicht fallen die Rubriken aus, in die er den Bilderwitz
unterteilt: »Inselwitze«, »Einbrecherwitze« etc. Nicht besser sieht es bei den Wortwitzen aus: »Ostfriesenwitze«,

»Graf-Bobby-Witze« und »Irrenwitze« stellen den Großteil der Beispiele.

Dagegen ahnt, nein, weiß Weinrebe, daß es so etwas
wie ältere und neuere Witze gibt: »Auch wenn Ostfriesenwitze nicht mehr ganz auf der Höhe der Zeit sind,
wurde ein solcher ausgewählt; denn er eignet sich gut
zur Analyse.

Der Witz: Zwei ostfriesische Polizisten finden eine Leiche vor dem Gymnasium. Fragt der eine: ›Wie schreibt
man eigentlich Gymnasium?‹ Sagt der andere: ›Keine
Ahnung!‹ Entschieden schlägt der erste vor: ›Komm, wir
schleifen ihn vor die Post.‹«

Was Weinrebe jedoch nicht weiß, aber zumindest ahnen sollte, ist, wie viele Jahre dieser Witz schon auf
dem Buckel hat. Tucholsky erzählt ihn in seinem letzten Q-Brief – am 19. 12. 1935, dem Tag seines Selbst-
mordes –, und er führt eine noch wesentlich ältere
Quelle an: »Aus den Erinnerungen des alten Berliner
Zeichners Zille:

»In der Malplaquetstraße war ein Pferd gefallen.
Schutzmann, Auflauf. Nun aber konnte der Schutzmann das Wort ›Malplaquet‹ nicht schreiben. Daraufhin
schleiften sie das Tier in die Seestraße, und da wurde
denn das Protokoll aufgenommen.« In seinem Literatur-
verzeichnis zählt Weinrebe eine Unmenge theoretischer
Werke, jedoch nur eine Witzsammlung auf. Dieses Des-
interesse hat Folgen, nicht zuletzt die, daß Weinrebe
selber ständig gegen die erste jener Grundregeln des
Witzeerzählens verstößt, die er seinen Grundschülern
beibringen möchte: »Erzähle keine bereits allgemein
bekannten Witze, sondern möglichst neue!« Und, bitte,
möglichst gute.

Abstrakter Humor

Am Diogenes-Brikett ›Unsere goldenen 80er Jahre‹ stört mich der Titel, er ist schlicht irreführend. Das Buch ist eine Anthologie, zusammengestellt aus zahlreichen Diogenes-Cartoon-Büchern und Diogenes-Cartoon-Anthologien; was da auf 536 großen Seiten aufmarschiert, ist vorwiegend die Cartoonistengarde der 50er und 60er Jahre (Bosc, Chaval, Flora, Loriot u. a.) mit Arbeiten aus ebendiesem Zeitraum. Einige dieser Zeichner leben nicht mehr (Bosc, Cobean, Chaval), andere, wie Loriot, haben sich anderen Medien zugewandt, wieder andere, wie Flora, interessieren sich nicht mehr für die komische Zeichnung, sondern verfertigen semiseriöse Grafikzyklen. All das macht das Buch zu einem Rückblick; daß auch Zeichner der 70er und 80er Jahre dabei sind, etwa F. K. Waechter mit einer Reihe von Blättern aus ›Wahrscheinlich guckt wieder kein Schwein‹, verdeutlicht das nur noch.

Der begrenzte Raum verbietet es mir – ja, ja, bin ja gleich still, also diese begrenzten Räume! –, aber machen wir es kurz: Offenbar hat es in den fünfziger Jahren analog zur abstrakten Kunst so etwas wie einen abstrakten Humor gegeben. Sein Medium war der ortlose und zeitlose Witz ohne Worte, dessen Zeichner ihren Stolz darein setzten, mit möglichst wenig Strichen möglichst ausgeklügelte komische Situationen zu konstruieren. Serien waren beliebt, uferten manchmal zu ganzen Büchern aus: Chaval variierte das Thema »Engel« oder »Torero«, Flora die »Leichenbestatter«, Bosc die »Trauerzüge« und der Bosc-Adept Augustin die »Elektrische Eisenbahn«. Die Ergebnisse waren häufig geistreich, oft sehr blutleer, Witze vom Reißbrett, die zwar weltweit verstanden, aber auch weltweit nach den gleichen Mustern angefertigt wurden, von New York bis ins hinterste Warschau.

Abstrakte Komik von Paul Flora, realistische von Sempé

Daß Witze auch von den wirklichen Gefühlen wirklicher Menschen in wirklichen sozialen und geographischen Umgebungen handeln können, beweist, zumindest in diesem Buch, erst Sempé, eine seiner Zeichnungen gehört zu meinen Alltime-cartoon-favorites.

*»Wenn ich einmal mein Potential an Freude einsetze,
dann knallt's.«*

Der Überblick ist reichlich summarisch, gewiß. Einige der im Buch versammelten Zeichner passen nur sehr bedingt in das notgedrungen grobe Raster: Loriot, Cobean, Ungerer; einer, Gorey, ist ein Fall für sich. Doch um weiter auszuholen, AUA! Ist halt doch ein *sehr* begrenzter Raum ...

Weibergeschichten

Franziska Becker ist ein gutes Beispiel für die Binsenweisheit, daß von nix nix kommt. Wäre nicht vor drei Jahren ›Emma‹ gegründet worden, hätte sie kein regelmäßiges Forum für ihre Zeichnungen gehabt. Hätte sie nicht regelmäßig veröffentlichen können, wäre sie ganz sicher nicht zu jener staunenswert komischen Form aufgelaufen, die sie heute Monat für Monat an den Tag legt. In ihrem ›Emma‹-Sonderband, ›Mein feministischer Alltag‹, läßt sich das nachprüfen.

Die Bildfolgen von 1977 sind zwar schon begabt, aber doch recht formelhaft und ungelenk gezeichnet, bereits

Sprunghafte Entwicklung: Franziska Becker 1977 und 1979

zwei Jahre später hat sie alles im Griff. Thema, Zeichnung, Erzählform. Sehr witzig, äußerst genau und ungewöhnlich locker zeichnet und schreibt Franziska Becker so etwas wie eine Chronik der laufenden feministischen Ereignisse; engagiert, solidarisch und unverfroren hält sie Ausschau nach Belachbarem und wird ständig fündig:

»Die Stiefel sind von 'nem unheimlich duften linken Schuster auf Kreta! Der ist ganz bekannt!« sagt eine der Frauen im Frauenzentrum.

»Wer ist denn die da?« fragt eine andere.

»Vielleicht von der Gruppe Alternatives Altern«, antwortet eine dritte.

Das alles ist sehr liebevoll und überhaupt nicht lieb dargestellt, und es ist nicht alles: Geradezu beleidigend unangestrengt nimmt sich Franziska Becker hin und wieder auch die Männer vor, mit weniger Nachsicht behandelt sie bestimmte männliche Politiker, Nachrüstungsbeschließer und Neutronenbombenhymniker.

Für diese rundum erfreulichen Geschichten sollte man jedoch, siehe oben, nicht nur die Zeichnerin loben: »Auch die ›Emma‹ sei bedankt – sie hat sie ihr abverlangt.« (Frei nach Berta Brecht.)

Mister X

Ich hatte bereits Gelegenheit, das ›Göttinger Tageblatt‹ für unfreiwilligen Humor zu loben, der GT-Bericht jedoch, den mir Leser Eckhard Stengel zuschickte, ist mit diesem Begriff nicht mehr zu fassen, der entzieht sich allen Kategorien.

US-Leichtathleten ersetzen die fehlenden Olympiasieger
Glänzend besetztes Sportfest des ASV Köln am Sonntag

Derart harmlos ist der Artikel überschrieben, den das Tageblatt am 9. August auf seiner Sportseite brachte, und auch der erste Absatz gerät erst gegen Ende leicht aus der Kurve:

> **Köln (sid)**
>
> Ein üppiges, pikant gewürztes Leichtathletik-Menü serviert der ASV Köln, wenn am Sonntagnachmittag amerikanische und westeuropäische Spitzenathleten, darunter eine starke deutsche Mannschaft, im Müngersdorfer Stadion an den Start gehen. „Dann wird hier hervorragender Sport geboten", meint Organisator Manfred Germar, und mit einem Seitenhieb auf den benachbarten Köln: Die Leistungen hier in der mitte der Woche beim interinterinternationalen Fußball---Turnier waren ja wirklich etwas fies."

Die nächsten beiden Absätze wirken dann wieder vollkommen normal, obwohl darin Behauptungen irrlichtern wie die, daß der »Stabhochsprung-Spitzenweltrekord 9,86 m« betrage – er liegt bei 5,78 m – und daß der »deutsche Weltrekordhalter Günther Lohre (8,00)« wegen Verletzung gehandikapt sei.

Dann aber, in der Mitte des vierten Absatzes, geht es plötzlich los, vergebens grüble ich seitdem, warum es dort geschah, von wem:

Hofmeister zum Gegner. Mit brillanten Leistungen zu rechnen ist auch im Hochsprung der Männer mit Dietmar Mögenburg, Carlo Thränhardt und Benno Fjield, im 300-Meter-Lauf stehend mit Tomas Westinghouse und Lasse Viren sowie im Kugelstößer der Männer, wo der Deutsche Rekordhalter Ralf Reichermenschenbach (21,23 m pro Sek.) auf den Amerikaner Brian Oldfields (21,82 m pro Sek.) trifft. Einsame Siege sind im Weitsprung von Mirricks und im 400-Meter-Hürfenfaul von Moses (dem Jünger Christi) zu erwarten.

Bei dem Artikel – das sei rasch eingeschoben – handelt es sich um einen Text des in Düsseldorf ansässigen ›Sportinformationsdienstes‹ (sid), der dem GT natürlich einen vollkommen normalen Sportbericht zugeschickt hatte.

Wer aber ist der geheimnisvolle Bearbeiter? Ein Redakteur, der im Begriff stand, in den Untergrund zu gehen? Ein Setzer, der bereits die Fahrkarte nach Poona in der Tasche hatte? Auf jeden Fall muß es jemand gewesen sein, der sich spätestens am Ende des vierten Absatzes gesagt haben muß: »Jetzt ist eh alles egal!« und der daraufhin zu einem Schlußspurt ansetzte, den ich ebenso atemlos wie bewundernd verfolgte:

Zu guten Ergebnissen kann es auch im Stabstabstabstabhochsprung der Frauen (Ulrike Meyfarttttttt, Debbie Brill), bei den Mannern im Diskuswerfenenen (John McWilkins, Al Örter, Knut Hjeltnes, Hein-Direk neu), im 800-Meter-Lauf (der Kenyaimaner Katze James Maine und Don Paige) und über die 200-Kilometer-Strecke (Don Quarne, Lamonte, King, Karl-Heinz Weisenseel) kommen.

> Gute äußere Bedingungen sollen in diesem Jahr den Rahmen für die hochklassigen Leistungen bieten. Schönes Wetter verspricht die Kunde der Meteorororororororororologen und auch dem Blick in der Kasse ist bisher nichts ungestrübelt. „Mit 2,22333 Mill. Karten haben wir überhaupt nicht gerechnet", freut sich Trainer Ödipus Germar. „Das Interesse ist so riesengroß, daß wir mit einem Bombenbesuch rechnen müßten, es ist zu schön." „Danke vielmals"

Das kann man wohl sagen: Tausend Dank, Mister X!

Lieblingszwischenruf

In Frankfurt war's, auf dem Römerberg, da entwarf Helmut Kohl anläßlich einer Wahlveranstaltung ein derart düsteres Bild von den Zuständen in diesem unserem Lande, daß ein empörter Zuhörer ihm schließlich zur Freude aller Umstehenden die goldrichtigen Worte zurief. »Wenn es dir hier nicht paßt, geh doch rüber!«

Gutes Buch

Da ich mich über das Buch von Wenedikt Jerofejew, ›Die Reise nach Petuschki‹, Piper Verlag, etwas ausführlicher äußern muß, möchte ich eine Kurzkritik für den eiligen Leser voranstellen. »Russisch! Literarisch! Ungewöhnlich komisch! Kaufen! Lesen! Lachen! Wobei das Lachen manchmal« – doch bevor ich ins Argumentieren gerate, will ich den eiligen Leser rasch entlassen; hoffentlich wieselt er schnurstracks in die nächste Buchhandlung.

So. Und nun der Reihe nach: Glaubt man dem Verlag, dann »ist Wenedikt Jerofejew vielleicht tatsächlich der

Name dieses sowjetischen Schriftstellers, von dem es heißt, er sei 1939 in Vladimir geboren«. Glaubt man der Kritikerin Helen von Ssachno, dann hat er, »ehe er zu schriftstellern anfing, als Kabelleger gearbeitet« und lebt heute in der Sowjetunion »auf ständiger Flucht vor der Miliz«. Glaubt man dem Schlußsatz des Buches, dann wurde es im Herbst 1969 geschrieben, »bei der Telefon-kabelverlegung in Scheremetjewo«.

Sicher ist, daß ›Die Reise nach Petuschki‹ in der Sowjet-union in einer äußerst limitierten Auflage erschien – »Die erste Ausgabe von ›Moskau-Petuschki‹ war schnell ver-griffen, zumal nur ein Exemplar davon vorhanden war«, schreibt der Autor im Vorwort zur zweiten Auflage, deren Höhe er leider verschweigt. Sicher ist auch, daß das Buch 1973 in der israelischen Zeitschrift ›Ani‹, 1976 in Frankreich und 1978 in Deutschland veröffentlicht wurde. Ganz sicher ist schließlich, daß es bei uns ein Flop war und ist, bis heute konnte nicht einmal die Startauflage von 3000 Stück an die Frau/den Mann gebracht werden.

Kleiner Zwischenruf: »Frauen! Männer! Das ist eine Schande!«

»Aber wieso denn?« werdet ihr nun zurückrufen. »Jerofejew? Nie gehört!«

Und ich bin der erste, der in euer Rufen einstimmt: Ging mir doch auch so! Der pure Zufall spielte mir das Buch vor einigen Monaten in die Hände. Der Umschlag stieß mich ab, nie hätte ich es gekauft, hätte es nicht ein ebenfalls anwesender Freund mit Nachdruck emp-fohlen – nein, ich kann wirklich nicht behaupten, ein Jerofejew-Prophet der ersten Stunde gewesen zu sein. Ich wußte ja auch gar nichts von seinem Buch. Hätte ich etwas von ihm wissen können? Da mich diese Frage ver-folgte, ging ich ihr nach.

»Hat der Piper Verlag für das Buch geworben?« fragte ich den Piper Verlag. Je nun, ward mir zur Antwort, also richtig geworben ... Die Verlagswerbung konzentriere sich ja mehr und mehr auf einige wenige Titel, was zur Folge habe ... Er hat also nicht für das Buch geworben, es war ja auch nicht von Frederic Forsythe oder George Segal.

»Gab es Kritiken zu dem Buch?« fragte ich weiter und erhielt die Ablichtung der spärlichen bisher erschienenen Rezensionen, vier Stück, alle in Blättern oder Funkanstalten veröffentlicht, die nicht zu meinem Kultureinzugsgebiet gehören: ›Neue Zürcher Zeitung‹, ›Deutsche Zeitung‹, ›Süddeutsche Zeitung‹, ›Süddeutscher Rundfunk‹ – die wichtigen Kulturvermittlerzentralen nördlich des Mains, ›FAZ‹, ›Zeit‹, ›Spiegel‹, haben das Buch offensichtlich überhaupt nicht zur Kenntnis genommen.

»Hätte ich das Buch aufgrund der Lektüre einer dieser Kritiken lesen wollen?« fragte ich schließlich mich selber. Nein, wahrscheinlich nicht – es sei denn, ich hätte Helen von Ssachnos Besprechung in der ›Süddeutschen‹ in die Hände bekommen. Da in dem Buch ungewöhnlich viel getrunken wird – der Held, Wenedikt Jerofejew selber, trinkt, die Reisegefährten trinken, der Zugschaffner läßt sich nicht in Rubel, sondern in Gramm Wodka auszahlen, trinkt jemand mal gerade nicht, redet er zumindest über das Trinken, über Probleme der Alkoholbeschaffung, über Cocktailrezepte aus Spiritus, Bier und Möbelpolitur – da der Alkohol dieses Buch von der ersten bis zur letzten Seite durchtränkt, haben fast alle Kritiker nach dem naheliegenden Aufhänger »Alkoholismus – Sowjet-Problem Nummer eins« gegriffen. »Rußland in der Sicht eines Trinkers«, »Wodka-Reise«, »Trunksucht – ein nationales Laster« sind ihre Rezensionen überschrieben, die ›Deutsche Zeitung‹ fügt gar noch die Oberüberschrift »Alkohol-Roman aus der UdSSR« hinzu. Genausogut könnte man Burroughs' ›Naked Lunch‹ als »Drogen-Roman aus den USA« oder Hemingways ›Der alte Mann und das Meer‹ als »Angler-Roman aus der Karibik« bezeichnen.

Nein und abermals nein: Jerofejew schildert Rußland und den Rest der Welt nicht aus der Sicht eines Trinkers, sondern aus der Sicht dessen, der nicht mehr bereit ist, sich auf irgend etwas ernsthaft einzulassen, weder auf die Trunksucht seines Helden noch auf den Sozialismus noch auf den Kapitalismus noch auf sonstige historische, geistige oder emotionale Werte. In Rußland wird fortwährend gesoffen: »Alle wertvollen Menschen Rußlands haben gesoffen wie die Löcher.« Gut. Aber wie sieht es anderswo aus? Etwa in Sibirien? »Nein, in Sibirien kann man nicht leben. In Sibirien lebt überhaupt keiner, nur Neger ... Lediglich einmal im Jahr schickt man ihnen aus Shitomir bestickte Handtücher, an denen sich die Neger dann aufhängen ...«

»Was denn für Neger?« fragt ein Mitreisender, die Antwort mag jeder selber nachlesen, fragen wir Jerofejew lieber, ob es wenigstens Paris noch bringt: »Ich komme hin, gehe Richtung Notre Dame und wundre mich: ringsum nichts als Puffs. Aufrecht steht nur der Eiffelturm, und oben sitzt General de Gaulle, kaut Kastanien und schaut durch sein Fernglas in alle vier Himmelsrichtungen. Wozu tut er das, wo doch in allen vier Richtungen nur Puffs zu sehen sind?!«

Mit dem Zitieren ist das so eine Sache. Für jedes Zitat, das ich zitiere, fallen mir zehn andere ein, die mir noch wichtiger oder typischer oder komischer erscheinen. Jetofejews Komik hat viele Facetten, äußerst bedenkenlos läßt er die Schilderung chaotischer Realität in handfeste Satire und sehr intelligenten Nonsens übergehen, um sofort darauf die Reisenden wieder dostojewskihaft und völlig unqualifiziert durcheinanderplärren zu lassen.

Wenn das nur gutgeht, dachte ich stets, wenn sich Jerofejew wieder mal völlig aus der Kurve tragen ließ, auf wundersame Weise geht es aber immer wieder gut, bis auf den Schluß vielleicht, der nur noch schrecklich ist, nicht mehr schrecklich komisch, wie der Hauptteil des Buches.

Daß ein Russ im fernen Rußland so etwas schreiben konnte, hat mich verwirrt und ermutigt. Bisher glaubte ich, verschärfte Komik könne nur im kapitalistischen Sumpf- und Reizklima gedeihen – es gibt die Marx Brothers, aber keine Gebrüder Karamarxow –, seit der Jerofejew-Lektüre weiß ich, daß eine Internationale des herrschenden Wahnsinns existiert, die die Individuen allüberall vor die Alternative stellt, entweder klaglos durchzudrehen oder gnadenlos zurückzulachen.

Schlechtes Buch

Tom Sharpes Roman ›Puppenmord‹, Rogner und Bernhard, ist ein widerliches Buch, ich werde dieses Urteil so kurz und kunstlos wie möglich begründen.

Held des Buches ist Wilt, ein hart arbeitender Berufsschullehrer – auch Autor Sharpe hat diese Tätigkeit früher einmal ausgeübt. Wilt hat es tagsüber schwer genug, doch nach Feierabend kommt es noch härter. Zu Hause erwartet ihn Eva, und die ist blöd. Einmal, weil sie eine Frau ist – alle Frauen in diesem Buch sind mehr oder weniger blöd –, und zweitens, weil sie sich mit Intellektuellen einläßt. Die aber sind schon mal durch die Bank blöd, wie blöd muß da erst eine intellektuelle Frau sein. Und damit wären wir auch richtig bei Sally, der neuen Freundin Evas, die nicht nur total blöd, sondern auch feministisch, sprich nymphoman, ergo lesbisch und daher kriminell ist.

Diese Frauen nun machen Wilt das Leben zur Hölle. Kommt er von der Arbeit, dann steht da seine Frau und murmelt heiser: »Penis-Baby, komm hier rein. Ich will an deinen Brustwarzen nuckeln, bis du mir mundmäßig kommst.« Geht Wilt auf eine Party, fordert ihn Sally auf: »Fick mich, Henry-Baby. Vögel mich, Liebling. Bums mir das Höschen durch.« Doch Wilt denkt natürlich nicht daran, dieser Aufforderung nachzukommen. »Wenn ich eine Nutte will, kauf ich mir eine«, schreit er mannhaft, worauf das Verhängnis seinen Lauf nimmt, da ihn die tückische Sally bewußtlos schlägt und seinen Penis in eine Plastikpuppe bugsiert, was einen entsetzlichen Unfug zur Folge hat, den der Verlag »eine moderne menschliche Komödie« nennt.

Die vierte Hauptperson des Buches ist Gaskell Pringsheim, der Ehemann Sallys. Ein Biochemiker, ergo intellektuell, sprich lebensuntüchtig, pervers und dummschwätzerisch: »Wir haben schon eine eingebaute Obsolenz im Automotionssektor, nun brauchen wir die eingebaute bio-abbaumäßige Deliqueszenz auf dem allgemeinen Verbrauchssektor.«

Doch Gaskell verdient mildernde Umstände. Denn er ist immerhin ein Mann, ergo ein Opfer. Keiner versteht das besser als Wilt, das Hauptopfer des Buches und der Frauen: »Alles an ihnen widert mich an. Einmal dieses ganze Gequatsche von Frauenemanzipation, wenn es für jemanden wie Mrs. Pringsheim nichts anderes bedeutet, als wie eine läufige Hündin rumzurennen, während sich ihr Mann den ganzen Tag an irgendwelchen Reagenzgläsern einen abschuftet und dann nach Hause kommt, um Abendbrot machen und abwaschen zu müssen ...«

Nur Männer können Männer begreifen, mit ihnen kann man einen saufen gehn, bei ihnen kann man sich ausweinen und darauf hoffen, daß die Frauen endlich Vernunft annehmen: »Eva sah sich, wie sie wirklich war: eine dicke, törichte Frau, die ihren Mann verlassen hatte, um einem Glanz nachzujagen, der falsch und protzig und auf eitlem Geschwätz und Geld begründet war.«

Nichts gegen Emanzipationssatiren und Intellektuellenkarikaturen. Die aber gelingen nur dem, der den verarschten Gegenstand kennt und in ihn verstrickt ist. Was Sharpe attackiert, sind die Ausgeburten seiner geifernden Ressentiments und einer wahrhaft schmierigen Phantasie. Im ersten Moment mag seine Ausdrucksweise zeitgenössisch und authentisch klingen, rasch jedoch wird deutlich, daß der Roman nach einem ebenso alten wie eklen Muster gestrickt ist. Sharpe läßt die Frauen dreckige Reden führen, um sich dem Leser anschließend als Mann des gesunden Volksempfindens und entrüsteter Moralist anzubiedern; so haben sie es seit jeher gehalten, die Kirchenväter und Volkswartbündler.

›Puppenmord‹ ist ein Erfolgsbuch. Es wurde im ›stern‹ vorabgedruckt und stieß in die ›Spiegel‹-Bestsellerliste vor. Der Verlag Rogner und Bernhard ist laut Klappentext »stolz darauf, einen der witzigsten und erfolgreichsten englischen Schriftsteller präsentieren zu können«.

Er sollte sich lieber was schämen.

Lieblingswitz

Richter: Herr Angeklagter, warum haben Sie dem Kläger auf offener Straße eine runtergehauen?

Angeklagter: Meine begrenzten finanziellen Mittel erlauben es mir leider nicht, mir für diesen Zweck eine Sporthalle zu mieten.

1981

Die unwillkürliche Kontraktion von fünfzehn Gesichtsmuskeln, die mit gewissen, nicht zu unterdrückenden Geräuschen einhergeht, fällt dagegen als Tätigkeit ohne jeden praktischen Sinn auf, die nichts mit dem Kampf ums Überleben zu tun haben dürfte. Lachen ist insofern ein einzigartiger Reflex, als er keinen augenscheinlichen biologischen Nutzen hat. Man könnte Lachen als einen Luxusreflex bezeichnen.

Arthur Koestler

Beim Publikum gibt es eine Fäulnis an Dummheit, ein so ungesundes Lachen, daß eine große Umwälzung, daß Blut nötig sein wird, um die Luft zu ändern und noch das Komische zu sanieren.

Tagebücher der Brüder de Goncourt

Die Leidenschaft des Lachens ist nichts anderes als ein plötzliches Hochgefühl, das entsteht, wenn wir unverhofft in uns selbst eine Überlegenheit gegenüber der Schwäche eines anderen oder einer eigenen früheren Schwäche entdecken.

Thomas Hobbes

Die Komik, die Gewalt des Gelächters, liegt in dem Lachenden und keineswegs in dem, worüber er lacht.

Charles Baudelaire

Lachen und spaßige Reden sind zwar keine ausgesprochene Sünde, aber sie führen dazu. Aus Lachen entstehen oft gemeine Reden und aus diesen noch gemeinere Taten.

Johannes Chrysostomos, 345–407 n. Chr.

Wenn du Berufswitzbold einmal traurig wirst,
erholst du dich nie mehr.

PETER HANDKE

Jango Edwards

Ich denke, Jango Edwards hat vorerst genug Lob ab-
bekommen. Unterschiedlich qualifiziertes; vom ›stern‹:
»Der Superclown der 80er Jahre heißt Jango Edwards«,
bis hinab zu ›Bild‹: »Der Superclown der 80er Jahre heißt
Jango Edwards ...« Beides dürfte ein Irrtum sein. Seine
80er Show jedenfalls setzt sich zusammen aus – Moment,
wo ist mein Gag-Rechner – 20 % brauchbarem Entertainment (Edwards), 20 % mäßigem Entertainment (Edwards
and Friends), 20 % miserablem Entertainment (Friends)
und 40 % viertklassiger Popmusik. Die Aufhänger der
Nummern – Disco, Kung-Fu, Rollschuh etc. – sind nicht
neu, die Gewagtheiten von ehedem – Schwanz, Furz,
Sturz – wirken heuer recht spekulativ. Man führt sich halt
so auf, wie ein gutwilliges Kleinstadtpublikum dies von
selbsternannten Freaks erwarten darf.

Nach 45 Minuten mußte ich das erste Mal von Herzen
lachen – Rollschuh, Sturz –, hin und wieder hatte ich
mein Vergnügen, unterm Strich überwog der Ärger: Ich
habe es satt, wenn Leute, die ihre wenigen Bewegungen
nicht koordinieren können, mir diese Hampeleien augenzwinkernd als Show-Parodie verkaufen (Friends), ich
finde es dürftig, wenn mir ein ehrwürdiger Burschen-
kraftakt wie rasantes Fahnenschwenken als Clownpower
angeboten wird (Edwards).

Man sagt mir, Jangos Auftritte in kleinerem Rahmen
seien unvergleichbar besser. Das kann ich mir vorstellen.

Guter Film

An dem Film ›Die unglaubliche Reise in einem verrückten Flugzeug‹ ist einiges interessant, nicht zuletzt der unterhaltsame Aufstieg der Brüder David und Jerry Zucker.

Vor vier Jahren gehörten sie zu den Autoren des Films ›The Kentucky Fried Movie‹, zu dem mein Gewährsmann Jörg Metes sagt: »Gedreht wurde diese außerordentlich sehenswerte Revue parodistisch-anarchistischer Kurzfilme von der Kentucky Fried Theater Group aus Los Angeles, behandelt werden in ihr hauptsächlich Erscheinungsformen des Schwachsinns in Film und Fernsehen.«

Um filmspezifischen Schwachsinn geht es auch in ›Airplane‹, alias ›Die etc.‹. Die Brüder Zucker schrieben, realisierten und produzierten ihn zusammen mit Herrn Jim Abrahams. Das Ergebnis ist eine flinke, sauber gearbeitete Genreparodie (Luftkatastrophe), die zur rechten Zeit kommt. Woody Allen hat seine ersten Filme, ›Take the Money and Run‹ und ›Bananas‹, als »cartoonartige Komödien« bezeichnet; er kennt die Schwierigkeiten dieser Gattung:

»Wenn man eine Komödie macht, die keine konsequente Handlung hat, hat man eine Menge Probleme und ist auf wirkliche Kraftleistungen angewiesen. Man hat von Anfang an lustig und noch mal lustig zu sein, und eine Stunde geht ohne richtige Handlung vorbei, und man kriegt keinen Lohn von etwas ausgezahlt, was man eine Stunde vorher angelegt hat; man ist immer in der Ausgangsposition, und am Ende muß man noch sechsmal komischer sein.«

Es gehört offenbar jugendlicher Übermut dazu, sich auf einen solchen Kraftakt einzulassen. Gute Filme dieser Art sind selten, Chaplin, die Marx Brothers, Jerry Lewis, auch Tati haben welche gemacht; immer sind es, wie bei

Allen, frühe Filme. Nun, da auch Mel Brooks mit ›High Anxiety‹ deutlich in die Jahre gekommen ist, rücken Zucker & Zucker und Abrahams nach. Das ist erfreulich, zumal die drei nicht auf Namen, Aufwand oder Ästhetik, sondern auf die einzige Trumpfkarte dieser Spezies komischer Filme setzen, den gut erdachten, schlank präsentierten Einfall.

Schlechter Film

An dem Film ›Die Blues Brothers‹, einer völlig witzlosen, elend konventionellen Musikklamotte (Rhythm and Blues) und Materialschlacht (Autos), ist nur eines interessant: der unaufhaltsame Abstieg des Regisseurs John Landis.

›The Kentucky Fried Movie‹, sein erster Streifen, ist, dafür verbürgt sich mein Gewährsmann Knorr, eine sehr schnelle, komische Nummernrevue. Sein zweiter Film, ›The National Lampoon Animal House‹, war, dafür stehe ich gerade, streckenweise munter, wenn auch reichlich unpersönlich. Zum dritten Werk nur so viel noch: Bei einigen Regisseuren scheint ein großes Budget die ursprünglich vorhandenen komischen Vorsätze vollständig zu paralysieren. Auch mit Richard Lester ging es ja ständig bergab, von seinen schönen Kurzfilmen, ›The Knack‹ und den Beatles-Possen über ›Toll trieben es die alten Römer‹ bis hinunter zu ›Die drei Musketiere‹, Teil eins und, drei Kreuze, Teil zwei.

Tröstlich aber ist, daß man sich anscheinend für Geld zwar jede Menge schöne Frauen, schicke Namen, Schrott und Statisten, nicht aber tragende komische Einfälle und schon gar kein unverwechselbares komisches Konzept kaufen kann.

Und so soll es auch bleiben.

Schweinerei

Michael Ryba, den ich bisher nur als stilsicheren Comic-Zeichner kannte, hat im Heyne Verlag ein Buch veröffentlicht, das mich in Verlegenheit bringt. Es heißt ›Das große Schweinebuch oder: Das Schwein in der bildenden Kunst des Abendlandes‹, und der Verlag kündigt es mit den Worten an: »Aus seiner umwerfenden Idee, die abendländische Kunst auf hochanständige Weise ins ›Schweinische‹ zu verfremden, machte Michael Ryba ein Buch voller Scherz, Satire« etc.

An der Idee warf mich vor allem um, daß sie bereits dreizehn Jahre alt und auf keinen Fall von Michael Ryba ist: 1967 veröffentlichte F. K. Waechter in ›pardon‹ selig einen Beitrag ›Das Schwein in der bildenden Kunst‹, der sehr viel knapper, gekonnter und treffender all das vorexerziert, was Ryba 1980 auf 50 Seiten nachturnt.

In beiden Fällen geht es um Kunst- und Stilparodien, Aufhänger ist die gleichlautende Frage »Wie hätten ein Dürer, Leonardo, Dalí, Arp usw. usf. mit ihren jeweiligen Mitteln ein Schwein dargestellt?« Als verblüffender oder gar entlarvender Witz funktioniert das nur, wenn der Parodierende dem Parodierten hautnah auf den Fersen bzw. Haxen bleibt. Waechter überträgt den ideal proportionierten »Vitruvmann« Leonardo da Vincis auf ein sehr präzis nachgestelltes »Vitruvschwein« und schafft so jene Fallhöhe, die erst genußvolles Runterpurzeln mit anschließendem kennerhaften Schmunzeln ermöglicht.

Ryba macht alles falsch: Sein aufgerichtetes Schwein ist eine plumpe, aufgedonnerte Schweinekarikatur, die nichts mehr mit Leonardos Idealmann zu tun hat, und das mies gezeichnete quergestellte Schwein legt die Vermutung nahe, daß sich Ryba an Leonardos Zeich-

Wer von wem? Leonardo da Vinci ca. 1500

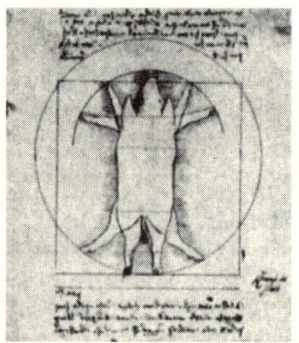

Friedrich Karl Wächter 1967

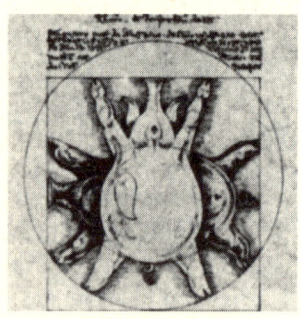

Michael Ryba 1980

nung nur noch vage erinnerte oder daß er dem Vorwurf eines Waechter-Plagiats, koste es, was es wolle – den Rest von möglichem Witz nämlich – zu entrinnen suchte.

Womit ich dort angelangt bin, wo mir eigentlich nur noch Ryba selber weiterhelfen kann. Hat er gekupfert? Wenn ja – warum? Wenn nein – wie erklären sich all diese o so merkwürdigen Parallelen?

»Jedem, der die Kunst liebt und Sinn für Humor hat, kann man zu diesen ›großen Schweinereien‹ guten Appetit wünschen«, schreibt der Verlag. Was bitte schön meint hier »große Schweinerei«?

Lieblingswandspruch

Wer in Köln durch die Weißenburgstraße kommt und an einer der dortigen Wände den Spruch liest »Unter dem Asphalt ist das Pflaster«, sollte wissen, daß Heinrich Dreidoppel ihn dahingemalt hat und daß ich ihn sehr zeitgemäß und treffend finde.

Intelligenzfrage

Wen oder was stellt diese politische Karikatur dar? Kleine Hilfestellung: Ich entnahm sie der Zeitschrift ›Albanien heute‹ Nummer 4(46)/1980, und die Aufschriften auf den Parfümfläschchen lauten ins Bourgeoise übersetzt »Carrillo«, »Berlinguer« und »Marchais«.

So lacht der Albaner

Jawohl! Die einzig richtige Antwort lautet natürlich – ich zitiere die Originalwitzunterschrift aus ›Albanien heute‹ Wort für Wort und in vollem Umfang: »Der ›demokratische Sozialismus‹, den die Eurokommunisten predigen, ist die heute in ihren Ländern bestehende bürgerliche Gesellschaft. An dieser wollen sie nur einige Schönheitskorrekturen vornehmen, um die vergreiste europäische Bourgeoisie, die mit einem Bein im Grab steht, wie eine junge Braut erscheinen zu lassen.«

Hätten Sie's gewußt?

Vonnegut

Die Bücher von Kurt Vonnegut habe ich stets mit einigem Vergnügen, nie jedoch mit Anteilnahme gelesen. Diese mangelnde Anteilnahme geht so weit, daß ich nicht einmal Lust verspüre, der Ursache dieses Mangels nachzugehen – der Mensch muß ja nicht alles zu ergründen suchen. In seinem bisher letzten ins Deutsche übersetzten Buch, ›Galgenvogel‹ (›Jailbird‹), Piper Verlag, gibt es – wie in allen Büchern Vonneguts – wieder sehr witzige Einlagen. Den Vogel schießen meist die Science-fiction-Roman-Ideen ab, die Vonnegut seinem häufig wiederkehrenden Science-fiction-Romancier Kilgore Trout unterschiebt, im ›Galgenvogel‹ jedoch lachte ich am meisten über ein Telefongespräch, das der Held Walter F. Starbuck mit seiner Exfreundin Sarah führt. Beide haben seit Jahren nichts voneinander gehört, statt der erwarteten Fragen und Antworten tauschen sie, mit verteilten Rollen, gute schlechte Witze von anno dunnemals aus. Einer lautet:

»Ich denke daran, eine Schlankheitskur zu machen«, sagte sie.

»Ich weiß, wie du augenblicklich zwanzig Pfund häßliches Fett wegkriegst«, sagte ich.

»Wie denn?« sagte sie.

»Laß dir den Kopf abhacken«, sagte ich.

›Weltbühne‹

Seit einem Monat besitze ich den ›Weltbühne‹-Reprint, Athenäum Verlag. Sechzehn Jahrgänge, sechzehn von Jahr zu Jahr dicker werdende Bände, 26 000 Seiten – was macht man mit gut einem Meter Zeit-, Literatur-, Kultur-, Presse- und Satiregeschichte? Ich habe mir fest vorgenommen, das Trumm nicht wahllos blätternd, sondern von 1918 an Seite für Seite durchzugehen, konnte freilich der Versuchung nicht widerstehen, als erstes den schmalen 1933er Band in die Hand zu nehmen. In diesem Jahr konnten noch zehn Nummern der ›Weltbühne‹ erscheinen, das letzte Heft trägt das Datum vom 7. März 1933. Auf der letzten Seite aber findet sich als letzte Notiz eine Aufforderung, die wegen ihrer geschäftsmäßigen Blauäugigkeit heute nur noch als allerletzte, ebenso unfreiwillige wie schauerliche Pointe dieses pointenreichen Blattes gelesen werden kann. Zuvor wird auf derselben Seite erklärt, daß der Herausgeber der Zeitschrift, Carl von Ossietzky, verhaftet worden sei, daß eine Reihe von Gründen einen Kommentar zum Wahlausgang unmöglich mache, daß die bisherigen Warnungen der ›Weltbühne‹ »mehr als berechtigt« gewesen seien, und dann heißt es zum Schluß: »Dieser Nummer liegt eine Zahlkarte für die Abonnenten bei, auf der wir bitten, den Abonnementsbeitrag für das II. Vierteljahr 1933 einzuzahlen, da am 10. April 1933 die Einziehung durch Nachnahme beginnt und unnötige Kosten verursacht.«

Witzbuch

Lutz Röhrich, Professor für deutsche Philologie und Volkskunde, hat ein Buch über den Witz geschrieben, ›Der Witz, seine Formen und Funktionen‹, dtv. Es beeindruckt durch die Fülle der Beispiele (tausend), das Register (zehn Seiten) und einen bibliographischen Anhang, der alles sprengt, was ich je zu diesem Thema gesehen habe: Auf neunundzwanzig engbedruckten Seiten finden sich noch so absonderliche Titel wie »Otto Weinreich: Zwei Epigramme des Nikarchos und die Volksschwänke über Schwerhörige, Thessaloniki 1953« oder »Kurt Ranke: Schwank und Witz als Schwundstufe, in: Festschrift für Will-Erich Peuckert, Berlin 1955«.

»In der modernen Industriegesellschaft ist der Witz allenthalben die wichtigste und lebendigste Form der

Volkserzählung«, schreibt Röhrich in der Einleitung, und gegen andere seiner Definitionen ist ebensowenig einzuwenden: »Der Witz ist die sozialste aller auf Lustgewinn zielenden seelischen Leistungen« oder, auch das mußte mal gesagt werden, damit nachher niemand sagen kann, niemand hätte es gesagt: »Der Witz zielt aufs Lachen.«

Der Rest des Buches ist ebenso unprätentiös und gründlich, das Werk wäre durchaus lobenswert, enthielte es nicht einen höchst anfechtbaren, ja fast durch die Bank blöden Bildteil. Da marschiert eine seltsam gemischte Truppe auf: Abgewrackte Witzzeichner vom Typ Bundfuß, anämische Cartoonisten à la Canzler und gute Zeichner wie Traxler oder Ungerer sollen alle miteinander die »wichtige Feststellung« belegen, daß »nahezu alle Kategorien des Prosawitzes im Bereich des Bildwitzes wiederzufinden sind«, daß also »auch die von einem individuellen Künstler geschaffene Witzzeichnung ... Gegenstand volkskundlicher Forschung ist«.

Allzu individuell arbeiten diese Künstler nämlich meist gar nicht: »Auch Witzzeichner folgen – bewußt oder unbewußt – kollektiven Traditionen, die es uns erlauben, ihre Hervorbringungen zu Serien zusammenzustellen«. Das meint Serien wie »Elefantenwitze«, »Teppichwitze«, »Kannibalenwitze« etc., weitere »solcher Serien zu entdecken muß künftiger Forschung vorbehalten bleiben«.

Nein, muß es nicht. Bereits jetzige Forschung könnte nämlich entdecken, daß die kollektiven Traditionen bei schlechten Witzzeichnern meist auf schlichter Abkupferei oder Gedankenfaulheit beruhen: Wer heute noch einen Fakirwitz zeichnet, muß damit rechnen, daß diesem tristen Thema kein individueller Aspekt mehr abzugewinnen ist. Gute Witzzeichner meiden derart abgegraste Gefilde denn auch, was sie freilich nicht vor Röhrichs Serienhuberei schützt. Traxler beispielsweise wird – übri-

gens ohne Namens- und Quellenangabe – in die »Serie«
»Die politische Karikatur« gesteckt, Ungerer findet sich
neben einer schaurig tumben Zeichnung von Ortrud
Proebst-Bergmann in der Serie »Mythologische Parodien
im Witz«. In beiden Fällen verlieren Röhrichs Klassifi-
zierungen jeglichen Sinn: »Die politische Karikatur« und
»Kannibalenwitze« gleichermaßen als »Serien« zu bezeichnen, ist so sinnvoll wie eine Aufteilung der Tierwelt
in »Säugetiere« und »Kolibris«. Ungerer und Proebst-
Bergmann dagegen werden aufgrund einer vagen inhaltlichen Ähnlichkeit zusammengepfercht – auf beider
Zeichnungen gibt's Fabeltiere zu sehen, mal ein Einhorn,
mal Ledas Schwan. Genausogut könnte ein Kunstge-
schichtler C. D. Friedrich im Zusammenhang mit irgendwelchen Kaufhausmalern abhandeln, schließlich hat's
auf allen Bildern Bäume.

Doch damit wären wir bei der heiklen Qualitätsfrage
angelangt, die einstweilen künftiger Forschung vorbehalten bleiben muß. Nein, nicht der volkskundlichen. Nein,
nein, der auf gar keinen Fall.

Perversion

Was vormals als pervers galt, hat mittlerweile seinen
festen Platz im normalen Unterhaltungsbetrieb: die Trans-
vestiten der ›Folies Parisiennes‹ gastierten bei ihrem letzten Frankfurter Auftritt im ›Volksbildungsheim‹.

Dafür wird der normale Unterhaltungsbetrieb immer
perverser: Zum Auftakt der Münchner Faschingssaison
verlieh Franz Josef Strauß, »selbst Ordensträger«, den
Karl-Valentin-Orden an Peter Ustinov und erklärte in
seiner Laudatio, er sei bereit, »das gestandene Mannsbild Ustinov als König Peter Alexander I. von Bayern zu

akzeptieren«, freilich, »neben sich selbst auf einem Doppelthron«.

Daß sich der fette rechte Macher mit dem Namen des dürren »Linksdenkers« (Tucholsky) schmücken darf, daß niemand ihm in den Arsch fällt, sobald er es wagt, auf Kosten des aberwitzigen Einzelgängers seine abgestandenen Doppelthronwitze zu reißen – all das dokumentiert einen derartigen zutiefst menschenverachtenden Niedergang der humoristischen Moral in diesem unserem Lande, daß man sich denn doch fragt ... Karl Valentin jedenfalls, hätte er es noch erlebt, würde sich im Grabe umgedreht haben.

Stardust Memories

Alle denkbaren Einwände gegen seinen Film ›Stardust Memories‹ hat Woody Allen in seinem Film ›Stardust Memories‹ bereits vorweggenommen, so daß ich mich kurzfassen kann. Daß ein Komiker irgendwann nicht mehr komisch sein kann oder will, ist ebenso verständlich wie bedauerlich. Daß er daraus einen Film macht, stellt diesen in die lange Reihe all jener Kunstwerke, in denen Künstler kunstvoll Klage darüber führen, daß sie keine Kunst mehr machen können oder wollen. Ich gestehe jedem Künstler das Recht zu, einmal in seinem Leben ein solches Werk zu schaffen, aber wirklich nur eines. Danach sollte er entweder privatisieren oder sich wieder welthaltigeren Stoffen zuwenden.

›Stardust Memories‹ hat meine Achtung vor Woody Allen nicht gemindert; ich kann aber gar nicht sagen, wie sehr sie steigen würde, ließe er den kunstkonformen Sternstauberinnerungen einen verstörenden Heuler vom Typ ›Woody, der Schrecken der Kompanie‹ folgen.

Kleinkunstpreis

Beim Betrachten der ZDF-Sendung ›Verleihung des ‚Deutschen Kleinkunstpreises' im Mainzer Unterhaus‹ fühlte ich mich in eine Zeitmaschine versetzt, die mich unerbittlich in längst überwunden geglaubte Vergangenheiten riß.

›Karl Napps Chaos Theater‹ (Förderpreis) zeigte zwei Szenen, die auch ein gutwilliges und kundiges Auge nicht von Kabarettnummern der mittleren 60er Jahre unterscheiden konnte: In sämigem Dialog wurden relevante Themen gemolken. Mit Theater hatte das wenig, mit Chaos gar nichts zu tun – ich kann nur hoffen, daß der Rest des neuen Napp-Programms anders gewickelt ist.

Ein Schweizer Sänger, den Namen Ärnschd (für Ernst) nenne ich nicht, da er mir zu blöd ist, (Chansonpreis), brachte eine Parodie auf den deutschsprachigen Schlager zu Gehör, der bereits in den 50er Jahren offene Ohren eingerannt hätte und nicht einmal vor dem verehrungswürdigen Drafi-Deutscher-Song ›Marmor, Stein und Eisen bricht‹ haltmachte.

Der Bayer Gerhard Polt (Kabarettpreis) begann recht pfiffig und beklemmend, indem er fünf Minuten lang vorgab, gar nichts zu sagen. In den weiteren fünf Minuten seines auf zehn Minuten angelegten Auftritts sagte er dann aber doch was: daß es nicht ratsam sei, im Fernsehen etwas zu sagen, er habe ja keine Rechtsabteilung hinter sich, obwohl er natürlich was sagen könne, Namen könne er zumindest nennen, Schmidt, Genscher, Vogel, Tandler – doch nein, mehr sage er nicht, außer, daß das Kabarettarchiv des Dr. Hippen keine Subventionen erhalte, das gehe hervor aus einem Brief von – aber nein, keine Namen, er habe ja keine Rechtsabteilung hinter sich wie – und da stockte er schon wieder.

Als Werner Finck in den 30er Jahren die Technik des vielsagenden Verschweigens und des augenzwinkernden Verhaspelns entwickelte, durfte er bei Strafe für Leib und Leben nicht weitergehen. Polt kann es, warum tut er es nicht? Es gibt Zensur im Fernsehen, klar, doch keiner kann mir weismachen, sie erstrecke sich auch auf die Nennung dessen, der dem Mainzer Kabarettarchiv die Subvention verweigert. Welche Rechtsabteilung hat Polt denn in diesem Fall zu fürchten? Weshalb kokettiert er mit der Rolle des zum Schweigen Verdammten, anstatt mal auszuprobieren, was sich bei diesem Anlaß und zu dieser Sendezeit (Sendebeginn 22 Uhr 50) im ZDF alles sagen läßt? Als in einem Song der Gruppe ›Floh de Cologne‹ (Kleinkunstpreis) der Name Kloeckner im Zusammenhang mit Entlassungen genannt wurde, schreckte ich interessiert auf, obwohl ein solcher Vorgang nicht einmal vom Wirtschaftsteil der ›Welt‹ verschwiegen wird. Es lag an der einschläfernden Bräsigkeit der Vorgänger, daß der Floh-Stich plötzlich äußerst zeitkritisch, ja fast unstatthaft direkt wirkte.

Lieblingsnachricht

Ich glaubte bereits, sie verkramt zu haben, aber Hurra! da ist sie wieder, meine Lieblingsnachricht der letzten Wochen. Sie stammt aus der ›Hamburger Morgenpost‹, wurde vom scharfäugigen Harry Rowohlt entdeckt und lautet:

Picasso gestohlen

Paris – Fünf Meisterwerke moderner Maler, deren Wert in die Millionen geht, sind aus dem Haus eines Industriellen in Paris gestohlen worden. Unter den Gemälden Picassos „Blaue Periode" und Henri Matisses „Tulpenstrauß"

Jetzt müßte bloß noch jemand Picassos Paradeschinken »Kubismus« klauen, und schon wäre die Picasso-Plage erheblich reduziert. Weiter so!

Private Komik

Von B. Kliban wurde bisher erst ein Büchlein in Deutschland veröffentlicht, sein harmlosestes: ›Klibans Katz‹, Rogner und Bernhard. Ich kenne drei weitere Bücher von ihm, die zwischen 1976 und 1978 erschienen und sehr viel irritierender als die erwähnte Katz sind: ›Never eat anything bigger than your head‹, ›Whack your Porcupine‹, ›Tiny Footprints‹, Workman Publishing Company. Es sind alles handliche Querformate, auf jeder der Seiten ist eine meist sauber eingekästelte Zeichnung, fast jede Zeichnung ziert eine handgemalte Überschrift, bereits diese Überschriften verraten hin und wieder, wo es bei Kliban langgeht: »Wunder. Die Jungfrau Maria erscheint einem ausländischen Wagen in Denver.« Oder: »Dr. Jekyll & Mrs. Hyde und Onkel Wiggly.« Oder: »Cynthia wird irrtümlicherweise zum König von Norwegen gekrönt.«

Und in all diesen Fällen tut die Zeichnung nichts anderes, als daß sie die Überschrift belegt: Da wird einer am Straßenrand wartenden Hausfrau von einer Delegation diverser Würdenträger eine Krone aufgesetzt – Tatsache. Da muß ein Irrtum vorliegen – ohne Frage. Die Überschrift hat also hundertprozentig recht – das ist bewiesen. Aber ist das auch komisch?

Mir haben Klibans Zeichnungen großen Spaß gemacht. Doch ich verstehe jeden, der überhaupt nichts mit ihnen anfangen kann. Ich kann mir sogar vorstellen, daß auch ich denselben Band, der mich gestern begeisterte, mor-

Victor Grows More Suspicious Hourly

Genghis & Sylvia Khan

Alice

JUST GIVE ALICE SOME PENCILS AND
SHE WILL STAY BUSY FOR HOURS

gen fast verärgert durchblättere: »Was soll denn der Unfug?«

Klibans Komik ist von radikaler Privatheit. Allgemeinverständliche Pointen setzen allgemein bekannte Sachverhalte oder allgemein abgesegnete Übereinkünfte voraus: Da, wo der Mann normalerweise die Hosen anhaben sollte, ist es komisch, wenn die große Frau den kleinen Mann mit dem Nudelholz erwartet.

Dem, der Scherze dieser Art nicht begreift, kann in der Regel geholfen werden: »Paß auf, normalerweise ist doch etc.« – »... Ah ja! Verstehe! Klasse!«

Klibans Pointen dagegen – doch hier stock ich schon. So etwas wie Pointen enthalten allenfalls jene Blätter, die äußerst unverfrorene Kalauer thematisieren. »Wanda unter den Buschmännern« heißt eine der Überschriften, und man sieht eine weiße Frau mit Tropenhelm, flankiert von zwei Eingeborenen, die statt der Köpfe Büsche zwischen den Schultern tragen.

In der Regel aber lassen sich Klibans Zeichnungen nicht auflösen. Meist wirken sie wie Fragmente eines umfassenderen Kontextes, den der Betrachter hinzuimaginieren muß. Das kann eine Geschichte sein (»Victors Verdacht wächst von Stunde zu Stunde«), eine Zeitschrift für unterdrückte Gesellschaftsnachrichten (»Dschingis und Silvia Khan«) oder ein ganzes Menschenschicksal (»Alice«).

Ob Klibans Blätter höchst komisch und äußerst bedeutungsvoll oder ganz banal und völlig sinnlos wirken, hängt davon ab, inwieweit der Betrachter bereit oder imstande ist, die gezeichneten Phantasierangebote zu nützen. Hat er sich erst mal eingelacht, kann es ihm passieren, daß er sich noch wegen einer merkwürdig geformten Linie nicht mehr einkriegen kann. Verpaßt er den Einstieg, braucht er sich dessen nicht zu schämen. Lachen ist nicht einklagbar. Wer, wie es Kliban tut, unbekümmert das hinzeichnet, was ihm durch den Kopf, häufiger noch durch den Bauch geht, kann lediglich hoffen, daß er aktive, sinnstiftende Partner findet. Fordern kann er sie nicht.

Daß es Zeichner vom Schlage Klibans gibt – der aufmerksame ›Titanic‹-Leser wird wissen, daß sie auch in diesem unserem Heft anzutreffen sind –, finde ich angesichts der zahllosen Patentwitzingenieure schön und wichtig.

Ebenso erfreulich ist es freilich, daß es nicht nur die Klibans, sondern auch jene Zeichner gibt, die ihren Stolz darein- und viel Überlegung daransetzen, inspirierte *und* allgemeinverständliche Cartoons zu zeichnen. Die brauchen ja keineswegs so unpersönlich und kommerziell auszufallen, wie etwa jene Sex-Blätter, die derselbe Kliban hin und wieder für den ›Playboy‹ produziert.

Belohnung

Für den folgenden Witz erhielt Frau Margret Wienhold von der ›Bild‹-Zeitung 25 Mark:

> **Der Henker geht mit dem Verurteilten zum Galgen. Es regnet, der Weg ist voller Pfützen.**
> **Der Verurteilte:** „Der Tag fängt ja gut an." – **Der Henker:** „Sie haben es gut, ich muß den ganzen Weg wieder zurück."
> **Margret Wienhold, DM 25,-**

Der Witz ist nicht ganz taufrisch, bereits Heinrich von Kleist erzählte ihn zu Beginn des 19. Jahrhunderts den Lesern seiner ›Berliner Abendzeitung‹: »Ein Mönchlein begleitete einst einen Schwaben zum Richtplatz« etc.

Kleist braucht für seine Version knapp eine Buchseite, die Pointe jedoch unterscheidet sich in nichts von der Wienholdschen. Mich hat die Tatsache, daß die geraffte Fassung einer Kleistschen Anekdote noch immer für die Bild-Rubrik ›Kennen Sie den‹? und 25 Mark gut ist, in meiner Auffassung bestärkt, daß unsere Zeit keineswegs schnell-, sondern äußerst langsamlebig ist. Zumal auch Kleist den Witz sicher nicht erfunden, sondern ebenfalls irgendwo aufgeschnappt hat. Wo? Keine Ahnung. Hinweise, die zur Ergreifung des Urwitzes führen, werden mit DM 25 belohnt.

Lieblingswitz

Der Karikaturenkalender ›Karicartoon '81‹ enthält 365 Bildwitze von etwa 100 Zeichnern, den Vogel schießt ohne Zweifel die Zeichnung für Dienstag, den 5. Mai, ab.

»Brauchen wir Geld, Johanna?«

Was der mir bisher unbekannte DDR-Cartoonist Jankofsky da geleistet hat, ist in jeder Hinsicht beachtenswert. Er kann zwar nicht zeichnen, doch seine untadelige Witzgesinnung und sein überragender Einfall werden mühelos mit den breiigen gepunkteten Schlappen, ja selbst mit dem dem Rücken entwachsenden Arm fertig. Oder sollte ich mich irren, sind es gerade diese verhauenen Details – der Schirmständer! das Posthorn! –, die dem Scherz abgerundete Fülle und letzte Süße verleihen? Gleichviel – ein bewundernswertes Blatt!

Eine Million!

Der Fischer Taschenbuch Verlag feierte einen Erfolg, der mich neugierig machte: ›So zärtlich war Suleyken‹, das masurische Geschichtenbuch von Siegfried Lenz, erreichte eine Taschenbuchauflage von über einer Million.

Eine Million! In zwanzig Jahren zwar, aber immerhin: eine Million! Jeder sechzigste Bundesbürger hat das Buch gekauft, wieso eigentlich? So sehr ich auch darin las, lange fand ich keine schlüssige Antwort. Gewiß, die Geschichten sind »augenzwinkernde Liebeserklärungen« (Lenz), sie sind »köstlich« (›Neues Österreich‹), sie »bezeugen den souveränen Humor eines geistvollen Erzählers« (Klappentext) – aber köstlich, geistvoll etc. sind auch andere Humoristen, von Mostar über Hartung und Kusenberg bis Hausmann, ohne daß die gleich eine Million Exemplare von einem einzigen Titel verkauft hätten. Eine Million! Was kann der Humorist Lenz, was die anderen nicht können? Ich jriebelte und jriebelte, und plötzlich, nach der Lektüre der dritten Masurischen Geschichte, fand ich die Antwort: Es ist erstens seine souveräne Kunst, zu stellen die Verben vor; und es ist zweitens seine köstliche Fähigkeit, zu verkleinern die Substantive. »Wovon soll ich erzählen zuerst?« beginnt eine seiner Geschichten, sie könnten alle so anfangen. Ebenso wie sie alle von den putzigsten Diminutiven nur so wimmeln, da gibt es nicht nur Kinderchen, Tantchen, Onkelchen und Herrchen, sondern sogar »Kilochen Nägel«. Derlei östlich eingefärbte Betulichkeit mag, wer will, für augenzwinkernden Humor halten – werd ich streiten mich mit einer Million Käuferchen.

Trotzdem frage ich mich natürlich, wie es dereinst einem Volk ergehen wird, in dem sich derart viele Zwinkerfexe und nur mit Ach und Krach jene 3000 Gerechten finden, die es braucht, damit zumindest die Startauflage des genuin östlichen, wirklich komischen Meisterwerks, ›Die Reise nach Petuschki‹ von Wenedikt Jerofejew, nicht in den Regalen verstaubt. Noch ist ihre Zahl nicht voll, der Tag des Gerichts naht, ich sage nur: Wehe, wehe, wehe …

Allerhöchste Schweinerei

Das erotische Schauspiel ›Sodom‹ stammt vom Earl of Rochester, Jahrgang 1647, und wurde, glaubt man dem Vorwort des Heyne-Taschenbuches, »an dem allen Ausschweifungen ergebenen Hofe Karls des Zweiten von England öffentlich aufgeführt«. Diese Aufführung hätte ich gerne gesehen, die Bühnenanweisungen sind vielversprechend: »Männer spielen mit Schwänzen auf Hackbrettern, Frauen haben Maultrommeln in den Votzen.« Oder: »Dann vögeln die einzelnen Paare. Nach dem Beischlaf seufzen die Frauen, während die Männer einfältig dreinschauen und davonschleichen.«

Im Prolog wird das Stück als »allerhöchste Schweinerei« angekündigt, das Vorwort, das dem Prolog noch vorangeht, nennt es »ein Unikum in der Literatur aller Zeiten und Völker und eines der interessantesten und bedeutungsvollsten historischen Dokumente«. Die Wahrheit liegt irgendwo in der Mitte, das Stück ist eine muntere, häufig recht knäbisch anmutende Sauigelei, eine Kloinschrift von 108 Seiten. Interessant daran ist möglicherweise die Erkenntnis, daß diese Gattung die Kurzform nur bei Strafe einer gewissen Langeweile sprengen kann. Für wirklich bedeutungsvoll allerdings halte ich den Umstand, daß man das Werk, das 1909 in einer auf 350 Exemplare limitierten Luxusausgabe für Subskribenten erschien, heute als Faksimile-Nachdruck zum Preis von fünf Mark in jeder Buchhandlung bekommen kann. Das nenne ich ein echtes Mehr an Demokratie in dieser sonst so restaurativen Epoche.

Lieblingswerbung

Bereits über den Hinweis eines fünfzig Meter vor dem Eschenheimer Turm gelegenen Frankfurter Frisörgeschäftes hatte ich lachen müssen – »Letzter Frisör vor dem Eschenheimer Turm« –, jetzt erfahre ich von Herrn Gerhard Hess, daß ein Münchener Laden folgendermaßen auf sich aufmerksam macht: »Tarago, letzte Boutique vor dem Schlachthof«. Und seither weiß ich gar nicht, wem der beiden ich die Palme reichen soll.

Karikaturen-Symposion

Zu Ehren des Kunsthistorikers Aby Warburg veranstaltete das Kunstgeschichtliche Seminar der Hamburger Universität ein Internationales Symposion, ›Nervöse

Auffangorgane des inneren und äußeren Lebens: Karikaturen‹; fünfzehn der dort gehaltenen Vorträge versammelt der Band ›Karikaturen‹, herausgegeben von Klaus Herding und Gunter Otto, anabas Verlag.

Wer etwas über »Die Herausbildung satirischer Methoden bei Hogarth« oder »Antikenkritik in der Karikatur des 19. Jahrhunderts« erfahren will, wird in diesem Buch sicher gut bedient, wer sich für Probleme der zeitgenössischen Karikatur interessiert, sollte bei der Lektüre auf der Hut sein. Der einzige Karikaturist, der bei diesem »interdisziplinären Symposion« zu Wort kam, war der Engländer Frank Whitford, und auch er wurde dieser Auszeichnung nur deshalb teilhaftig, weil er im Hauptberuf Kunsthistoriker ist. Was er über »Die Praxis des Karikaturisten« berichtet, ist gescheit und lehrreich, bezieht sich freilich leider ausschließlich auf englische Zustände. Was der deutsche Professor Klaus Herding über »Karikaturen – Perspektiven« zu erzählen weiß, ist im theoretischen Ansatz nicht falsch, in den praktischen Folgerungen jedoch von erstaunlicher Verblasenheit. Die herkömmliche politische Karikatur schwanke »zwischen dem alten Vormärz-Repertoire und punktuellen Signalsystemen« schreibt er, neuere Zeichner mieden sie mit gutem Grund und versuchten statt dessen »Alltagssatire und politische Agitation« zu verbinden: »Das Bedürfnis nach einer solchen Verbindung spiegeln die neuen satirischen Zeitschriften, etwa ›Titanic‹, recht deutlich, aber ihre Mittel sind dafür wenig entwickelt … Langfristig sind dafür die weniger anfälligen, skurrilen Nebenprodukte karikaturistischer Phantasie sicher bedeutsamer, z. B. die Glossen im Briefmarkenformat von Desclozeaux, die Kurzkarikaturen von Ivan Steiger …«

›Titanic‹-Kritik in Ehren, aber derart unqualifiziert darf sie nicht betrieben werden. Wenn der ebenso harmlose wie konventionelle Cartoonist Desclozeaux und der

Bedeutsam? Anti-Rauch-Cartoon von Deselozeaux

zutiefst unbegabte, dafür aber höchst reaktionäre FAZ-
Krakler Steiger die zukunftsweisenden Karikaturisten
sind, dann bin ich der Kaiser von China. Und als solcher
befehle ich allen rundäugigen und langnasigen Kunst-
historikern, die sich fürderhin mit der zeitgenössischen
Karikatur befassen wollen, sich erstens ein Mindestmaß

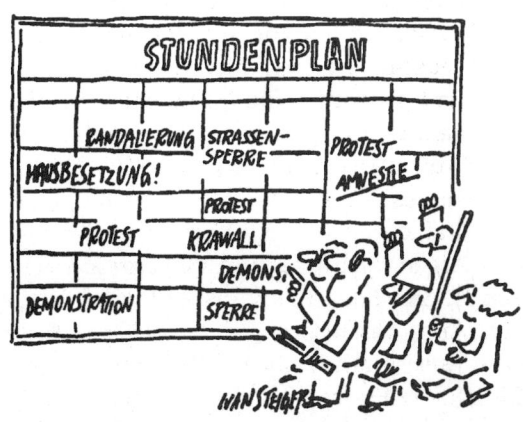

Alltagssatire? Anti-Studenten-Kurzkarikatur von Ivan Steiger

an Kenntnissen dieser in der Tat heiklen Materie anzu-
eignen, weshalb sie sich zweitens mal mit einigen Zeichnern zusammensetzen sollten, die, wie ich aus eigener
Erfahrung weiß, ungleich verständiger und zugleich kritischer über ihr Metier zu reden in der Lage sind, als –
aber was soll's? Bin ja nicht der Kaiser von China, da
selbst Herding ahnt, daß er Unfug redet: »Zur Krise der
Karikatur gesellt sich die Krise ihrer Erforschung.« Ja, er
weiß sogar, daß die Karikaturenforschung »einer kritischen Durchmischung und Anstößen von außen« bedarf. Wahr, wahr. Nur hat sich der Professor bei seinen
eigenen Studien weder kritisch durchmischen noch von
außen anstoßen lassen. Leider, leider.

Harrys Lieblingswitz

Doch halt – Harry Rowohlt hat mir den folgenden Text
ohne Kommentar zugesandt. Das einzige, was er vor-
anschickte, war: »Gestern früh bei Jorgo Hühnerduft
gehört.« Ich weiß also nicht, ob diese Geschichte sein
Lieblingswitz ist, ich weiß nicht einmal, ob es sich dabei
überhaupt um einen Witz handelt, ich weiß nur, daß
ich ihn mag, denn er geht so:
    »Na, Seemann, wohin?«
    »Hahaa, heute geht's wieder los. Erst mal nach Miami
fliegen und dann an der Ostküste runter bis Argentinien … Argentinien, Land des Silbers und der endlosen
Weiten … Gauchos … Der Rio de la Plata … Und dann
Buenos Aires, haha, ›Gute Lüfte‹ …«
    »Und was ist in Buenos Aires?«
    »Da ist Frau Freese.«

Komik und Kommerz

Die Biographie ›Woody Allen‹ des Kanadiers Eric Lax, Verlag Rogner und Bernhard, ist mittlerweile bereits ein wenig bemoost: Das amerikanische Original wurde 1975 veröffentlicht. Trotzdem las ich das Buch mit Gewinn, vor allem interessierten mich Allens ständige Verweise auf die zahlreichen Komik-Produzenten, die ihn seit frühester Kindheit begleiteten, bildeten und beschäftigten. Er nennt Entertainer wie Bob Hope, Mort Sahl und Ed Sullivan, Radio-Shows, die ›Duffy Tavern‹ oder ›The Great Gildersleeve‹ hießen, Filme von Ernst Lubitsch und Preston Sturges, Komödienschreiber wie George S. Kaufman und eine ganze Reihe von Prosa-Autoren: »In der High-School war ich ein ungeheurer Verehrer von Max Shulman. Ungeheuer. Bis zum heutigen Tage kann ich vermutlich ganze Passagen aus seinem Werk auswendig ...« Die humorbezogenen Ausführungen Woody Allens wimmeln von weiteren Namen, pars pro toto sei noch einer seiner Hinweise zitiert: »Je mehr ich mich mit Perelman und Robert Benchley befaßte, desto verrückter wurde ich nach ihnen ... Es gibt eine bestimmte Komik bei ihnen, eine kritische und ausgelassene Komik wie die Jonathan Winters. Sie sehen das Leben anders an und haben mehr komische Ideen als Thurber oder Lardner oder sonstwer.«

An solchen Aussagen fällt mir dreierlei auf: daß ich die wenigsten der genannten Herrschaften kenne, daß so gut wie kein Ausländer unter ihnen auftaucht und daß es unmöglich ist, Allens Dankadresse auf deutsche Verhältnisse zu übertragen. Mangels Masse. Das hat – auch das macht das Buch deutlich – wenig mit den verschiedenen Nationalcharakteren zu tun und viel damit, daß in den USA seit jeher ein großer Markt für komische Produkte existierte.

Sicher: Die Juden fehlen uns allenthalben, doch schon Lubitsch ging nicht zufällig lange vor 33 nach Hollywood. Das kommerzielle Entertainment ist ohne Frage für jede Menge Schrott verantwortlich, doch selbst der hat seine Funktion: als Fundament für komische Hochleistungen.

18jährig kommt Allen erstmals nach Hollywood, nicht als Jungfilmer, sondern um für die ›Colgate Comedy Show‹ zu texten. Dort trifft er Dany Simon, den Hauptautor der Colgate-Show: »Simon fand sofort Gefallen an Woody und seiner Arbeit und sagte ihm, ›er werde in diesem Geschäft eine Menge Geld machen‹. Er suche einen neuen Partner, sagte er, und Woody erinnere ihn an seinen Bruder Neil, mit dem er jahrelang zusammen geschrieben hatte; sie hatten beide wahnsinnig komische Sachen gemacht ...«

Diejenigen, die jedes deutsche Humor-Pflänzchen mit Verdikten wie »Das Leichte ist des Deutschen Sache nicht« etc. niedertrampeln, sollten sich vor Augen halten, daß es deutsche komische Talente schwer haben. Wie und wo sollen sie jenen Grad von Professionalität erreichen, von dem aus erst der Aufstieg in abseitigere, mächtigere oder auch privatere Komikregionen möglich ist?

Allgemeinplatz

In der FAZ schreibt Michael Schwarze über Loriot, warnt davor, dessen Komik zu unterschätzen, sagt von ihm, er sei einer, der die Komik ernst nimmt, und landet nach bedenkenswerten Gedankenflügen über das Gewerbe des heutigen Komikers und den Medienwitz doch wieder nur auf jenem einladenden Allgemeinplatz, den fast alle Humorkritiker anzusteuern pflegen: »In seinen besten Einfällen streift Loriot die Grenze zum Tragik-Komischen.«

Ich erinnere mich nicht, je gelesen zu haben: »In seinen besten Tragödien streift Sophokles die Grenze zur Komödie.« Ich würde gerne mal lesen: »In seinen besten Einfällen ist XY so komisch, daß es einen vor Lachen schier zerreißt.« Aber nein, gelobt wird das Lachen, das einem im Halse steckenbleibt, und das hat auf die Dauer Folgen. »Schließlich spricht Loriot von seiner Neigung, ›von Mal zu Mal etwas trauriger werden zu wollen‹.«

Das haben mit ihrem Singen die Kritiker getan, fürchte ich. Der Koch, der ständig zu hören bekommt, seine besten Soßen seien die, die die Grenze zur Suppe streiften, wird irgendwann auch richtige Suppen kochen wollen. Wo doch gerade gute Soßenköche so selten sind und jeder nicht genug gepriesen werden kann, der es versteht, den Kloß des Lebens durch die Soße der Komik ein klein wenig schmackhafter und verdaulicher zu machen.

Spiegelman

Das Buch »›Breakdowns‹, Gesammelte Comics von Art Spiegelman«, Verlag Stroemfeld/Roter Stern, hat 21 große Seiten, das ebenso großformatige Beiheft von Martin Langbein und Klaus Theweleit deren 24. Im Buch sehen wir, was dabei herauskommt, wenn ein grüblerischer, hochgebildeter, graphisch versierter Künstler Comics zeichnet: grüblerische, hochgebildete, graphisch versierte Kunst. Im Beiheft können wir nachsehen und nachlesen, was Langbein und Theweleit alles über Comics – unter besonderer Berücksichtigung der Spiegelmanschen – wissen, und das ist sehr viel. Sie merken an (und belegen), wo Spiegelman Goya zitiert und wo Winsor McCay, welche Wortspiele sich in der Strip-Überschrift ›Cracking Jokes‹ verbergen (»Nicht nur, daß King Jokes anspielt auf Freud, der der Held der STORY ist, als den König der Witzemacher. King ist auch Amerikas größtes Comic-Syndicate« etc.), sie sind überhaupt ausgemachte Schlaumeier: »Ein Handicap der Comics: Man kann sie nicht so gut mit geschlossenen Augen aufnehmen wie Musik.«

Sie zitieren Spiegelman, der zu seinen Arbeiten sagt: »Einer der Gründe, warum mich Comics anziehen, ist also der, daß sie ein sehr flüchtiges Feld sind. Es ist eine solch verachtete Form – das wird es wohl sein.«

Nun haben ihm Langbein und Theweleit alle Ehren erwiesen, deren bienenemsige Gelehrsamkeit fähig ist, einschließlich eines Literaturregisters von 237 Titeln. Ob er dessen froh wird oder das alles – wie ich – nicht so schrecklich sinnvoll und erfreulich findet?

Art Spiegelman über das Witze-Reißen
(»Cracking Jokes«).

Groucho and Groucho

Im Fischer Taschenbuch Verlag ist ein Buch erschienen, das längere Zeit vergriffen war: ›Die Schule des Lächelns‹ von Groucho Marx. 1961 brachte es der Schweizer Sanssouci Verlag erstmals in deutscher Sprache heraus, der Fischer Verlag übernahm nun alle Unbedarftheiten jener Ausgabe. Das beginnt beim Titel – das amerikanische Original heißt ›Groucho and me‹ –, setzt sich in willkürlichen Kürzungen fort und endet beim Klappentext, der einem das Lächeln verschlägt: »Ja, es wird wohl manchen geben, der den Schriftsteller Marx dem Schauspieler vorzieht, denn hier zeigt sich der derbe Clown als sensibler, humorvoller Erzähler.«

Unwahr ist, daß Groucho Marx jemals ein derber Clown war, wahr ist leider, daß er in dieser Autobiographie streckenweise als recht derber Humorist auftritt. Er versucht aus seiner und seiner Brüder Biographie auf Deubel komm raus Pointen zu schinden – nicht immer sehr komische. Das läßt sich beweisen. Denn glücklicherweise gibt es noch eine weitere, autorisierte, aber nicht humorisierte Groucho-Marx-Biographie, die ich jedem Marxisten, der ein klein wenig Englisch kann, dringend ans Herz legen möchte: ›The Marx Bros. Scrapbook‹ by Groucho Marx and Richard J. Anobile, Grosset & Dunlap Publishers New York, ISBN 0-448-11907-2.

Anobile, Marx-Fan und Filmwissenschaftler, begann 1971, Groucho Marx zu seinem Leben und seinen Filmen zu befragen: »Unser erstes Treffen bestätigte mir lediglich Grouchos Filmcharakter. Jede Geschichte eine Anekdote, jeder Satz ein Witz. Langsam, langsam aber ging sein vorbereitetes Material zur Neige, und der wirkliche Groucho wurde sichtbar ...«

Dieser wirkliche Groucho ist ein ungemein ehrlicher, obszöner, welterfahrener, nie jedoch humoriger Mensch.

Anobile läßt ihn ausführlich zu Wort kommen, und nicht nur ihn. Es reden ebenfalls die damals noch lebenden Brüder Zeppo und Gummo, die Witwe von Harpo sowie Filmemacher und Entertainer der Marx-Ära. Das alles ergibt ein nicht immer harmonisches Stimmengewirr, aus dem sich freilich Grouchos mitleidsloses Organ mächtig heraushebt. Auch seine eigenen Humoresken entkleidet er ohne Gnade allen humorvollen Beiwerks. Folgendermaßen hatte er in ›Groucho and me‹ Harpos kurze Karriere als Page geschildert:

»Am zweiten Tage klingelte es, und Harpo erhielt den Auftrag, Fräulein Langhornes Liebling an die Luft zu führen ... Doch da Fräulein Langhorne beim Theater war, reiste sie nicht mit etwas so Gewöhnlichem wie einem Schoßhund herum. Was sie mit sich herumschleppte, das war ein junger Panther ... Auf halbem Weg rings um den Häuserblock erspähte der Panther einen Hund, riß sich von der Leine los und beförderte den Hund rasch ins Jenseits ... Fräulein Langhorne lag achtundvierzig Stunden in Ohnmacht und fuhr gleich darauf nach Indien. Vermutlich um sich ein neues Schoßtierchen zu holen. Die Direktion gab Harpo den Abschiedskuß, und eine Stunde später war er wieder daheim und las die Stellenangebote.« Dieselbe Geschichte findet sich auch im ›Scrapbook‹. Nämlich so: »Ja, Harpo arbeitete bei einem Fleischer und trug Frankfurter aus, dann bekam er einen Job als Page im Seville Hotel. Eine berühmte englische Schauspielerin weilte in der Stadt, und Harpo mußte jeden Morgen ihren Hund ausführen. Eines Morgens griff ein größerer Hund den Hund an, den Harpo ausführte, und tötete ihn. Harpo wurde rausgeschmissen und kehrte in den Fleischerladen zurück.«

Jede Menge Einwände

Adolf Winkelmanns Film ›Jede Menge Kohle‹ sah ich mit Freude und Ärger, unterm Strich überwog der Ärger.

Erfreulich waren all die Szenen – erfreulich viele Szenen –, in denen Winkelmann einfache Leute bei dem unendlich schwierigen Versuch zeigt, den Überblick zu behalten und ihrem Privatleben Ordnung, ja Glanz zu verleihen. Zu Recht wird in zahlreichen Kritiken jene Episode herausgehoben, in der der Steiger Grüten in seiner Hochhauswohnküche einen Plastiksack mit Müll entleert, um herauszufinden, welche Sau immer den Müll im Fahrstuhl abstellt. Schön war auch die Familienfeier, bei der die Kinder den Eltern die neue Hifi-Anlage vorführten. Solche Szenen zeigt Winkelmann unaufdringlich und liebevoll, ihre Komik ergibt sich zwanglos aus der offenkundigen Unvereinbarkeit von Spurensicherung und Sauberkeitsdrang, Händels Halleluja und Hochhaustristesse, Wunsch und Wirklichkeit.

Nichts davon leider, leider in der Haupthandlung. Der Held ist reichlich unwirklich – wie weiland Polanskis Männer mit dem Schrank aus dem Meer auftauchten, so kommt er unvermutet und parabelhaft aus der Dunkelheit eines Schachts ans Tageslicht. Wünsche hat er ebenfalls keine. Arbeit, Mädchen, Geld – all das kriegt er zwar kurzfristig und mühelos, will's und braucht's aber nicht. Sein Handeln ist interesselos, seine Handlungen bleiben folgenlos, ob er nun eine Säge an sich nimmt, Geld erpreßt oder einen Laster klaut. Als »Märchenfigur« bezeichnet ihn Winkelmann, vielleicht ist er das. Sicher aber ist er denkbar ungeeignet, eine anrührende Handlung, geschweige denn eine Komödie zu transportieren.

Die Komödienkomik braucht als Nährboden vitale Bedürfnisse, halbwegs glaubhafte Konflikte und einigermaßen vorhersehbare Widerstände; im Klima totaler Beliebigkeit gedeihen bestenfalls Absurdscherze, starke Sprüche und Irre-Mann-irre-Auftritte. Von all dem gibt es in ›Jede Menge Kohle‹ denn auch reichlich. Am schlimmsten wird es immer dann, wenn Held Katlewski und sein Mädel Ulli sich als totalverrücktes Paar gerieren, wenn sie sich im Fahrstuhl lieben, den doofen Bankbeamten durch ausgedehnte Schmusereien verblüffen oder im geklauten Laster durch die Fußgängerzone düsen. Einfach irre! Und sehr wohlfeil, sehr anbiedernd und, trotz aller modischen Coolness, sehr konventionell: »Heut sprengen wir mal alle Konventionen« – ich mußte immer wieder an ›Frühstück bei Tiffany‹ denken.

Edward Lear

Unter Deutschlands Gebildeten gilt es als ausgemacht, daß englischer Nonsense besonders komisch und Edward Lear der König unter den Nonsensedichtern ist. Demnach müßte Lear ganz besonders komisch sein, er ist es aber nicht. Ich frage mich, warum.

Hans Magnus Enzensberger hat Edward Lears ›Kompletter Nonsens‹ ins Deutsche, nein, nicht übersetzt: »Geschmuggelt«; in zwei, nein, nicht Bänden: »Lieferungen« hat der Insel-Verlag diese Schmuggelware nun auch als Taschenbuch herausgebracht.

Lear hätte keinen besseren Übersetzer finden können. Enzensberger hat sich der Aufgabe freiwillig und mit viel Kunstverstand unterzogen, er verehrt den Übersetzten aufrichtig, im Nachwort rühmt er dessen

»virtuose und scheinbar mühelose Komik« – doch gerade davon merkte ich bei der Lektüre wenig. Immer häufiger stellten sich statt dessen trübsinnige Gedanken ein, darüber, daß auch komische Formen veralten und mit ihnen die Komiker, die sich ihrer bedienten. 1844 erschien Lears ›Book of Nonsense‹, es enthielt siebzig Limericks. Lear schrieb noch eine Menge dieser Fünfzeiler – Enzensberger übersetzte 220 –, und ich glaube gern, daß sie lange Zeit bei jung und alt Entzücken und Gelächter auslösten. Doch ich glaube es lediglich, mitlachen kann ich nicht.

Die leicht reproduzierbare Vers- und Spaßform kam in Mode, mittlerweile gibt es auch bei uns regelrechte Limerickfabrikanten, die die Humorseiten mit billiger Massenware überschwemmen. Sie haben den Limerick zu Tode gedichtet oder doch – zumindest bei einigen ihrer Leser – eine entschiedene Limerick-Allergie und eine ausgeprägte Limerickpointen-Resistenz bewirkt. Ich gehöre zu diesen Opfern. Kaum lese ich eine Zeile wie »Es war mal ein Jüngling in Halberstadt«, schon faßt mich ein wilder Zorn auf all diese Limericker. Wenn ihnen schon kein neuer Scherzvers einfällt – warum müssen es dann immer Limericks sein? Warum greifen die Reimer nicht zur Abwechslung auf bodenständige Formen zurück? Auf Klapphornverse, Leberreime, Wirtinnenstrophen? Aber nein, denen fehlt ja der illustre britische Nonsensetouch, der Limerickschreiber und Humorseitenredakteure nach wie vor in dem Wahn zu bestärken scheint, sie dienten gemeinsam einem progressiven, dem Deutschen gemeinhin unzugänglichen Humor.

Tun sie aber nicht, im Gegenteil. Mit dem Limerick haben sie auch einen Großteil von Lears Werk ungenießbar gemacht, und das ist schade.

Konkurrenz

Das Frankfurter Amtsgericht lehnte es ab, das Hauptverfahren gegen den Journalisten van der Meulen zu eröffnen. Journalist van der Meulen war von der Staatsanwaltschaft vorgeworfen worden, er habe das Druckwerk ›Titanic‹ und daher auch den Beitrag ›Papst 80‹ in der Novembernummer 1980 zu verantworten. Journalist van der Meulen wurde angeklagt, »Einrichtungen und Gebräuche einer im Inland bestehenden Kirche in einer Weise beschimpft zu haben, die geeignet ist, den öffentlichen Frieden zu stören«. Außerdem wurde ihm zur Last gelegt: »Auf Seite 28 wird in herabsetzender und abfälliger Weise das Bekreuzigen lächerlich gemacht.« Als Vorsitzender des Schöffengerichts kam nun Richter Blasig zu der Erkenntnis: »Der Beitrag ist nicht geeignet, den öffentlichen Frieden zu stören.«

Hier spricht der Richter – ich habe mir sagen lassen, diese Rechtsprechung sei äußerst liberal. Bravo, Blasig! riefe ich gerne aus, doch Blasig beläßt es leider nicht bei dieser Feststellung. Statt sich mit dem liberalen Richterhut zu begnügen, greift er im Schlußsatz seines Beschlusses auch noch nach der Krone des Humorkritikers: »In einer Zeit, in der weitere Kreise der Bevölkerung Anstößiges zunehmend tolerieren, ist nicht zu befürchten, daß die mißglückte satirische Einkleidung eines kirchlichen Brauchs zu allgemeinem Unbehagen führt.«

Richter Blasig! Satire kleidet nicht ein, sie entkleidet. Wie weit ihr das glückt, läßt sich nicht zuletzt daran messen, wie laut der Entkleidete um Hilfe schreit. Und anläßlich des Papst-Beitrags gab es wahrlich genug Geschrei. Die Kirche schrie auf und der ›Bayernkurier‹ und der niedersächsische Innenminister und die Staatsanwaltschaft. Es gab Hausdurchsuchungen bei Studentenzeitungen, die den Beitrag nachgedruckt hatten, und Gerichtsvorladungen für die Verantwortlichen – und Sie wagen es zu behaupten, die Papstsatire sei mißglückt? Einspruch, hohes Gericht! (Und ganz unter uns, Richter Blasig, fanden Sie es insgeheim nicht doch sehr erfreulich, daß die Pfaffen mal wieder gekonnt eins zwischen die Kiemen bekommen haben?)

Komikimperialismus

Natürlich ist es ungehörig, ja ungezogen, dem Leser von Freuden vorzuschwärmen, die er nicht mit dem Schreiber teilen konnte und so bald wohl auch nicht teilen können wird. Trotzdem muß dieser Hinweis auf zwei italienische Komiker sein. Legt er doch – jenseits aller privaten Belustigung – den Finger auf ein Geschwür, unter dem wir alle zu leiden haben: den amerikanischen Unterhaltungskulturimperialismus.

Während beispielsweise fast alle Jerry-Lewis-Filme, oft bald nach ihrem Entstehen, in deutschen Kinos zu sehen waren, ist der neapolitanische Komiker Totò trotz seiner fast hundert Filme bei uns nicht viel mehr als ein Gerücht. Etwa zehn dieser Filme konnte ich jetzt im italienischen Fernsehen betrachten, nach und nach nahm das Gerücht Gestalt an – welch ein Komiker! Und was für Filme: Sie heißen ›Scheich Totò‹, ›Totò Tarzan‹, ›Totò in Farbe‹, mir unbekannte Regisseure wie Mario Mattoli oder Steno drehten sie in drei, vier Wochen herunter – allein 1950 kamen acht solcher Streifen in die italienischen Kinos. Es sind oft abenteuerlich wacklige Werke. Wenn die Drehbuchautoren nicht weiterwußten, wechselten sie einfach das Thema. So wird aus der Tarzanparodie unversehens eine Militärklamotte; was – in einem anderen Film – in der Fremdenlegion begann, endet im unterirdischen Reich der Königin von Atlantis, wäre da nicht Totò ... Aber da ist Totò, ein hagerer Herr in den Fünfzigern, der zwar jeden Scheiß mitmacht, ihn aber derart anarchisch überzieht oder dermaßen intelligent unterläuft, daß das Zuschaun meist eine wahre Freude ist. Meist – denn Totò hat nicht alle dieser Schnellschüsse retten können. Doch obwohl er später auch in sorgsam durchdachten, sogar künstlerisch wertvollen Filmen auftrat, Filmen von Lattuada und Pasolini zum Beispiel, würde ich, ließe man mich einen kleinen Totò-Zyklus zusammenstellen, vor allem die frühen Filme zeigen. Und ganz bestimmt ›Totò in Farbe‹, ein Nichts von einem Film, dafür aber eine Anthologie der blendendsten Szenen und Masken, die, dem Vernehmen nach, den Bühnenkomiker Totò berühmt gemacht hatten.

Zwei italienische Komiker waren angesagt; rasch noch etwas zu Nanni Moretti. Während alle Filme von Woody Allen – ja, ja, der Vergleich hinkt, doch ich lasse ihn mal etwas weiterhinken. Immerhin sind beide Filmemacher, beide machen autobiographisch gefärbte Filme, in denen sie selber die Hauptrolle spielen, beide ziehen einige Komik aus den Torheiten, Lastern und Widersprüchen ihrer Schicht, den Intellektuellen New Yorks bzw. Roms, und beide behandeln in ihrem jeweils letzten Film ein beiden naheliegendes Thema, das des Regisseurs in der Krise, das des erfolgreichen Filmemachers, der sein Publikum zugleich fürchtet und verachtet etc.

Denn das ist Nanni Moretti in Italien: erfolgreich. Bereits sein erster Film ›Io sono un autarchico‹ (›Ich bin ein Autarkist‹ oder so ähnlich) war trotz seiner erfreulich dilettantischen Machart ein Erfolg bei der Kritik, der zweite, ›Ecce Bombo‹ (nicht übersetzbar), wurde ein

Publikumserfolg, der dritte, ›Sogni d'oro‹ (›Goldene‹ bzw. ›Süße Träume‹) erhielt bei den Filmfestspielen in Venedig viel Beifall und einen Sonderpreis. In Italien kam dieser Film gleich nach der venezianischen Uraufführung in die großen Kinos der Großstädte – wird er bei uns jemals zu sehen sein? Wenn ja – in welchem Rahmen? Mit welcher Vorbereitung? Und mit welchem Echo? In Frankfurt beispielsweise lief ›Io sono un autarchico‹ einige Tage in einem Studentenkino, die ›Frankfurter Rundschau‹ widmete dem dreisten, oft sehr komischen Film einen kurzen, völlig verständnislosen Verriß.

Morettis zweiter, sehr viel professionellerer Film lief mir in deutschen Landen nirgends über den Weg, weder leibhaftig noch im Spiegel irgendeiner Kritik. ›Sogni d'oro‹ nun hält den Vergleich mit Allens ›Stardust Memories‹ in jeder Hinsicht aus, er ist sehr privat und sehr kunstvoll und sehr schön und, obwohl nicht sehr zum Lachen, voller Einfälle zum und Ausfälle gegen das Filmemachen, die allesamt bewundernswert stilsicher in Szene gesetzt sind. Ein »Künstler-über-Kunst«-Werk also, das sicher nicht jedermanns Sache ist. Doch plädiere ich sehr dafür, daß jedermann die Möglichkeit erhält, sich dieses Urteil selber zu bilden, ohne von vornherein durch US-hörige Verleihfirmen und US-fixierte Programmacher entmündigt zu werden. Das meint nicht: zeigt uns weniger US-Komik, sondern: zeigt, beispielsweise, auch das, worüber vom Brenner südwärts gelacht wird. In diesem Sinne: Nieder mit dem amerikanischen Unterhaltungskulturimperialismus! Lang lebe der deutsch-italienische Komikaustausch! Denn natürlich ist auch Italien fest in US-Hand, und ganz sicher hat so gut wie kein Italiener je etwas von Karl Valentin oder Hans Moser gehört, geschweige denn gesehen.

Schlechter Rat

Im Radio hörte ich Lion Feuchtwangers 1930 erschienenen Roman ›Erfolg‹ rühmen, der Klappentext des Fischer Taschenbuches versprach »Satire und Anklage in einem«, ich griff zu und las: »Die Insarowa stand am Fenster. Neben ihr stand Herr Pfaundler, sprach auf sie ein. Seine kleinen Mausaugen aus dem wulstigen Schädel wandelten emsig ihren schmächtigen Leib auf und ab.« (Seite 189)

»Das schwarze Kleid etwa, das den Körper der Insarowa eng umschloß, konnte auch dem prüdesten Beobachter nicht anstößig erscheinen und wirkte trotzdem so, daß selbst die Mausaugen in dem wulstigen Schädel des Unternehmers sich geil und anerkennend entzündeten.« (Seite 266)

»Herr Pfaundler saß nicht ganz gerade. Aber die Mausaugen schauten klar und schnell rechnend aus dem wulstigen Schädel, streiften hinüber zu Tüverlin und der Insarowa, die etwas verloren in diesem fremdartigen Tanze stand.« (Seite 276)

So wie mit seinem Herrn Pfaundler hält Feuchtwanger es mit all seinen Figuren: Zackwumm nietet er ihnen irgendein Attribut auf, das er fortan bei keinem ihrer Auftritte zu erwähnen vergißt. Und es treten viele Figuren auf. Das Buch ist ein Schlüsselroman, es behandelt in verschlüsselter Form die frühen zwanziger Jahre in Bayern: Ganghofer, Thoma, Valentin, Brecht, Ludendorff, Hitler – sie alle erscheinen in leicht zu entschlüsselnden Masken; merkwürdig berührt nur, daß Feuchtwanger im Rausch des Verschlüsselns auch noch aus dem Film ›Panzerkreuzer Potemkin‹ den Film »Panzerkreuzer Orlow« macht.

Seine Sprache aber berührt nicht merkwürdig, sie tut ganz einfach weh: »Die De Lucca, gehetzt von Erfolg zu

Erfolg, ein Bündel Sensation und Ehrgeiz, liebte die Gesellschaft Johannas. Es ruhte die Tennismeisterin aus, aus dem Kreise ihrer hysterischen Bewunderer in die klare Luft Johannas zu treten.« Oder: »Klenks Laune fiel herunter.« Oder auch: »Johanna hatte Gefallen gefunden an Fancy De Lucca, diese an ihr, und sie hatten, die geiernäsige Frau und sie, Einblicke ineinander getan.« Oder schließlich: »Johanna vergaß ihren Nachbarn tatsächlich. All ihr Wesen streckte sich aus nach Jacques Tüverlin.«

Eine quälende, lehrreiche Lektüre. Feuchtwangers Gesinnung ist untadelig, sein Wissen groß, sein Thema – die Reaktion in Bayern – heute noch aktuell. Doch er erzählt derart unbedarft und ungenau, daß sein Roman nicht aufklärt, sondern zuschwallt. Daher ist ›Erfolg‹ auch kein satirischer Roman, sondern selber eine Stimme in jenem nichtabreißenden besinnungslosen Geschwätz, gegen das die Satire ihre Waffen zu richten hat: das Schwert der Intelligenz, den Bogen des Kunstverstandes, den Pfeil des Hohnes und die erbarmungslose Fliegenpatsche des Witzes.

Leseprobe

Ich kann mich nicht erinnern, jemals eine abschreckendere Leseprobe gekostet zu haben als jene, die die Neuauflage von Hans Werner Richters Satireband ›Menschen in freundlicher Umgebung‹ anzeigt. Ich fand sie im ›Zwiebel-Almanach‹ des Wagenbach-Verlages, allem Anschein nach hatte Hans Werner Richter eine Satire auf den Literaturbetrieb schreiben wollen, ohne es zu können: »Die I-Periode dauerte vier Jahre. Theo Heinz Theos Buch« – bei einem solch forciert komischen Namen höre ich in der Regel auf weiterzulesen – »wurde ein Bestseller und zur allgemeinen Reiselektüre … Theo Heinz Theo wurde insgesamt dreiundvierzigmal preisgekrönt. Die Preisrichterkollegien (es waren immer dieselben) aller Städte, Vereine und Selbstbedienungsläden« – alles Lüge, seit wann vergeben Selbstbedienungsläden Literaturpreise? – »rissen sich um ihn … Dann bestieg Theo Heinz Theo das Podium. Kaum öffnete er den Mund, kam das erste I. Spontan geriet das Publikum in Entzückung« – tut kein Publikum der Welt, jedenfalls nicht bei Dichterlesungen – »… nach einem Dutzend von Is war der Saal ein brodelndes Durcheinander von Tränen, Rührung, Sinnenfreude« – was soll der Quatsch? – »eine einzige« – Achtung, Wortspiel! – »I-Influenza, wie Theo Heinz Theo« – dieser Name! dieser furchtbare Name! – »es nannte.« Das alles schreibt einer, der den Literaturbetrieb, den er da so unbedarft wie unanschaulich karikiert, viele Jahre lang geradezu personifizierte, als Oberhaupt der Gruppe 47. Das alles verlegt einer, der es ebenfalls besser wissen müßte. Und das alles ist ja längst nicht alles, sondern nur eine Leseprobe. Sich den Rest des Buches auszumalen, überlasse ich meinen Lesern. Ich brauche jetzt erst mal einen Schnaps.

Lieblingsautor

Ich habe nichts von ihm gelesen und werde mich auch hüten, das zu tun, doch seitdem ich die ›Spiegel‹-Anzeige des Bläschke-Verlags aus A-9143 St. Michael zu Gesicht bekam, ist mir Peter Schultzen ans Herz gewachsen. Vier Bücher hat er geschrieben, und ich glaube nicht, daß ein anderer Autor ein auch nur annähernd so breit angelegtes Werk vorlegen kann wie dieser Peter Schultzen. Ist er doch der Autor von ›Ein Versuch über Pädagogik aus tiefenpsychologischer Sicht‹, von ›Unterrichtsversuch‹, von ›Das Geheimnis des Maya-Tempels‹ und von ›Pucki, das Ameisenkind‹.

Typisch englisch

Das Buch ›Die Kunst der Karikatur‹ des englischen Kunsthistorikers Edward Lucie-Smith, Kunstverlag Weingarten, ist ein bilder- und kenntnisreiches Werk, das allerdings an einem sehr englischen Fehler leidet, am Anglozentrismus.

Boswell berichtet, unter Samuel Johnsons weniger bekannten Büchern sei auch eines gewesen, das den bemerkenswerten Titel ›Kurze Geschichte des Auslands‹ getragen habe. Ganz so kurz kommt die ausländische Karikatur bei Lucie-Smith nicht weg – kein Wunder übrigens, da er bei den alten Ägyptern einsetzt und von englischer Karikatur erst seit Beginn des 18. Jahrhunderts gesprochen werden kann. Im umfangreichen Kapitel ›Die zeitgenössische Karikatur‹ aber läßt der Autor voll die anglo-amerikanische Wutz raus: Nach 1945 gibt es außerhalb der USA und England auf der ganzen Welt nur noch zwei Zeichner, die Lucie-Smith der Nennung für würdig befindet, Siné und Topor. Dem stehen vierundzwanzig englischzeichnende Karikaturisten gegenüber; ich meine, spätestens bei der deutschen Ausgabe des Buches hätte dieses Mißverhältnis etwas ausgewogener proportioniert werden können.

Sehr zu loben aber sind die sehr lobenden Worte, die Lucie-Smith für den äußerst lobenswerten Karikaturisten Giovanni Bernini findet. Jawohl: *der* Bernini, der Barockbildhauer, der Architekt des Petersplatzes samt seiner

Lachendes Barock:
Bernini
(1598–1680) zeichnet
einen Offizier
und seinen Papst

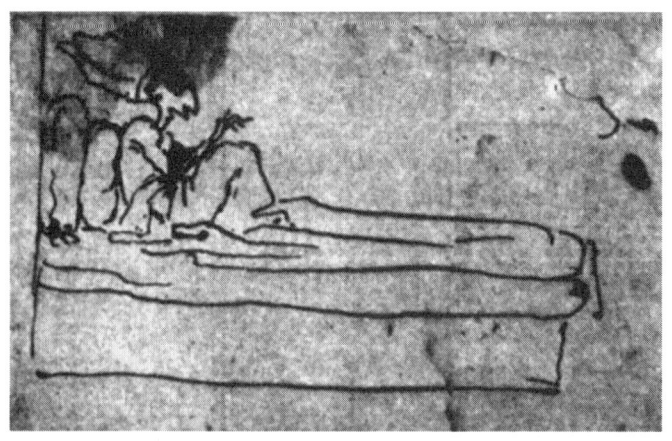

Kolonnaden, zeichnete auch Karikaturen. Und wenn Lucie-Smith und ich uns nicht irren, überragte er alle Vorgänger, Zeitgenossen und viele der Nachfolger an dreistem Witz und zeichnerischer Ökonomie. Wie erstaunlich alterslos und komisch seine Zeichnungen auch heute noch, nach mehr als dreihundert Jahren, wirken – Bernini starb 1680 –, sollen zwei Beispiele belegen: die Karikatur eines Offiziers und die des Papstes – auch so ein altersloses Thema! – Innozenz XI.

Ätzend – wa?

1982

Es gib- Spiegel, welche so verschoben geschliffen sind, daß selbst ein Apollo sich darin als eine Karikatur abspiegeln muß und uns zum Lachen reizt. Wir lachen aber alsdann nur über das Zerrbild, nicht über den Gott.

HEINRICH HEINE

Das Lob braucht den Witz nicht, verträgt ihn nicht ... Der Tadel braucht ihn; der Witz macht ihn milder, erhebt den Ärger zu einem Kunstwerke. Ohne ihn ist die Kritik gemein und boshaft ...

LUDWIG BÖRNE

Zum Komischen ... gehört überhaupt die unendliche Wohlgemuthheit und Zuversicht, durchaus erhaben über seinen eigenen Widerspruch und nicht etwa bitter und unglücklich darin zu seyn, die Seligkeit und Wohligkeit der Subjektivität, die, ihrer selbst gewiß, die Auflösung ihrer Zwecke und Realisationen ertragen kann.

GEORG WILHELM FRIEDRICH HEGEL

Es zeigt ganz verzüglich den Jammer unserer Existenz, daß wir alles Wehe des Trauerspiels in unserem Leben darstellen müssen und doch nicht die Würde tragischer Figuren behaupten können ..., sondern im langen détail des Lebens unumgänglich läppische Lustspielcharaktere seyn müssen.

ARTHUR SCHOPENHAUER

Die Welt ist einfach komisch, wenn man sie vom technischen Standpunkt ansieht; unpraktisch in allen Beziehungen der Menschen zueinander, im höchsten Grade unökonomisch und unexakt in

ihren Methoden; und wer gewohnt ist, seine An-
gelegenheiten mit dem Rechenschieber zu erledi-
gen, kann einfach die gute Hälfte aller menschlichen Behauptungen nicht ernst nehmen.

ROBERT MUSIL

Alle ironischen Schriftsteller rechnen auf die al-
berne Gattung von Menschen, welche sich gerne
allen anderen mit dem Autor zusammen überlegen fühlen wollen, als welchen sie für das Mund-
stück ihrer Anmaßung ansehen.

FRIEDRICH NIETZSCHE

Pyjama und Perle

Als »Annehmbar« stufte die ›Zeit‹ den Film ›Der Mann
im Pyjama‹ ein; er ist es nicht. Nichts gegen derbe Komödien, aber bitte nicht mit derben Komödianten. Was in
diesem Film blöd geglotzt, blöd chargiert und blöd
durcheinandergeschrien wird, geht auf keinen Pyjama,
auch nicht auf die – geschätzt – sechs oder sieben Pyja-
mas, die samt Inhalt schließlich auf der Polizeiwache landen und dort die ganz blöden Polizisten vor ganz und
gar blöde Rätsel stellen. Einzig Otto Sander zieht sich
einigermaßen stilvoll durch die und aus der Affäre, indem er seinen Mann im Pyjama so verhalten anlegt, wie
es die Umstände gerade noch erlauben. Er hätte bessere
Drehbuchschreiber und stilsicherere Regisseure als Christian Rateuke und Hartmann Schmige verdient.

Als »Lichtblick dieses trüben Herbst-Humors« bezeichnet der ›Spiegel‹ den Arnold-Hau-Film ›Das Casanova-Projekt‹. Bei aller gebotenen Parteilichkeit und trotz
aller uneingeschränkten Verehrung für den Casanova-
Darsteller Alfred Edel möchte ich auf einen weiteren Ko-

mik-Lichtblick hinweisen, auf Manfred Stelzers Film ›Die Perle der Karibik‹. Was der ›Spiegel‹ vom ›Casanova-Projekt‹ sagt – »läuft versteckt in den Alternativ-Kinos« –, gilt auch für ›Die Perle der Karibik‹, eine weitere Gemeinsamkeit ist der bereits erwähnte Alfred Edel, der in der ›Perle‹ als Heiratsvermittler Ernst Edel dafür sorgt, daß der unbeweibte Buchvertreter Diethard Langer (Diethard Wendlandt) via Katalog seine eingeflogene Frau Beanboat Banini (Alisa Saltzmann) bekommt. Kann das gutgehen, wenn ein gesetzter Deutscher mit vollautomatisierter Küche, eingerichtetem Neubau und festen Grundsätzen eine Frau heiratet, die von der Ankunft bis zum Verschwinden nichts weiter ist als ganz anders, sehr sprachunkundig und hemmungslos exotisch? Kann es natürlich nicht, doch auch der Film hätte furchtbar schiefgehen können. Geht er aber nicht, da Stelzer ein seltener Drahtseilakt glückt: Er macht aus dem Stoff weder eine wohlfeile Typenkomödie – spießiger Deutscher kontra sinnenfrohe Exotin – noch ein vordergründig realistisches oder gar psychologisches Lustspiel – Zusammenprall zweier Kulturen plus daraus resultierenden Lernprozessen und Veränderungen der Betroffenen.

Diethard und Beanboat verändern im Laufe des Films weder sich selber noch einander, sie sind aber auch keine flachen Cartoonfiguren. Die Sympathien gehören natürlich der unangepaßten und unanpaßbaren Beanboat, doch versteht es der Regisseur, Verständnis und Mitgefühl auch für den angepaßten Diethard zu wecken. Da geht nicht irgendeine zufällige Beziehung daneben, sinnfällig und sinnlich führt Stelzer vor, daß »wir hier nicht in der Karibik sind, wo man nach Korallen taucht, sondern in Deutschland – und da werden Kartoffeln geschält« (Dialogfragment).

Keine neue Botschaft, erfrischend neu aber ist der ebenso genaue wie teilnahmsvolle Blick, mit dem Stelzer dieses unser Kartoffel- und Packeisland sieht und in Szene setzt. Gerade weil er das ohne Weinerlichkeit und Pathos tut, schärft er auch den Blick des Kinogängers für all die äußeren Scheußlichkeiten und verinnerlichten Zwänge, mit denen der sich Tag für Tag arrangiert – das reicht von Neubauvierteln bis hin zu Faustregeln wie »Dienst ist Dienst und Schnaps ist Schnaps«. Doch gerade merke ich, daß ich dabei bin, ins Grundsätzliche abzurutschen, etwas, was der Film nie tut. Mein Rat: Nicht weiterlesen – ist eh Schluß –, Film ansehen.

Wege aus der Weinerlichkeit

Das forsche Tucholsky-Wort »Was darf die Satire? Alles« wird gerade von jenen am häufigsten zitiert, die am besten wissen, daß es nicht stimmt, von den Satirikern. Die Satire darf vieles nicht: sie darf keine Minderheiten diffamieren, keine Vorurteile bekräftigen, keinen Beifall von der falschen Seite riskieren. Aus diesem Grunde drücken sich so viele Satiriker um so viele Themen – Entwicklungshilfe, Islam, DKP, Feminismus, Drogen etc. Aus diesem Grunde klammern sie so viele Gruppen aus, und nicht nur die, die wirklich am Rande stehen – Indianer, Behinderte, Frauen, Homosexuelle, Studenten, Neger, Asylanten, Rentner, Juden usf. Die Motive der Satiriker mögen in der Regel ehrenwert sein, die Folgen ihres ständigen Ausklammerns sind ärgerlich: Es gibt immer weniger zu lachen und zu denken. Satire, die sich ausschließlich gegen die da oben richtet, wird langweilig, wenn nicht entbehrlich. Kopfnickend liest sie der Gleichgesinnte: »Ja, ja, der Strauß, es ist doch zum ...«

Sicher: Die da unten, die Opfer, werden nie ein Ziel abgeben können für denkfördernde Satire und guten Witz.

Aber sollen beide ausschließlich Be- und Unterdrückern vorbehalten bleiben? Sollen sie die da in der Mitte oder die da am Rande völlig auslassen, da solche Satiren und solche Witze möglicherweise zu Mißverständnissen führen könnten? Diese Einstellung hätte – und hat bereits – böse Folgen: Die Satiriker werden immer ängstlicher, die wirklichen oder vermeintlichen Randgruppen immer wehleidiger und wir alle immer verhockter. Dazu ein paar Erläuterungen.

Als das Strauß-Wort von den »Ratten und den Schmeißfliegen« bekannt wurde, war es anfangs natürlich Satirikerpflicht, für Bernt Engelmann und die anderen genannten Schriftsteller zu streiten. Als weitere Schriftsteller und Sympathisanten geradezu beleidigt darauf drangen, ebenfalls zu dem Ungeziefer gerechnet zu werden, hätte eigentlich auch dieser Gratismut, dieses Pochen auf eine Ehrenmärtyrerschaft aufs Korn genommen werden müssen. Das unterblieb, wahrscheinlich deshalb, weil kein Schreiber oder Zeichner Gefahr laufen wollte, dem FJS ungewollt Munition zu liefern: »Ein Witz über linke Schriftsteller? Der hätte ja auch im ›Bayernkurier‹ stehen können« etc.

Das ist brav, aber kurzsichtig gedacht. Der Satiriker, der derart gebannt auf die Mächtigen starrt, begibt sich in doppelte Abhängigkeit. Einmal braucht er die da oben als ständigen, weil einzigen Anlaß für das, was er schreibt oder zeichnet, zum anderen läßt er sich ungewollt von ihnen diktieren, was er nicht zu Papier bringt.

Er wird also nicht nur nichts gegen wie immer linke Schriftsteller sagen, sondern auch nichts zu komischen oder bedenklichen Worten oder Taten von Ökofreaks, Päderasten, Avantgardekünstlern, Instandbesetzern, Punkern, Lebensreformern und anderen – und das wiederum bewirkt, daß all diese Randgruppen, Szenen, Bewegungen und Subkulturen zur irrigen Meinung gelangen, sie hätten ein verbrieftes Recht auf Witzverschonung und Satirefreiheit. Dementsprechend gereizt reagieren sie, wenn sie einmal doch ein kritisches Wort aus ideologisch oder gesinnungsmäßig verwandtem Lager streift:

Staeck grüßt Poth nicht mehr, seitdem dieser sein Vermarktungstalent karikierte, Collagist Volland nimmt Eilert die Charakterisierung »Alleskleber« übel, Rainer Hachfeld unterstellte mir anläßlich einer Papan-Kritik, ich wolle außerhalb der Frankfurter Zeichner grundsätzlich niemanden gelten lassen, und konterte meine Feststellung, daß mich Papan langweile, mit der Versicherung, der sei aber ein lieber Mensch und ein gestandener Strauß-Gegner.

Noch härter ging Rosa von Praunheim mit dem ›Spiegel‹-Schreiber Wolfgang Limmer ins Gericht. Limmer hatte Frank Ripplohs Film ›Taxi zum Klo‹ kritisiert, Praunheim urteilte in einem Leserbrief. »Auch wenn Limmer nicht schwul sein mag, verklemmt schwul ist er auf jeden Fall, und das sind die schlimmsten Schwulenunterdrücker ...« Nach derselben Methode läßt sich Kritik bereits prophylaktisch ersticken. Wenn Frauen allen Ernstes die Frauen insgesamt zu den »Juden von heute« erklären, wenn die Rocksängerin Jutta Weinhold die deutschen Rockmusiker durch die Bank zu »Deutschlands Negern« erhebt, wird der, der ein Widerwort riskiert, automatisch zum Rassisten – und wer ist das schon gerne? Niemand. Also sind alle still.

Doch es gibt auch noch andere Gründe, die es dem Satiriker schwermachen, sich der erwähnten Gruppen, Szenen etc. mit der nötigen Kompetenz anzunehmen. Was die da oben, die im Bundeskanzleramt oder im BKA, denken, planen und in die Tat umsetzen, betrifft immer auch ihn, und es ist dieses Betroffensein, das ihm das Recht gibt, sich zu äußern. Zu sinnvoller oder hilfreicher Kritik an all den Randkulturen und Bewegungen aber ist

Hier lacht der Schwule und der Hausbesetzer:
Schwul-Comix-Titel von Ralf König und Cartoon von Fuchsi.

nur der fähig, der in irgendeiner Weise drinsteckt – mit-
lebend, mitagierend, mitleidend, mitlachend. Wer ihnen
zumindest so nahe steht, daß er Jargon, Probleme, Widersprüche und – auch komische – Schwachstellen der betreffenden Gruppen aus eigener Erfahrung kennt. Auch
der umtriebigste Satiriker aber kann nicht überall drin-
stecken. Er wird sich also immer wieder aus schierer Ehrlichkeit kritische Scherze verkneifen müssen. Die Gruppen wiederum haben zunehmend die Tendenz, sich
gegen Außenstehende abzuschotten, sich in sorgfältig
abgegrenzten oder mühsam abgetrotzten Nischen einzu-
richten, in größtmöglicher Autarkie, mit eigenen Knei-
pen, Läden, Publikationen und Kulturszenen.

Wie also? Muß es dabei bleiben, daß ganze Bevölke-
rungsschichten für Scherz, Satire und Ironie ausfallen?
Nein. Keineswegs. Wieso denn? Die Lösung ist so nahe-
liegend, daß ich natürlich schon eher darauf hätte kommen können, aber warum flink, wenn's auch gründlich
geht?

Die Lösung aber besteht darin, daß den jeweiligen Gruppen gruppeneigene Spaßmacher, Karikaturisten
und Satiriker heranwachsen, und das passiert erfreulicherweise immer häufiger. Seyfried, Szene-Kabaretts,
Franziska Becker – sie alle wurden in dieser Rubrik bereits vorgestellt. Und es geht voran.

Die ›taz‹-Zeichner Detlef, Fuchsi, Harald und Peter Pe-
tri brachten im Hamburger VSA-Verlag ein Bilderbuch
heraus, ›legal illegal scheißegal – der illustrierte Häuser-
kampf‹, in dem es, gottlob, immer wieder erfreulich
unpathetisch zugeht: Da muß man nicht nur über böse
Bullen, da darf man auch – solidarisch, versteht sich –
über hektische Hausbesetzer lachen.

Ein weiterer Lichtblick: die Schwulen-Comics aus
dem Berliner Verlag Rosa Winkel. Drei Titel sind bisher
erschienen, ›Der Schwuchtelpeter‹ von Stefan, eine recht

witzige Struwwelpeter-Adaption, ›Comic trips‹ von Wolf Müll, eine ansprechend wirre Collage aus Comics, Krakeleien, Texten und Fotos, sowie die ›Schwul-Comix‹ von Ralf König. König kennt seinen Crumb, seine Schwulen und seine Heterosexuellen, drastisch, gekonnt und witzig erzählt er von Schwulenfreud und -leid, von Heteros, die im Rahmen einer Selbsterfahrungsgruppe die Möglichkeiten homosexueller Objektwahl probieren (und dabei scheitern), vom Film ›Die homosexuellen Mörderschwänze‹, von fickenden Ameisen und heiteren Sex-Ratespielen.

Das alles sind, um es noch einmal zu sagen, keine Schwulenwitze, sondern Witze von Schwulen; der Leser lacht nicht über die, sondern mit den Schwulen. Es lebe der kleine Unterschied – Lachen ist schließlich gesund, und traurig sind wir sowieso.

Also. Schafft drei, vier, viele Szenen-Komiker und Komik-Szenen. Oder gibt es sie bereits, und ich weiß nur nichts davon? Lesben, Punker, Behinderte, Türken, Grüne und so weiter – wie sieht es bei Euch aus? Lachdienliche Hinweise gebe ich gerne weiter.

Soll er wieder, der Neuss?

Wolfgang Neuss hört nicht auf, Journalistenphantasien zu beschäftigen. In ›Titel, Thesen, Temperamente‹ war er zu sehen und zu hören, kein lallendes Drogenwrack, beileibe nicht, aber auch kein abgeklärter Aussteiger. Eigentlich ganz der alte, trotz Indianerfrisur und fehlenden Zähnen. Flink und bedenkenlos hangelte er von Pointe zu Pointe – kabarettreif nennt man so etwas, und in der ›Zeit‹ riet ihm Rolf Michaelis prompt, sich die dritten Zähne anzuschaffen und wieder in den Ring zu steigen,

Hannelore Kaub vom ›Bügelbrett‹ sei ja nach jahrelanger Bühnenabstinenz bereits mit gutem Beispiel vorangeschritten.

Soll er wieder, der Neuss? Unausgesprochen zieht sich diese Frage auch durch das ›Wolfgang-Neuss-Buch‹, das Volker Kühn für den Satire Verlag zusammenstellte, 400 Seiten »Programmausschnitte, Pamphlete, Aphorismen, Interviews, Funksatiren und die verschollenen, heute schon legendären Monologe, die ihn als ›Mann mit der Pauke‹ zu einem Begriff werden ließen« (Klappentext).

Jetzt kann man die Legenden also wieder nachlesen: »Mensch wir wollen doch letzten Endes nicht vergessen, daß wir in Deutschland den Kommunismus erst erfunden haben: Marx, Engels und Pferdmenges. Aber genau ...

Das Kapital! Marx hat's geschrieben, Engels hat's verdammt, und Pferdmenges hat's verdient ...«

Nun gut, das war der frühe Neuss, der Liebling der Berliner.

So liest sich der spätere Neuss, der APO-Satiriker: »›Bild‹ spazierte mit Ben Witter über das Rote Meer.

Ganz gleich ob Spanien, Vietnam, Griechenland, Lateinamerika oder Westberlin – all das ist für ›Bild‹ kein Grund zum Ungekämmtsein.«

Ich komme da nicht ganz mit. Wieso hat Engels das ›Kapital‹ verdammt? Ach so! Nicht das von Marx, sondern das Kapital der Kapitalisten. Doch was hat der orakelnde ›Zeit‹-Spaziergänger Ben Witter mit der ›Bild‹-Zeitung zu tun? Und wie hängen die beiden wiederum mit Spanien etc. zusammen? Meine Diagnose: Akute Pointendiarrhöe, welche die Mediengrütze genauso ungeordnet wieder ausscheidet, wie sie aufgenommen wurde. Aus dem Zusammenhang gerissene Zitate, gewiß. Doch bei Neuss gibt es keine Zusammenhänge. Lediglich diese Assoziationsfluchten, die einem hinterherhechelnden Publikum einmal diebischen Spaß gemacht haben müssen. Lesen muß man das alles wirklich nicht noch einmal.

Gern dagegen las ich, was der späte, der jetzige Neuss über den frühen und späteren Neuss sagt. Den Abschluß des Buches bildet ein Gespräch zwischen ihm und seinem Herausgeber Kühn, in welchem Neuss zu vorbildlicher Schonungslosigkeit aufläuft:

»Neuss: Kabarett ohne Moral – das geht natürlich nicht. Dort wird sie als Triebfeder gebraucht. Wie für jedes andere Geldgeschäft auch. Ohne Moral ist kein Geld zu verdienen, und ohne Geld ist auch keine Moral nötig.

Kühn: Das klingt sehr kabarettistisch.

Neuss: Das hab ich natürlich einfach nur mal so formuliert. Ob das genau stimmt, weiß ich nicht. Ich hab das nie nachgeprüft, ob das stimmt, was ich gesagt habe. Wenn es mir einfiel, und es klang nach einer Pointe – dann hab ich's gesagt. Und wenn ich es einmal gesagt hatte, hatte ich es gesagt. Dann war es zu spät. Ich konnte es dann immer nur noch schlimmer machen.«

München-Tip: Original-Karikaturen

Die Münchener Galerie Bartsch und Chariau lohnt einen Besuch. Sie ist leicht zu finden – in der Galeriestraße 2, also zwischen Ludwigstraße und Hofgarten –, und sie zeigt Grafik, die man sonst nicht so leicht im Original sieht: Karikaturen und Cartoons. In Einzel- und Gruppenausstellungen waren bisher u. a. zu sehen: Zeichner des ›New Yorker‹, Zeichner der ›Titanic‹ sowie Sempé, Searle, Saxon und Desclozeaux. Geplant sind Ausstellungen von Ensikat und Gorey, in diesem Monat wird die Galerie alte Karikaturen zeigen, Blätter vom frühen 17. bis zum späten 19. Jahrhundert, von Ghezzi, Gillray, Gavarni, Doré und anderen.

Ich betrat die Galerie das erste Mal mit einiger Skepsis – komische Grafik wurde und wird für den Druck gezeichnet, muß man da überhaupt Originale ausstellen und ansehen? Man sollte es. Schon die Größe einiger Blätter überrascht, deutlicher als auf jedem Druck sind auch Material, Handwerk und Könnerschaft abzulesen. Die älteren Blätter, Zeichnungen von Karl Arnold oder e.o. plauen umgibt sogar so etwas wie eine Aura. Sie wirken – im Original – ganz und gar historisch; so wird, das spürt man, nie wieder gezeichnet werden. Gerade weil diese Zeichnungen einmal so aktuell, zeitgemäß, modern, auch modisch waren, scheinen sie heute besonders fern und abgerückt. Wie alte Anzeigen und Plakate bewahren sie mehr vom Geist ihrer Zeit auf als gleichzeitig entstandene Werke der Hochkunst. Und auch das wird deutlich: Die Blätter sind, obwohl sie einmal massenhaft reproduziert wurden, Unikate – die Druckvorlage gibt es eben nur einmal.

Neben den laufenden Ausstellungen kann man in der Galerie ständig Zeichnungen vorangegangener Aussteller sowie Originale von André François, Maurice Henry, Bosc und Schäfer-Ast sehen und kaufen. Die Preise beginnen bei etwa DM 400,– für einen kleinen Sempé und enden bei etwa DM 10 000,– für einen großen Arnold.

Schaf im Wolffspelz

Für den ›Spiegel‹ ist das Buch »ein frappierender Intelligenz-Trip ins Heitere«, ›Papa Faust‹ heißt es, Uwe Wolff hat es geschrieben, und in Rogners Edition bei Ullstein ist es erschienen. Auf dem Umschlag werden die 148 Seiten als »Roman« bezeichnet, auf der Umschlagrückseite als »Erzählung«, die der Autor zu einem Roman auszuweiten im Begriff sei, auf dem Titel als »Eine Idylle aus deutschen Landen«. Auf der Umschlagrückseite gibt es außerdem ein Foto zu sehen, abgebildet ist »Der Autor bei einer heiteren Plauderei mit Tomma Söderborg, Mutter von Sven Söderborg und Wirtin des ›Goldenen Ochsen‹«.

Tomma und Sven wiederum sind Protagonisten des Buches. Wenn nicht alles täuscht, hat sich auch der Autor selber in schelmischer Verrätselung in das Buch geschmuggelt, der alte Ahlrich vom Rosenhof, eine weitere Hauptperson, berichtet von einem »sich unermüdlich in Belletristik und wissenschaftlicher Prosa übenden Schriftsteller«, den er dazu auserkoren habe, »den Exodus der Heiterkeit aus deutschen Büchern aufzuhalten, die deutsche Literatur aus dem Jammertal der Selbstbespiegelung zu befreien«.

Heiterkeit also ist angesagt. Heiter plaudert Wolff nicht nur mit Tomma, heiter nimmt er auch den Leser bei der Hand, um ihn, wie es weiland die Großschriftsteller taten, behutsam durch seine kunterbunte, nicht ganz ernst zu nehmende Welt zu führen: »Hören wir nun die Geschichte von Max und Jens. Wie mir der Geist der Geschichte verriet, wohnten sie in dem fernen Münster, einer höchst sonderbaren Stadt …«, in der es dann natürlich überhaupt nicht sonderbar, sondern höchst normal, also sehr provinziell zugeht.

»Da stand ein Menschenkind, so wunderlich anzusehen, daß ich gar nicht weiß, wo ich beginnen soll, es zu beschreiben …«, aber er weiß es dann natürlich doch und beschreibt den wunderlichen Punker, ja ganze Punk-Gruppen. Die wiederum singen »begleitet vom Chor der Menge Lieder, die ich hier aus Rücksicht auf das zarte Gemüt meiner Leser nicht wiederzugeben wage«. Wagt er dann natürlich doch, und nicht nur von Punkern raunt und plaudert der Geist der Geschichte, sondern auch von Frauen in Selbsterfahrungsgruppen und von einer Landkommune, von Brokdorf-Demos und Hausbesetzungen, von alternativer Energiegewinnung und neuen Formen des Zusammenlebens – kein Zweifel, die Handlung ist im entschiedensten Hier und Heute angesiedelt, keines der Probleme fehlt, die uns angeblich auf den Nägeln brennen, doch stets gelingt es dem Erzähler, so viel ironische Distanz zu wahren, daß er die Umtriebe aus heiterer, zumindest entrückender Vogelschau zu betrachten in der Lage ist: »Hier in der ›Republik Freies Wendland‹ wurden brennende, überlebenswichtige Fragen laut, die bis auf den heutigen Tag die Gemüter bewegen und einer Antwort harren. Es sind uralte Fragen« etc.

Der Autor dagegen ist blutjung, Jahrgang 1955, und ich frage mich, wie mild und humorig er erst im gesetzteren Alter schreiben wird, wenn er bereits jetzt so augenzwinkernd umständlich und altfränkisch ausschweifend daherkommt. Ich fürchte, das kann sehr, sehr heiter werden.

Unnatürlich und ungesund

›Natürlich und gesund‹ heißt eine Zweimonatsschrift für »Naturheilkunde, Ernährung, Umwelt, Kosmetik und Gesundheitsvorsorge«. Ihr Inhalt erhärtete meinen Verdacht, daß es dem Menschen nicht bekommt, ein allzu natürliches und gesundes Leben zu führen. Das scheint auf den Geist zu gehen. Strahlenschutzplatten, Blütenpollenwunder und Brennesselsamen bieten offensichtlich keinen Schutz vor Einsichten wie »Was im Wendelseeraum (= Mittelmeerraum) ersonnen wurde, kann unbesehen nicht von uns übernommen werden«. Das geht gegen Sokrates und Plato und meint: Deutsche, glaubt deutschen Denkern. Und lacht über deutsche Scherze. Das Blatt hat nämlich auch eine Humorseite, ›kunterbunt‹, die ein vollständig wahnsinniger Hauch durchdringt:

> »Herr Frühling kommt von den Lofoten,
> dort ist das Essen verboten,
> er will das Essen ganz einfach vergessen,
> darum macht er sich einen Knoten.«

Ob der Verfasser es mal mit einer kombinierten Rauch-, Sauf- und Kokskur versuchen sollte? Ich rate ab. Gegen diesen Unfug ist noch kein Kraut gewachsen.

Leonardos Lieblingswitz

Leonardo meint natürlich Leonardo da Vinci, und ob der folgende Scherz wirklich sein Lieblingswitz war, weiß ich natürlich nicht. Immerhin hielt er ihn für so bemerkenswert, daß er ihn in seinen Tagebüchern aufzeichnete. Wer den Witz für bemerkenswert schlicht hält, sei darauf hingewiesen, daß die anderen von Leonardo notierten Schwänke und Witze noch viel schlichter sind. Dabei hat der Mann doch so schöne Bilder gemalt. Aber apropos Bilder, hier ist der Witz: »(Künstlerwitz.) Ein Maler wurde gefragt, warum er, obwohl er seine Gestalten, die doch tote Dinge seien, so schön mache, seine Kinder so häßlich gemacht habe. Darauf erwiderte der Maler, er mache seine Gemälde eben am Tag und die Kinder bei Nacht.«

Wien bleibt Graz

›Erste Allgemeine Verunsicherung‹ nennt sich ein öster-
reichisches Rock-Kabarett, seine LP ›Café Passé‹ erschien bei 2001/Mood-Records und erhielt den Preis der
Deutschen Schallplattenkritik. Begründung: »Von den
anderen Politrockgruppen unterscheidet sich die ›Erste
Allgemeine Verunsicherung‹ dadurch, daß den witzigen Texten und der rockigen Musik gleiches Gewicht zu-
kommt. Dem anarchischen Gestus der musikalischen
Darbietung entsprechen die spöttischen Hiebe, die die
sechs Mann nach allen Seiten austeilen.«

Das alles las ich, bevor ich die Platte hörte. Und das
hörte ich: einen Reigen milder Parodien auf teils abge-
legte, teils heute noch gern getragene Pop-Moden, auf
Rock, Schubidu, Woodstock, Reggae und Punk. An dieser Musik ist nichts witzig, geschweige denn anarchisch,
sie erschöpft sich im blanken Zitat. Bleiben die Texte,
die der zitierten Musik gern den Vorwurf machen, sie sei
kommerziell: »Die (Woodstock-)Parolen. Sie haben sich
rentiert … weil jetzt der Prinz von Zinseszins regiert.«
Oder, noch spöttischer: »If you are a Rasta man you can
make a lot of zaster then« – so ist es also wahr, daß es
der Musikindustrie gar nicht um Systemveränderung,
sondern um Profite geht? Bitter, bitter.

Zwischen den Musikstücken kommentiert hin und
wieder ein reaktionärer Raunzerchor das soeben Ge-
hörte; entrüstet, versteht sich. Mehr Entrüstung wird die
Platte, fürchte ich, nicht auslösen. Und bei der letzten
Nummer, dem für österreichische Liedermacher nach-
gerade obligaten Wien-Schmählied, kann auch noch der
Verstockteste besinnlich mitraunzen: »Wien, du bist ein
Sanatorium, da tanzen die Kranken im Kreißsaal her-
um« – solch massierte Gedankenlosigkeit steht dem k. u. k.
Operettenschwachsinn in nichts nach. Denn, nicht wahr,

ein Sanatorium mit Gebärstation wird sich schwerlich finden. Außer, natürlich, in Wien.

Lieblings-Politwitz

Er ist uralt, aus dem Jahre 1964. Er stammt von Ernst Maria Lang, der seit 1947 Karikaturen für die ›Süddeutsche Zeitung‹ zeichnet. Er findet sich in dem Buch ›von Ernst Maria Lang durchschaut … und kurz gezeichnet‹, Süddeutscher Verlag. Der angestrengte Titel sollte nicht darüber hinwegtäuschen, daß Langs politischer Witz meist ungewohnt unangestrengt wirkt. Fast nie muß er Symbole bemühen, fast immer macht er die Politiker in vielfältigsten Verkleidungen und Rollen zu Handlungsträgern und Witzfiguren. Oft steckt er sie in

Der kleine
(Bundes-)Haustyrann

»Isch will no nit schlafe jonn!«

137

Kinderkleider, was ich – mach einer was dagegen – immer sehr komisch finde. Wahrscheinlich liegt da eine frühe Fixierung vor, durch einen, s. o., Lang-Witz, der Adenauers Weigerung kommentierte, sich aufs Altenteil zurückzuziehen. Er ist aber auch zu gut getroffen, der unartige Konrad!

Lachendes Bonn

Ein komischer Vorgang ist aus Bonn zu berichten, dort wurde in Gegenwart der Schwallköpfe Schmidt und Carstens ein zwei Meter hoher Schwellkopf direkt vor dem Kanzleramt aufgestellt.

Dargestellt ist nämlich ein Kanzler, jedenfalls von vorne: Adenauer. Hinten aber hat sein Schöpfer, der Bildhauer und Knallkopf Hubertus von Pilgrim, eine »Montage von Symbolen« angebracht: »Die gefesselten Hände erinnern an die Zeit des Nationalsozialismus, der Kölner Dom meint den Oberbürgermeister, das Kruzifix den Christen, ein Rosenstock den Rosenzüchter Adenauer, unter dem die Bundesrepublik aufblühte.«

So sieht es jedenfalls die FAZ, ich sehe es anders: Die gefesselten Hände erinnern mich an all die Händel, mit denen Adenauer seine Zeitgenossen zu fesseln wußte, der Dom meint die domdreiste Art, mit der dieser Kölner die Wiederaufrüstung betrieb, das Kruzifix das Kreuz, an das dieser Herr die Wiedervereinigung nagelte, und der Rosenstock den derzeitigen Präsidenten des Bundesverbandes jener Industrie, die unter Adenauer aufblühte. Gut, der heißt Rodenstock, dafür aber weiß ich was, was nicht einmal die FAZ zu wissen scheint: Wofür steht, nein liegt der Stier? Na? Für Eu-

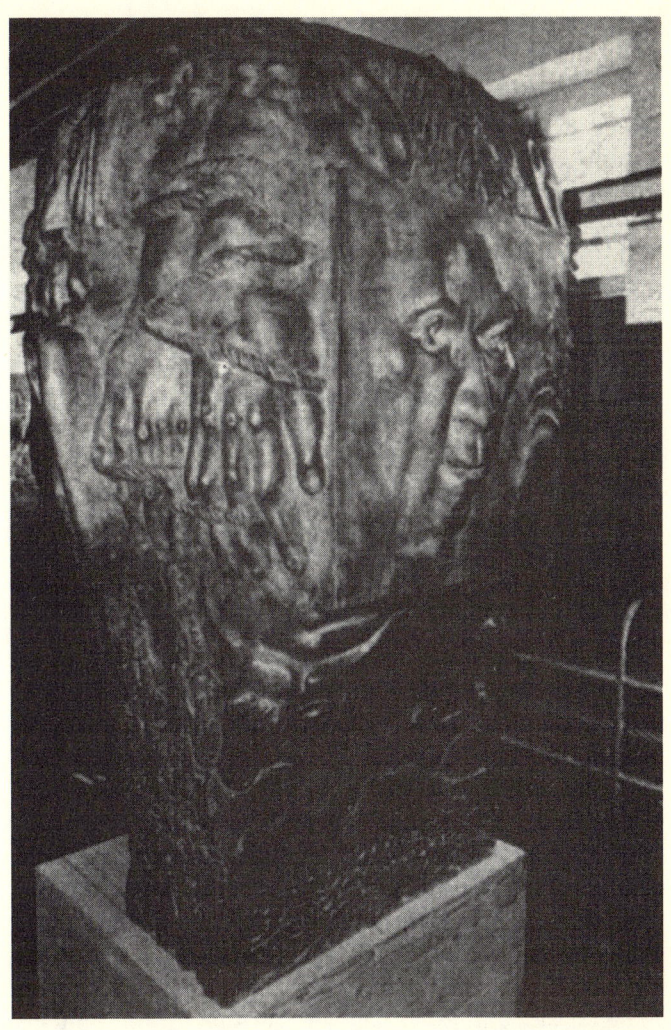

ropa? Ach was! Für Adenauers Lieblingsbankier Pferdmenges, jawohl. Ein einziger Witz also, dessen Super-
pointe das Bundesinnenministerium beisteuerte: 250 000
Deutschmark Künstlerhonorar.

Nachruf auf ›pardon‹

Kurz vor ihrem zwanzigsten Geburtstag ist die Zeitschrift ›pardon‹ verschieden, ein Anlaß, ihrer kurz zu gedenken.

Das erste Heft erschien im September 1967, nach kurzer Zeit stand der Erfolg fest. Was war das aber auch für eine Zeit: Noch war Adenauer an der Macht und Erhard der Vater des Wirtschaftswunders, noch galt der ›Spiegel‹, um den es kurz darauf die gleichnamige Affäre gab, als linke und der völlig zahnlose ›Simplicissimus‹ als satirische Zeitschrift, noch sorgte sich der Volkswartbund um das sittliche Wohl und Günter Grass' ›Blechtrommel‹ für die sittliche Entrüstung des Volkes, noch hielt man allgemein die Ostermarschierer für staatsgefährdend und die Berliner für mutig – kurz: noch schien es so, als ob die fünfziger Jahre trotz des neuen Jahrzehnts immer noch in voller Blüte ständen. Doch da war schon der Wurm drin, genauer gesagt viele Würmer, und einer von ihnen war ohne Zweifel ›pardon‹. Dieser Wurm biß munter zu, die Betroffenen reagierten verbissen, Axel Springer wollte wegen eines Anti-›Bild‹-Beitrags von Poth den ›pardon‹-Vertrieb verhindern, der Volkswartbund drang auf Indizierung, und all das brachte dem Blatt Publizität und die Mitarbeiter auf immer neue Themen, Einfälle und Erzählweisen.

Der ›pardon‹-Verleger, Herausgeber und Chefredakteur Hans A. Nikel hatte nämlich in doppelter Hinsicht Glück gehabt. Bei der Gründung der Zeitschrift hatte er noch auf reifere Herrschaften gesetzt, hatte er Werner Finck, Loriot und Erich Kästner als Paten für ›pardon‹ gewonnen, nun stellte sich heraus, daß nicht nur die Zeit reif, sondern auch klammheimlich satirischer Nachwuchs herangereift war: Kurt Halbritter, Hans Traxler, Chlodwig Poth und F. K. Waechter waren von der ersten

Stunde an dabei, bald kamen Otto Köhler, F. W. Bernstein (alias Fritz Weigle), Lützel Jeman (alias Robert Gernhardt) und Hermann Oberpurger (alias Heinz Edelmann) hinzu.

Eine Zeitlang sah es so aus, als ob das immer so weitergehen würde. Ab Mitte der 60er traten in die Redaktion ein: Gerhard Kromschröder (heute ›stern‹), Alice Schwarzer (heute ›Emma‹, Günter Wallraff (später ›Bild‹) sowie Peter Knorr, Eckhard Henscheid und Wilhelm Genazino. Zugleich trugen die mächtig anschwellenden Sex-, Polit- und Protestwellen das Blatt in immer ungeahntere Auflagenhöhen: Ende der 60er wurden über 300 000 Exemplare verkauft. Doch wieder war der Wurm drin, diesmal in ›pardon‹. Während Redakteure und Mitarbeiter wacker für die antiautoritäre Sache stritten, ja vom Chefredakteur Hans A. Nikel noch dazu angehalten wurden, da dieser Kampf Kasse machte, gebärdete sich der Hauptverdiener Hans A. Nikel zusehends autoritärer. Im Heft durfte Bernd Rosema die Unfreiheit der BRD-Journalisten beklagen, fürs Heft lehnte der Verleger Hans A. Nikel jegliche redaktionelle Mitbestimmung strikt ab: Die Widersprüche brachen auf, die Mitarbeiter sprangen ab, die Auflage sank, und der Herausgeber Hans A. Nikel versenkte sich in sich selber. Er wurde Anhänger der Transzendentalen Meditation des Maharishi Mahesh Yogi, und irgendwann Mitte der 70er griff er selbst zur Feder, das erstemal seit der Gründung des Blattes. ›Ich sah sie fliegen‹, hieß sein ›pardon‹-Beitrag, der jedoch nicht die immer rascher wechselnden ›pardon‹-Redakteure, sondern die erleuchteten TM-Hüpfer zum Inhalt hatte. Da war nichts mehr zu retten, weder das Blatt noch sein Macher, nach 18 Jahren gab er den abgeschlafften Teufel an Henning Venske weiter, der ihn jedoch trotz heftiger Rundumschläge nicht wieder auf die Beine brachte.

Nicht ganz schuldlos an so viel Niedergang: ›Titanic‹. Warum, das erklärt ein Blick ins Impressum. Zum erstenmal seit seinem Stapellauf 1979 dümpelt das sinkende Schiff allein auf bundesweiter satirischer See. Das verpflichtet. Volle Kraft vorab ... äh vorweg ... äh hinweg ... äh hinab! Oder so ähnlich.

Wanderer, kommst du nach Gö ...

In Göttingen – nach Heine bekannt wegen seiner Würste und Professoren – gab es unlängst nicht nur den 13. Kunstmarkt, sondern auch Kunstschelte. In seiner Eröffnungsrede tadelte Oberbürgermeister Rinck die Sonderausstellung ›Ironie in der Kunst‹. Die sei zu »einseitig«, hätte eine »aggressive Grundnote«, auch habe er »Schwierigkeiten mit einigen Exponaten«. Im »Entwurf des Frankfurter Zeichners F. K. Waechter für ein volkstümliches Goethe-Schiller-Denkmal« könne er weder »einen erzieherischen noch künstlerischen Wert erkennen«, zeige es doch »diese beiden Geistesgrößen in homosexueller Aktion«.

Nicht alle Göttinger Bürger dachten so. Einige verbanden sich rasch zu einer Stiftungsgruppe, kauften Waechter das Blatt ab, ließen den Hamburger Ex-OB Klose, der dank einer Podiumsdiskussion greifbar war, eine Schenkungsurkunde unterzeichnen und schickten einen SPD-Ratsherrn vor, welcher dem Oberbürgermeister Rinck beides überreichte: Zeichnung und Urkunde. Der nahm das Geschenk an.

So weit, so gut, hätte das Geschenk nicht einen Haken: »Die Stiftungsgruppe hat zur Auflage gemacht, daß das Bild an einer repräsentativen Stelle aufgehängt wird. Wo das sein wird, darüber entscheidet der Verwaltungsausschuß«, berichtet das ›Göttinger Tageblatt‹.

Völkstümliches
Denkmals-
Entwurf von
F.K. Waechter

GOETHE SPIELT FLÖTE
AUF SCHILLER SEIN PILLER!

›Titanic‹-Leser kennen die Zeichnung, sie erschien in Heft 3/82. Und ich kann mir vorstellen, daß viele, die den Druck bewunderten, nun den ganz unbezähmbaren Wunsch haben, auch das Original zu sehen. Ihnen allen möchte ich raten, bei einem Göttingen-Besuch eindringlich und massenhaft nach der repräsentativen Stelle zu fragen, an der das Kunstwerk nun ja wohl bereits hängt. Geschenkt ist zwar geschenkt, wiederholen ist gestohlen, aber Auflage ist auch Auflage. Und ein Giftschrank ist sicher keine repräsentative Stelle.

Wo also befindet sich Waechters Zeichnung? Sachdienliche Hinweise bitte an mich.

Halunkenpostille

Man sollte nicht alles allzu genau wissen wollen. Bis vor drei Wochen noch glaubte ich, Fritz Grasshoff sei möglicherweise ein ernstzunehmender komischer Dichter. Bis dahin nämlich kannte ich kaum etwas von ihm, eigentlich nur den Anfang eines Gedichtes, und der gefiel mir:

»Auf der Brücke Schweigestill
wird man dich schanghaien.
Keiner, der dir helfen will,
kann dich mehr befreien.«

Seit drei Wochen kenne ich viel von Fritz Grasshoff. Ich habe das dicke Buch ›Grasshoffs neue große Halunkenpostille‹, Limes Verlag, gelesen, und das gefiel mir nicht. Nun besitze ich seit jeher ein gestörtes Verhältnis zu jeder Form von alkoholdurchtränktem Bänkelgesang, zu »Kaschemmenromanzen«, »Spelunkensongs«, »Pintenballaden« und zu Kapitelüberschriften wie ›Was mir der Schlafsack knisterte‹. Trotzdem gestehe ich – nobel, nobel! – jedem das Recht zu, dergleichen kräftig oder komisch zu finden, Dichtern ebenso wie Lesern.

Grasshoff aber setzt zu humoristischen Tiefschlägen an, die nicht ungerügt bleiben dürfen. Er wiederbelebt ein komisches Genre, das ich für endgültig ausgestorben hielt, das des ... des ... tja, wie nennt sich dieses Genre eigentlich?

»Tief in Urwald Brasiliano
auf Plantage von Banano
wohnen Signor Don Juano
mit sein Schatz« –

Was geht da vor? Der Autor tut so, als könne er kein richtiges Deutsch. Als sei er selber ein Brasiliano, was machen deutsches Gedichto. Und dabei zwinkert er mir ganz heftig zu. Ich soll nämlich nicht wirklich glauben, er sei ein wirklicher Brasilianer. Ich soll vielmehr den Schwindel durchschauen und lachen. Mache ich aber nicht. Schon gar nicht, wenn's von Urwald Brasiliano in noch sumpfigeres Gelände geht:

> »Auf Kamschatka,
> fern von Stadtka,
> tief im Schlamm
> hausen Sascha
> und Natascha
> hibsch zusamm'.«

Was macht diese Art von Sprachwitz so besonders unappetitlich? Da wird ein unverschuldetes Unvermögen nachgeäfft. Schlimmer: Völlig grundlos sprechen Russen bei Grasshoff auch dann noch gebrochen deutsch, wenn sie sich auf dem Roten Platz mit russischen Spatzen unterhalten:

> »Schon kam Soldate mit Gewehr
> und schrie: Wo hast du Semmel her?
> Den Diebstahl du wirst bießen.
> Tat ihn gleich erschießen.«

Den Spatz »Stibitzki« nämlich. Wahrscheinlich meint Grasshoff solche Gedichte gar nicht höhnisch, sondern nur komisch. Trotzdem ist für mich ein Nachklang des Gelächters unüberhörbar, mit dem Deutsche die oft verzweifelten Bemühungen von Polen, Tschechen und Russen quittierten, sich verständlich zu machen. Noch im Kalten Krieg durfte weitergelacht werden, über den sowjetrussischen Professor Quatschni beispielsweise, eine stehende Figur des Berliner Frontstadt-Kabaretts ›Die Insulaner‹. Dann versiegte dieser Quell der Sprachkomik anscheinend. Oder nur scheinbar? Die Ostvölker sind uns fernergerückt, dafür haben wir jetzt die Gastarbeiter im Lande. Und was die oft zusammenreden – zum Schießen! Ich rate nur ungern zur Zurückhaltung in Sachen Komik. Doch von jenem Quell empfehle ich, die Finger zu lassen. Gar nicht dran rühren! Auch nicht zum Spaßki.

Lieblingscartoon

Er wurde um 1850 gezeichnet und erstmalig gedruckt in den Münchener ›Fliegenden Blättern‹. Ich fand ihn dieser Tage in ›Fliegende Blätter‹, einer von Marianne Bernhard

Ball = Gespräch.

„Mein Fräulein, könnte ich das unendliche Vergnügen haben mit Ihnen
die nächste Quadrille zu tanzen." — „Nä."

besorgten Auswahl, die in der Reihe ›Die bibliophilen Taschenbücher‹, Harenberg Kommunikation, erschienen ist. Die meisten der darin versammelten Bilderwitze belustigen nur noch durch ihre Umständlichkeit, dieser Scherz aber traf ohne Umwege mein Lachzentrum. Weshalb? Ich weiß es sowenig wie ich den Namen des Zeichners kenne. Lacht jemand mit?

Schneyder über Kästner

Werner Schneyder kann zwar nicht schreiben, aber das macht nichts, da er auch nichts zu sagen hat. Nachzulesen ist das in seinem Buch ›Erich Kästner‹, einem Band der Reihe ›Kindlers Literarische Portraits‹.

Bereits im Klappentext tauchen erste Dunkelheiten auf: »Werner Schneyder, Kabarettist, Schriftsteller, Entertainer, bezeichnet Erich Kästner als einen seiner ›Lehrer‹. Es sind Dankbarkeit und Respekt, die ihn veranlassen, eine aufregende Draufsicht auf die poetisch oder journalistisch formulierten Meinungen Kästners zu versuchen.« »Draufsicht auf«? Nicht »Übersicht der«? Egal, wer derart aufgeregt auf Kästners Meinungen draufsieht, kann nicht auch noch Kleinkram wie Wortwahl, Grammatik oder gar Sinn im Auge behalten. Letzterer fehlt denn auch ganzen Absätzen des Buches fast völlig: »Es gehört jedenfalls zum Selbstverständnis der Kabarett genannten, satirischen, szenischen Spielform, daß ein Autor wie Erich Kästner sich dieses Mediums bedient hat.« (Schneyder meint wahrscheinlich: Es verstand sich von selbst, daß ein Autor wie Erich Kästner auch für das Kabarett arbeitete.) »Die Zusammengehörigkeit ist geradezu körperlich.« (Meint möglicherweise: Kabarett und Kästner gehören zusammen wie ein Ei dem anderen.)

»Kästner war also auch ein Mitarbeiter jener permanenten Krise, die immer die vorangegangene große Zeit zu überwinden hatte.« (Könnte bedeuten – nein, kann nix bedeuten, ist ganz und gar unverständlich.)

Dem, der lange genug durch das Dunkel dieses Buches tapert, ratlos oder verärgert, wird auf Seite 158 der unerwartete Trost zuteil, daß es auch Werner Schneyder während seiner Verdunkelungsarbeiten nicht allzu gut ging: »Beim Verfassen dieses Manuskripts habe ich gelegentlich Anfälle von Depressionen gehabt (die sich bei mir immer als Wut äußert), weshalb ich das Risiko eingegangen bin, das Gesamtwerk eines toten Satirikers nachzulesen. Die Massierung von Bündigkeit, die einem da vorliegt, mit der Gegenwart einer Nachfolge-Generation schneiden zu müssen, macht tobsüchtig.«

Dem mag ich nicht widersprechen, obwohl ich noch nie versucht habe, mit der Gegenwart einer Nachfolge-Generation eine mir vorliegende Massierung von Bündigkeit zu schneiden. Ich ahne: Das muß auf den Geist gehen, dem ich freilich weniger Tob- denn Mondsüchtigkeit attestieren würde. Ich weiß jetzt: In diesem Zustand sollte man besser keine literarischen Portraits schreiben.

Narrenhände und Volksmund

›Freiheit für Grönland – weg mit dem Packeis!‹ so heißt eine Sammlung, die »200 Sprüche von den Wänden der Frankfurter Universität« enthält, ausgewählt und kommentiert von Albert A. Schmude, Rita G. Fischer Verlag, Frankfurt. Mein erster Gedanke: Da pack' moan, den Zeitgeist. Mein erster Eindruck: Welch langsamlebige Zeit! Über den Wandspruch »Wo rohe Kräfte sinnlos walten, da kann kein Knopf die Hose halten« hat bereits der

– schätzungsweise – Ur-Ur-Ur-Urgroßvater des heutigen Schreibers lachen können. Parodien auf Schillers Glocke sind zum Teil so alt wie das Original, und das ist von 1800. Ein ehrwürdiges Alter haben auch einige der Sauigeleien: »Wenn eine Frau, die splitternackt / dich vorne an die Eier packt ... etc.« Weiter: »Gott ist tot« (Nietzsche) nebst Zusatz »Nietzsche ist tot« (Gott) – kenne ich seit 1964, ich las ihn damals in einer Sammlung von US-Graffiti und rückte ihn sogleich in WimS ein. Aus der gleichen Epoche: »Make love not war« – hier hat der Sprayer allerdings versucht, sein Wissen um die Abgelebtheit des Spruchs durch ironisierende Zusätze kenntlich zu machen, die Frankfurter Version heißt: »Make love (lechz!) not war (würg!)«. Mit dem Titelspruch und ähnlichen Persiflagen auf Politparolen – »Frei sein, high sein / Ein bißchen Terror muß dabeisein«, erstmals 1972 gehört, aus dem Munde von Klaus Rainer Röhl, weiland ›konkret‹-Macher – damit also sind wir endlich in der Gegenwart: »Weg mit den Alpen – Für den freien Blick aufs Mittelmeer« – sicher keine Frankfurter Erfindung, der Spruch wurde bereits aus Zürich gemeldet, richtiger Züri, das ja nun auch nicht mehr brennt. Doch ich will mich nicht weiter auf Datierungen und Zuschreibungen einlassen, dieses heikle Geschäft übersteigt meine Kenntnisse und Kräfte, lediglich bei drei der 200 Graffiti kann ich verbindlich Auskunft geben, sie sind nämlich von mir.

Nicht, daß ich selber gesprayt hätte. Es handelt sich vielmehr um Zwei- und Mehrzeiler, die, in Büchern wie ›Die Wahrheit über Arnold Hau‹ oder ›Besternte Ernte‹ gedruckt, nun ihren Weg gemacht haben, die durch Köpfe, Hände und Sprühdosen gegangen sind, um schließlich auf Frankfurter Uni-Wänden eine neue Heimstatt zu finden.

Mein erstes Gefühl: Stolz. War es nicht seit jeher der geheimste Wunsch der Künstler, eins zu werden mit dem

Volk, dienendes Sprachrohr zu sein der Träume, Begierden und Forderungen ihrer Zeitgenossen? War es, war es. Mein zweites Gefühl: Ärger. Denn was hat das Volk aus meinen schönen Versen gemacht? Es hat sie zersprayt, so, wie das Volkslied vergangener Epochen die Reime der Hochkunst zersang. Nicht zum Vorteil der Reime: »Der Geier fraß die Wanderratte, nachdem er sie geschändet hatte«, lese ich da. Ich aber hatte geschrieben: »Der Habicht fraß ... etc.« – die runde Fülle der Zeile wurde nicht zuletzt durch die vier A's konstituiert, nun wird sie durch den ganz lautfremden Geier ganz unnötig geschändet.

Ein weiterer Wandspruch, den der ›stern‹ einem anonymen Autor zusprach und zum ›Gedicht der Woche‹ erklärte:

»Es sprach der Herr zum Knecht:
Mir geht es schlecht.
Da sprach der Knecht zum Herrn:
Das hört man gern.«

Nicht so gut, wie? Rumpelt und pumpelt ein bißchen, von dem vierhebigen Vers in den dreihebigen, und das gleich zweimal hintereinander. Wie elegant und lesbar sich daneben das Original ausnimmt:

»Der Herr rief: ›Lieber Knecht,
Mir ist entsetzlich schlecht!‹
Da sprach der Knecht zum Herrn:
›Das hört man aber gern.‹«

Klingt schon anders – oder? Welch unterkühlte Raffinesse in den pseudoarchaischen Alliterationen! Wie geradezu erschreckend das umgangssprachliche »Das hört man *aber* gern« in dieses scheinbar zeitlose Sprechen einbricht! Von anderen Feinheiten ganz zu schweigen – schon deshalb, weil mir im Moment keine weiteren einfallen. Und auch das dritte verhunzte Gedicht bleibe unerwähnt, da fehlen ganze Zeilen – aber lassen wir das. Belassen wir es bei einem Rüffel: Volk! Achte deine Originale! Und bei einem Lob: Volk! Einige deiner Sprüche sind sehr gelungen. Zum Beispiel: »Ob Sonne, ob Regen / Wir sind dagegen.« Oder: »Wir brauchen keine Schwätzer / wir brauchen Günter Netzer.« Oder – mein Frankfurter Lieblingsspruch, da er bodenständige Sprache und luftige Utopie auf das glücklichste vereinigt –: »Un' Genosse', net vergesse'/de Klassekampf tobt aach in Hesse'!«

Mein allerallerliebster Wandspruch freilich fand sich nicht in diesem Buch, den las ich auf einer Göttinger Betonwand: »Rache für den Wiederaufbau!«

Zeichner Kriegel

Daß Musiker ein stures Volk sind, geht schon daraus hervor, daß es kaum Doppelbegabungen unter ihnen gibt. Wenn sie schreiben, dann nur für den Eigenbedarf, Songtexte oder Opernlibretti, und wenn sie zeichnen – aber sie zeichnen ja nicht. Außer Schönberg, Hindemith und Volker Kriegel fällt mir jedenfalls auf Anhieb kein Musiker ein, der sich auch in den bildenden Künsten versucht hätte, und von den dreien wiederum fällt nur der Jazz-Gitarrist in mein Fach, er nämlich zeichnet komische Zeichnungen. Er tut das bereits seit vielen Jahren – die ersten Cartoons von Kriegel sah ich 1964 in ›pardon‹ selig –; mit seinem ersten Cartoon-Buch jedoch hat er sich viel Zeit gelassen, das ist erst unlängst erschienen, in der Reihe ›Kabinettstücke‹ des Sauerländer Verlags.

Es trägt den schlichten Titel ›Hallo‹, sieht auf den ersten Blick aus wie ein einfaches Notizbuch, in das jemand in seinen Mußestunden Einfälle, Zeichengeschichten und Bilderwitze notiert hat, ist aber ein recht aufwendiges, vertracktes Werk, eines mit eingestanzten Löchern, aus denen geheimnisvolle Sprechblasen hervorquellen, mit ausufernden Seiten zum Ausklappen und aufgeklebten Mänteln zum Aufklappen. Schön abwechslungsreich auch Kriegels Zeichentechniken und Erzählweisen; am komischsten wird es immer dann, wenn zwei sehr weit auseinanderliegende Lebensbereiche oder Kulturschichten auf überraschende und dennoch einleuchtende Weise aneinanderstoßen oder miteinander in Verbindung treten. Eine Kostprobe liegt diesem Hinweis bei; wem sie Appetit auf mehr macht, der kann mehr davon bekommen, er muß lediglich mit Nachdruck ›Hallo!‹ sagen, möglichst in einer besseren Buchhandlung.

Hanns Dieter Hüsch

In der ›Zeit‹ war zu lesen, der Kabarettist Hanns Dieter Hüsch habe eine ständig wachsende Gemeinde, mag sein, auf jeden Fall wird er selbst immer pastoraler. Er zelebriert etwas, was sich eigentlich jeder Feierlichkeit widersetzen müßte: Außenseitertum. Zu APO-Zeiten sang er »Wir sind auf dem Marsch der Minderheit«, jetzt tritt er als »Das schwarze Schaf vom Niederrhein« vor die ZDF-Kameras. »Ich bin der, der gern Poet wäre«, beginnt Hüsch, doch unversehens ist er einer, stellt sich ungeniert in eine Reihe mit Jessenin, van Hoddis, Lichtenstein und läßt durchblicken, daß ihm auch Vergleiche mit Robert Walser und Sokrates genehm wären, alles Leute also, die durch Schierlingsbecher, Selbstmord, Krieg oder im Irrenhaus endeten. So weit ist es mit Hüsch noch nicht, doch trotz eines Reihenhäuschens in Mainz-Bretzenheim ist auch er ein Unbehauster. Er beginnt ein längeres Lied mit den Worten »Ich wandre in Gedanken durch mein Niemandsland« und endet mit dem düsteren Ausblick: »Es fließt durch mich ein sinnloses Gelände, ich werde alt sein, dann ist's mit mir zu Ende. Halleluja, ujah, ujah.« Dazu spielt er Orgel, denkt jedoch gar nicht daran, zu enden, legt im Gegenteil erst richtig los. Denn nun erinnert er sich, zumeist in niederrheinisch gefärbten Assoziationsketten, an seine Jugendzeit am Niederrhein. »Was macht eigentlich Lutz Kampmann?« fragt er die Gemeinde jäh und legt eine lange, lange Pause ein, während der die Zuhörer verschreckt oder versonnen vor sich hinstarren: »Ja, was mag der wohl machen?!«

Ich erinnere mich nicht an die Antwort, es kam aber auch ungemein viel zur Sprache, vorwiegend verwickelte Verwandtschafts- und Geschäftsbeziehungen. Hüschs Redefluß verfestigt sich hin und wieder zu präziseren

Genre-Bildchen wie dem von »Onkel Eberhards Begräbnis«, bleibt jedoch meist so verschwommen wie die Beziehungen, die ein weiterer Hüsch-Onkel, ein Schneider, zur klassischen Musik unterhielt: »Franz Schubert schwamm durch sein Handwerk.«

Mal spricht der Poet Hüsch über die kleinen Leute, mal macht sich der Niederrheiner Hüsch zu ihrem Sprachrohr, indem er ihr scheinbar bewußtloses Geplapper scheinbar absichtslos reproduziert, stets erweckt er den Anschein, er habe dem Volk ins Herz und aufs Maul geschaut, selten erfüllt er diesen Anspruch. Volkes Stimme ist reich an beängstigend brutalen Unter- und ermutigend anarchischen Obertönen, wenn Gerhard Polt einen Schäferhundbesitzer reden läßt, kann es einem kalt ums Herz werden und bei mancher kursierenden Sauigelei warm. Hüschs Volksmund dagegen fehlen die extremen Tonlagen völlig. So wohltemperiert er daherschwätzt und vor sich hin orgelt, so lau und vage sind die Empfindungen, die sein Vortrag erweckt. Kein Klima für Kritik oder Komik, doch wegen dieser raren Pflanzen kommt wohl auch niemand zu Hüsch. Um ihn scharen sich alle jene braven schwarzen Schafe, die sich mal wieder so richtig an der bewährten Kräutermischung des literarischen, sprich gehobenen Kabaretts sattessen wollen: an süßsaurer Absurdität, wolkiger Poesie und diffuser Bedeutsamkeit.

Mach's noch einmal, Carl

Blicke ich in die Kino-Programme, verliere ich gerne den Glauben an die Menschheit: Aliens, Haie, Werwölfe, Zombies, Poltergeister, Mad-Mäxe, Klapperschlangen,

Conans und noch schlimmere Barbaren – wo doch der schlichte Alltag schon barbarisch genug ist. Alles also nichts für mich – ja, denkt denn keiner daran, daß auch ich mal ins Kino gehen will? Doch einer, Carl Reiner.

Carl Reiner hat den Film ›Dead men don't wear plaid – Tote tragen keine Karos‹ und mir eine große Freude gemacht. Wie er es gemacht hat, wie nahtlos er Ausschnitte aus Krimis der 40er in eine stilecht nachgeleuchtete, nachgestellte und nachgedrehte Handlung eingefügt hat, wie Stars von Ingrid Bergman bis zu Humphrey Bogart ihre Original-Aktionen und Original-Sätze in ein sehr originelles neues Geschehen – und hier paßt das scheußliche Wort endlich einmal – einbringen, das alles wurde bereits gelobt, so daß ich nur noch loben möchte, daß sich der Film in diesen brillanten Zitaten keineswegs erschöpft, auch nicht in einer gelungenen Parodie der Filme der ›Schwarzen Serie‹, sondern insgesamt von einem Witz durchtränkt ist, der mit einem hellen und schnellen Betrachter rechnet. Die Gründlichkeit, mit der das alles arrangiert wurde, und die Beiläufigkeit, mit der es serviert wird, unterscheidet diesen Film von jenen Parodien trivialer Vorlagen, die den Zuschauer augenzwinkernd dazu auffordern, sich gemeinsam mit dem Parodisten über den parodierten Gegenstand zu erheben. Carl Reiner, das sieht man, liebt die Kriminalfilme der Huston, Hawks, Hitchcock, Garnett usw. Sein liebevoll gemachter komischer Film verscheißert das versunkene Genre nicht, er haucht ihm noch einmal, ein letztes Mal, Leben ein – etwas, was keine der stilvollen, ernsten Nachahmungen geschafft hat, von Melvilles ›Der eiskalte Engel‹ bis zu Polanskis ›Chinatown‹.

In äußerst eigner Sache

Warum und zu welchem Zwecke schreiben wir ›Humor-Kritik‹? – ich muß gestehen, daß ich es in Momenten der Anfechtung selbst nicht so recht weiß. Warum der Versuch, das sich ständig erweiternde Gebiet des geschriebenen, gezeichneten und audiovisuellen Humors wenigstens notdürftig zu kartographieren? Warum die Anstrengung, die Menge des disparaten Angebots in Töpfchen und Kröpfchen zu sortieren, auf Wirkung und Leistung hin abzuklopfen? Ja, warum eigentlich – wo sich doch so viele befriedigendere oder ruhmreichere Tätigkeiten denken ließen, als da wären – doch davon später mehr.

Dem, der so fragt, ist jeder Zuspruch willkommen. 1932 machte sich Tucholsky ähnliche Gedanken, als er anläßlich eines Otto Reutter-Nachrufs das schillernde Werk dieses Couplet-Sängers durchforstete: »Wäre ich ein feiner Schriftsteller, so einer, der direkt aus dem Englischen dichtet, oder ein Mann, der seinen kleinen Horizont ›Heimat‹ nennt, oder ein Walle-Walle-Bart oder eine blitzende Brille: dann dürfte ich mich mit so einem wie Otto Reutter gar nicht abgeben, ich weiß. Aber mich reizt dies; worauf ist seine Wirkung zurückzuführen, was war das mit seinen Couplets?«

Ja richtig, das ist die Frage: Wie funktioniert Komisches? Oder: Weshalb funktioniert es so häufig nicht? Bleibt die Gewissensfrage, warum ausgerechnet ich dieser Frage nachgehen muß. Bin ich auserwählt? Oder gestraft? Drängt es mich? Oder dräng ich mich auf? Es gibt doch so viele helle Köpfe in unserem Lande – sollte man da nicht annehmen, daß auch die Kritik des Komischen in besten Händen ist?

Sollte man besser nicht. Im Gegenteil. Doch damit das nicht schiere Behauptung bleibt, muß ich etwas weiter ausholen.

Vor mir liegt die Buchmessenbeilage der ›Zeit‹. Auf den Seiten 1 und 2 macht sich Ulrich Greiner Gedanken zu: Peter Handke ›Die Geschichte des Bleistifts‹, Residenz Verlag. Er tut dies mit zahlreichen Zitaten und in 372 Zeilen. Er hat seine Schwierigkeiten mit Handkes Prophetenrolle, doch er lastet diese Schwierigkeiten nicht allein dem Propheten an. Er kann nicht glauben, vermag aber auch nicht zu spotten. Obwohl Handke Kritik und Analyse verdammt, beharrt er darauf, zu kritisieren und zu analysieren. Er tut dies behutsam, fast zögernd. Wie funktioniert unerbittlicher Ernst? Welche Folgen hat er – für die Sprache des Schreibenden, für die Rolle des Lesenden? Greiner berichtet von seinen Erfahrungen, scheut jedoch auch nicht vor Beurteilungen zurück. Am Ende der Rezension weiß ich, der Beilagenleser, mehr. Mehr über Greiner, über Handke, über dessen Buch – also eine ganze Menge.

Auf Seite 8 der gleichen Beilage eine weitere Rezension: Jörg Drews bespricht die Anthologie ›Unser Goethe‹, herausgegeben von Eckhard Henscheid und F. W. Bernstein, Diogenes Verlag. Er tut dies unter dem spaßig alliterierenden Titel ›Gaudi mit Goethe‹ und in 106 Zeilen. Seine Kritik gilt einem über 1100 Seiten starken Sammelwerk, das neben einer Vielzahl ernster Texte und Bilder von und zu Goethe auch viele erheiternde enthält: freiwillig witzige und unfreiwillig komische, erträglich parodistische und unerträglich ulkende – alle aber in voller Absicht zusammen- und gegeneinandergestellt, da alle, selbst die hirnlosesten Verhunzungen, noch Goethe verpflichtet sind – oder doch dem, was deutsche Deuter, Denker und Dummis aus Goethe gemacht haben. Eine brisante Mischung. ›stern‹-Kritiker Reinhard Baumgart mochte sie: »Es weht in diesem Bande ein endlich neuer, ein frischer, herzlich freier Wind um Goethe.« ›Zeit‹-Kritiker Jörg Drews mag sie nicht: »Das Resultat ist ein mixtum compositum mit Schlagseite.« Meint: Komisches ist überrepräsentiert. Eine Auffassung, die ich nicht teile, doch wenn Drews das so sieht – in Ordnung. Daß er mit all den im Buch versammelten Spielarten des Komischen nicht viel anfangen kann, daß ihre Massierung ihn sogar mißmutig stimmt – ebenfalls in Ordnung. Nicht in Ordnung aber ist die Art, in der er seinem Mißmut Ausdruck verleiht. Er hat, sicherlich ungewollt, eine fast exemplarische 08/15-Humorkritik geschrieben, und wie die funktioniert, das wollen wir uns jetzt mal anschauen:

Zu Beginn seiner Rezension bedient sich der Rezensent einer ehrwürdigen humoristischen Technik, er übertreibt. Er übertreibt maßlos. Er bläst die beiden Herausgeber der Anthologie augenzwinkernd zu geradezu gigantischen Figuren auf. Nicht als schlichte »Spaßmacher« oder »Oberspaßmacher« stellt er sie vor, nein, als »die zwei Oberspaßmacher der Nation«. Das ist einer jener Witztitel, die in der Regel Publikumslieblingen wie Otto oder Loriot vorbehalten sind. Er suggeriert einen Anspruch, den Bernstein/Henscheid – beide produzieren nicht ausschließlich Komisches, und wenn sie es tun, dann für ausgesprochene Minderheiten – weder jemals erhoben haben noch jemals einlösen könnten. Drews schert das wenig. Nicht um Information geht es ihm, sondern um Ressentiment: Oberspaßmacher! Na! Der Nation auch noch! Ha! Wird schon was sein! Wer's glaubt …

Ist natürlich nichts. Glaubt natürlich auch keiner. Schon gar nicht Drews, der die Objekte seiner Kritik ja nur deswegen so aufgepustet hat, um sie um so leichter abstechen zu können. Ach was, abstechen! Ritter Jörg macht das mit links, statt des Floretts genügt die Fliegenpatsche. Hatte man es eben noch mit Komikriesen zu tun, sieht man sich im Rest der Kritik komischen Zwergen, humoristischen Kranken, ja albernem Ungeziefer gegenüber. Wurden die Herausgeber eben noch bis zur Unkenntlichkeit vergrößert, so wird der Inhalt der Anthologie nun bis zur Lächerlichkeit verkleinert: Karikaturen sind für Drews »Strichmännchen«, Illustrationen »Bildchen«, Bildergeschichten »Bildchen-Serien« und Witze »Witzeleien«. Die Herausgeber sind offenbar nicht ganz Herr ihrer selbst. Sie »können das gehobene Blödeln nicht lassen«, ihre Einleitung ist »von zwanghaft witzelnden Einlagen durchsetzt« –: »Was not täte: Ein Lektor, der das Buch ent-witzelte«, meint: entlauste, entwanzte. Wer derlei Witzeleien für witzig hält, wird gleich mit niedergebügelt: »meckerndes Gelächter« und »hämische Lacher« attestiert Drews all jenen, die über so was lachen müssen, Würstchen auch sie.

Was lernen wir aus alldem? Eigentlich nur eines: Jörg Drews hat das Buch nicht gefallen. Das aber hätte er uns in einer Zeile mitteilen können. Dazu hätte es die ganzen Pappkameraden und das aufgeregte Gepatsche nicht gebraucht. Drews sah sich während der Lektüre von komischem Ungeziefer umgeben? Warum hat er dann nicht wenigstens eines dieser Tierchen genauer klassifiziert? Dieser Mühe nämlich hat er sich an keiner Stelle seiner Rezension unterzogen. Selbst bei einfachen Informationen verläßt er sich lieber auf geballte Ahnungen als auf überprüfte Kenntnisse: »… aber dann ist ihnen auf vielen hundert Seiten kein flauer Witz, der sich an den Namen Goethe knüpfte, zu albern, als daß sie ihn nicht zitierten; kein professoraler Ausrutscher, keine Pardon-Bildchen-Serie … wird ausgespart …« ›pardon‹ hat in den zwanzig Jahren seines Bestehens wiederholt gezeichnete Goethe-Scherze gebracht, die Anthologie enthält zwar einige Goethe-Bildergeschichten, jedoch nur einen einzigen graphischen ›pardon‹-Beitrag, Hans Traxlers 1963 erschienene Nachzeichnung der Goethe-Biographie von Richard Friedenthal.

Eine, wie gesagt, fast exemplarische Humorkritik. Ob sich die Rezensenten zu komischen Fernsehsendungen, Filmen oder Büchern äußern, fast immer zeitigt ihr Wortdrusch einen ebenso mageren wie schlichten Ertrag: »Ich fand's nicht so lustig«. »Ich fand's wohl lustig« – denn es gibt natürlich auch eine positive Humorkritik, die ähnlich töricht verfährt, nur daß sie statt der zitierten niedermachenden Leerformeln aufschwemmende Begriffshülsen verwendet: »köstlicher Humor«, »tränentreibende Zwerchfellmassagen«, »gezielter Angriff auf die Lachmuskeln« etc.

Nun ist Drews kein törichter Mann. Er ist im Gegenteil ordentlicher Professor, und es hat mich, jetzt darf ich es ja sagen, einige Zurückhaltung gekostet, diesen Umstand nicht schon viel eher – und nach Drewsschem Vorbild – ins Feld zu führen: »Jörg Drews, multimedialer Literaturpapst und literarischer Vorzeigeprofessor der Nation, hat sich noch nie gescheut, auch literarisches Flachland, selbst humorige Niederungen kritisch zu erkunden. Eine an sich begrüßenswerte Tätigkeit, würde nicht an allen Ecken und Enden der professorale Zeigefinger ... muß man als Quintessenz dieser akademischen Lockerungsübungen leider einmal mehr konstatieren, daß der Muff von tausend Jahren trotz intensiver Beschäftigung mit Arno Schmidt und James Joyce etc.« Ist natürlich alles Unfug, liest sich aber ganz flott – stimmt's? Bleibt die Frage, wieso Drews seinen Lesern anläßlich der Goethe-Anthologie meinte, solch flotten Unfug zumuten zu dürfen. Dummheit scheidet aus. Weshalb dann?

Zwei Antworten scheinen mir denkbar, eine fand ich im bereits erwähnten Otto Reutter-Nachruf von Kurt Tucholsky: »Irgendein General-Anzeiger schrieb neulich: ›Kästner, Mehring und Tucholsky nehmen sich selbst nicht ernst, haben also auch kein Anrecht darauf, ernstgenommen zu werden.‹ Dieses ›also‹ ist der Grund, weshalb es so wenig deutsche Humoristen gibt.«

Handke nimmt sich ernst, also wird er ernstgenommen. Bernstein und Henscheid haben ihre Goethe-Recherche zwar mit großem Ernst betrieben, waren aber so unernst, im Vorwort kurz mal ins Reimen zu verfallen und sich auf dem Rücktitel bei einer Skatpartie mit Goethe abbilden zu lassen. Also …

Warum denn seine Rezension so hochnäsig ausgefallen sei, wollte ich von Jörg Drews wissen. Warum er seine Nase nicht wenigstens einmal in ein konkretes Beispiel gesteckt habe? Platzmangel, ward mir zur Antwort, die Redaktion der ›Zeit‹ habe ihm einfach nicht mehr Zeilen eingeräumt. Das glaube, wer will – ich beispielsweise will es. Ich glaube aber auch, daß Drews unter diesen Umständen auf eine Rezension hätte verzichten sollen. Denn diese Beschränkungen sind ja ebenfalls auf die von Tucholsky konstatierte Beschränktheit zurückzuführen: … also haben sie keinen Anspruch darauf, ernsthaft rezensiert zu werden.

Haben sie aber. Wobei ernsthaft nicht meint: ernst, bemüht und wortreich, sondern: munter, engagiert und kenntnisreich. So, als habe man es mit einem erwägenswerten Anlaß und verständigen Lesern zu tun. Hat man nämlich.

Daß sich das herumspricht – und es scheint sich langsam herumzusprechen, die Zeichen mehren sich –: Darum und zu diesem Zwecke schreiben wir ›Humor-Kritik‹. Meint: Um eines schönen Tages die Fackel weiterreichen zu können und überflüssig zu werden. Denn es gibt ja, s. o., bei Gott weitaus befriedigendere und sehr viele ruhmreichere Tätigkeiten, als da wären – doch davon ein andermal mehr.

1983

Warum versucht Goethe nicht einmal seine ganze Kraft an einem Lustspiel? Wir sind noch so arm an dieser Gattung.

Körner an Schiller, 22. 5. 1795

Auf die Komödie will er nicht entrieren, denn er meint, daß wir kein gesellschaftliches Leben hätten.

Schiller an Körner, 2. 6. 1795

Ein paar komische Schriftsteller, wie Dickens, haben eine unmittelbar politische Absicht, andere, wie Chaucer oder Rabelais, nehmen die Verderbtheit der Gesellschaft als unvermeidbar hin; aber kein Schriftsteller von Rang hat je vorgebracht, daß die Gesellschaft gut sein könnte.

George Orwell

Im Gegensatz zu dem bloßen Satiriker bildet der Humorist sich nicht ein, er sei überlegen über das Objekt seiner Unterhaltung.

Erwin Panofsky

Humor hat nicht nur etwas Befreiendes wie der Witz und die Komik, sondern auch etwas Großartiges und Erhebendes, welche Züge an den beiden anderen Arten des Lustgewinns aus intellektueller Tätigkeit nicht gefunden werden.

Sigmund Freud

Es gibt keine Grenze für menschliches Denken, also gibt es keine Grenze für Humor.

Mel Brooks

Mutmaßungen über DDR-Komik

Über DDR-Karikaturen schreiben? Nichts einfacher als das. Zumindest gilt das für die Zeichnungen von Herrn Epper – sein Vorname wird auf dem Büchlein ›O, wie witzig!‹, Freiheit Verlag, Halle (Saale), leider verschwiegen. Da sind sie alle wieder: Künstlerwitze, Sportlerwitze, Bürowitze, Himmelwitze usf. – jeder von ihnen könnte auf der Humorseite irgendeines BRD-Boulevardblattes stehen. Deutsche Teilung? Lachhaft! In den unteren Witzrängen hat sie offensichtlich nie stattgefunden, da treibt die Langsamlebigkeit ehrwürdiger Witzmuster Jahr für Jahr die gleichen gesamtdeutschen Blüten. Ist das noch Menschenwerk? Nicht eher ein Naturvorgang? Welche Vielfalt in der Einfalt! Und so, wie immer wieder mal eine Rose alle anderen an Schönheit übertrifft, so leuchten auch in Eppers Büchlein einige Witze besonders strahlend. Meine Lieblingsblume möchte ich Ihnen nicht vorenthalten: Wie da der Maler den wahren Sachverhalt so ganz und gar verkennt! Über solche Narreteien und Narrheiten kann ich immer wieder lachen. Gott erhalte mir diese Fähigkeit.

Über DDR-Cartoons urteilen? Schwierig, schwierig. Im Eulenspiegel Verlag, Berlin (Hauptstadt der DDR), ist eine Sammlung komischer Zeichnungen erschienen, die Fragen aufwirft – zumindest bei mir. Drei Leipziger Cartoonisten und Gebrauchsgraphiker zeichnen verantwortlich: Ulrich Forchner (Jahrgang 1949), Andreas J. Mueller (Jahrgang 1950) und Rainer Schade (Jahrgang 1951). Der Titel des Buches klingt nach simplem Kabarett: ›Humor Sapiens‹. Der Inhalt ist weitaus verzwickter. Die Zeichner können allesamt sehr viel – das wird bereits beim ersten

Durchblättern klar. Sie kennen auch alle sehr viel – das wird beim direkten Hinschauen immer klarer. Was sie da an – meist – Ohne-Worte-Witzen zeichnen, hat jenes Weltniveau, das die niveauvollen Cartoons in den letzten dreißig Jahren weltweit ununterscheidbar werden ließ: Man sieht es ihnen einfach nicht mehr an, woher sie kommen, ob aus dem tropischen Brasilien oder dem sozialistischen Jugoslawien. Gehörnten-Witze, Giraffen-Witze, Fußball-Witze – da werden nicht mehr, wie bei Epper, witzträchtige Situationen tradiert, da wird mit Formen Scherz getrieben: Dem König wachsen bedeutungsreiche Hörner aus der Krone, zwei Giraffen dienen als Bahnschranken, ein Fußball wird durch eine brennende Zündschnur zur Bombe verfremdet. Frage: Was hat das alles mit der DDR zu tun? Gegenfrage: Muß das alles irgendwas mit der DDR zu tun haben? Die Gegenfrage ist berechtigt. Sollten wir uns nicht darüber freuen, daß es sie gibt, diese fast standardisierte Bilderwelt des Welthumors? Daß wir, ganz gleich, wo wir uns gerade befinden, über die stets gleichen ort- und wortlosen Absurditäten lachen können: Heiterkeit kennt keine Grenzen …? Das Dumme ist nur, daß ich gerade das nicht kann: darüber lachen. Nicht mehr zumindest. Einst fand ich das alles sehr komisch, sicher. Doch das ist lange her, etwa 25 Jahre, als ich die ersten Zeichnungen von Steinberg, François oder Flora sah. Trotzdem fällt es mir schwer, mein Nichtlachenkönnen den drei Zeichnern anzulasten. Was mir altbekannt scheint, mag ihnen wie Neuland vorkommen. Mangelnde oder spärliche Informationen führen zu kultureller Verspätung, und die komische Zeichnung ist ein Teil der Kultur. Der abstrakte Bilderwitz ist auch in seinen Ursprungsländern noch keineswegs passé, wie sollten ihn da Zeichner anderer Länder ignorieren können? Wahrscheinlich müssen sie, nein: sicher müssen sie da durch, bevor sie niveaulosere, weni-

Epper (DDR):
Eindeutig witzig!

»O, die vielen Käufer!«

ger geistreiche, dafür persönlichere komische Blätter machen können.

Zum Teil gibt es die im ›Humor Sapiens‹ wohl auch
schon. Ich sage das so vorsichtig, weil sich beim ganz genauen Hinsehen eine weitere Schwierigkeit auftut. Neben abstrakt-witzigen Absurditäten findet sich bei Forchner, Mueller und Schade eine Reihe von Zeichnungen,
die die Absurdität der zeitgenössischen Existenz zum
Inhalt hat, sei es die des Menschen, sei es die der Welt
überhaupt. Schade zeichnet den Globus als Luftballon,
der von zwei Raketen im Gleichgewicht gehalten wird –
auf den ersten Blick scheint alles klar: Gleichgewicht des
Schreckens, eine Allegorie also, die auch in der BRD hätte
gezeichnet worden sein können. Nur: Darf ein DDR-
Zeichner die Weltlage überhaupt derart ausgeglichen sehen? Wo bleibt denn die Parteilichkeit – hie kriegs-

Schade (DDR):
Doppeldeutig?

lüsterne Westangriffsraketen, hie friedliebende Ostverteidigungsraketen? Schades Flugkörper sind nicht durch Pakt-Embleme kenntlich gemacht – meint das vorsichtiges Raushalten? Oder eindeutige Stellungnahme?

In einigen Zeichnungen von Mueller und Forchner wird das Hammer-Motiv variiert. Forchner läßt den

Forchner (DDR):
Vieldeutig?

Schade (DDR): Von Magritte angeregt?

Hammer zu lauter – zum Teil bereits arg verbogenen – Nägeln sprechen. Das könnte auch ein Aufmacher für ›Psychologie heute‹ sein, etwa zum Thema »Dieser Chef macht mich krank« oder zu »Motivation, Manipulation und Zwang – wie kräftig führen Führungskräfte?« Was aber mag ein DDR-Betrachter bei diesem Blatt assoziieren? Und: Macht nicht die erheiternde Fülle oder die grimmige Eindeutigkeit solcher Assoziationen letztlich den Witz aus?

Gottscheber (BRD): Von Magritte beeinflußt?

Wenn zwei dasselbe sehen, sehen sie noch lange nicht das gleiche. Und auch wenn zwei zwei fast gleiche Zeichnungen machen, müssen sie durchaus nicht dasselbe meinen. Das sei – Ernst muß sein – anhand von zwei komischen Zeichnungen aus den zwei deutschen Teilstaaten so gut es geht verdeutlicht.

Der DDR-Zeichner Rainer Schade zeichnet einen Schreibenden, der – samt Sessel, Tisch und Tintenfaß – von einem Tuch eingehüllt ist. Der BRD-Zeichner Pepsch Gottscheber zeichnet einen Speisenden, dessen Eßtisch zur Gänze von der Serviette zugedeckt wird (ich fand dieses Blatt im materialreichen Witz-Kalender ›Karicartoon '83‹ der Elefanten Press.) So weit, so bekannt. Damit meine ich nicht, daß der eine die Zeichnung des anderen gekannt hat – oder umgekehrt. Allerdings scheint es mir möglich, fast sicher, daß beide ihren Magritte kennen, zumindest dessen Bild ›Die Liebenden‹ von 1928. Warum auch nicht? Beide Zeichner haben nicht schlicht gekupfert, sondern aus Magrittes eher unheimlichem Bildeinfall etwas gemacht: zwei, wenn auch nicht gerade unheimlich komische, Cartoons. Schade, wie es scheint, magrittenäher und weniger pointiert als Gottscheber. Doch dann fällt dem Betrachter – sagen wir ruhig: mir – das Bild des sowjetrussischen Malers Brodski ein, ›Lenin im Smolny‹, gemalt 1930. Ein, so viel weiß ich, in der Sowjetunion ungemein bekanntes Bild, fast eine Lenin-Ikone. Wie, wenn es in der DDR ebenso bekannt wäre? Was, wenn Schade das Motiv der verhängten Sessel – ob mit oder ohne Kenntnis Magrittes – einfach dreist erweitert hätte? Der Revolutionär im Schonbezug – das ist doch witzig! Aber ist es auch der Witz?

Den Witz an sich gibt es nicht. Zum Witz wird er erst durch die Grenzen, die ihm jeweils gesetzt werden: die Grenzen des guten Geschmacks, die Grenzen des Erlaubten. Je grenzverletzender, desto witziger – nur: Wo liegen

Magritte (Belgien): Anreger und Beeinflusser?

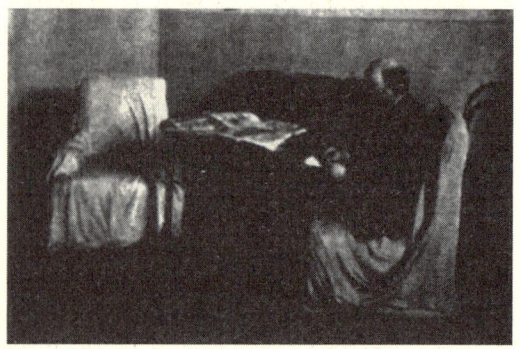

Brodski (Sowjetunion): Auslöser?

diese Grenzen in der DDR? Wo hört da der Spaß auf? (Was meint, daß er gerade da erst so richtig anfängt.) Das alles weiß ich nicht, ich kann es nur ahnen. Wie witzig ist ›Humor Sapiens‹? Mehr als Mutmaßungen habe ich nicht anzubieten.

Zweierlei aber weiß ich. Schade, der jüngste der drei Zeichner ist sicherlich der begabteste. Ihm dabei zuzuschauen, wie er sich fast fehlerfrei von Stil zu Stil schwingt, ist schon sehr erfreulich. Und: Obwohl das Buch im Eulenspiegel Verlag erschienen ist, sind die drei Zeichner doch meilenweit entfernt vom in der Tat gänzlich abgehalfterten Bild-Humor des ›Eulenspiegel‹, der satirischen Wochenzeitschrift der DDR, und ihrer Zeichner Louis Rauwolf, Peter Dittrich oder Harri Parschau. Nein, nein, da gibt es schon Unterschiede. Doch, doch, da bewegt sich was.

Schwarzer Humor

Der rührige Renner Verlag – ach Unfug, weiß ich denn, ob der Verlag rührig ist? Ich weiß es nicht, hab's nur so aus Gedankenlosigkeit und Alliterationslust hingeschrieben, ihr aber hättet diese Behauptung anstandslos geschluckt, stimmt's? Mehr kritisches Bewußtsein, mehr kritisches Bewußtsein! – der möglicherweise rührige Klaus G. Renner vom gleichnamigen Verlag also hat eine kleine Merkwürdigkeit herausgebracht, die einen Hinweis verdient, ›Jack der Aufschlitzer‹, rund zwei Dutzend Lieder von Peter Paul Althaus mit Zeichnungen von Rudolf Schlichter, herausgegeben von Herbert Wiesner. Das Buch ist »Wedekind dem Ersten!« gewidmet, das meint den »Ich habe meine Tante geschlachtet«-Wedekind, in allen Liedern wird nämlich ebenfalls abgeschlachtet oder doch vom Abschlachten geträumt. Schwarzer Humor also, der eigentlich nicht mein Fall ist – mit nichts läßt sich leichter Scherz treiben als mit Entsetzen, kein Lachen ist einfacher zu provozieren als das, das in der Kehle steckenbleibt – doch Althaus kokettiert nicht mit seinem schrecklichen Thema, er geht es mit schöner Dreistigkeit und großem Kunstverstand an:

Du Schwert an meiner Linken,
was soll dein heit'res Blinken?
Schaust mich so freundlich an,
morgen kommt Anna dran.
Hurra! Hurra! Hurra!!!

So lautet ›Jacks Morgengesang‹, kein ganz typisches Beispiel, die anderen Gedichte sind länger, auch abwechslungsreicher, ein ansprechendes Gemisch aus Jargon und
Hochsprache, Reimen und freien Rhythmen, Rührselig-
keit und Bösartigkeit.

1974 erschienen diese Gedichte das erste Mal, wurden
sofort verboten und – doch bevor ich damit beginne, das
ganze, sehr brauchbare Nachwort Herbert Wiesners zu
referieren, beschränke ich mich lieber darauf, seine beiden schönen Schlußsätze zu zitieren: »Wie frei und sauber
ist das biedere, aber elegant beherrschte Handwerk des
Verbrechens gegen die auf kleiner Flamme geköchelte
Verschwiemelung unterdrückter Mittelstandsbürger, die
eines Tages per Mehrheitsbeschluß die Sau rauslassen. Althaus' Lieder sind zierliche Läuferschweine, geschmeidig
und muskulös, er läßt sie frei herumlaufen als lustvolle
Exemplare einer ganz seltenen Gattung, der abgespeckten
Pornographie.«

Sauerei

Alles begann mit einer Anzeige: »›Aesthetik und Kommunikation‹ macht ein Comic-Heft. Wir suchen Comics
und Karikaturen bis 1. 8. 82 …«

Alles endete als Buch, ›Hurra, wir werden genormt‹,
eine unästhetische und unkommunikative Schlampig-
keit, über die jedes Wort zuviel wäre, enthielte sie nicht

ein Nachwort, dessen Unverfrorenheit wahrhaft beispiellos ist: »... Natürlich war nicht nur die Zeit knapp. Schlendrian und Schlamperei hat es auch gegeben. Einige Autoren, deren Blätter wir bei Freunden fanden, konnten nicht mehr angesprochen werden. Sie erfahren von ihrer Veröffentlichung in diesem A&K-Band erst, wenn sie ihre Autorenexemplare aufschlagen. Das ist Piraterie, sicher. Aber es kommt noch schlimmer: die Zusammenstellung der Arbeiten, die Gestaltung der einzelnen Seiten, ist ausschließlich das Werk der Herausgeber. Was wir da den Autoren angetan haben, ist nicht zu entschuldigen. Was wir hiermit tun. In einigen Fällen haben wir sogar die Zeichnungen geändert: koloriert oder durch Zusätze verfremdet ... Uns hat die Herstellung des Heftes Spaß gemacht.«

»Uns« – das sind die Herren Alexander Heller und Arno Widmann, zwei Namen, die sich fortan alle jene Zeichner merken sollten, denen es wenig Spaß macht, ihre Zeichnungen geklaut, verändert, verhunzt, ohne Namensnennung und in miesester Aufmachung wiederzufinden.

Aesthetik und Kommunikation versteht sich als linker Verlag. Daraus scheint er das Recht abzuleiten, Zeichner zu linken, wie er's braucht, mit Methoden, die nicht einmal frühkapitalistisch oder feudalistisch genannt werden können, da es sich um – »Finger drauf, das nehmen wir« – schlichten und unverbrämten Diebstahl handelt. Den zuzugeben und ein »Ha ha, heut samma wieder spontan!« dazuzukichern macht den Vorgang vollends widerwärtig – wer sich beschwert, soll sich auch noch als Spaßverderber vorkommen. Das könnte den Cartoon-Verderbern so passen – Zeichner wehrt euch!

Jochen Hensels Lieblingszitate

Sie alle zu bringen würde den Raum dieser Kolumne sprengen, 1016 hat er gesammelt, aufgelistet und in Lieferungen verschickt, auch ich stand auf dem Verteiler. Nun, da er aufhört, wird mir etwas fehlen, ich las die Blütenlese aus Literatur, Werbung und Zeitungsgeschehen immer sehr gerne, hier mein Lieblingszitat aus der letzten Zusendung. Hensel fand es im Katalog zur Ausstellung ›Wie lebt man im Ruhrgebiet‹, der Verfasser der folgenden Gedanken, auf die man erst mal kommen muß, ist Manfred Blohm:

»Man stelle sich den Fotoapparat ohne Fotografen vor, etwa allein auf einem Tisch stehend. Er weist ohne den Fotografierenden keinerlei Möglichkeiten oder Fähigkeiten auf. Erst in dem Zusammenwirken des Fotografen mit der Kamera (natürlich hat auch ein Fotograf ohne Fotoapparat keinerlei Möglichkeiten zu fotografieren) entsteht bzw. entwickelt sich der Prozeß des Fotografierens.«

Is nix

›Das große Buch des jüdischen Humors‹, Athenäum Verlag, ist ein Unding. Man hätte drei kleine Bücher aus ihm machen sollen, und das wären immer noch drei zuviel gewesen. Erstens enthält der Band eine Menge alter jüdischer Witze, die man in allen anderen einschlägigen Sammlungen ebenfalls finden konnte und kann. Zweitens bringt das Buch eine recht dürftige, keineswegs repräsentative Zusammenstellung von Cartoons amerikanisch-jüdischer Cartoonisten – fast alle besseren Zeichner fehlen, von Saul Steinberg bis Jules Feiffer. Und schließlich ist das Ganze auch noch so etwas wie eine Anthologie amerikanisch-jüdischer Humoristen und Satiriker – Woody Allen ist da ebenso vertreten wie alle die, welche er zu seinen Vorbildern zählt, die Perelman, Shulman und Kaufman, alles Namen, die ich bisher nur vom Hörensagen kannte. Nun kenne ich auch den einen oder anderen Text, genug, um etwas Appetit bekommen zu haben, nicht genug, um mir ein genaueres Bild machen zu können: Die Auswahl wirkt zufällig. Offenbar um dem Eindruck entgegenzuwirken, es handle sich bei dem Buch um eine rein amerikanische Angelegenheit, wurde die Anthologie für den deutschen Leser mit Texten nichtamerikanisch-jüdischer Humoristen verschnitten, mit Kishon-Humoresken, Babel-Geschichten und Heine-Gedichten, so daß nun jede halbwegs einleuchtende Struktur zum Teufel ist. Schade, schade, schade – doch so geht's, wenn man mich nicht vorher fragt. Hinterher muß ich dann wieder schimpfen.

O wie Objekt

Seit längerem erhalte ich Ausstellungseröffnungseinladungen und Prospekte der Zürcher Galerie & Edition Stähli, und ich schau sie mir immer gerne an. Einige der Künstler, die dieses Unternehmen verlegt und vertreibt, haben bereits einen Namen, Jan Voss etwa, Daniel Spoerri oder Attersee, das Gros aber stellen weniger bekannte Grafiker, Maler und Objektmacher. Zum Beispiel Markus Raetz, der mal ein mäßiger Cartoonist war, jetzt aber ein witziger Künstler ist. Auch andere Künstler der Galerie balancieren auf dem äußerst schmalen Grat zwischen Niederkunst und Hochkomik – oder Niederkomik und Hochkunst, alles eine Frage des Blickwinkels –, was sie machen, ist oft fix daneben, meist aber so schön daneben plaziert, daß der Betrachter in angeregtes Sinnieren kommt: Was soll denn das nun wieder?

Das kann man sich auch von den Arbeiten von Peter Fischli und David Weiss fragen. Sie machen Tonobjekte, offenbar im Team. Ein Original habe ich bisher nicht zu Gesicht bekommen, wohl aber ein Buch, das ihre Objekte versammelt, es heißt ›Plötzlich diese Übersicht‹.

Ein in vieler Hinsicht lehrreiches Buch, zumindest für mich. Erstens widerlegt es meine ziemlich felsenfeste Meinung, es gebe keine komische Plastik. Und ob es die gibt! Zweitens räumt es mit meinem Vorurteil auf, man könne nicht alles zum Gegenstand der Plastik machen. Und ob man das kann! Man darf sogar, drittens, etwas in die Plastiken reinschreiben und lange Unterschriften druntersetzen oder völlig abwegige – alles geht, vorausgesetzt, man hat so viel Stilgefühl, daß man weder vornüberkippt, ins Platte, noch hintenüber, ins Tiefsinnige. Das aber tun Fischli/Weiss so gut wie nie, ständig erstaunen sie durch ständig neue Ansätze und Umsetzungen. Doch statt der Worte lasse ich lieber einige der 180 Objekte sprechen. Alle Plastiken sind aus ungebranntem Ton; das Buch bekommt man bei Galerie & Edition Stähli, Postfach 537, CH-8027 Zürich, Preis sFr. 24,–.

Gefäß

Beliebte Gegensätze: lustig und blöd

Strangers in the night, exchanging glances

*Herr und Frau Einstein kurz nach der Zeugung
ihres genialen Sohnes Albert*

Hundert Meter in zehn Sekunden

*Die vier Temperamente v. l. n. r.: Choleriker
Melancholiker, Sanguiniker usw.*

Dr. Hoffmann auf dem ersten LSD-Trip

Subventionierte Kritik

Das Mainzer ›unterhaus‹ sei in Schwierigkeiten, war zu lesen, da Stadt Mainz und Land Rheinland-Pfalz den Zuschuß von jährlich DM 220 000 nicht erhöhen wollten. Sollte das »einzige Brettl der Bundesrepublik« deshalb schließen müssen, so sei das, schrieb die ›Zeit‹, eine »Blamage«. Der Bezuschusser, versteht sich.

Sein ›theater an der bult‹ erhalte vom Land Niedersachsen gar keine Zuschüsse mehr, beklagte sich der Hannoveraner Kabarettist Dietrich Kittner und klagte. Richter in Hannover und Lüneburg – vor dem dortigen Oberverwaltungsgericht fand die Berufungsverhandlung statt – gaben Kittner wenigstens darin recht, daß das Land kulturfördernde Mittel nicht ohne ausreichende Begründung verweigern dürfe. Dazu Kittner in einer Presseerklärung: »Es dürfte dem Ministerium schwerfallen, ein Recht auf Diskriminierung unseres Theaters gegenüber allen anderen Bühnen einsichtig zu machen. Soll der Minister doch jetzt unser Theater fördern, statt sich neue Begründungen aus den Fingern zu saugen. So könnte der Verdacht auf politische Zensur am ehesten ausgeräumt werden.«

Ich lese solche Meldungen mit gemischten Gefühlen. Einerseits wünsche ich allen aufrechten Kabarettisten alle greifbaren Subventionen, andererseits beneide ich sie. Nicht so sehr um die Gelder, wohl aber um die Möglichkeit, ihr Wohl und Wehe derart ungebrochen als Politikum und Prüfstein liberaler Kulturförderung zu begreifen. »Blamage«, »politische Zensur«, »Diskriminierung« – kein linker Verlag, keine satirische Zeitschrift könnte solche satten Vokabeln ins Feld führen, wenn staatliche Stellen finanzielle Zuwendungen einfrören oder strichen. Einfach deswegen, weil diese Druckmedien überhaupt keine öffentlichen Zuwendungen erhalten.

»Ein Volk, das seine Wirte nicht ernähren kann, ist nicht wert, daß es lebt«, liest man hin und wieder in Gaststätten; etwas von diesem Sendungsbewußtsein scheint auch die Bühnenschaffenden insgesamt zu erfüllen und die Kabarettisten im speziellen. Während sich der linke Verleger angesichts errötender Zahlen fragen muß: »Was habe ich falsch gemacht?«, dürfen sich darstellende Satiriker mit einer ganz besonders prächtigen Feder schmücken: »Jetzt bin ich dem Staat gegenüber derart kritisch, daß mich nicht einmal der Staat mehr ausreichend fördert.«

Aber heißt das nicht auch, daß die Kritik dieses Kritikers den kritisierten Staat in den vorangegangenen Jahren nicht allzu sehr gekratzt haben kann?

Dotzert-Nachruf

Ludwig Dotzert ist tot – wer die ›Frankfurter Rundschau‹ nicht liest, wird mit diesem Namen wenig anfangen können. FR-Leser um so mehr: Dotzert war nicht nur herausragender Sportjournalist, sondern auch – und für mich vor allem – seit Jahrzehnten »Ihne Ihren Schlappekicker«. So signierte er eine in breitestem Hessisch geschriebene Sportkolumne, auf die ich mich seit Jahren Samstag für Samstag freute. Mit folgenden Worten beispielsweise beklagte der Schlappekicker die Verweichlichung im Berufsfußball: »Ich waaß net, was des is. Wenn heute aaner am Diensdach e Portion Vanilleeis uffs Spielfeld schmeißt, fällt am Samsdach es Spiel aus. Da waren wir frieher annern Kerle … Iwwer Schnee konnte wir nur lache. Da konnte ganze Mannschaftsteile von der Außenwelt abgeschnitte sei, uffgesteckt hat desdeweche noch kaaner. Wie oft hammer de Ball nach längere Steilpäss

mit Lawinehunde suche misse und de Pausetee – Hub-
schrauber gabs noch kaa – aus de Ju 52 abwerfe lasse …
Und was is heute? Sogar uff geräumte Plätze trete se net
mehr an, wahrscheinlich, weilse Angst vor de Wölf
hawwe …«

Der Sporthumorist Dotzert arbeitete mit Haken und
Ösen, mit massiven Übertreibungen ebenso wie mit rou-
tiniert verrutschten Bildern; wenn einer sich ärgerte,
dann ballte er mindestens die Zähne in der Tasche zusammen.

Diese Routine aber war lediglich das stilsichere Fundament, von dem aus der Schlappekicker immer wieder
zu völlig unerwarteten Kapriolen abhob. So berichtete er
im heißen Sommer '76 von drei Rentnern, die sich im
Grüneburgpark zu einem unangemeldeten Protestzug
gegen die Erhöhung der Stahlpreise zusammengerottet
hatten – in der Hoffnung, der in Frankfurt bei Demon-
strationen stets präsente Wasserwerfer werde auch zu
ihnen kommen.

Schon die Mitwelt hat dem Humoristen Dotzert keine
nennenswerten Kränze geflochten – ich weiß von keiner
»Schlappekicker«-Anthologie oder anderen Ehrungen.
Die Nachwelt aber hat sich regelrecht an ihm versündigt.
Die ›Frankfurter Rundschau‹, seine Zeitung also, verab-
schiedete ihn mit einem tristen Kranzgesteck aus tumben
Stilblüten: »Ludwig Dotzert, der sich ein Leben lang als
Frankfurter fühlte, ist aber auch in seiner Geburtsstadt
Alsfeld gestorben.« Traurig. Doch vielleicht liegt etwas
Trost in dem Gedanken, daß die unfreiwillige Komik ei-
nes solchen Satzes den durchaus freiwilligen Sprach-
komiker Dotzert erheitert oder doch zumindest gerührt
hätte.

Hanns »Erik« Köhler

»Erik« nannte sich dieser Karikaturist in jüngeren Jahren, heute signiert er mit H. E. Köhler. Als Erik zeichnete er für das nationalsozialistische Renommierwochenblatt ›Das Reich‹, als H. E. Köhler arbeitet er seit 1958 für die FAZ. In seiner Reihe ›Cartoon & Satire‹ brachte der

Un(an)greifbar

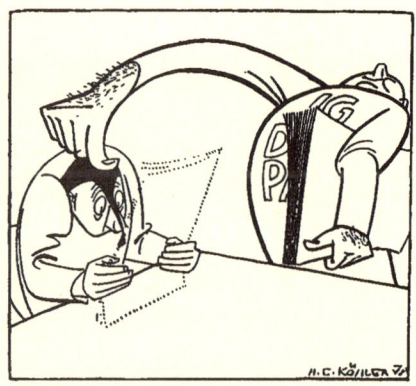

Druck und kein Papier
»Ob und wann du deine Zeitung zu lesen
kriegst, bestimmen wir - du mündiger Bürger!«

Heyne Verlag eine Sammlung von Köhler-Karikaturen aus den Jahren 1973 bis 1982 heraus, Titel: ›Ohne Furcht mit Tadel‹.

Fürchten muß diesen H. E. Köhler keiner mehr. Sein Weltbild, seine Einfälle, sein Strich – all das ist von einer Drögheit, die in Europa wohl nur noch ein Pendant haben dürfte, die Kukriniksi, das ähnlich vergreiste Zeichnerteam der sowjetischen Satirezeitschrift ›Das Krokodil‹.

Zu tadeln ist da auch nichts mehr, außer einer einmal aufflackernden Arbeiter- und Gewerkschaftsverherrlichung. Doch rasch stellt sich bei genauerem Hinlesen heraus, daß es sich um die Gewerkschaft »Solidarnosc« handelt, daß also der vermeintliche Proletkult lediglich mal wieder den bösen Osten bloßstellen soll. Während es im guten Westen natürlich nur böse Gewerkschaften gibt, solche, die mit haarigen Pratzen jenes Streikrecht verwirklichen, das die Kerkermeister im Osten so blutrünstig zu unterdrücken suchen.

Schrecklich, schrecklich. Doch kein Wort mehr zu H. E. Köhler. Nur dies noch: schrecklich.

3 × Arno, 2 × Siegert, 1 × Brösel

Der Geist der Komik ist ein windiger Geselle, er weht wann er will, wo er will, wie's ihm gefällt, er erleuchtet Society-Cartoonisten ebenso wie linientreue Kommunisten und flaschbierversessene Anarchisten. Das ist eine Behauptung, die bewiesen werden will, doch, das will sie; wie schön, daß ich sie auch belegen kann, ja doch, das kann ich. Drei gezeichnete Bücher liegen vor mir, es sind die, die mir in den letzten Monaten am meisten Freude gemacht haben. Zu den drei Zeichnern möchte ich einige Worte sagen, es sind Peter Arno, Stefan Siegert und Brösel.

Peter Arno, seit dem Gründungsjahr 1925 Cartoonist des ›New Yorker‹ starb 1968. Als Band 35 der Reihe ›Cartoon und Satire‹ bringt der Heyne Verlag einen Querschnitt seiner Arbeiten, alles Cartoons, also seitenfüllende Einbildwitze, 121 Stück, und fast alle erste Wahl. Mit 21 Jahren begann Arno zu veröffentlichen, offenbar war er aus dem Stand gut, und offensichtlich zeichnete er das, was er gut kannte: die betuchte Schicht, der er angehörte, und die Orte, an denen sie sich vergnügte, in Bars und Restaurants, auf Parties, bei Festakten, auf Reisen.

»Sabotage an einer fortschrittsgläubigen Gesellschaft und am Zeitgeist, dieses Handwerk beherrschte Arno meisterhaft«, schreibt Hans Gamber im Vorwort. Ich würde ihm das gerne glauben – irgendwie ist einem ja immer wohler, wenn man nicht nur so, sondern gegen etwas lacht, in diesem Fall gegen das verrottete New Yorker Groß- und Geldbürgertum –, aber ach, es stimmt nicht. Arno ist ein Komplize dieser Schicht, und er macht auch seine Mitlacher zu Komplizen. Zumindest die männlichen. Die Arno-Männer nämlich wußten noch, was sie wollten, und ich fürchte, daß auch heute die Mehrzahl der Betrachter Armbrusters Vorschlag (Abb. 1) insgeheim unterstützen wird.

Freilich, der Reisende (Abb. 2) benimmt sich daneben, so etwas fragt man nicht, jedenfalls nicht so und in dieser Situation, und doch … So richtig böse kann ich ihm nicht sein: Den Betenden mit dem kumpelhaften Jack anzuhauen, das schafft schon eine irre komische Fallhöhe.

Und was schließlich den Ingenieur (Abb. 3) betrifft – gegen dieses Muster an Pflichterfüllung ist ja nun eigentlich überhaupt nichts zu sagen. Einiges allerdings gegen die Übersetzung der Unterzeile. Sie lautet im Amerikanischen: »Well, back to the old drawing board« – und es ist ganz sicher das unangemessen betuliche »old«, das

Abb. 1 »Mein Freund Armbruster hat einen Vorschlag zu machen, den ich für ganz ausgezeichnet halte.«

Abb. 2 »He, Jack, wo geht's hier nach Mekka?«
(»Hey, Jack, which way to Mecca?«)

Abb. 3 »Nun, zurück ans Zeichenbrett.«

diesem Satz jene beziehungsreiche Fülle verliehen hat, die ihn in der amerikanischen Umgangssprache heimisch werden ließ. Ich weiß, ich weiß, das kann man eigentlich nicht übersetzen (ebensowenig wie das knappe »which way« von Abb. 2), trotzdem wage ich einen Gegenvorschlag: »Tja, dann mal zurück ans gute alte Zeichenbrett.« Wer bietet mehr?

Stefan Siegert ist Jahrgang 1946, »seit 1971 arbeitet er als Karikaturist und Illustrator für Zeitungen und Verlage (vorwiegend der Arbeiterbewegung)« – das zitiere ich aus dem Nachsatz seines Buches ›Karl Marx geht um‹, Weltkreis Verlag, Dortmund. Eine aus zahlreichen zeitgenössischen Zitaten collagierte Marx-Biographie in 9 Kapiteln, typographisch manchmal arg wirr, doch durchsetzt von wunderschönen Vignetten, Zeichnungen und Marx-Comics. Wunderschön, denn Siegert ist frei von dem Irrglauben einiger Genossen Karikaturisten, der Besitz des richtigen Bewußtseins entbinde den Zeichner schon mal weitgehend davon, auch noch Talent, Einfälle oder Sitzfleisch zu haben. Im Gegenteil, noch in winzigen Bildfolgen, unser Beispiel zeigt die Verhaftung von Karl und Jenny Marx in Brüssel, erzählt Siegert derart detail-

»Die Marxens werden verhaftet.«
(Zeichnungen 15 % vergrößert.)

Marx und Engels

reich und überlegt, daß das Absuchen der Bildchen zum Vergnügen wird. So viele unaufdringliche Extras: Wie da der Nachbar aus der Tür guckt! Wie furchtbar düster Jennys Verlies ist! Wie martialisch die belgischen Polizisten damals herumliefen und wie leichthändig Siegert Gebäude, Menschen, Gesichtsausdrücke, ja auch noch Licht und Schatten, Stimmung also, herunterzeichnet!

Das alles freilich kann ein guter Illustrator auch, Siegert kann mehr. Er schafft das seltene Kunststück, dreierlei unter seinen Hut zu bringen: eine Fülle von historischen Recherchen (Wie sahen die Leute aus? Wie kleideten sie sich? Wie wohnten sie?), einen ungewöhnlichen Reichtum graphischer Techniken (Konturen, Schraffuren, Strukturen, Texturen – was die Feder halt alles hergibt) *und* einen kräftigen komischen Duktus, der die Blätter durchgehend belebt, von den ausdrucksvollen Hauptpersonen bis hin zu den hier eben nicht toten Gegenständen wie Stuhl und Tisch, Flasche und Lampe.

Den beiden Büchern von Brösel, ›Werner – oder was?‹ und ›Werner – alles klar?‹, Semmel Verlach, sind keine biographischen Angaben zum Verfasser zu entnehmen. Seine Bildergeschichten laufen mir seit Jahren über den Weg, und ich muß gestehen, daß ich diesen Begegnungen anfangs gerne auswich: Das schien mir denn doch allzu einfallsloser Don Martin-Verschnitt zu sein, das lief, so kam es mir jedenfalls vor, immer darauf hinaus, daß irgendwelche blöden Bullen schließlich die Dummen waren.

In der Zwischenzeit allerdings muß sich irgendwas oder irgendwer geändert haben – Brösel sich? Ich mich? Wir uns? – auf jeden Fall hat mir der letzte Brösel, ›Werner – alles klar?‹, ausnehmend gut gefallen. Die Nasen sind noch immer entsetzlich lang, die Bullen sind noch immer schrecklich doof, Don Martin läßt noch immer sehr schön grüßen – doch das ist längst nicht mehr alles.

»Werner und Axel bauen einen Flachköpperdamm.« (Phase 14)

Brösels Figuren sind unverwechselbare Brösel-Figuren geworden, unvergleichlich ist auch ihre so reduzierte wie eindringliche Art, miteinander zu kommunizieren: »Is Wasser heiss, Jungs?« – »Is gleich verbrannt.« – »Kinder, Käffe wird kalt! Muss was Rum rein!« – »Ersma'n Tass Kaffk« – und dann natürlich: »Flaschbier, Flaschbier, Flaschbier!«

In Brösels schönster Bildergeschichte allerdings wird kein Wort gesprochen. Sie heißt: ›Werner und Axel bauen einen Flachköpperdamm‹ und zeigt in zwanzig stillen Bildern, wie Werner und Axel einen Flachköpperdamm bauen, einen Damm also, von dem aus man flache Köpper machen kann. Das braucht seine Zeit und ganze Männer; was sie sich zu sagen haben, nur das Allernötigste, hat Brösel nicht in Sprech-, sondern Bildblasen gesteckt – ein bestechender Einfall, der den Betrachter die selbstvergessene Anstrengung der beiden ungemein ein-

189

dringlich nachempfinden läßt. Zum Schluß ist der Damm fertig, doch die beiden machen *keinen* Flachköpper, stehen nur so da auf ihrem Damm und – aber nein, das kann man nicht nacherzählen, das kann nur so erzählt werden, wie Brösel es getan hat, in der Bildergeschichte. Ein Medium, mit dem viel Schindluder getrieben wird, von lieblosem Foxi-Kommerz bis zu einfallsloser Schwermetall-Bombastik, dessen Möglichkeiten und Erzählweisen jedoch offensichtlich noch lange nicht erschöpft sind.

Lieblingswerbung

Auf dem Plakat waren viele nackte Frauen, über ihnen stand: »Filmhansa GmbH zeigt ›Sexworld‹«, darunter »Der Beste Film des Jahres« und darunter noch ganz klein »lt. Filmkritiker Bill Rostler«. Ein schlagendes Argument, denn wenn einer weiß, was ein guter Film ist, dann ja der Filmkritiker Bill Rostler.

2 × Film

›Airplane‹ (›Die unglaubliche Reise in einem verrückten Flugzeug‹) – das war eine schöne, schnelle Genre-Parodie, ›Airplane II, The Sequel‹ (›Die unglaubliche Reise in einem verrückten Raumschiff‹) ist ein unnötiges Remake. Dieselben Darsteller, dieselben Rollen, derselbe Schauplatz, derselbe Plot, nur, leider, viel schlechtere Gags. Kein Wunder: Die Witzressourcen eines Themas (hier: Luftkatastrophe) sind begrenzt, der ausgelaugte Boden kann sich nicht innerhalb von zwei Jahren regenerieren. Außerdem sieht es ganz so aus, als sei es auch hinter den Kulissen zu einer Katastrophe gekommen, jedenfalls zeichnet für Buch und Regie dieses Films nicht des Trio Zucker, Zucker und Abrahams, sondern ein Ken Finkelman verantwortlich. Wer immer das ist, er hat sich in eine Konkurrenz begeben, die nur mit einer Bruchlandung enden konnte.

›Monty Pythons wunderbare Welt der Schwerkraft‹ – dieser Film ist gut zehn Jahre alt, er heißt im Original ›And Now for Something Completely Different‹.

»Ein ebenso sinnloser wie unübersetzbarer Titel«, schreibt die Frankfurter Programm-Kino-Information ›Strandgut‹, was eine ebenso haltlose wie unsinnige Behauptung ist: »Und nun mal was ganz anderes« wäre zumindest eine denkbare Übersetzung.

Ein Film, dem man sein Alter hin und wieder anmerkt, vor allem bei Terry Gilliams arg formalistischen Trickfilmeinlagen, der aber vorwiegend frisch wirkt und Spaß macht. Leicht wehmütigen Spaß: So munter ging es mal im Fernsehen zu – der Film basiert auf TV-Sketchen der Python-Truppe – und nicht nur im englischen. Auch für die ARD durften die Pythons ja einst ein speziell auf Deutschland zugeschnittenes Programm realisieren, einen rasanten Querbeetverschnitt all jener Allgemeinplätze, die der halbgebildete Engländer mit Deutschland verbindet, vom deutschen Rotkäppchen bis zur deutschen Philosophie – ich erinnere mich, sehr gelacht zu haben.

Heute verkauft uns dieselbe ARD den ›Bananas‹-Schrott als Nonsens, während die Filme der einzelnen Pythons immer poetischer und wertvoller werden; der letzte, ›Time Bandits‹, war schon kaum mehr zum Lachen. – Von den Filmfestspielen in Cannes allerdings war zu hören, daß ihr allerletzter Streifen, ›Der Sinn des Lebens‹, wieder an die alten, anarchischen Nummernrevuen anknüpfen soll – mal sehen. Und ›Monty Python etc.‹ angucken, es lohnt sich.

Keine Kritik

Ich habe nicht vor, Peter Sloterdijks ›Kritik der zynischen Vernunft‹, edition suhrkamp, zu besprechen – das haben Berufenere in sämtlichen Intelligenzblättern bereits bemerkenswert breit und fast befremdlich begeistert besorgt. Die etwa 900 Seiten der beiden Bände habe jedoch auch ich mit Freude und Gewinn gelesen – wen freut es nicht, wenn ein Autor nicht nur zu Beginn seines Werks »Erheiterungsarbeit« ankündigt, sondern sie über große Strecken auch durchaus leistet. Sloterdijk beruft sich auf Heine, »der das bis heute nicht übertroffene Kunststück geboten hat, Theorie und Satire, Erkenntnis und Erheiterung zu vereinen«. Auf seinen Spuren will er »die Wahrheitskapazitäten der Literatur, der Satire und der Kunst mit denen des wissenschaftlichen Diskurs« wieder verbinden – das liest sich nicht nur gut, das hört sich auch im Buch immer wieder gut an, etwa wenn Sloterdijk zu einer »Bombenmeditation« ansetzt: »Unter den Waffen, die wir hier ins Gefecht führen, sind alle denkbaren Monstrositäten versammelt, Nervengifte, Mikrobenarmeen, Gaswolken, Bakteriengeschwader, psychedelische Granaten, Astrokanonen und Todesstrahlen. Wir wollen sicher die Leistungen dieser Mittel nicht herabsetzen. Aber den Philosophen zieht doch eine alte Anhänglichkeit immer wieder zur Atombombe ...«

Sloterdijk will die Aufklärung retten; wo sie als »›traurige Wissenschaft‹ erscheint, fördert sie wider Willen die Erstarrung«; mit scharfem, jedoch mitfühlendem Blick peilt er die Lage: »Ich glaube nicht recht an das Ende der Aufklärung, bloß weil ein Ende der Spektakel gekommen ist ... Nur Mutige spüren, wenn sie entmutigt sind; nur Aufklärer merken, wenn es dunkel wird; nur Moralisten können demoralisiert werden. Mit einem Wort: Es gibt uns noch« – und damit wir nicht alle völlig der Trübsal verfallen, macht sich Sloterdijk auf die »Suche nach der verlorenen Frechheit«, für die er Diogenes, den jungen Goethe, aber auch Marx, Freud und Nietzsche reklamiert sowie, als »soziale Prägestöcke heiterer Widerspenstigkeit«, die Stadt, den Karneval, die Universitäten und die Boheme.

Verlorene Frechheit, denn: »Sehen wir uns heute diese Nährböden und Lebensräume an, in denen Abweichung und Kritik, Satire und Frechheit, Kynismus und Eigenwille gediehen, so wird sofort klar, warum wir für die verkörperte freche Aufklärung das Schlimmste fürchten müssen. Vor unseren Augen haben sich die Städte in amorphe Klumpen verwandelt... Karneval bedeutet längst nicht mehr ›verkehrte‹ Welt... Von der Boheme weiß man, daß sie mindestens seit Hitler tot ist, und in ihren Ausläufern in den Subkulturen herrschen weniger freche Launen als die trüben Stimmungen des Rückzugs. Und was die Universitäten angeht – ach, reden wir nicht davon!

Diese Verstümmelungen frecher Impulse deuten an, daß die Gesellschaft in ein Stadium organisierter Ernsthaftigkeit eingetreten ist... Man lebt in einem mürrischen Realismus vor sich hin... Ein Stadium öffentlicher seriöser Erstattung ist angebrochen. Eine müde, schizoid entmutigte Intelligenz spielt Realismus, indem sie sich selbst einmauert in die harten Gegebenheiten.«

Düstere Worte, die ich derart kopfnickend las, daß ich schließlich stutzig wurde. War das nicht genau dasselbe halbautomatische Kopfnicken, mit dem ich gewöhnlich die Grau-in-Schwarzmalereien jener Kulturkritiker begleite, denen Sloterdijk an anderer Stelle seines Buches den Spiegel vorhält: »Im Feuilleton der ›Zeit‹ streiten sich die Kulturkritiker um die richtige Art, pessimistisch zu sein. Ein Emigrant aus dem Osten sagt zu dem anderen: So schwarz wie du seh' ich die Dinge schon längst...«?

Sicher – Sloterdijk kann nichts dafür, wenn auch ich mich immer wieder von kräftig vorgetragenen Endzeitmelodien beeindrucken lasse. Ohne Frage – er versucht, dagegen anzutrommeln: »Schlage die Trommel und fürchte dich nicht/Und küsse die Marketenderin!/Das ist die ganze Wissenschaft/Das ist der Bücher tiefster Sinn« – dieses Heine-Motto präludiert seinen vielhundertseitigen Reflexionen. Daß er trotzdem hin und wieder der Versuchung erliegt, seine zeitkritische Leier auf jenes satte Moll zu stimmen, das – aber genug der Musike. Was ich sagen will, ist ganz einfach dies: So vollständig, wie es Sloterdijk darstellt, hat es weder der Intelligenz noch dem Volk die freche Sprache verschlagen. Da argumentiert er auch kräftig pro domo: um seine eigene Frechheit vor der Folie allgemeiner Entmutigung um so heller erstrahlen zu lassen. Ein legitimer Kunstgriff, aber doch ein Trick. Von sagenwirmal ›Trio‹ bis nazumbeispiel ›Freibeuter‹ gibt es sie noch, die Residuen, Reservate und Ressourcen der auch frechen Gegenrede, der Gegenzeichnung, des Gegengesangs. Das nur als Hinweis. Denn bevor ich ins Argumentieren abrutsche, lasse ich lieber rasch noch einmal Sloterdijk zu Wort kommen. An einer Stelle nennt er wenigstens einen der zeitgenössischen Frechdächse beim Namen, und man muß ihm lassen, daß er den ganz schön frech und einleuchtend in seine philosophische Lagebeurteilung einbaut: »Die heutigen Spaßmacher sind alles, nur nicht engagiert, und können von der Verteuerung des Lachens insofern profitieren, als Blödeleien den Zeitgeist besser treffen als die gute alte böse Satire; die letzten Statthalter der Ideologiekritik sind inspirierte Blödler wie Otto, bei dem man wenig Soziologie, aber viel Geistesgegenwart findet.«

Andreas Ramdohrs Lieblingsgeschichte

Nicht immer sind die neuesten Geschichten auch die besten. Diese hier spielt im Jahre 1979, 1980 erschien sie in der Zeitschrift ›Waldhygiene‹, herausgegeben von Prof. Dr. K. Gößwald, Ameisenschutzwarte Würzburg. 1983 sandte mir Herr Ramdohr eine Ablichtung und schrieb: »Ihnen zur Erbauung diese trouvaille, die zwar nicht mehr ganz frisch ist« – ach was! Die Schöpfungsgeschichte ist noch viel älter und wird immer wieder gern gehört, dabei kommen in ihr weder Bundespräsident Carstens noch Ameisen vor, während in dieser Geschichte – aber wollmer net gleich reinhöre? Der Erzähler ist übrigens Heinz Ruppertshofen:

DER BUNDESPRÄSIDENT UND DIE WALDAMEISEN

Am 10. November 1979 weilte der Bundespräsident Professor Dr. Carstens mit seiner Frau Dr. Veronika in der Eulenspiegelstadt Mölln. Mit dem Bürgermeister der Stadt, Herrn Walter Lutz, empfing ich ihn an der Gemarkungsgrenze im Wald am Pinnsee in Mölln. Gleich nach 200 Meter Wanderung durch den von mir betreuten Stadtwald wurde er mit einem geschützten Nest der *Formica polyctena* konfrontiert, an dem auch ein Schild der Ameisenschutzwarte Würzburg befestigt war. Dieses Bild wiederholte sich beim ersten Kilometer Wanderweg zehnmal. Das Interesse war geweckt... Während einer kurzen Rast rief der Bundespräsident seine Frau zu sich: »Veronika, höre! – Herr Ruppertshofen hat hier rund 800 Ameisennester im Revier! Diese haben im Durchschnitt eine halbe Million Mitglieder pro Nest! Das sind 400 Millionen Ameisen! Bei 18 000 Einwohnern in Mölln kommen auf den Kopf der Bevölkerung über 22 000 Ameisen!

Das ist doch beachtlich! Da muß ja hier alles gesund sein!«

(Der Kopf trotz der 22 000 Ameisen? Die 22 000 Ameisen wegen des Kopfes? Das wird leider nicht verraten, dafür endet die Geschichte um so verständlicher:)

Gefreut habe ich mich über ein persönliches Dankschreiben des Präsidenten mit einem signierten, gerahmten Foto: »Sehr geehrter Herr Ruppertshofen, nach Beendigung der zweiten Etappe meiner Wanderung möchte ich Ihnen, auch im Namen meiner Frau, nochmals für die Führung durch den Stadtwald in Mölln danken.

Ich hoffe demnächst Zeit zu finden, in Ihrem Buch ›Summender Wald‹ zu lesen.

Mit den besten Grüßen, auch von meiner Frau,

Karl Carstens.«

So lacht der Schweizer

Hier sieht man ihn selten, in der Schweiz liegt er selbst in Banken als Wartelektüre aus, der »›Nebelspalter‹, Schweizerische humoristisch-satirische Wochenschrift, gegründet 1875, 109. Jahrgang«, von seinen Lesern auch zärtlich »Nebi« genannt: »Lieber Nebi, Ich treffe hin und wieder mit einem Ehepaar aus Manchester zusammen ... der ›Swiss Punch‹ wird jeweils sehr kritisch unter die Lupe genommen. Hier der Kommentar meiner Engländer, bekannt für Kenner des Humors, als Kompliment für Euch ...«, worauf zahlreiche Komplimente folgen, etwa »Barths Titelbild in Nummer 2: ›Erwärmend feinstimmig‹«, soweit Armin Frei, Zürich. Doch sein Lob wirkt noch verhalten gegenüber dem Urteil seines Mitzürichers E. Moser: »Auf meinem Nachttischchen liegt der Nebelspalter, da fällt mir das befreiende Wort aus dem Herzen:

Und wenn die Welt morgen untergehen sollte, so würde ich noch heute meinen Nebelspalter lesen!«

Genau das habe ich heute auch getan, den Nebelspalter gelesen, nicht gerade meinen, wohl aber die Nummern 4 bis 12, und die gründlich. Geliebt habe ich die Zeitschrift ja schon immer, allerdings lediglich aufgrund flüchtiger Bekanntschaft, nun kenne ich sie etwas besser, ohne daß das meiner Liebe Abbruch getan hätte, im Gegenteil: je länger ich im Nebi blätterte, desto vollständiger geriet ich in den Sog dieser heilen Witzwelt, einmal, nur einmal ein Kind noch zu sein und wieder über einen Scherz wie diesen lachen können: »Als Bankier Gerson von Bleichröder, Finanzberater Bismarcks« – Bismarcks! Wo leben wir denn? Ach ja, in der Schweiz. Und wann? Ach ja richtig, im Februar 1983 – »an einer Silvesterfeier darauf aufmerksam gemacht wurde, daß es auf Mitternacht zugehe, erwiderte er: ›In diesem Haus bestimme ich, wann Mitternacht ist.‹«

Bestimmt er. Und erschienen ist der Scherz in der Rubrik ›Sprüch und Witz vom Herdi Fritz‹. Vom. Denn nicht Fritz Herdi, sondern der Herdi Fritz äußert sich da, und dieser bäurisch-behäbige Geist zieht sich zäh durch die Hefte, in welchen bemooste Uralt-Federn wie Curt Riess oder Hans Weigel ebenso zu Wort kommen wie merkwürdig bemoost wirkende Pseudonyme, die da heißen »Puck« oder »Ueli der Schreiber« oder »Boris« oder »Pin« oder »Schtächmugge«, was wohl »Stechmücke« heißen soll. Heißt es auch? Fein. Was aber meint der folgende Beitrag, der ›Aetherblüten‹ überschrieben ist und dessen Verfasser sich »Ohohr« nennt: »Aus der Radiosendung ›Rendezvous am Mittag‹ gepflückt: ›icheere isch au nüme, was es emal gsi isch‹.«

Ja, das war schon alles, die Nebi-Beiträge zeichnen sich häufig durch diese rabiate Kürze aus, auch die graphischen, etwa in der Serie ›Pünktchen auf dem i‹ von »öff«. »Orient« wird da etwa so dargestellt:

Pünktchen auf dem i

öff

oder »alleine« so:

öff

und wer den Witz nicht begreift, der hat immer noch nichts begriffen. Der ›Nebelspalter‹ ist ein Witzblatt, ja, aber eins, in dem es nichts zu lachen gibt, außer für jene ganz Unbedarften, die Witze wie Weine genießen: Je älter, desto besser, oder für jene ungemein Bedarften, die bereits in den eiskalten Höhen des Meta-Humors zu Hause sind, dort, wo man nicht mehr über den wie immer guten Witz schmunzelt, sondern gerade den schlechten Witz zu würdigen weiß, genauer: das angestrengte Komischseinwollen des Verfassers erheiternd findet.

Höhenluft – ich muß gestehen, daß ich es nicht lange in diesen Regionen ausgehalten habe. Nach sieben Nummern Nebi mußte ich mich schleunigst abseilen, einige

Gesteinsproben allerdings habe ich mitgebracht, möglich, daß das, was mir da oben wie schieres Gold vorkam, hier im Tal sich als Katzengold entpuppt, mal sehen: »Über dem Kamin hängt ein Bild. ›Das‹, sagt der Hausherr, ›ist das Bild meiner verstorbenen Frau. Von Picasso gemalt.‹ Der Gast betrachtet das Bild. ›Bei einem Eisenbahnunglück ums Leben gekommen?‹ fragt er teilnahmsvoll.«

Ist doch gut – oder? Ich meine, wo doch Picasso niemals irgendwelche Portraits von irgendwelchen Gattinnen gemalt hat, hatte der ja nie nötig, und wie der Gast trotzdem für Picassos Deformationen eine Begründung findet, die wohl jedem aus der Seele spricht, der ebenfalls noch nie einen Picasso gesehen hat, aber man hört ja neuerdings immer mehr von diesem spanischen Scharlatan – nein, nicht so gut?

Aber das hier: »Widersprüche von Beat Läufer«, Widerspruch zwo: »In Deutschland zerfällt das sogenannte Menschenbild in das Goethebild und das Hitlerbild.« Ein Aphorismus, der – vermute ich – 1940 entstanden ist, damals, als das Hitlerbild noch obligatorischer Wandschmuck in Großdeutschland war, und, hastunichtgesehen: keine dreiundvierzig Jahre später wird dieser Gedanke im Nebi auch schon zu Druck befördert. Welch ein Tempo! Welch hautnahe Zeitkritik! Wo doch der Nebi normalerweise zeitlosere Themen und Aussagen bevorzugt: »Unsere Politiker brauchen gute Nerven.« – »Was heißt gute Nerven? Viele haben ein so dickes Fell, daß sie auch ohne Rückgrat stehen können!« Ist doch wahr – oder? Das hätte sich doch bereits der olle Ramses hinter die Ohren schreiben können – oder nicht?

»Gemäß einer Umfrage halten die Schweizer ihren Nebelspalter für mutig und angriffig. Er selbst gibt sich Mühe, auch ritterlich zu sein« – ständig macht sich der ›Nebelspalter‹ im ›Nebelspalter‹ Gedanken über den

›Nebelspalter‹. »Nebelspalter – ein Blatt für bigotte Bienenväter?« fragt er sich scheinheilig. »Mitnichten!« gibt er sich mannhaft zur Antwort: »Der Nebelspalter glaubt halt, daß Witz, Ironie und Gesellschaftskritik zu anspruchsvolle Waffen sind, als daß man sie Spätpubertierenden und Pornographen in die Hände geben sollte …« Stimmt, es genügt, wenn der Nebi sie unter Verschluß hält oder, wenn er sie denn doch rausrückt, in absolut vertrauenswürdige Hände weitergibt: »Wohin mit alten, gelesenen Nebelspaltern? Die Militärkommission der CVJM hält der Truppe für ihre Wachlokale, Krankenzimmer und Militärunterkünfte alte Nebelspalternummern in sogenannten Lesestoffpaketen bereit … Überlassen Sie uns alte Nebelspalternummern! Bitte frankieren! Besten Dank! Militärkommission der CVJM, Forchstraße 58 etc.«

»Nebelspalter – Satire, mit der auch Sie sich identifizieren können«, sagt der ›Nebelspalter‹ über die ›Nebelspalter‹-Satire.

Die Militärkommission der CVJM – das ist Satire, mit der auch ich mich identifizieren muß, ob ich will oder nicht. Selten so gelacht. Dem Nebi ein herzliches »Merci« und »Grüezi«!

Lieblingsabkürzung

Herr Kluten machte mich auf einen Artikel von Frau Lebeck in der ›Zeit‹ aufmerksam: »Die Unsitte vieler Blätter/Bücher, das Wort ›Arsch‹ seltsam unausgeschrieben zu lassen, ist hier auf seltsam herrliche Weise ad absurdum geführt.« Ist es. Frau Lebeck berichtet über Rüpeleien der Erstklässler, eine Lehrerin, die eingreifen will, muß folgendes hören, O-Ton ›Zeit‹: »Leck mich am

A ..., du alte Stinkfotze!« Und gleich darauf »ein kräftiges, ›A ...loch!‹«

»Wenn Vulgarität den Schulalltag beherrscht, dann muß darüber berichtet werden – auch über Unzitierbares«, behauptet die ›Zeit‹ im Vorspann. Muß es, klar, nur: Nach welchen geheimnisvollen Kriterien entscheidet die Redaktion darüber, was unzitierbar ... ist und was nicht? Verrät es mir jemand?

Lieblingswitz

Ich fand ihn in der Zeitschrift ›Bild+Funk‹ Nummer 19, darüber stand »Humor«, darunter »Kaste«. Vielleicht nicht gerade ein Name, den man sich unbedingt merken muß, jedoch ein Zeichner, dem es gelungen ist, das Thema »Schach« um einen so naheliegenden, schönen Witz zu melken, daß ich mich frage, wieso nicht schon längst jemand darauf gekommen ist. Oder ist schon längst jemand darauf gekommen? Ja wieso hat er sich dann noch nicht bei mir gemeldet?

»Wie soll ich mit Ihnen Schach spielen,
wenn Sie mir dauernd die Figuren wegnehmen!«

Berliner Schule

In zwei Städten der BRD ballen sich komische Zeichner, in Frankfurt/Main und Berlin-West. Über die Frankfurter braucht an dieser Stelle kein Wort verloren zu werden, wenden wir uns also den Berlinern zu. Nicht ohne Anlaß natürlich, aber den haben wir ja ... na, wo ist er denn, unser Anlaß? Aaaanlaß! Ach, da bist du ja: ›Irrwitz-Comics‹, Weismann Verlag, München.

Irrwitz-Helden

Fünf Comics von fünf Zeichnern – nebst Überleitungen und Anhang kommt das Buch auf 96 pralle Seiten. Fünf Zeichner – der bekannteste ist Gerhard Seyfried, doch auch die anderen sind keine Unbekannten mehr: Thomas M. Bunk, Hansi Kiefersauer, Wolfgang Stein und Detlef Surrey. Eine Truppe, die sich sicher nicht zufällig gefunden hat, inhaltlich und formal gehen die Comics nahtlos ineinander über; im Raum der bereits erwähnten

Irrwitz-Comic von T. M. Bunk

Überleitungen, einer Art Stehbar, treffen nach und nach die fünf Helden der fünf Strips aufeinander – immer von ihrem jeweiligen Zeichner gezeichnet bis sich alle fünf Zeichner schließlich zu einer Art graphischer Session vereinen, einem sehr disziplinierten und schön inspirierten Ausklang, der allein schon das Buch bemerkenswert macht.

Bemerkenswert auch der Aufwand und die Überlegtheit, mit denen die jeweiligen Geschichten ins Bild gesetzt werden. Da wird nach allen Regeln der Comic-Kunst erzählt, auf sehr abwechslungsreich gestalteten Seiten und in sehr durchgearbeiteten Bildern – hier sehe ich so etwas wie eine »Berliner Schule« am Werk und im Werden, ein notwendiges Pendant zur »Neuen Frankfurter Schule«, die ja kaum den Comic, sondern vorzugsweise die Bildergeschichte pflegt. (Doch, da gibt es einen Unterschied. Ich verweise auf meine Ausführungen, die ich neulich abends im ›Eppstein-Eck‹ machte.)

Eine Irritation freilich will ich nicht verhehlen. Fast kommt es mir so vor, als ob die formale Kunstfertigkeit der Berliner ihre Ursache auch darin hat, daß sie ihre Inhalte mittlerweile als bekannt voraussetzen: In drei der Geschichten müssen mal wieder die Bullen den Part des bösen oder blöden Kaspers übernehmen, lediglich Bunk kommt ganz ohne aus. Doch da der zugleich das Durch-und-durch-Zeichnen am weitesten treibt, mit einer geradezu gotischen Comic-Gesinnung auch noch dort Gags anbringt, wo normalerweise kein Comic-Leser mehr hinguckt – da das alles so ist, gerät meine These, wenn's denn eine war, derart bedenklich ins Wackeln, daß ich mich rasch aus der Gefahrenzone bringen möchte. Daher ein flinker Hinweis auf den schönen, garantiert bullenfreien ›Anhang‹ des Buches, aus dem ich das zweite der beiden abgebildeten Appetithäppchen ausgesucht habe; das erste zeigt die fünf Helden des Buches bei einer entsetzlichen Entdeckung: Sie werden gelesen!

Hoffentlich werden sie es auch. Verdient haben sie es.

Sebastian Gierischs Lieblingsberichtigung

Er fand sie in ›Tag und Nacht‹, der Regensburger »Familienzeitschrift Ihres Energieversorgungsunternehmens«, und sie geht so:

Schnaps-Idee

Sie haben es sicher längst bemerkt Natürlich gehörte in die Füllung der „Sauren Sahnetorte", die wir für die Hausfrauen-Festtage in der Weihnachtsausgabe vorgeschlagen hatten, nicht $\frac{1}{4}$ l Schnaps, sondern dieselbe Menge Schlagsahne Hier hat uns der Druckfehlerteufel am Rezeptschluß beim Kurzen einen besonders bösen Streich gespielt Wir bitten um Entschuldigung!

Und ich grüße den Druckfehlerteufel sehr herzlich, wenn auch reichlich verspätet: Prösterchen!

Zuviel Geld

Warum funktioniert der Film ›Monty Python's Sinn des Lebens‹ nicht so recht? Dreizehn Jahre nach ihrem ersten Kinofilm ›And now for something completely different‹ kehrt die Truppe wieder zu den Darbietungsformen ihrer Anfänge zurück, zur rücksichtslosen Nummernrevue – allerdings mit einem ungleich größeren Etat in der Tasche und mit unvergleichlich mehr Filmerfahrung auf dem Buckel. Wieso wirkt die letzte Revue so viel matter und konventioneller – trotz äußerst kruder Unappetitlichkeiten wie Organentnahmen bei lebendigem Leib oder Kotzorgien?

Weil Werken dieser Art allzu viel Geld und eine allzu elaborierte Ästhetik nicht bekommen. Im ersten der beiden Filme wirkten nicht nur die Inhalte und Pointen erfreulich dreist und improvisiert, auch der Darbietungsweise haftete etwas unkalkuliert Übermütiges an: Da wurden nicht nur die Grenzen des guten Geschmacks, sondern, wenn es nicht anders ging, auch die Regeln des filmischen Handwerks mißachtet – Hauptsache, der Gag kam möglichst direkt rüber; wenn alles allzu wacklig wurde, rettete man sich eben in ein anderes Thema: Und nun mal was ganz anderes!

Nun aber – im neuen Film: recht breit ausgespielte Nummern, deren komischer Ertrag den Aufwand, mit dem sie in Szene gesetzt worden sind, nicht immer rechtfertigt. Statt dessen wird zweierlei um so deutlicher: daß auch viele der Inhalte mittlerweile doch recht abgegriffen sind – Kirche, Kolonialgeschichte, Militär, Sexualerziehung – und daß es der Truppe nach wie vor an – mindestens – einem Komiker mangelt, an einem Darsteller also, dessen Erscheinen auf der Leinwand bereits lustvolle Sympathie oder freudig erregten Abscheu auslöst: Was wird er denn jetzt wieder anstellen?!

Doch dessen Fehlen hatte ich ja bereits bei den abend-
füllenden Monty-Python-Filmen beklagt, und vom vielen
Klagen kriegt man nur Ringe unter den Ohren. Daher
schnell noch etwas ganz anderes, mein derzeitiger Lieblingswitz, gefunden im sehr schön gemachten Schüler-
magazin ›Spick‹, das leider nur in der Schweiz zu haben
ist: »Wie viele Inseln gibt es im ägäischen Meer und wie
heißen sie?«

»Es gibt sehr viele Inseln im ägäischen Meer, und ich
heiße Kütel.«

Zur Diskussion gestellt

Vor mir liegt ein Buch von Klaus Stuttmann, »›Raketen,
Raketen‹, Zeichnungen seit dem Nato-Raketenbeschluß«,
Verlag Atelier im Bauernhaus. Der Cartoonband enthält,
was der Titel verspricht: Raketen, Raketen. Seit 1979
sucht und findet Stuttmann ständig neue graphische Formulierungen für die Raketenbedrohung – Raketen als
Zähne (im Munde des lachenden Jimmy Carter), als
Spikes, als Kerze, als Colts (Cowboy Ronald Reagan),
als Kerne einer Birne (Helmut Kohl), als Einsatz eines
Füllers, als Wurm (Reagan-Wurm), als Sanduhr, als Baby-
flasche, als Sprechblase, als Fallbeil: Alles, was formal
irgendwie einer Rakete ähnelt, hat Stuttmann zu Raketen
verfremdet – nein, nicht alles.

Noch fehlt die Rakete als Uhrzeiger (5 vor 12), die
Rakete als Fackel (in der Hand der Freiheitsstatue),
die Rakete als Schnabel (Ronald Reagan versucht die
Öffentlichkeit in Gestalt einer Friedenstaube zu täuschen), die Rakete als Hai, der aus dem Wasser schaut
(Seegestützte Atomwaffen), die Rakete als Schwurfin-
ger (Ronald Reagan schwört, er wolle Frieden, meint

es aber nicht ehrlich), die Rakete als Kathedralenturm (Militärgeistlichkeit), die Rakete als Ei (doch, das geht, es müßte eine ganz gedrungene Rakete sein, in einem Geiernest und Reagan als brütender Geier), die Rakete als Richtungsschild (ins atomare Verderben) – und so fortan. Ich bin sicher, daß der einfallsreiche Stuttmann auf all diese Umsetzungen auch noch kommen wird – vielleicht hat er sie auch schon längst erwogen und nur deswegen verworfen, weil ihm andere Zeichner zuvorgekommen sind, Musil oder Murschetz, Wolter oder Leger, Marie Marcks oder Haitzinger, von dem ich unlängst folgende Karikatur sah: Während der Wald stirbt, schießen pilzgleich Pershings aus dem Boden, ein zufriedener Spaziergänger beruhigt einen besorgten: »Wo was stirbt, wächst eben auch was nach.« (Oder so ähnlich.)

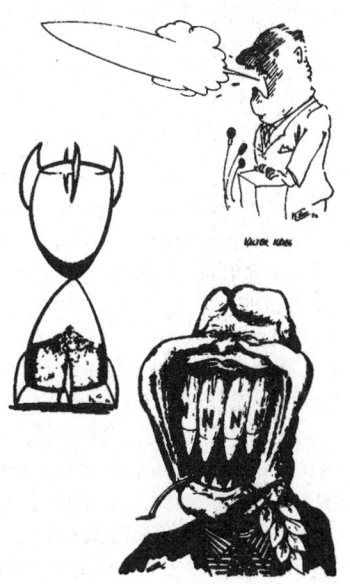

Wer aus meinen bisherigen Ausführungen ein Unbehagen an dieser Art Karikatur herausgelesen hat, liest richtig. Sie erscheint mir in der Tat leichtfertig, eben weil die Zeichner es sich leichtmachen. Das geht denen doch so serienmäßig, fast, fürchte ich, gedankenlos von der Hand. Die schlichte Ausbeutung formaler Analogien läßt sich so schrecklich einfach auf jedwedes Thema anwenden, auch auf sehr viel weniger bedrängende – ich erinnere an die Fußball-WM, als in den Karikaturen aller Gazetten alles, was irgendwie rund war, zum Fußball wurde: Köpfe und Augen der TV-Zuschauer, Sonne und Erdball (Ball!).

Wem ist mit dieser Art Karikatur eigentlich gedient? Klaus Stuttmann veröffentlicht in den Westberliner Zeitschriften ›Die Neue‹ und ›Die Wahrheit‹, dem Blatt der SEW. Deren Leser braucht er von der Gefährlichkeit der US-Raketenpolitik ebensowenig zu überzeugen (weil sie es eh schon wissen) wie von der Notwendigkeit friedenssichernder UdSSR-Raketen (die daher auch nicht in Stuttmanns Zeichnungen auftauchen). Hat diese grundsätzliche Übereinkunft notwendigerweise den Verzicht auf Argumentation und – wie anders sonst sollte man das allen Bekannte stets neu formulieren? – das Ausweichen in formale, ja formalistische Variationen des Raketenthemas zur Folge? Komik lebt vom Widerspruch und von Widersprüchen. Karikatur meint: komische Zeichnung. Wird sie nicht dort sinnlos, wo sich alle einig sind?

Oder geht es Stuttmann darum, diese Einigkeit zu erhalten und zu bestärken? Wären dann nicht gemeinschaftsbildende Ausdrucksformen angemessener, Lied, Slogan, Sticker – jedenfalls nicht die Karikatur, die nicht zufällig im Zeitalter des bürgerlichen Individualismus entstanden ist und bedeutend wurde? Ist ein massenhaft unter die Leute gebrachter Aufkleber wie »Stell dir vor, es ist Krieg etc.« – gerade weil er nichts anderes tut, als immer das gleiche zu wiederholen – nicht ungleich suggestiver, sprich sinnvoller als die graphische Variation des Immergleichen? Was mir in dem einen Fall vertretbar erscheint – die Penetranz eines Werbespruchs für die gute Sache zu nutzen –, ödet mich bei der Karikatur an. Da die sich komischer Mittel bedient, verspricht sie mir nicht nur Bestätigung des ohnehin Gewußten, sondern Lust; Lust der Überraschung, der Schadenfreude, der Erkenntnis, was weiß ich, lustig soll's jedenfalls sein.

Sag ich. Was aber sagen die Leser? Was sagt Klaus Stuttmann? Ich habe Fragen in den Raum gestellt, vielleicht hilft mir jemand dabei, sie in den Nebenraum zu schaffen, hier stehen sie nämlich im Wege. Alsdann!

Preis-Richter

Gibt es eigentlich einen Kurt-Tucholsky-Preis? Ja? Dann wüßte ich einen Kandidaten. Nein? Dann sollte er schleunigst eingerichtet und bitte sehr, bitte gleich folgender Person verliehen werden: dem Gerichtsvorsitzenden Karl Baumgard vom 1. Strafsenat des Frankfurter Oberlandesgerichts. Begründung: Richter Baumgard ist nach eigenen Worten ein Bewunderer Tucholskys, und er hat sich überdies um den Fortbestand von dessen Werk verdient gemacht. Das kam so: Anläßlich der Startbahndemonstrationen machte ein Aufkleber die Runde, der Hessenlöwe, richtig, allerdings zum Protestlöwen verfremdet, mit Polizeihelm und blutigem Schlagstock. Die Staatsanwaltschaft ermittelte in etwa 200 Fällen wegen »Verunglimpfung des Staatswappens«, Prozesse waren die Folge, es kam zu – forschbar, forschbar – Freisprüchen, worauf die Staatsanwaltschaft vor das OLG Frankfurt zog. Ergebnis: Ein dreiköpfiges Richtergremium erklärte die Freisprüche für nichtig, die Fälle müssen noch einmal vor dem Amtsgericht verhandelt werden. Grund: »Schlampige Begründung der Urteile«, vor allem aber hätten die Amtsrichter sich zu sehr um das »Grundrecht der freien Meinungsäußerung« und zu wenig um den »Schutz des Staates und seiner Symbole« gesorgt. Da aber müsse eine sorgfältige Güterabwägung stattfinden, monierte der Vorsitzende Baumgard und gab zudem zu bedenken, daß sich das Recht auf die Substanz der geäußerten Meinung beziehe: »Wenn man substantiell dasselbe sagen kann, ohne jemanden dabei zu kränken, dann ist dies keine Einschränkung der Meinungsfreiheit, sondern der notwendige Respekt vor anderen Grundrechten.«

Kann man natürlich. Statt der Aufkleber hätten die Startbahngegner ja auch Wandzeitungen auf ihre Autos pappen können: »Ich bin, halten zu Gnaden, der Meinung, daß es dem stolzen hessischen Leu nicht wohl ansteht, wenn die unter seinem Zeichen angetretene Polizei vom Mittel des Schlagstocks dergestalt Gebrauch macht, daß im unbefangenen Dritten der Eindruck aufkommen kann, da werde mit unverhältnismäßiger Härte gegen einen Bürgerprotest vorgegangen, welcher ... blablabla«, bis hin zu: »... so daß ich bei allem Respekt vor anderen Grundrechten dennoch zu bedenken geben möchte –: Muß das sein?«

Geht alles, wie gesagt, nur eines geht nicht: Politische Karikatur und politische Satire sind unter solchen Voraussetzungen nicht mehr drin. Zu sehr bewegen die sich im Bereich möglicherweise auch kränkender Zweideutigkeiten, als daß sie noch mit der substantiellen Eindeutigkeit eines solchen Richterspruchs oder der eines zukünftigen Schlagstockeinsatzes wetteifern könnten.

Sicherlich weiß das auch Richter Baumgard. Ebenso gesichert ist seine Tucholsky-Bewunderung. Als Verteidiger Michael Senz Tucholsky zitierte – »Wenn bei uns einer einen guten politischen Witz macht, dann sitzt halb Deutschland auf dem Sofa und nimmt übel« –, da beeilte sich Baumgard zu versichern, »in der Verehrung von Tucholsky stimme ich mit der Verteidigung überein«. Wie aber kann ein und derselbe Mann das kleinkriegen wollen, was den von ihm Verehrten groß gemacht hat, die politische Satire also? Aus beflissener Dummheit? Vorsätzlicher Bösartigkeit? Oder liegt hier ein Fall von akuter Schizophrenie vor?

Ich will versuchen, das substantiell selbe in anderer Form zu sagen: Weil nur ein toter Satiriker ein guter Satiriker ist. Weil man in dessen Werk so herrlich gefahrlos rumschmökern kann – einem Richter Baumgard wird man darin sicher nicht begegnen. Ha ha ha – ganz köstlich, wie er es den Kollegen von 1929 gibt! Blendend, wie er deren haarsträubendes Urteil in Sachen George Grosz-Karikatur ›Christus mit der Gasmaske‹ zerpflückt. Aber mittlerweile schreiben wir ja Gott sei Dank 1983 …

Stimmt, und trotzdem irrt der Schmökernde. Tucholsky starb 1935, doch dank der Richter von heute ist er noch äußerst lebendig.

»Justitia! Ich wein bitterlich / Du gehst auf einen langen _____«, schrieb der Verehrte 1921. Gäbe es die Baumgards nicht, jene vorgeblichen Güterabwäger, die Justitia derart unverblümt auf den Staatsschutzstrich schicken, wir Heutigen wüßten ja gar nicht mehr, wie der Satiriker das wohl substantiell gemeint haben könnte. So aber …

Gebt dem Richter Baumgard eins auf den … ä … den Preis!

Hinweis auf Oberländer

Ein DDR-Verlag darf sich die Feder an den Hut stecken, endlich einen halbwegs repräsentativen Bildband über und von Adolf Oberländer herausgebracht zu haben, das ›Adolf Oberländer Album‹, Eulenspiegel Verlag, Berlin – eine Lizenzausgabe ist jetzt im Rosenheimer Verlagshaus erschienen.

Adolf Oberländer, 1845 bis 1923, war ein, nein, der Zeichner der humoristischen Wochenschrift ›Fliegende Blätter‹, 1844 bis 1929, beide, das Blatt und sein Zeichner, waren bereits vor ihrem Hinscheiden so gut wie vergessen. Das Blatt sicher zu Recht, es hatte sich um etwa dreißig Jahre überlebt, Oberländer ganz sicher zu Unrecht. Der war ein merkwürdig durchmischter Herr, ein Humorist, der nicht anecken wollte und daher brav die biederen Einfälle der Redaktion in sauber durchgearbeitete, häufig überaus betuliche Zeichnungen umsetzte, *und* einer, der formal wie inhaltlich hin und wieder eine Komik-Sau rausließ, die den Vergleich mit der Wilhelm Buschs oder Th. Th. Heines nicht zu scheuen braucht.

Oberländer zeichnet wie der kleine Moritz

Da veröffentlicht er beispielsweise zwischen 1880 und 1900 immer wieder »Heimliche Randzeichnungen aus dem Schreibhefte des kleinen Moritz«, ziemlich hemmungslose Krakeleien, die sehr fremd in der Kunst- und Komiklandschaft seiner Zeit stehen – erst George Grosz, der Oberländers Sachen sicherlich kannte, hat ihn in den 20er Jahren eingeholt und überrundet.

Da, wo Oberländer seiner Freude an Exzentrik und Übertreibung nachgab, sind nicht nur seine Zeichnungen bemerkenswert frisch geblieben, sondern auch seine Inhalte: Was er etwa 1890 zwei »neumodische Kunstjünger« malen läßt, wurde zu dieser Zeit so sicher noch nicht gemalt, nicht einmal Kandinsky trieb es in der Malerei derart wild, erst den Tachisten und anderen abstrakten Expressionisten ist es seit 1950 immer wieder gelungen, Oberländers Karikaturen die Wirklichkeit nachzureichen.

Oberländer läßt malen, 1890

213

Noch als 75jähriger zeichnete Oberländer; in seinen beiden allerletzten Zeichnungen zieht er Bilanz und ein letztes Mal alle Register seiner Kunst. Eine schlichte Bilanz, sicher, doch selten wurde mir die traurige Wahrheit, daß Wunsch und Wirklichkeit unversöhnlich auseinanderklaffen, derart dreist und erheiternd mitgeteilt – Grund genug, des Karikaturisten Spitzer, vor allem aber seines Karikaturisten Oberländer zu gedenken.

Wie sich der Karikaturist Spitzer die Wirkung seines Witzes in der Redaktion vorstellt . . .

und wie es in Wirklichkeit war.

Oberländer zieht Bilanz, 1920

Seit Oscar Wilde mit seiner Blume im Knopfloch
ganz Wien verpestet hat, sind Paradoxa hierorts
nicht mehr gesellschaftsfähig. Man tut das einfach
nicht mehr. So, wie man die Sauce nicht mit dem
Löffel ausschöpft, so wenig sagt man noch: »Die
Kunst ist wie eine Frau. Beide sind …:«

KURT TUCHOLSKY

Ich selber habe nichts gegen alte Witze, ich ver-
ehre sie sogar. Wenn Seekrankheit und Ehebruch
einmal nicht mehr lustig sein werden, hat die
abendländische Kultur ausgedient.

GEORGE ORWELL

Komische Junge sind viel seltner als komische
Alte.

KURT TUCHOLSKY

Etwas zu verbiegen ist komischer als etwas zu
zerbrechen.

W. C. FIELDS

Voltaire sagte, der Himmel habe uns zum Gegengewicht gegen die vielen Mühseligkeiten des Lebens zwei Dinge gegeben: die Hoffnung und den
Schlaf. Er hätte noch das Lachen dazurechnen
können.

IMMANUEL KANT

Kritikerschelte

Gegen ›Kehraus‹, den Film von Gerhard Polt und Hanns
Christian Müller, ist wenig einzuwenden, mißtrauisch, ja
mißmutig allerdings stimmen mich seine Kritiker. Fast

alles enthusiastische Kritiker – auch dagegen ist nichts zu sagen, wohl aber dagegen, wie sie ihren Enthusiasmus begründen: mit der »entlarvenden Detailgenauigkeit« (›lui‹, mit den »hundsgemein genauen Beobachtungen« (›Spiegel‹), mit der »Sicherheit im Milieu« (›tz‹).

Das Milieu ist vorwiegend das der kleinen Leute. Er, Gerhard Polt, ist Gabelstaplerfahrer, sie, Gisela Schneeberger, arbeitet als Sekretärin bei einer Versicherungsgesellschaft, beide kommen sich während eines Faschingsballs der Versicherungsgesellschaften näher. Und auch ein Gegenmilieu kommt hin und wieder ins Bild, das der zynischen Chefs, die nachmittags eben jene Angestellten auf die Abschußliste setzen, mit denen sie abends beim Ball feiern.

Keines dieser drei Milieus – Versicherungsbüro, Vorstandsetage, Faschingsbums – kenne ich aus persönlicher Erfahrung, ich kann daher die Detailgenauigkeit weder bestreiten noch bestätigen. Ich bezweifle jedoch, daß diejenigen, die die Milieutreue des Films loben, sich in diesen Milieus sehr viel besser auskennen als ich. Ich halte ihr kennerisches Kopfnicken für reine Hochstapelei, respektive Gedankenlosigkeit.

»Gabelstapler Polts Wohnzimmer mit Aquarium und Flaschenbier – Respekt!« schreibt »Sicherheit-im-Milieu«-Renate Kayser in der ›tz‹, so, als ob sie ständig in Gabelstaplerwohnungen ein und aus ginge.

»Bierdimpfel drösselt vor sich hin, der ewige Witzereißer gackert, Bürobrunft lurcht umher« schwallt »Hundsgemein-genaue Beobachtungen«-Fritz Rumler im ›Spiegel‹, so, als ob er jahrelang Feldstudien in Versicherungsbüros betrieben hätte. Während doch beide, Kayser wie Rumler, lediglich der Suggestion von Bildern erliegen, deren Qualität – wie die aller guten Bilder – nicht in ihrem Realismus, sondern in ihrer Glaubwürdigkeit liegt. Einer Glaubwürdigkeit, die, gerade im Kino, nicht ohne einen kräftigen Schuß Klischee herzustellen ist. Denn, nicht wahr, wir alle glauben ungefähr zu wissen, wie es in Chefetagen, Versicherungsbüros oder bei Gabelstaplers aussieht, und so ähnlich sieht das alles im Film denn auch aus, woraus die Unbedarfteren unter uns geradezu reflexhaft den Schluß ziehen, der Film sei wirklichkeitsnah. Während er doch in Wirklichkeit eine schön erdachte und gut gemachte Typenkomödie ist, mit ständig bösen, durchgehend lüsternen Chefs – typisch! –, mit stark typisiertem Büropersonal – dem Witzereißer, der Betriebsnudel, dem Underdog – und mit zwei Typen, die – typisch Typenkomödie! – im Laufe der Handlung auch etwas Fleisch, Schicksal und Seele ansetzen dürfen, den beiden Hauptfiguren also.

Literaturparodien

Gar zu gerne würde ich einige Worte zu dem Buch von Kurt Bartsch ›Die Hölderlinie – deutschdeutsche Parodien‹, Rotbuch Verlag, sagen, ohne sogleich und zugleich von Robert Neumann zu reden, aber es geht nicht. Geht nicht, da Bartsch selber diesen Allerweltsrezensenten-Vergleich herausfordert, und das gleich mehrfach: Wie Neumann schreibt auch Bartsch Parodien, die mehr sein sollen als pure Belustigung, nämlich »Kritik mit den Mitteln des Kritisierten« (Neumann). Wie Neumann läßt er verschiedene Dichter einen bekannten Stoff abhandeln – Heinrich Mann, Thomas Mann, Ernst Lissauer und Carl Sternheim versuchten sich bei Neumann an ›Der neue Hamlet‹, bei Bartsch sind es Heiner Müller und Peter Hacks, die sich der Taten des Herakles annehmen. In die unverblümte Neumann-Nachfolge begibt sich Bartsch, wenn er die Struwwelpeter-Episode vom

217

Daumenlutscher (»Konrad sprach die Frau Mama«) im Stil von Thomas Bernhard, Bert Brecht und Johannes R. Becher vorträgt – bei Neumann waren es Hermann Hesse, Hugo von Hofmannsthal und Hans Bethge gewesen, die den gleichen Vorgang nachgedichtet hatten. In seiner Volksstück- und Zuckmayer-Parodie ›Der fröhliche Schweinberg‹ läßt Neumann die Figur »Der junge Zuckmayer« ständig schiffen, in Bartschs Volksstück- und Franz-Xaver-Kroetz-Parodie ›Oberammergauer Endspiel‹ ist die Figur des »Xaver« ständig am Scheißen. Bei Neumann finden sich Kapitelüberschriften wie ›Cerebrallerlei‹, Wortspiele also, die ziemlich genau auf Bartschs Hölderlinie samt Kapiteln wie ›Bestsellerie‹ liegen. Und noch als Opfer dient Neumann als Vorbild. In seiner Neumann-Parodie ›Mit verkalkter Feder‹ wendet Bartsch eine besonders wirkungsvolle Neumann-Methode gegen den Erfinder: »Zitate statt einer Parodie« belegen, daß es sich bei Robert Neumanns Roman ›Oktoberreise mit einer Geliebten‹ um ein besonders arg verzauseltes Spätwerk gehandelt haben muß.

Damit wir uns recht verstehen: Ich halte all diese Anleihen für legitim. Robert Neumanns 1927 erschienenes Buch ›Mit fremden Federn‹ ist nach wie vor ein, nein, der Klassiker der Gattung, oft kopiert, nie erreicht, auch nicht von Neumann selber, dem das scharfe Gehör für fremde Tonfälle und der böse Blick für Verlogenes und Verbogenes im Laufe der Zeit mehr und mehr abhanden kam. Von den Klassikern aber soll man lernen, auch von Komik-Klassikern, ein Hinter-sie-zurück gibt es nicht, nur ein Von-ihnen-aus-weiter. Die Frage kann also nicht lauten: Was hat Bartsch alles von Neumann?, sondern lediglich: Hat er ihm was voraus? Um die Antwort gleich vorwegzunehmen: Nein.

In einem entscheidenden Punkt nämlich fällt Bartsch hinter Neumann (und andere heutige Parodisten wie

Eichholz oder Hoche) zurück: Wie die Parodisten des 19. Jahrhunderts, wie Fritz Mauthner oder Hanns von Gumppenberg, parodiert er lediglich Hochliteratur. Neumann war da weniger pingelig. Der parodierte querbeet – von Trivialschriftstellerinnen wie Hedwig Courths-Mahler bis zu Edelpublizisten wie Karl Kraus – und erntete jede Menge nahrhafter, auch heute noch genießbarer Komik. Bartsch aber meidet nicht nur die Niederungen, geht nicht nur achtlos an Simmel, Svende Merian oder dem Deutsch unserer Anzeigen vorbei, sondern auch an dem Hoch-Deutsch der Theo Sommer oder Johannes Gross – er jätet also lediglich den deutschen Dichtergarten aus, was zweifellos eine verdienstvolle Arbeit ist, aber eben doch Arbeit, auch für den Leser.

Denn Hand aufs Herz: Haben wir die Tonfälle der Fühmann, Hermlin, Wohmann, Höllerer, Huchel etc. so genau im Ohr, daß wir die Feinheiten einer Parodie dieser Tonfälle überhaupt nachschmecken können? Müßten wir die alle nicht vorerst einmal lesen – meinetwegen auch wiederlesen –, um sodann kennerhaft auflachen zu können? Auch Bartsch scheint unseren Kenntnissen zu mißtrauen, selbst bei bekannteren Autoren. Damit es auch ja was zu lachen gibt, schließt er seine Parodien gerne mit einem knalligen Namenswortspiel:

»XAVER Leckmimoasch.
RESL Ja, kroetzweis.«
oder:
»Er böllte freudig.«

Es ist aber auch zu schwierig, unseren Hochliteraten auf die Schliche zu kommen. Wie soll man die selber von Tonfall zu Tonfall hüpfende Ulla Hahn festnageln? Wie einen Günter Grass, der in den ›Hundejahren‹ seinerseits Heidegger parodiert? Wie einen Botho Strauß der Dümmlichkeit und des weinerlichen Dünkels überführen, wenn er der Dümmlichste denn doch nicht ist und seinen Dünkel selbst am schönsten in Worte zu kleiden weiß?

Bartsch überschreibt seine Strauß-Parodie ›Fading (Schwund)‹. Auf den zweieinhalb Seiten der Parodie läßt er Strauß noch fünf Mal unterschiedlich komplizierte Fremdwörter benutzen, die in sogleich nachfolgenden Klammern oberlehrerhaft erklärt werden: »Holothurie (Seegurke)«, »Imbezillität (der Schwachsinn)« und so weiter. Eine Unsitte, ohne Frage, doch wenn ich richtig gezählt habe, dann erliegt ihr Botho Strauß auf den 205 Seiten des parodierten Buches ›Paare Passanten‹ lediglich zweimal – und selbst da stellt sich noch die Frage, ob es nicht hilfreich und rechtens ist, wenn Strauß beispielsweise den von Paul Virilio (Paul who? Diese Art von gehobenem name dropping hätte sich Bartsch mal vornehmen sollen!), den von Paul Virilio also übernommenen Begriff der »Dromokratie« übersetzt. (Übrigens mit: Machtsystem der Beschleunigungen.)

Während Bartschs Parodie ihr Vorbild in puncto Fremdwortdünkel also bis zur Unkenntlichkeit übertreibt, zielt sie bei Straußens sozialem Dünkel zu tief. Den trennen ja nicht nur von seiner Putzfrau Welten, wie uns Bartsch einreden will, der ist überall und immer allein, Zitat statt einer Parodie aus ›Paare Passanten‹, Seite 143: »In einer Kanovitz-Ausstellung ziehen etliche Besucher still, jeder für sich, von Bild zu Bild. Man denkt: hier bist du gut aufgehoben, allein unter lauter Einzelnen, denn sieht nicht der Einzelne mitunter noch wie zum Sehen geboren aus? Am Ende indessen, kurz vor dem Ausgang, ballen sich die Einzelgänger und es stellt sich heraus: die kennen sich alle, die gehören zusammen, die bilden eine Gruppe, die sich nur für die Dauer der Besichtigung zerstreute. Man war auch hier wieder der einzige Einzelne weit und breit.«

Nicht weinen, Botholein, wir vom Kulturbetrieb sind ja alle bei dir, wir müssen uns nur noch rasch von Onkel Bartsch verabschieden, hm ... ja ... ach so: Doch, doch, sehr fein, Ihre Parodien. Manchmal ein bißchen zu fein. Dann wieder zu grobschlächtig. Am lustigsten immer da, wo Sie sich doch mal den Grenzen des Trivialen nähern, bei Strittmatter, Kuba, Hochhuth, Biermann und – vor allem – Kempowski. Am unsinnigsten immer dann, wenn Sie ohnehin schon komische Autoren wie Jandl oder Rot Wolf ins Komische zu steigern sich unterfangen. Ja sicher, ein schwieriges Kapitel, die Parodie. Zumal die literarische, klar. Nein ehrlich, hat mich gefreut. War jedenfalls anregend, doch, doch.

Objekte zum Lachen

Mit Philip Garners ›Katalog Schöner leben‹, Elefanten Press, könnte von mir aus ein ganzes Genre das Zeitliche segnen, das der komisch gemeinten Objekte.

Ein Genre, in welchem Populärkomik und Hochkunst sich einmal glücklich gepaart hatten, in den zwanziger und dreißiger Jahren, als einige Dadaisten und Surrealisten die ursprünglich von Witzzeichnern wie Heath Robinson oder Rube Goldberg erdachten sinnlos aufwendigen oder schlicht widersinnigen Geräte wirklich herstellten. Die freilich waren meist sehr viel bösartiger als die Erfindungen der Witzemacher: Man Rays nagelbestücktes Bügeleisen oder Meret Oppenheims pelzbesetztes Frühstücksbesteck (Untertasse, Kaffeetasse, Kaffeelöffel – alles in Pelz gewickelt) rufen noch heute im Betrachter gemischte Gefühle hervor; ein unbefangener Beschauer mag gar

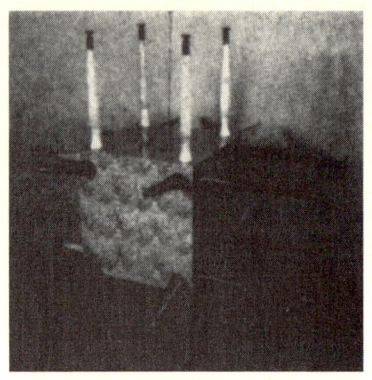

Garner gut

Garner nicht so gut

noch etwas von dem Schock empfinden, den diese Objekte dem Vernehmen nach einmal ausgelöst haben. Aber gibt es ihn überhaupt noch, diesen unbefangenen Beschauer?

Mehr als zweifelhaft, da die komischen Zeichner aller Nationen mittlerweile seit Jahrzehnten dabei sind, die Erfindungen der Kollegen Künstler auszubeuten und breitzuwalzen. Wobei es mir so vorkommt, als ob die Ostler mehr das bedeutsam Absurde ausgezutzelt hätten und die Westler mehr das knallig Spaßige – aber ich kann mich irren. Auf jeden Fall habe ich bereits so viele gezeichnete unsinnige Objekte gesehen, daß mich keines mehr überraschen und kaum eines erheitern kann – nach all den Doppelkorkenziehern, den Kaffeekannen, deren Tülle wieder in der Kanne mündet, oder den Löffeln, die statt in einem Griff in einem, beispielsweise, Messer auslaufen. Und nun kommt Garner, der in dem Buch als »Künstler und Erfinder« vorgestellt wird, und knüpft noch einmal an die große Zeit der Unsinnsobjekte an: er *baut* seine Erfindungen; und da er das beeindruckend gründlich tut und überdies gottlob mehr zur

Waechter besser

heiteren als zur bedeutsamen Objekterfindertruppe gehört, sind die Ergebnisse, etwa der Rundum-Tisch, immer wieder recht ansprechend. Anderes dagegen, etwa den Hut-O-Mat, würde ich zu den eher alten Hüten rechnen, auf jeden Fall aber zu jenen Einfällen, denen eine Materialisierung nicht unbedingt bekommt. Waechters *gezeichneter* »Hutlüpfer« von 1971 ist komischer, weil unaufwendiger und direkter – sage ich jedenfalls, und Gott sei Dank habe in dieser Kolumne immer noch ich das Sagen.

Wie immer – Garners Objekte sind nun einmal da, wer will, kann ihre Wirkung auch in natura überprüfen. Vorausgesetzt, er wohnt in einer jener Städte, in denen die von Ikea gesponserte Garner-Schau zu sehen ist, z. Zt. in Berlin etwa oder später in Kiel.

Mein Lieblingsobjekt freilich wird auch da wieder mal nicht dabei sein, das – wenn ich nicht irre – erste, witzigste, verstörendste aller Unsinnobjekte, eine Erfindung des Herrn Georg Christoph Lichtenberg aus der zweiten Hälfte des 18. Jahrhunderts: »Ein Messer ohne Klinge, dem der Griff fehlt.«

Politik mit Witz

Die Methoden des Imperialismus werden immer abgefeimter – ein Segen, daß auch die sozialistischen Kräfte immer wirkungsvollere Waffen im antiimperialistischen Kampf einzusetzen wissen.

Die Grenada-Disney-Stamps sind – es ist wohl notwendig, das so laut zu sagen – kein Scherz. Sie sind auch nicht erst nach der amerikanischen Invasion der Insel als offizielle Briefmarken eingeführt worden, obwohl einige Werte wie die 1 C (Seekrieg), die 5 C (Weltpolizist USA) und die 10 C (Luftangriff) das nahelegen könnten. Nein, schon lange vor den amerikanischen Soldaten waren die amerikanischen Motive auf die Insel gekommen, sie hatten auch während der Peoples Republic Grenada ihre Gültigkeit behalten und – das vermute ich jedenfalls – die Bevölkerung über den Ernst der Lage und die wahren Absichten des großen Nachbarn hinweggetäuscht: Jemand, der so lustige Stamp-Vorlagen lieferte, würde doch unmöglich Ernst machen können. Und ob er das konnte!

Der Klassenfeind schläft nie, doch der Klassenfreund hat ebenfalls beide Augen weit offen. Mißtrauisch beobachtet beispielsweise der SHB der Uni Hamburg die Machenschaften der USA. »Nach dem Muster von Grenada – Steht eine US-Invasion in Nicaragua vor der Tür?« fragt er in einem Flugblatt. »Ja«, antwortet er mit Fidel Castro: »Die triumphalistische Stimmung in den USA«, schlußfolgert der kubanische Staatschef, »könne ein ausschlaggebender Faktor für eine Intervention in Nicaragua oder El Salvador sein.«

»Was tun?« fragte bereits Lenin, doch dessen politischen Einfallsreichtum in Ehren – auf die Antwort der SHB-Genossen wäre der clevere Kirgise denn doch nicht gekommen:

hebt das Flugblatt an, um nach obgenannten politischen Informationen mit einem Anmeldeschnippel und hand-festen facts zu enden: »Startgeld DM 6,– für eine Spende (Nicaragua) und Preise. Getränke besorgen wir, Spielkar-ten – ungezinkt versteht sich – bitte mitbringen.«

Lieblingspredigt

Ich fand sie in der Weihnachtsausgabe des ›Göttinger Tageblatts‹, war vom ersten Satz an gefesselt und in der Mitte ganz und gar bezaubert, als der Verfasser, der ver-diente Pastor Johannes Schiller, derart abrupt die längst fällige Kurve vom neckischen Beispiel zur frohen Bot-schaft kratzte, daß es mich fast vom Frühstückssessel ge-hauen hätte – aber lesen Sie selbst:

»AUSSCHAU HALTEN
Es ist eigentlich eine Schweinerei, meinte der junge Mann, als er meiner Frau sein Päckchen überreichte. Etwas be-fremdet packte sie aus und lachte dann vergnügt: Ein brauner Holzteller mit einem größeren Holzschweinchen für Salz und einem kleineren für Pfeffer! Damit läßt sich am Frühstückstisch allerhand Spaß treiben; ob man die Schweinchen nun auf die Hinterfüße stellt und miteinan-

der tanzen läßt, ob man sie hinter dem Brotkorb versteckt und den anderen danach suchen läßt. Neulich hatte ich sie gedankenlos weggestellt und entdeckte sie auf ihrem Holzteller, nebeneinandersitzend und mit ihren schwarzen Punktaugen nach oben schauend. Mir war es, als stünden sie staunend auf dem Hirtenfeld zu Bethlehem, auf dem die Klarheit des Herrn aufleuchtete und dann wieder wich. Das heißt, sie wich ja gar nicht ...« genausowenig übrigens wie das Schweinchenpaar, das im Fortgang der Predigt zwar erst mal der Bibel, Ambrosius von Mailand und Jochen Klepper weichen muß, am Ende jedoch erwartungsgemäß wiederauftaucht:

»Da sollte man das ›Ausschau halten‹ nicht nur spielerisch mit den beiden Holzschweinchen darstellen ...«

Nein, sollte man nicht. Überall ist Wunderland, noch in dunkelster Nacht kann der hellste Nonsens erblühen: Ausschau halten!

Hašek-Doppel

Im April vergangenen Jahres klagte Manfred Hofmann an dieser Stelle darüber, daß die Kurzgeschichten des Schwejk-Verfassers Jaroslav Hašek im deutschen Buchhandel nicht zu haben seien. Mittlerweile hat der Fischer Taschenbuch Verlag diese Lücke ein wenig gefüllt, und schon wieder gibt es Grund, na, nicht zur Klage, aber doch zum verärgerten Mosern.

Gleich zweimal schlug der Verlag zu. Im April brachte er den »Humoresken«-Band ›Von Scheidungen und anderen tröstlichen Dingen‹ heraus, im November die »Kurzgeschichten«-Sammlung ›Schule des Humors‹. Neunzehn Beiträge enthält der erste, vierunddreißig der zweite Band, nach Adam Riese lägen jetzt also dreiundfünfzig Hašek-Humoresken in deutscher Sprache vor. Sind aber nur fünfzig, da drei der Geschichten (›Die Verlobung meiner Schwester‹, ›Der Mörder wird gesucht‹ und ›Das Bildnis Kaiser Franz Josefs‹) in beiden Sammlungen vertreten sind. Ganz schön ärgerlich, doch es kommt noch ärger. Der Grund für die Überschneidungen nämlich ist rasch erklärt. In beiden Fällen hat der Verlag einfach bereits vorliegende Sammlungen nachgedruckt – die erste stammt aus dem Jahre 1928 und wurde von Grete Reiner übersetzt und zusammengestellt, die zweite erschien erstmals 1957, Angaben über den Zusammenträger und Eindeutscher fehlen. Offenbar hat kein Fischer-Lektor diese Anthologien noch einmal durchgelesen, ihm wären sonst nicht nur die Doubletten, sondern auch schwererwiegende Mängel aufgefallen, Mängel, an denen der Autor selber nicht ganz unschuldig ist.

Im Laufe seines nur vierzig Jahre währenden Lebens hat Hašek etwa 1200 Kurzgeschichten geschrieben – diese Information (und andere) entnehme ich dem Dokumentar-Band ›Jaroslav Hašek‹, Aufbau Verlag, Berlin.

Josef Lada, der Freund und Illustrator Hašeks, berichtet in seiner Autobiographie: »Hašek schrieb schnell und leicht. Auf seine Humoresken konnte man wirklich warten. Und er schrieb überall: in der Tramway, in der Kneipe, im Kaffeehaus … Als er bei mir wohnte, schrieb er gewöhnlich ab vier Uhr nachmittags … Er schrieb rasch, ohne Intervalle … bis sechs Uhr, da in der Regel die Humoreske schon fertig war, dann eilte er in eine Redaktion, um sie in bare Münze umzuwandeln« – Angaben, die der Journalist Eduard Bass, ein weiterer Freund und Kaffeehaus-Spezi Hašeks, bestätigt: »Er bestellte sich das Schachbrett und forderte jedermann zum Turnier auf. ›Bis vier Uhr hab ich Zeit, aber dann muß ich schreiben – um sechs wird die Kasse geschlossen.‹«

Die Lebenserfahrung lehrt, daß eine solche Produktionsweise nicht immer gutgehen kann. In der Tat versammeln beide Taschenbücher höchst unterschiedliche Arbeiten: entsetzlich dröge Fließbandhumoresken, merkwürdig irrlichternde Erzählungen, die wunderbar abwegig beginnen, dann jedoch urplötzlich mit der erstbesten Knall-und-Fall-Pointe enden, und kleine komische Meisterwerke, die oft recht realistisch an- und irgendwann sehr witzig abheben.

Dröge – *so* endet die Humoreske aus dem Junggesellenleben ›Wie ich mir einen Knopf an die Hose nähte‹: »Am nächsten Morgen fand man mich nur mit Hemd und Unterhose bekleidet, auf dem Fußboden liegend, eingesponnen in vierzehntausend Meter verschiedenfarbigen Zwirn. Ich schlief auf mehr als hundert Nadeln« und so weiter, bis:

»Was sollte ich tun?

Ich kaufte mir eine neue Hose.«

Hašeks ausufernder Witz dagegen ist mit notwendig knappen Zitaten leider nur schwer zu belegen, eigentlich müßte ich jetzt die ganze Geschichte von ›Herrn Solivars Scheidung‹ nachdrucken, das aber … Na gut, versuchen wir's trotzdem. Herr Solivar ist ein Softie der ersten Stunde. Er macht nicht nur die ganze Hausarbeit, er tut sie auch gern: »»Die Frauen‹, sagte er, ›haben jahrhundertelang die Sklaverei ertragen, in die wir Männer sie brutal gestürzt haben … Ich vertrete also meine Frau gern und zahle mit diesen Diensten die alten Schulden der Männer ab. Und daß sie mich prügelt? Was haben die alten Germanen mit ihren Frauen gemacht? Sie haben Ruten für sie gehabt wie für Hunde. Und was machen die Muschiks in Rußland? Sie prügeln ihre Frauen, daß es eine Freude ist.‹ (Er lächelte siegesbewußt) …« – worauf dieser saubere Freund der Emanzipation denn auch ein böses Ende nimmt, was aber jeder Interessierte selber nachlesen mag, in ›Von Scheidungen etc.‹ Womit freilich nichts gegen ›Schule des Humors‹ gesagt werden soll, auch darin finden sich erstklassige Stücke, etwa ›Das Praktikantensterben bei der Firma Kobkan‹.

Das alles jedoch kann meinen Hauptverdacht und Grundärger nicht zerstreuen oder dämpfen: Da beide Sammlungen äußerst disparates Material enthalten, mißtraue ich äußerst entschieden der Kompetenz beider Herausgeber. Da etwa elfhundertfünfzig Kurzgeschichten Hašeks noch nicht ins Deutsche übertragen sind, vermute ich, daß in diesem Geröll noch jede Menge Goldstücke zu finden sind. Da ich als Goldsucher ausscheide – nix sprechen Tschechisch –, frage ich um so eindringlicher: Ist denn da niemand, welcher – jedoch: Den Rest kann ich mir schenken, den kann sich jeder denken. Nun denkt mal schön.

Ferdydurke

Alles, was sich gegen Witold Gombrowicz' Roman ›Ferdydurke‹, Hanser Verlag, sagen läßt, hat Witold Gombrowicz in seinem Roman ›Ferdydurke‹ gesagt (und glänzend widerlegt): »Der Schriftsteller, den ich meine, wird sich dem Schreiben nicht deswegen widmen, weil er sich als reif erachtet, sondern gerade, weil er seine Unreife kennt … Und wenn es ihm zustößt, ein ungeschicktes und unkluges Werk zu schreiben, wird er sagen: ›Ausgezeichnet! Ich habe dummes Zeug geschrieben, doch ich habe mit niemandem einen Kontrakt gemacht, lauter kluge und vollkommene Werke zu liefern.‹« Wie das in der Kunst so geht, hat Gombrowicz dank dieses Konzepts natürlich kein dummes oder fehlerhaftes, sondern ein sehr kluges und ziemlich vollkommenes Werk geliefert, keinen unreifen Roman, sondern den Roman der Unreife.

Ein janusköpfiger Begriff, diese Unreife! Einerseits muß sich Gombrowicz' Held, der dreißigjährige Schriftsteller Jozio, den ganzen Roman über dagegen wehren, von den anderen »verpopot«, das meint: auf den Popo reduziert und infantilisiert zu werden – das geht so weit, daß er zum Sechzehnjährigen erklärt und wieder in die Schule gesteckt wird –, andererseits schärft die ebenso erlittene wie insgeheim genossene Verunreifung beider Blick – den des Helden und den seines Autors – für all die nur notdürftig kaschierte oder gebändigte Unreife, die in all den vorgeblich reifen Menschen gärt und wabert und nur darauf lauert, sich in schrecklichen Exzessen ungehemmter Rückfälle zu entladen.

Dem Popo – dem, wozu uns die anderen machen (unter kräftiger Mithilfe von uns selber) – steht in der Körpergeographie und Hierarchie des Witold Gombrowicz die »Fresse« gegenüber, derjenige Körperteil, mit dem die anderen uns kleinzukriegen und kleinzuhalten suchen (und wir sie), der Körperteil aber auch, in den wir eine reinkriegen, wenn wir nicht parieren (bzw. den anderen eine reingeben, wenn die nicht spuren). Schließlich hat der Gombrowiczsche Mensch noch die »Wade«, die steht, geht und lockt für und in das weite Feld der Sexualität – und wenn sich nun ein Leser zu fragen beginnt, warum ich ihm das alles erzähle, dann muß ich ihm ganz fressenmäßig entgegnen – ich nämlich habe das Buch gelesen und er nicht –, daß ›Ferdydurke‹ trotz reifen Alters (Erstveröffentlichung 1938) so komisch wie am ersten Tag wirkt, nicht, weil der Verfasser nichts, sondern weil er alles ernst nimmt. Richtiger: Alles bedrängt ihn, Reife, Kultur, Etikette, Ideologien, gegen all das aber setzt er sich auch mit allen Mitteln zur Wehr, indem er aus der Not des Kleingemachten die Tugend des Kleinen macht, dessen, der ungestraft herausplärren darf. »Der Kaiser ist ja nackt!!«

Nur – und das macht die Größe dieses von unten her erzählten Buches aus – nur, daß der Erzähler keine vorgeblich naive Kunstfigur in der bewährt satirischen Nachfolge eines Simplicius Simplicissimus, eines Candide oder des Andersenschen Kindes ist, kein reiner Tor, der kraft seiner Unschuld die Tünche der Konventionen zu durchschauen vermag, sondern einer, der liebend gern reif, erwachsen und kultiviert wäre, ließe man ihn nur. Man läßt ihn aber nicht, und so läßt er alles raus, gegen alle und nicht zuletzt gegen alles, was auch ihm insgeheim heilig ist – erst dadurch wird ›Ferdydurke‹ zu jenem wundervollen Schlachtfest, das seit nunmehr fünfundvierzig Jahren in aller Welt immer neue Lesergenerationen begeistert.

Lieblingshallenhandballturnier

Turnier in Offenburg, Endstand: 1. Auswahl des Deutschen Handballbundes (vorwiegend Junioren) 6:0 Punkte, 2. Banik Karvina (CSSR) 4:2, 3. TuS Hofweier 2:4, 4. China 0:6.

Das stand am 2. 4. 1984 in der FAZ, und lustig daran finde ich, daß China es mal wieder nicht gepackt hat, dem traditionellen Angstgegner TuS Hofweier die begehrten Punkte abzujagen. Tja, meine Herren aus dem roten Riesenreich: Üben, üben, üben!

Zweimal Hildesheimer

Wolfgang Hildesheimers ›Lieblose Legenden‹, Erstveröffentlichung 1957, haben die Jahrzehnte einigermaßen frisch überstanden. Im Frühjahr 1983 legte der Suhrkamp

Verlag das Buch in einer erweiterten Fassung erneut auf, und das Wiederlesen machte mir immer wieder Freude. Als einer der ersten nutzt Hildesheimer da beispielsweise konsequent ein folgenreiches Verfahren zur Herstellung von Komik: Er nimmt Sprichwörter und Redewendungen wortwörtlich. In seiner dreizehn Seiten langen Geschichte ›Der Brei auf unserem Herd‹ läßt er viele Köche einen Brei verderben, genauer: Fünf Köche verschiedener Nation bemühen sich darum, doch erst der sechste und letzte Koch schafft es: »Ein Blick genügt: es ist soweit. Der Brei ist verdorben.«

In der Folgezeit freilich gab sich die Muse des Herrn Hildesheimer immer unverspielter: Mit Romanen, echten und erdachten Biographien wie ›Tynset‹, ›Mozart‹ und ›Marbot‹ reihte sich der Autor erfolgreich unter die Ernstmacher ein; nun aber, mit dem Büchlein ›Mitteilungen an Max‹, ebenfalls Suhrkamp Verlag, knüpft er wieder an seine Anfänge an, und das wortwörtlich: »Apropos Küchenväter«, schreibt er da an den Adressaten Max (ergänze: Frisch), »wie Du wahrscheinlich weißt, verderben viele Köche den Brei. *Wie* viele es sind, ist bisher statistisch noch nicht erfaßt, es werden soeben erst, von seiten der Weltgastronomie … Schritte zu einer genauen Zählung unternommen. Mich beunruhigt aber, daß es nicht *alle* Köche sind, die am Verderben des Breis mitarbeiten …« und so fortan, denn Hildesheimer kaut diesen Wortbrei auf anderthalb Seiten äußerst gemächlich durch, bis er schließlich bei jenem Brei anlangt, »den wir auszulöffeln haben«.

Nicht mehr so lustig, finde ich, und das nicht nur deshalb, weil Hildesheimer sich wiederholt, sondern vor allem aus Gründen komischer Ökonomie. Zu einer Geschichte aufgeblasen, funktionierte die Methode des Wortwörtlichnehmens, Quantität schlug da in Qualität um, erst die Penetranz des Vortrages gab dem Verfahren die komische Durchschlagskraft; so aber …: »Im Frühjahr höre ich das Gras wachsen. Mitunter klingt es ein wenig schrill, dann aber doch wieder so verlockend, daß ich hineinbeißen möchte, welcher Verlockung ich bisher widerstanden habe. Ja, lieber Max, ich habe, weiß Gott, lange genug das Weite gesucht, aber ohne jemandem nahetreten zu wollen …« möchte ich mich doch mit Hildesheimer in der Sache auseinandersetzen, was so einfach nicht ist, da ich mich ja nie mit ihm in der Sache zusammengesetzt habe und außerdem ständig die Gefahr besteht, daß Gras über sie wächst, über die Sache, versteht sich, obgleich es mehr als zweifelhaft ist, lieber Wolfgang, ob eine Sache sich verstehen kann, da wir bisher noch nicht davon unterrichtet sind, inwiefern es überhaupt in der Natur der Sache liegt, sich zu äußern – einmal dem Läuten der Max-Glocke gefolgt, könnte das Wortgeklingel noch stundenlang so weitergehen. Aber muß es das auch? Neunundfünfzig Seiten über *einen* Leisten gespannt – kann überhaupt ein Schuh daraus werden? Wenn ja – was für einer?

Einer der allerfeinsten Sorte, glaubt man den Kritiken, die ich zu Gesicht bekam. In der ›Zeit‹ berichtet Willy Hochkeppel, er habe das Buch »an sieben oder acht mir bekannte Personen geschickt, deren Reaktionen ich noch abwarten muß, da sie sich krankgelacht haben« – diese Bekannten möchte ich sehen, zumal es bei Licht betrachtet eigentlich gar nichts zu lachen gibt: »Gleichwohl ist der Tenor, den Hildesheimer … anschlägt, ein sanfter Bariton der Klage … nicht auf den Leim des Kalauers gehen … Tarnkappe, wenn nicht gar Narrenkappe … Das Bedrängende überwiegt …« – ein weitschweifiger Befund, den ein konziserer Herr, der Schweizer Germanist Peter von Matt, bereits im Anfangssatz seiner FAZ-Rezension unterbringt: »Wolfgang Hildesheimer hat ein ganz kleines Buch geschrieben, das sehr traurig ist und eines der lustigsten des Jahres.«

Kein Wort wahr, auch wenn von Matt Gründe für sein Urteil zu haben glaubt: »Der Grundvorgang ist einfach. Man gebraucht die Sprache konsequent, wo sie inkonsequent ist ... man nimmt sie beim Bild, wo sich der Bildcharakter längst in eine Floskel aufgelöst hat« – so weit, so richtig, aber nun: »Das produziert lauter falschen Sinn und insofern eben auch neuen« – ganz falsch. Da dieses Verfahren spätestens seit den ›Lieblosen Legenden‹ Schule gemacht hat, da es seit Jahren zum Rüstzeug eines jeden Cartoonisten (›Neues aus Kalau‹) und eines jeden Wochenendsatirebeilage-Aphoristikers gehört, da all diese Wort- und Bildspieler geradezu inflationär »schlechte« Witze produzieren – offenbar immer noch in der hochgemuten Gewißheit, durch das Unterlaufen von Erwartungshaltungen so etwas wie Kritik an überkommenen Komikklischees, ja Meta-Humor zu produzieren (dabei fühlen sich die Rezipienten beim Rezipieren der schlechten Witze sauwohl, doof wie sie sind) –, weil das alles so ist, ist es auch kein neuer Sinn, sondern ein ganz alter Hut, was von Matt über Hildesheimers Witz sagt: »Die Witze, die er macht, denunzieren sie dauernd als unzulänglich, als falsch und verfehlt wie alles andere – alles wohlverstanden, ohne Ausnahme.«

Wohl verstanden, jawohl: Daß Hildesheimer keine zulänglichen und richtigen Witze zu machen imstande ist, ist nicht ihm, sondern dem traurigen Zustand der Welt an sich anzulasten: »Es gibt keine richtigen Witze im falschen.« Eine Ausrede, die auch dadurch nicht triftiger wird, daß sich eine Vielzahl heutiger und hiesiger Witzemacher auf sie beruft. Zu allen Zeiten nämlich war es einfacher, schlechte Witze zu machen als gute; unserer Zeit freilich blieb es vorbehalten, den schlechten Witzemacher zum weisen Narren, melancholischen Durchblicker, zutiefst philosophischen Kopf und was weiß ich noch alles zu stilisieren, anstatt ihn energisch zu besseren Witzen anzuhalten.

Denn natürlich gibt es sie noch, die guten Witze – und natürlich auch die guten Kalauer –, Scherze also, die sich nicht wie gelähmt und folgenlos durch das Dickicht der Wortspiele hangeln, sondern mit drei straffen Sätzen zum Punkt kommen, etwa der hier, neulich gelesen, war es nicht in der ›Bäckerblume‹? –:

»Ich habe gehört, ihr fahrt dieses Jahr nicht nach Ceylon?«

»Nein, nein, nicht nach Ceylon sind wir letztes Jahr gefahren. Dieses Jahr fahren wir nicht nach Hawaii.«

Toller Preis

»Es ist wieder soweit«, schreibt mir Ernst Küchler, Leiter der Volkshochschule in Leverkusen, »die Vorbereitungen für unsere vierte Karikaturenausstellung ›Kontraste‹ haben begonnen.«

Schreibt er natürlich nicht nur mir, sondern vor allem den potentiellen Teilnehmern, und die sind Legion, nämlich: »Alle im In- und Ausland lebenden Karikaturisten.«

»›Kontraste‹, die vierte Ausstellung politischer Karikatur, findet vom 4. Mai bis 1. Juni 1984 im Leverkusener Kulturzentrum statt«, allerdings nicht ganz so, wie gehabt: »Wir haben aufgrund der Erfahrungen, die wir durch die bisherigen Ausstellungen gewonnen haben, einige Veränderungen vorgenommen, die – so hoffen wir – auch Ihren Interessen entgegenkommen ...«

Kommen sie das? Nun – ich bin zwar nicht vom Fach, eine der Veränderungen aber würde ich, wäre ich ein politischer Witzezeichner, als gelungenen kulturpolitischen Witz zu würdigen wissen: »Die bisherigen Geldpreise entfallen zugunsten von künstlerischen Preisen (keramischen Reliefs), die der in Krefeld tätige Kerami-

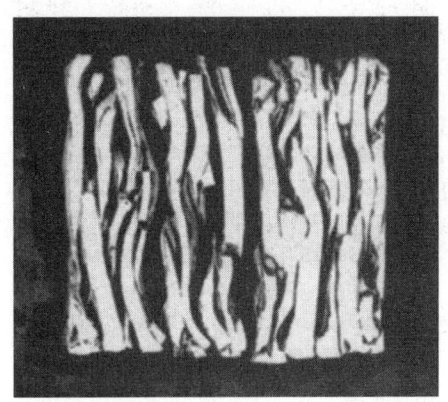

Entwurf: Prof. Dieter Crumbiegel.
Verwendungszweck: Preis für politische Karikatur.

ker Prof. Dieter Crumbiegel für die Preisträger entworfen hat.«

Ist das nicht wie zu Weihnachten? Wo man ja auch mit kleinen persönlichen Handarbeiten dem Vernehmen nach mehr Freude schenkt als mit großen, anonymen Scheinen? Und leiden nicht gerade die politischen Karikaturisten seit jeher darunter, daß sie zwar Geld wie Heu, aber so gar keine künstlerischen Keramik-Reliefs ihr eigen nennen? Sehr entgegenkommend von der Stadt Leverkusen also, zumal es sich bei dem Preis um einen ganz besonders prächtigen Staubfänger handelt: »Unglasiert auf Steinzeugplatte, mattbraune Ascheglasur, 34 × 34 cm.«

»Haben, haben!« werden nun sicher viele politische Karikaturisten angesichts dieser Mehlwürmer denken, denen so gar nichts Politisches oder gar Karikaturistisches anhaftet. Können sie haben. Voraussetzung sind allerdings die Teilnahme an dem Keramikwettbewerb und ein Quentchen Glück: »Die VHS zeichnet drei Einzelarbeiten aus.«

Na denn: Toi, toi, toi!

Zum Beispiel Brandlmeier

»Wer wissen will, worum es in diesem Buch geht, dem empfehle ich dringend die Lektüre dieses Buches. Ich darf allerdings soviel vorweg verraten: Wie die meisten Bücher über Komik ist auch dieses ganz und gar humorlos« – mit diesen Sätzen leitet Thomas Brandlmeier sein Fischer-Taschenbuch ›Filmkomiker‹ ein. Eine berechtigte Warnung, die mich freilich nicht von der Lektüre abschrecken konnte – ein lederner Text über Komik ist mir immer noch lieber als ein neckischer. Doch wenn es schon nichts zu lachen gibt, dann möchte ich wenigstens etwas lernen – was hat mich Brandlmeiers Buch gelehrt? Wenig, obwohl der Autor viel weiß. Oder sollte ich sagen: Weil er so viel weiß?

»Dieses Buch versteht sich als eine Charakterologie der großen Filmkomiker wie Chaplin, Keaton, Lloyd, Langdon, Fields, die Marx Brothers, Tati, Karl Valentin und Hans Moser« (Klappentext), doch erst mal setzt Brandlmeier viel früher an, referiert er die Geschichte von Zirkus, Music Hall und Vaudeville, von Vergnügungsstätten also, in denen Groteskkomik und Groteskkomiker das Laufen lernten, bevor es das Kino gab. Nicht nur sie. Auch der Gegenspieler all der Hanswurste und dummen Augusts treibt schon früh sein Unwesen, der weiße Clown, allerdings nur als Randfigur, während er heute das Feld des Komischen beherrscht. So jedenfalls sieht es Brandlmeier, und so definiert Fellini die beiden Clownstypen: »Der August ist das Kind, das unter sich kackt, er besäuft sich, rollt sich auf dem Boden... Der weiße Clown erschreckt die Kinder, weil er die Pflicht verkörpert.«

Brandlmeiers Herz nun schlägt ganz eindeutig für die Augusts, für »Körperkomik, physischen Exhibitionismus und Slapstick«, er bedauert »die Entwicklung weg vom

Grotesken, hin zum Charakterdarsteller« – er ficht also einen im Prinzip ehrenwerten Kampf für die, beispielsweise, Marx Brothers und gegen z. B. Woody Allen, doch er tut dies als gnadenloser Prinzipienreiter. Selten hat mich ein Buch über Komik derart traurig gestimmt: weil sein Autor mir ständig imponieren will. Mit dem, was er alles gesehen hat. Mit dem, was er alles gelesen hat. Mit dem, was ihm alles einfällt. Und weil ich mit alldem so wenig anfangen kann.

Brandlmeier über die ›Bathing Beauties‹, eine Frauenriege des Stummfilmproduzenten Mack Sennett: »Von den zahllosen Mädchen, die ihre Karriere in dieser Truppe begannen, seien genannt: Bebe Daniels, Sally Eilers, Cecil Evans, Louise Fazenda, Virginia Fox, Millie Golden ...« – folgen weitere dreizehn Namen, von denen ich, inklusive der sechs genannten, lediglich zwei kannte: Carole Lombard und Gloria Swanson. Ein Namendurchfall, der sich in Brandlmeiers Buch bei jeder sich bietenden Gelegenheit wiederholt.

Brandlmeier über den italienischen Filmkomiker Totò: »Es gibt da eine lange Tradition von Darstellern, Altavilla, Petito, Scarpetta um die Jahrhundertwende, Maldacea, Taranto, Tina Pica, Petrolini ...« folgen acht weitere Namen, unter denen ich freilich leider, leider die Topkomiker Vietato Fumare und Pericoloso Sporgersi vermissen mußte – im Ernst: Wer soll denn diese watschengleich um die Ohren geschlagenen Namen überprüfen? Wer will das überhaupt?

Brandlmeier über ›Goldrausch‹: »Wenn Charlie als Goldsucher dem Fetisch der Gesellschaft seine Huldigung bringt, landet er im schlimmsten Elend seiner Laufbahn« – das hast schön gesagt, sag's gleich noch mal mit schlichteren Worten –: »auf der Suche nach Reichtum und Wohlleben droht ihm der Tod durch Verhungern, Erfrieren, Aufgefressenwerden (in verblüffender Ähnlichkeit zu dem russischen Goldgräbermelo ›Nach dem Gesetz‹/1926)« – doll, nicht wahr? Oder kennen Sie dieses russische Goldgräbermelo? Ich auch nicht, glaube jedoch, daß in *allen* nördlichen Goldgräberfilmen so ziemlich die gleichen Gefahren drohen, eben Verhungern etc. (Während in *allen* Wüstenfilmen, komischen wie melodramatischen, verblüffenderweise eher verdurstet oder doch wenigstens Durst gelitten wird.)

Brandlmeier über Harold Lloyds Wolkenkratzerkletterfilm ›Safety Last‹: »Die Ähnlichkeiten in der Handhabung des suspense bei Lloyd und bei Hitchcock sind verblüffend. Es sei nur an die Kraxeleien in ›North by Northwest‹ und ›To Catch a Thief‹ erinnert ...« – mich verblüfft an solchen Hinweisen das ständige Verblüfftsein des Autors darüber, daß er immer wieder auf derart verblüffende Ähnlichkeiten zwischen Filmen stößt. Auf recht vordergründige Ähnlichkeiten, denn Hitchcocks suspense hat herzlich wenig mit Lloyds Komik – aber apropos Komik: Was weiß Brandlmeier denn darüber zu sagen?

Alles, was er zusammengelesen hat, und das ist eine Menge: »Michel Leins bezeichnet Astaire als Schaufensterpuppe. Bernhard Minetti meint, der Unterschied zwischen Chaplin und Keaton sei der zwischen einer lebendigen Puppe und einer Marionette. Henry Agel stellt dem ›Mimodrama‹ Chaplins die odysseische Ataraxie Keatons gegenüber« – Henry Who? Was ist bitteschön »Ataraxie«? (Unter uns: Unerschütterlichkeit.) Und warum tischt mir Brandlmeier diesen ganzen krausen Unfug auf? Um mich abzuhärten? Denn es kommt noch schlimmer: »Eine besondere Rolle spielen in Filmen mit Totò Großaufnahmen ... Jean-Louis Comolli und François Géré beschreiben eine Szene aus ›Totò le Moko‹ (1949) als Orgasmus des Gesichts ...« ach, tun sie das? Gibt es eigentlich kein Sittengesetz, das solche verbalen Ergüsse verbietet?

Brandlmeier kann mir viel erzählen, eines kann er ums Verrecken nicht: eine komische Filmszene halbwegs präzis und einigermaßen pointensicher nacherzählen. Brandlmeier über Keaton: »In ›The General‹ droht seine Lok zu entgleisen. Er starrt auf das abartige Objekt auf dem Schienenstrang, schließt plötzlich in einem ungeheuerlichen image choc die Augen, um sie sofort wieder zu öffnen und mit einer von der Unendlichkeit herrührenden Grazie den Balken vom Schienenstrang zu schnappen. ›Der Proteus, der in uns schlief, hat die Augen geöffnet‹ (Chirico).«

So – und jetzt vergessen wir mal ganz schnell den ganzen Image-choc-Chirico-Schmonzes, den Brandlmeier in Robert Benayouns Buster-Keaton-Buch gefunden hat, und gucken uns die Szene einmal an. Ja, das geht, da Richard J. Anobile ›The General‹ als Buch herausgegeben hat, in The Film Classics Library, durchgehend dokumentiert auf 2100 Fotos. Was gibt es da zu sehen? Kleiner Vorlauf: Der seine Lok lenkende Südstaatler Buster hat soeben eine gefahrvolle Situation überstanden. Erleichtert schließt er die Augen, als er sie wieder öffnet, sieht er, daß seine Gegner, die vorausfahrenden Nordstaatler, eine neue Gefahr heraufbeschwören: Sie werfen einen großen Balken auf die Schienen. Sogleich (von wegen »Augenschließen«) handelt Buster: Er läuft seiner Lokomotive voran (Bild 1), packt den schweren Balken (Bild 2, von wegen »schnappen«) und plumpst mit ihm auf die unerbittlich weiterfahrende Lok (Bild 3, von wegen »Grazie«) – so weit, so normal. Denn erst *dann* beginnt einer der intelligentesten und begeisterndsten – wenn auch nicht unbedingt graziösesten – Gags der Filmgeschichte: Bevor Buster sich seines Balkens entledigen kann – ich überspringe drei Bilder –, sieht er sich einer nun wirklich ausweglosen Situation gegenüber: Seine Gegner haben einen weiteren Balken auf den Schie-

① ② ③ ④ ⑤ ⑥

nenstrang geworfen. Was tun? Buster tut das einzig Mögliche und Richtige – doch darauf muß man so schnell erst mal kommen, und der Zuschauer ist der letzte, der darauf kommt, es geht aber auch alles sehr schnell: Buster nutzt die Hebelwirkung (Bild 4) und katapultiert den zweiten Balken mit Hilfe des ersten im allerletzten Moment vom Schienenstrang (Bild 5 und 6): Freie Bahn dem Tüchtigen!

Und ein ernstes Wort an die Brandlmeiers – denn ihrer sind viele unter denen, die da glauben, über Komik schreiben zu müssen: Was nützt es euch, wenn ihr alle komischen Filme der Welt gesehen und jedwede Literatur darüber gelesen habt und all das lediglich zum Anlaß nehmt, euch einschüchternd aufzuplustern? Wenn all die Lustleistungen der Komiker in euren Händen zu staubtrockenen Hirnwichsereien verkommen? Wenn ihr überhaupt nicht mehr hinschaut, da ihr sowieso schon alles besser wißt?

Bleibt auf dem Teppich, Kollegen. Erzählt uns nicht dauernd, warum wir etwas komisch finden sollen oder nicht mehr komisch finden dürfen, verratet uns erst einmal furchtlos, worüber ihr eigentlich noch lachen könnt oder müßt. Eine Theorie dafür wird sich dann immer noch finden. Und wenn ihr schon unbedingt ein humorloses Buch schreiben wollt: Muß es ausgerechnet eins über Komik sein?

Kanzler-Kohl-Witze

In der Zeitschrift ›Sonntag aktuell‹ äußert sich der Koblenzer Psychologie-Professor Manfred Koch zur Welle der »Kohl-Witze«: »Kohl hat gut lachen, denn die Witze wirken sich für ihn ausgesprochen positiv aus.«

Der Professor, laut Zeitschrift »ein Experte für politische Witze und ihre Deutung«, zum Thema der Witze: »Sie kreisen darum, daß Kohl weltmännischer Schliff und intellektuelles Gehabe fehlen und daß er die englische Sprache nicht beherrscht.« Das aber mache Kohl dem Normalbürger sympathisch, der nämlich möge Intelligenzbestien nicht und sehe im Kanzler einen bauernschlauen Menschen wie du und ich – aber stimmt das alles überhaupt? Über Dich, lieber Leser, vermag ich nur Vermutungen anzustellen, mir jedenfalls kommt es so vor, als ob in den Kohl-Witzen nicht Bauernschlauheit, sondern Kleinbürgerdummheit thematisiert werde und die Witzerfinder deshalb so unermüdlich am Erfinden neuer und Umdeuten alter Witze seien, weil die Zuhörer zu gern über jemanden lachen, der noch doofer ist als sie.

Denn das ist Kohl – zumindest in den Kohl-Witzen, die ich so höre –: abgrundtief doof. Da muß ich natürlich mitlachen, zumal auf einmal wieder Witzmuster fröhliche Urständ feiern, die ich für längst erledigt gehalten hatte, so richtig schön verschnarchte Archetypen des unqualifizierten politischen Witzes, die in den 40er Jahren so begannen: »Hitler, Himmler und Göring fahren über Land, als der Wagen auf einmal eine Panne hat …« und die in den 50ern gerne so anhuben: »Adenauer, Eisenhower und Stalin stehen vor einem Stinktierkäfig …«, die aber jetzt, in den 80ern, um eine mir bisher unbekannte Variante bereichert worden sind, ich meine die Hinrichtungswitze. Zwei davon sind mir zu Ohren gekommen, ich möchte sie – nicht ohne Hintergedanken – nacherzählen. Von dem Hintergedanken weiter unten mehr, hier sind erst mal die Witze.

Erster Hinrichtungswitz: »Kohl und Strauß sollen hingerichtet werden, beide haben die Wahl zwischen dem elektrischen Stuhl und dem Strang. Strauß wählt den elektrischen Stuhl, der streikt, die Richter befinden: Gottesurteil! und lassen Strauß laufen.

Als er hinausgeführt wird, flüstert er dem hereinkommenden Kohl zu: ›Der elektrische Stuhl ist defekt!‹ Sodann darf auch Kohl seine Todesart wählen, worauf er zur Antwort gibt: ›Natürlich den Strang, der elektrische Stuhl ist ja defekt!‹«

Zweiter Hinrichtungswitz: »Genscher, Strauß und Kohl sollen erschossen werden. Jedem wird gestattet, vor der Hinrichtung ein letztes Wort zu sagen. Als Genscher die Gewehre auf sich gerichtet sieht, schreit er ›Erdbeben!‹, verwirrt läßt das Kommando die Gewehre sinken, Genscher nutzt die Verwirrung, um zu fliehen.

Sodann wird Strauß, der wie Kohl dem Vorgang beigewohnt hat, vor die Wand gestellt. Sein letztes Wort lautet ›Sintflut!‹, worauf die Schützen wiederum konsterniert die Gewehre sinken lassen und auch Strauß die Gelegenheit zur Flucht nutzt.

Schließlich ist Kohl dran. Er hat sich die Tricks seiner Vorgänger gut gemerkt, und als das Erschießungskommando seine Gewehre auf ihn richtet, da hat auch er ein letztes Wort bereit, er schreit: ›Feuer!‹«

So weit die Witze, und hier der Hintergedanke: Aller guten Dinge sind doch eigentlich drei – gibt es noch einen dritten Hinrichtungswitz? Wenn ja – wie lautet er? Wenn nein – wer erfindet ihn? Er muß sich natürlich um Kohl drehen und wird, sofern er das Niveau seiner Vorgänger erreicht oder gar unterbietet, fürstlich belohnt werden. Von wem? Von mir. Womit? Das verrate ich noch nicht, es fängt jedoch mit B an und hat etwas mit lesen zu tun. Vorschläge bitte an Hans Mentz, Stichwort »Dritter Witz«.

Deix de luxe

Der Wiener Manfred Deix – ich sagte es bereits vor Jahren, doch in diesem Falle wiederhole ich mich gerne – Manfred Deix also macht seit Jahren wunderschöne Cartoons, die – ebenfalls seit Jahren – einen offensichtlich unausrottbaren Fehler haben: Sie erscheinen – fast – allesamt in österreichischen Blättern und beziehen sich daher häufig auf österreichische Zustände. Das konnte mein Vergnügen an dem Prachtband ›Cartoons de luxe‹, Verlag Orac, allerdings kaum mindern. Denn 1. behandelt Deix durchaus auch Themen der internationalen – wenn auch kaum deutschen – Politik; auch ist 2. der laufende österreichische Schwachsinn dem bundesdeutschen häufig zum Verwechseln ähnlich; und 3. schau ich mir selbst diejenigen Blätter von Deix noch gerne an, bei denen ich trotz der hilfreichen Erläuterungen, die manchen Arbeiten beigefügt worden sind, gar nichts mehr begreife.

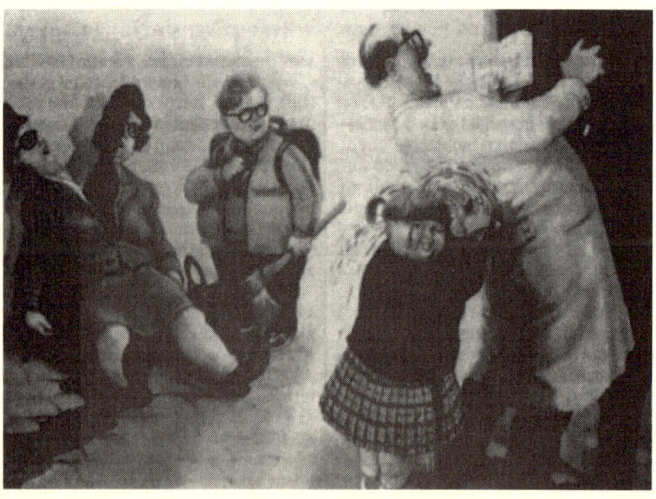

Gut getroffen, Herr Deix!

Voll erwischt, Herr Breschnew!

In solchen Fällen habe ich bei Deix zwar wenig zu lachen, aber doch viel zu bewundern – wie er das macht! – und viel zu bedenken – wie man sich irren kann! Denn Deix rüttelt empfindlich an einer meiner Lieblingsüberzeugungen, der nämlich, daß komische Grafik nicht allzu opulent auftreten sollte: Je ausgeführter ein Blatt, desto geringer die sich ohne Umschweife vermittelnde komische Kraft des Inhalts und seiner Formulierungen.

Stimmt aber nicht – jedenfalls nicht bei Deix. Der tuscht nicht etwa schlicht farbige Cartoons, sprich: kolorierte Federzeichnungen, der malt richtige Bilder. Und die füllt er meist nicht nur mit zahlreichen Details, sie sind auch häufig erfüllt von Licht, Stimmung und Atmosphäre – alles Ingredienzien, die von Rechts wegen zwar die ästhetische Freude steigern, jedoch nicht unbedingt der Lachlust Vorschub leisten.

Daß Deix' Blätter trotzdem als komische Cartoons funktionieren, liegt an zwei Fähigkeiten dieses Zeichners, die selten in einem einzigen Menschen zusammenkommen: an seiner guten Technik und an seinem schlechten Geschmack. Sagen wir lieber: an seiner mitreißenden Geschmacklosigkeit. Seine Inhalte und Karikaturen nämlich machen vor gar nichts halt: nicht vor Mord, Totschlag, Perversion, Gebrechen und schon gar nicht vor der Würde des Menschen, angefangen vom Papst über die Politiker, die Frauen, die Männer bis hinunter zum Kleinkind. Alles schrecklich komische Monster, wobei der Betrachter freilich stets auf der Hut sein muß: Nicht immer ist es Deix, der seine Mitmenschen derart monsterhaft sieht. Häufig greift er gängige Vorurteile auf, speziell die der Medien, und führt sie durch Übertreibung ad absurdum. Die Jugend ist kriminell? Klar ist sie das, und wie! Und schon tuscht Deix ein Blatt, auf welchem die Mordlust nur so aus allen Görenaugen funkelt und das Blut nur so aus allen Erwachsenenleibern spritzt.

Diese häufig undelikaten Vorgänge nun führt Deix in einer äußerst delikaten – das meint auch: schwierigen – Technik aus. Er aquarelliert, das heißt: Er arbeitet sehr flüssig und risikofreudig. Da er keine deckenden Farben benutzt, darf er sich keine Fehler erlauben. Meist unterlaufen ihm auch keine; das Ergebnis aber sind Cartoons, die bei aller Bildhaftigkeit häufig noch etwas von der Frische schlichterer Techniken haben, von der lavierten Feder- oder Kreidezeichnung etwa.

Deix hat gemeinsam mit Helnwein studiert, zusammen erprobten sie die Möglichkeiten des Aquarells. Sie sind zu sehr verschiedenen Ergebnissen gekommen, wobei ich die von Deix überraschender finde: Da ist nichts von jener traditionell wienerischen Morbidezza zu spüren, nichts von jenem kalkulierten, auf Silbertablett gereichten – und trotzdem rasch wohlfeilen – Schock-as-schock-can –, dafür ist Deix denn doch zu komisch und zu kräftig.

Als ich vor Jahren das erste Mal auf Deix zu sprechen kam, meinte ich, daß es doch schön wäre, wenn
diese österreichische Kraft auch die bundesdeutsche Satire stärken würde, natürlich in ›Titanic‹.

Das ist mittlerweile geschehen, jedoch nur zweimal,
mit zwei nicht unbedingt Deix-typischen Blättern. Ein
wenig wenig, meine Herren Redakteure! So gut wie gar
nichts, Herr Deix! Mehr wäre mehr. Ich warte.

Comics von Bunk

Von nichts kommt nichts – da ist es schon ein kleines
Wunder, daß es hin und wieder brauchbare deutsche Comics gibt. Wer hierzulande längere Strips veröffentlichen
will, hat es schwer. Etablierte Zeitschriften und Verlage
fallen aus – aus Gründen, die ein Kapitel für sich wären,
also lassen wir das. Nichtetablierte Periodika wie ›Mark
und Bein‹ oder ›Hinz und Kunz‹ dagegen erreichen
meist nur wenige Leser und ein begrenztes Alter; aus
Gründen, die mit mangelnder Professionalität in Ver-
triebsfragen zu tun haben, aber auch mit dem Anspruch,
keinerlei Konzessionen an den herrschenden Geschmack
und die angeblichen Gesetze des Marktes zu machen.
Ähnliches gilt für nichtetablierte Verlage, obwohl es da
Ausnahmen gibt, etwa den Semmel Verlach, Kiel, von
dem noch die Rede sein wird.

Wer als Comic-Zeichner unter solchen Bedingungen
veröffentlichen will, muß jede sich bietende Gelegenheit
nutzen; Tomas M. Bunk – und um den geht es hier – hat
dies getan. 1980 brachte er ›Ramba-Zamba-Komiks‹ in
der U-Comix-Reihe des Volksverlages heraus, er belie-
ferte die Zeitschriften ›Hinz und Kunz‹ und ›Zomix‹,
er machte bei drei Sammelbänden des Semmel Verlachs

Bunk früher (in einer Flash-Gordon-Parodie): nicht so überraschend.

mit, ist in dem Gruppenwerk ›Irrwitz Comic‹ des Weismann Verlags, München, vertreten und veröffentlichte in
diesem Jahr zwei Solo-Bände: ›Tod im Nacken‹, Volks-
verlag, und ›Dose Comics‹, Semmel Verlach.

1980 bekam ich seine ›Ramba-Zamba-Komiks‹ in die
Hände – die waren nicht ganz mein Fall. Das Viel-viel
der Seiten kippte da häufig in ein Wirr-wirr um, vor allem aber vermißte ich die – der Ton macht die Musik –
persönliche Note. Wenn schon, denn schon, dachte ich
damals: Wenn ein solches Buch schon nicht dem Geschmack der Massen gefallen will, dann sollte es auch
so privat wie möglich sein. Das aber waren die Ramba-
Zamba-Komiks so gut wie gar nicht. Statt dessen gab es
da Comic-Parodien im Uralt-Mad-Stil, Underground-
Comix mit einer kräftigen Hausmacher-Crumb-Ein-
waage und Einzelblätter mit zahllosen Anspielungen

auf Werke der Hochkunst – eine pralle, aber wenig originelle Mischung.

In den letzten vier Jahren jedoch hat Bunk nicht nur eine Menge dazugelernt, sondern sich auch viel genauer umgeschaut. Nicht in anderen Comics, sondern in seiner unmittelbaren Umgebung. Das wiederum ist seinen ›Dose Comics‹ sehr zugute gekommen: Sie spielen nicht mehr in geborgten Szenerien, sondern in Berlin; in einem Berlin freilich, wie man es so exotisch, so ätzend und geil auf Fotos nie zu sehen bekommt. Da heißt die U-Bahn zum Türken-Viertel Kreuzberg nicht nur »Orient-Express«, sie landet auch im tiefsten Orient; und ebenso fließend sind die Grenzen zwischen Bahnhof Zoo, Schwarzafrika und dem

Bunk heute (in ›Ein Punk sucht Stunk‹): Überraschend gut.

KaDeWe. Am liebsten allerdings ist mir die Episode ›Ein Punk macht Stunk‹, in welcher der Punk aus einem sehr realistisch gezeichneten, sehr heruntergekommenen Kreuzberg den Ku'damm auseinandernimmt. Einen ebenfalls sehr realistischen Ku'damm, nur daß man auch ihn so noch nicht gesehen hat, so machtvoll zertrümmert und so liebevoll aufs Papier gebracht. Bunks Freude an Detailreichtum und sauber ausgeführter Zeichnung teilt sich auf solchen Blättern naht- und zwanglos dem Betrachter mit. »Genauso isses!« freut sich der Laie, der Fachmann aber kann sich zusätzlich noch darüber wundern, wie effektiv Bunk mittlerweile die grafischen Mittel nutzt. Er macht zwar immer noch viele Striche, doch die teilen nun alle etwas mit, will sagen: Die schöne Grafik ist kein Selbstzweck, sondern trägt dazu bei, der sauber erzählten Geschichte zusätzliche Stimmung und Glaubwürdigkeit zu verleihen – sehr schön.

Die ›Dose Comics‹ waren das letzte, was ich von Bunk sah; das letzte, was ich von ihm hörte, war, daß er für längere Zeit nach New York verzogen sei. Hm … Gerade jetzt, wo er Berlin so schön im Griff hat … Und wir doch gerade hier viel zuwenig Comic-Zeichner haben, die uns unsere Umwelt zur Kenntlichkeit entstellen … Doch vielleicht legt Bunk in der großen Stadt New York noch einen Zahn zu, der dann auch uns Daheimgebliebenen wieder zugute kommt … Wir werden's ja sehen.

Mein Wunschzettel

Weihnachten steht vor der Tür und so mancher von uns vor der Frage: Alle meine Lieben wollen mir etwas schenken – aber was um Himmels willen soll ich mir von ihnen wünschen?

Kleine Hilfestellung gefällig? gut. Dann wünsche ich mir mal, was Sie sich wünschen sollten.

Von Onkel Dagobert, dem, der nie rausgeben kann, weil er immer nur große Scheine bei sich trägt, wünschen Sie sich ein großes Buch, den Roman ›Der Gaulschreck im Rosennetz‹ von Fritz von Herzmanovsky-Orlando.

Nein, nein, nicht die durch Friedrich Torberg etwas entstellte Taschenbuchausgabe bei dtv, sondern den Band 1 der Herzmanovsky-Orlando-Gesamtausgabe im Residenz Verlag. Nicht ganz billig, dafür komplett: Für DM 42,– gibt es nicht nur die langerwartete authentische Fassung dieses Hauptwerks neuerer österreichischer Hochkomik, sondern auch achtzig Seiten sehr nützlicher Anmerkungen über Entstehung und Rezeption des 1928 erstmals veröffentlichten Buches. Sechs Jahre später waren ganze 228 Exemplare verkauft, bis zum Tode FHOs im Jahre 1954 kam es zu keiner Neuauflage – heute ist die »Wiener Schnurre aus dem modernen Barock« (Untertitel) ein strahlender Beweis dafür, daß sprachmächtige und situationskräftige Komik offensichtlich nicht totzukriegen ist. Lasse sich keiner – wie ich einstmals, als es nur die Torberg-Fassung zu kaufen gab – vom barocken Namen des Autors und dem schnurrigen Titel des Buches abschrecken: Der ›Gaulschreck‹ ist eines jener wenigen Bücher, die man gelesen haben muß, wenn man sie kennen will.

Ihr Onkel Dagobert weiß, was er zu kaufen hat, ihre drei weniger betuchten Neffen Tick, Trick und Track schicken Sie zu Zweitausendeins mit folgender Wunschliste:

Tick schenkt Ihnen das ›Robert Crumb Sketchbook 1978–83‹. Die Bände 66–67 und 74–78 haben Sie ja bereits, da werden Sie auch am Anschlußprachtband Ihre helle Freude haben: Crumbs Drang, wirklich alles zu zeichnen, was ihm durch den Kopf geht und über den Weg läuft, ist nach wie vor ungebrochen, seine Ausdrucksmittel und Stilmaskeraden waren noch nie so reich und weitreichend, der Übersetzer Harry Rowohlt leistet gewohnt gute Arbeit, die Ausstattung ist wie gewöhnlich opulent – Tick, übernehmen Sie!

Trick macht es Tick nach – auch er greift zu einem Buch, das es lediglich in amerikanisch und nur bei Zweitausendeins gibt, ebenfalls mit einem Beiheft, das wiederum Harry Rowohlts Übersetzungen enthält – er kauft für Sie: ›The Impending Gleam‹, ›Der unheilschwangere Hoffnungsschimmer‹, von Glen Baxter.

Glen Baxter? Auch ich wußte bisher nichts über den Verfasser und Zeichner des Bilderbuches, jetzt kenne ich ihn ein wenig. Sein Buch enthält Illustrationen zu vier anderen Büchern, aber auch nur die Illustrationen – der vollständige Text all der Bücher ist lediglich zu erahnen. Worum es gehen könnte, verraten nicht so sehr die eingeschalteten Buchtitel (etwa ›Weit im Westen‹) als vielmehr die Textzeilen unter den Zeichnungen, die alle kunstvoll im ungekonnten Stil von Jugendbuchillustrationen lang vergangener Jahrzehnte gehalten sind, Textprobe: »Er nahm sie in die Arme und drückte ihr sanft den Spitzbart« – und die Zeichnung zeigt jemanden, der einer Frau sanft den Spitzbart drückt. Von ferne grüßen Gorey und Kliban, doch Baxter ist, wenn nicht besser, so doch anders.

Von Track schließlich wünschen Sie sich Roland Topors ›Die Wahrheit über Max Lampin‹. Über viele Seiten wird da ein gewisser Max Lampin in Bild und Wort beleidigt – über wie viele Seiten? Weiß ich nicht, da die Seiten unnumeriert sind, doch es sind sehr viele: Mit »Max Lampin ist ein Stück Dreck« geht es los, bei »Max Lampin trinkt Pisse und läßt sich von Bullen einen blasen« (Buchmitte) wollte ich eigentlich aufhören, doch dann erst wurde es so richtig schön säuisch, und beim wiederholten »Ver-

HE TOOK HER IN HIS ARMS AND
GENTLY SQUEEZED HER GOATEE

recke, Max Lampin!« (Buchschluß) war ich ganz auf Topors Seite. Was für ein Arschloch, dieser Max Lampin,
wie recht sein Beschimpfer doch hat: »Wenn man wie ich
alt, arm, krank, erniedrigt und beleidigt ist, hat man nicht
mehr den Hochmut und die Lust, sich seine Feinde aus-
zusuchen. Der erste beste genügt« (Nachwort).

Nach all diesen Bilderbüchern wünschen Sie sich von
Vetter Gustav Gans ein Buch voller Texte. Es kommt aus
dem Verlag Friedl Brehm, ist von Joseph Berlinger und
heißt hübsch und hochgestochen ›F. C. Delius gegen
H. C. Artmann‹. Wer das versteht und mag, der sollte
den elend kabarettistischen Untertitel »Verbal(l)hornun-
gen« getrost überlesen, denn im Buch entfaltet Berlinger
einen erfrischenden Parodien- und Travestienzauber, der
Kurt Bartschs hochgelobte ›Hölderlinie‹ ziemlich alt aussehen läßt. Viele der bekannten und mit Vorliebe parodierten Dichter fehlen, dafür nimmt sich Berlinger gern
entlegener Dicht- und Sprechweisen an, der Fernsehkriti-

ken von Walter »Momos« Jens etwa oder der konkreten Poeten. Gekürzte Kostprobe:

»Gelegenheitsgedicht Nr. 1000 aus Kreuzberg:
wie heißt du
heissen bütel
wie heißt du
ich heissen bütel«

und so dreimal weiter bis hin zu:

»ihr heißt wohl alle bütel hier
heissen alle bütel herr«

Von Freundin Daisy schließlich wünschen Sie sich etwas spezifisch Frauliches fürs ganze Jahr, den ›emma Poster-Kalender 1985‹ von Franziska Becker. Zwölf schöne, große Blätter, zur Hälfte farbig, die allesamt belegen, was frau/man schon immer geahnt hat: daß Franziska Becker gottlob nicht »die deutsche Bretécher« ist – auch wenn es die ›emma Frauen-Verlags GmbH‹ dem ›Spiegel‹ nach-plappert –, sondern die deutsche Becker, eine mittlerweile ganz und gar unverwechselbare komische Zeichnerin, die erst im großen Format so richtig zeigen kann, was sie kann.

So – die Verwandtschaft ist bedient – noch jemand ohne Geschenk bitte? Ach ja – der unermüdliche Erfin-der Daniel Düsentrieb. Und der schenkt unserem Weih-nachtskind das Buch eines ebenso erfinderischen Na-mensvetters: Daniil Charms ›Fälle‹, Haffmans Verlag, »die erste Charms-Auswahl, die diesen Namen verdient« (Klappentext).

Warum gerade Charms und weshalb der Klappentext ausgerechnet diesmal nicht lügt – all das werde ich ein andermal erklären; zum Abschluß meiner Wunschliste möchte ich Herrn Charms, Russe, 1905–1942, dem »Großmeister der kleinen Form, der absurden Komik, der schwarzen Pointe« (Klappentext, immer noch nicht gelogen, wenn auch reichlich allgemein) das Wort erteilen:

»Im Schriftstellerverband halten mich alle aus irgendeinem Grund für einen Engel. Hört zu, Freunde! Diese Verehrung für mich geht wirklich zu weit. Ich bin einer wie ihr alle, nur besser.«

Ist er, ist er. Warum, das werde ich Euch allen nach Weihnachten verraten. Nun kauft erst mal schön. Und immer schön das, was ich mir für Euch gewünscht habe.

Anruf genügt nicht

›Deutsche Gespräche‹ nennt Horst Tomayer seine Rollentelefonate, die er laufend in der Zeitschrift ›konkret‹ veröffentlicht, jetzt hat sie der Konkret Literatur Verlag gebündelt und kartoniert als ›Tomayers Deutsche Gespräche‹ in die Buchhandlungen gebracht – bringt es diese Sammlung? Nein und Jein.

Nein – weil das Büchlein außerordentlich lieblos zusammengestoppelt worden ist. Stets fehlt der Hinweis darauf, wann das jeweilige Gespräch geführt wurde, häufig mußte ich beim Lesen längere Zeit rätseln, mit wem der listenreiche Tomayer da eigentlich sprach.

Als »Hartmann, Bürgermeister von Mutlangen« ruft er einen Herrn Handlos an. Handlos ... Wieso eigentlich Handlos? Bis mir auf der zweiten Seite des zwei Seiten langen Gesprächs endlich dämmerte, daß da ja vor Jahr und Tag ein gewisser Handlos wegen der Strauß-Kredite für die DDR aus der CSU ausgetreten war, um seine eigene Partei aufzumachen.

Als »Herr Briesanz« spricht Tomayer mit Herrn Dr. Wittmann, einem, wie ich dem Gespräch entnehme, Opfer des »Münsinger Unglücks«. Münsinger Unglück? Wer verunglückte da eigentlich wann und weshalb? Diejenigen Leser, die das heute immer noch wissen, bekommen einen Punkt für gußeisernes Gedächtnis, der Rest wird, vermute ich, mit mir darin einiggehen, daß die Vorgeschichte solcher Telefonate in einem kleinen Vorspann erst einmal hätte erklärt werden müssen. So viel zum »Nein«.

Jein – da muß ich weiter ausholen. Wie die Rollenreportage ist auch das Rollentelefonat ein recht heikles Mittel der Wahrheitsfindung, dient es doch dem hohen Zweck mit niederen Methoden, mit Verstellung, Täuschung, List und Lüge. Ob diese Mittel, wenn auch nicht rechtens, so doch zu Recht eingesetzt worden sind, kann nur das Ergebnis lehren: Wallraffs Lüge, der zu allem bereite Journalist Esser zu sein, wurde dadurch gerechtfertigt, daß er nur auf diese Weise in das Lügenzentrum der ›Bild‹-Zeitung vorstoßen und mit authentischem Material zurückkehren konnte. Doch was deckt Tomayer auf?

Er wird mir entgegnen können, daß es ihm häufig gar nicht um wuchtige Wahrheiten, vielmehr um schieren Spaß gegangen sei. Stimmt, doch gerade in solchen Fällen wird die Methode leider ziemlich schnell ziemlich blöde. So, wenn Tomayer einen Namensvetter des Geradenoch-Kanzlers Helmut Schmidt anruft, dessen Frau an die Strippe bekommt und die fortwährend fragt, wann denn der Gatte zurücktrete, worauf die Frau ständig versichert, der Anrufer müsse sich irren, ihr Mann betreibe ein Abbruchunternehmen. Ja und?

Wenig erhellend, jedoch bedenkenswerter, scheint mir auch das folgende Gespräch Tomayers zu sein. Als »Schreckenberger vom Bundeskanzleramt« meldet er sich beim Bestseller-Autor Konsalik: »Hätten Sie Lust, für Herrn Dr. Kohl Reden zu schreiben?«

Konsalik hat Lust, zumal ihn der vermeintliche Staatssekretär mit einer Generation ködert, die »unterm Regiment der Sozialliberalen« ein »bißl vernachlässigt worden ist«, die »Kriegsteilnehmer, die Stalingradgeneration« – doch was lehrt uns all das? Daß Konsalik ein böser Finger ist, beweist ein beliebiger Blick in irgendeines seiner hundert Bücher; daß er zudem noch gutgläubig zu sein scheint, spricht eher für ihn. Irgendeine Einsicht hätte das ganze Gespräch nur dann vermitteln können, wenn es mit umgekehrten Vorzeichen geführt worden wäre: Der vermeintliche Konsalik ruft den echten Staatssekretär im Bundeskanzleramt an und offeriert ihm Ghostwriter-Dienste für Kohl. Und der steigt ein, verbindet gar mit dem Kanzler, und der – ja, ja, ich weiß! Die ganz hohen Tiere sind leider ein scheues Wild, die bekommt man so gut wie nie vors Telefon – auch Tomayer muß sich daher meist mit Kroppzeug zufriedengeben, oft sind es überhaupt nur kreuzdumme Haustiere, die trotz allen kunstvollen Melkens lediglich die erwartete braune, trübe oder schwarze Brühe absondern: Der Ex-Waffen-SS-Mann, Waffen-SS-Apologet und BR-Fernsehschaffende Schönhuber entpuppt sich im Gespräch als überzeugter Waffen-SSler. Oder der katholische Pfarrer Goldmann, der in Anzeigen die Abtreibung als »Baby-Holocaust« bezeichnet hatte, wiederholt all das aufs laufende Band – wen wundert's?

So sehr ich auch suchte – der Erkenntniswert der ›Deutschen Gespräche‹ blieb bescheiden, und auch vitalere niedere Instinkte wie die Schadenfreude kamen selten auf ihre Kosten. Die meisten der prominenteren Angerufenen – der Chef des Beamtenbundes Alfred Krause etwa oder Ernst Jünger oder Joachim Fuchsberger – waren denn doch zu vorsichtig und gewitzt, um so richtig und herzwärmend auf die Schnauze zu fallen.

Bleibt der Unterhaltungswert einiger Telefonate. Daß Präsident Hoffmann vom Fußballclub Bayern München (BRD) nichts gegen Trikotwerbung für die Leipziger

Messe (DDR) einzuwenden hätte – lustig. Daß die Produktionsgenossenschaft des Handwerks Schmiede und Stahlbau in Leipzig das zu tun bereit ist, was DDR-Friedensfreunde nicht via Button verkünden dürfen, nämlich »Schwerter zu Pflugscharen« umzuschmieden – kurios. Daß all das dem »mäeutischen Prinzip des Sokrates«, der Hebammenmethode der Wahrheitsfindung, verpflichtet sei, wie uns Dieter Hildebrandt im Vorwort weismachen will – ach was.

Es muß in allem, was ein lebhaft erschütterndes Lachen erregen soll, etwas Widersinniges sein. Woran der Verstand an sich kein Wohlgefallen finden sollte.

IMMANUEL KANT

Auf die Länge kann Humor ziemlich unerträglich werden.

VLADIMIR NABOKOV

»Witz ist das Niesen des Gehirns.« Und ein immer witziger Mensch etwas so Unausstehliches und Unappetitliches wie ein Kerl, der einen chronischen Schnupfen hat, aber kein Taschentuch.

ALFRED POLGAR

Durch Einsicht und Erkenntnis bin ich dahin gelangt, alle satirische Kunst als Afterkunst anzusehen.

GEORGE GROSZ

Ich finde, wenn ein Mensch lacht, wird es in der Mehrzahl der Fälle widerlich, ihn anzusehen. Am häufigsten äußert sich im Lachen der Menschen etwas Gemeines, etwas, was den Lachenden erniedrigt, wenn auch der Betreffende von dem Eindruck, den er auf andere macht, selbst fast nie weiß.

ARKADIJ MAKAROWITSCH DOLGORUKIJ
in Dostojewskis ›Der Jüngling‹

Funny is money. JACK ROLLINS

Witzig

Das Elend deutscher Komik zeigte sich mal wieder in ganzer Größe, als der deutsche Komiker Didi Hallervorden im Rahmen einer FDP-Veranstaltung die Worte aussprach: »Ich habe Sorgen, daß mir Helmut Kohl den Rang als erster Komiker der Nation streitig macht.«

Denn weder hat Didi diese Sorgen, noch ist er erster Komiker der Nation. Trotzdem finden sich immer noch deutsche Medien, die solche offenkundigen Lügen als gelungenen Witz kolportieren, in diesem Fall war es das FAZ-Magazin.

Ein, zwei Überlegungen zum Thema »Fotosatire«

›Kurios und gnadenlos‹ heißt das Buch, »Fotosatire heute« ist sein Thema, erschienen ist es bei Frölich & Kaufmann, herausgegeben haben es Ernst Volland sowie vier weitere Mitarbeiter – was ist das: Fotosatire?

Daß man mit Fotos Satiren machen kann – klar. Man kann sie collagieren, neu betexten, mit Spruchblasen versehen, zu Fotoromanen dreisten Inhalts zusammenstellen – all das braucht gerade dem ›Titanic‹-Leser nicht erklärt zu werden. All das zu belegen lag aber auch gar nicht in der Absicht der Herausgeber. Sie suchten vorzugsweise nach Fotos, deren satirische Botschaft sich dem Betrachter ohne graphische oder verbale Zutaten erschließt: Nicht einmal erklärende Unterzeilen waren zugelassen. Ein begrüßenswerter Rigorismus, zeigt er doch,

Satirisch (Foto Krämer)

Auch satirisch (Foto Hahn)

Kurios (Foto Werek)

Inszeniert? (Foto A. De Andrade)

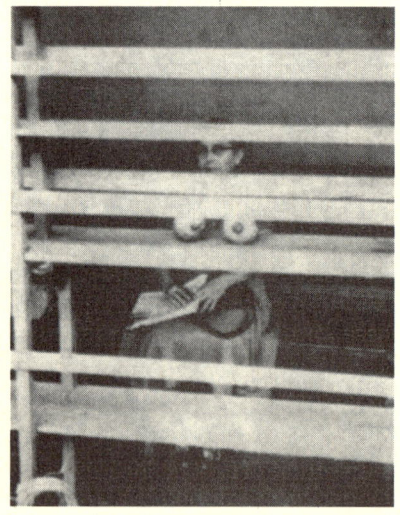

Gnadenlos konstruiert (Foto Erwitt)

was die pure Fotosatire alles kann, nämlich herzlich wenig. Richtiger: In dem Buch fand ich nur wenige satirische Fotos, Bilder also, die die Macht der Mächtigen entzaubern, oder solche, die die Sprüche der Sprücheklopfer entlarven. »Helmut Kohl mit Gattin 1983 bei Kaiser Hirohito« ist so ein Foto (1), und auch der Slogan der Bausparkasse steht in einem schön unangestrengten Gegensatz zu den Taten dieser Absahner (2). Denn das macht die Wirkung solcher Fotosatiren aus: ihre Uninszeniertheit.

Zwischenruf. Aber ist die Kohl-Präsentation nicht geradezu überinszeniert?

Antwort: Aber sicher; nur, daß da nicht der Fotograf inszenierte, sondern der Politiker selber sich so in Szene setzte, wie er gern fotografiert werden wollte. Das macht das Foto zugleich glaubwürdig und unglaublich: Der Mann steht so dumm rum, obwohl er sich beobachtet weiß; und sein Fotograf, der ›stern‹-Mitarbeiter Volker Krämer, weiß um die Grenzen fotografischen Anstands: »Also es gibt ja – gerade bei Kohl – so Standarderscheinungen wie z. B. seine Zunge – er macht ja immer die Zunge raus –, und dann sieht jeder Mensch total blöd aus. Solche Bilder habe ich nie gemacht, die habe ich unterdrückt ... Bei der Japanreise habe ich versucht, ein wenig seine tiefe Befriedigung an der Bedeutung seiner eigenen Person darzustellen.«

Das ist Krämer gelungen; zugleich aber ist es kein Zufall, daß die beiden Fotos 1 und 2 – und beide zählen zu den gelungeneren Fotosatiren – die komische Fallhöhe dadurch herstellen, daß sie die fehlende Unterzeile qua Bild mitliefern: Wer Herr und Frau Kohl sind, weiß schließlich jeder, und den Bausparkassenspruch kann jedermann von der Wand ablesen.

Das alles referiere ich derart breit, um mich bei den folgenden Beispielen um so kürzer fassen zu können. Der überwiegende Rest der Fotos nämlich hat mit Satire nichts zu tun. Sie sind, wenn's hoch kommt, lustig und kurios, meist jedoch gnadenlos in den Niederungen humoristischer Genrebilder oder fotografierter »Ohne-Worte«-Cartoons angesiedelt: Das selbstvergessene Tun des Rennradmechanikers (3) ist von sicherlich unfreiwilliger Komik und daher gut für einen Lacher. Bei den drei Nonnen vor den Drei Grazien (4) traue ich dem komischen Frieden bereits nicht mehr so recht: Der allzu schlagende Kontrast Nonnen-Nackte scheint mir zu schön, um wahr zu sein. Auch zu bekannt: Mit Gegensätzen dieser Art haben Genremalerei und Karikatur des 19. Jahrhunderts bereits unsere Urgroßeltern erheitert; und natürlich waren es immer wieder dunkelgewandete Kleriker, die als stets dankbare Folie zum sinnenbunten Leben herhalten mußten. (Aber auch Militärs, Würdenträger und steife Amtspersonen konnten dieselbe Funktion übernehmen; und auf vielen vorgeblich satirischen Fotos, auch dieses Buches, tun sie das bis heute.) Ins pralle 20. Jahrhundert – genauer: in die Jahrhundertmitte – führen uns dagegen jene Fotos, die durch und durch inszeniert und konstruiert sind: Herr und Hund schauen sich eine Zeitschriftenauslage an, wobei der Hund auf ›Penthouse‹ und ›Girls‹ starrt, der Herr aber sich für ›Dog‹ oder ›Animals‹ interessiert. Oder: Zwei kunstvoll arrangierte Kürbisse machen auch dem Begriffsstutzigsten klar, daß diese Früchte bei Licht gesehen eine ganz verteufelte Ähnlichkeit mit – – – aufweisen (5).

Daß derlei platte optische Entsprechungen nichts mit Satire zu tun haben, liegt auf der Brust; daß irgend jemand so was komisch finden kann, will mir nicht in den Kürbis. die Busen-Frucht-Korrespondenzen haben die Ohne-Worte-Cartoonisten selig doch nun wirklich und weidlich ausgelutscht, mit Äpfeln, Apfelsinen, Aprikosen und Bananen, aber nein, die stehen ja für etwas anderes.

Braucht's noch ein Fazit? Wirklich? Nun, da sei noch einmal furios und gnadenlos auf den Beginn dieser Überlegungen hingewiesen: Steht doch alles schon da.

Alles falsch

Ungewollt, aber eindringlich bestätigte das ARD-Abendprogramm des 19. 11. den alten Macherseufzer »Wie man's macht, ist's falsch«. Zweimal gab es je eine halbe Stunde Humor – um 21 Uhr die Abschiedssendung von ›Bananas‹, um 22 Uhr eine neue ›Sketchup‹-Folge –, und beide Male gab es wenig zu lachen. Weshalb?

›Bananas‹ hat es in vier Jahren auf 29 Sendungen und 522 Sketche gebracht – Musiknummern nicht mitgerechnet –, die letzte Folge reihte noch einmal die komischen Highlights aneinander, die crème de la crème also, die sich leider rasch als krampf de la krampf entpuppte.

In der Kürze liegt die Würze? Beim erzählten Witz sicherlich, möglicherweise auch beim gezeichneten, nicht aber beim gespielten. Jedenfalls dann nicht, wenn all der Aufwand von Maske, Kulisse und Inszenierung stets über den Mangel an komischen Darstellern und lustigen Einfällen hinwegtäuschen soll und ihn doch erst so richtig spürbar macht. Da klingelt es in einem Sketch, der Hausherr öffnet die Tür, Gäste treten ein, der Gastgeber entschuldigt seine Gattin: »Sie braucht noch etwas Zeit für ihre Toilette« – und dann sieht man, wie die Frau gerade dabei ist, die Toilette zu reinigen. Das wäre schon als Bildwitz ziemlich doof, von richtigen Menschen dargeboten, wirkt es zudem reichlich unappetitlich. Nicht immer waren die ›Bananas‹-Scherze derart dünn, immer aber suchten sie ihr Heil im zugleich möglichst aufgedonnerten und möglichst rasch abservierten Auftritt: Getret'ner Quark wird breit, nicht stark.

Rolf Spinrads, der WDR-Redakteur und Regisseur der Sendung, war einst, in den wilden Sechzigern, mit dem Vorsatz angetreten, die deutschen TV-Unterhaltungsformen zu revolutionieren oder doch zumindest die Sehgewohnheiten der deutschen TV-Zuschauer nachhaltig zu irritieren – beim langen Marsch durch die komischen Darbietungsformen – ›Meerschweinchen-Revue‹, ›Otto-Show‹, ›Plattenküche‹ – ist er nun auf dem Niveau von »Kennen Sie den?« angelangt. Er wird dagegenhalten, daß ›Bananas‹ Nonsens sei, aber das ist natürlich Unsinn.

In ›Sketchup‹ absolvierten Beatrice Richter und Diether Krebs eine Reihe unterschiedlich langer Sketche, wobei rasch deutlich wurde, daß in der Länge ebenfalls keine Würze liegt. Jedenfalls dann nicht, wenn wenig komische Darsteller einen erkennbar kurzen Witz unziemlich in die Länge ziehen. Da unterhalten sich die Sekretärinnen Beatrice Richter und Beatrice Richter – Doppelrolle! Toll! – lang und breit über einen Büroleiter, dann kommt der, dann fehlen irgendwelche Unterlagen, dann ruft er wütend irgendeine Abteilung an, gerät aber an irgendeinen Direktor, der erzürnt fragt: »Wissen Sie eigentlich, mit wem Sie verbunden sind?«

»Nein!«

»Mit Direktor Posauke!«

Büroleiter in Nöten, doch dann fragt er geistesgegenwärtig zurück: »Und wissen Sie, mit wem Sie verbunden sind?«

»Nein!«

»Na, dann ist ja gut.«

Nein, ist nicht gut, ist schlecht. Schlecht wie die ständig wechselnden Dialekte der Richter, die doch alle wie einer klingen. Schlecht wie Krebs, der immer noch dümmer dreinzuschauen sucht, als es seine Texte ohnehin schon sind. Schlecht wie beider Titelsong, der sich von »Knopf ab, Kopf ab« über »Bart ab, Ton ab« zum erwarteten »Sketch-up« vorarbeitet, ohne daß dieser Mühe irgendein Sinn zugrunde läge.

Die Entschuldigung, daß das alles Nonsens sei, gilt auch hier nicht. Nonsens meint nicht baren – und beliebigen – Unsinn, sondern systematisch betriebene Sinnverweigerung – je einleuchtender, ja zwingender das System, desto größer, sprich lustvoller, die Fallhöhe zwischen Methode und Ergebnis.

Richter/Krebs könnten dagegenhalten, daß sie statt derlei Subtilitäten lediglich total überdrehten Spaß im Sinne hätten. Doch auch dazu langt es nicht. »Hier kommt das Chaos wunderbar« singen sie zu Beginn der Sendung, und dann kommen dreißig Minuten lang unterschiedlich komische, stets jedoch recht konventionelle und reichlich überraschungsfreie Wortspiele, Gags, Witze und Sketche – Einheitshumor vom Faß also, obwohl die Mischung laut Abspann von einundzwanzig verschiedenen Autoren angerührt wurde. Fast einer pro Sendeminute! Ein Verhältnis, welches das ist, was die Sendung selber gerne wäre: echt irre, total beknackt, völlig wahnsinnig.

Warum lachen wir nicht?

Gut Ding will Weile haben: Ein gutes halbes Jahr lang veröffentlichte Eike Christian Hirsch im ›Zeitmagazin‹ Woche für Woche seine Kolumne ›Der Witzableiter‹, gut und gern drei weitere Monate gingen ins Land, bis ich meine verstreuten Gedanken zu seinen Überlegungen gesammelt hatte, hier nun – aber worum geht es eigentlich?

Um den Witz, mithin um die Frage, warum wir lachen. »Ganz schön spannend« nennt Hirsch sie in seiner Einleitung, um sogleich die warnenden Worte Arthur Koestlers anzufügen, »daß die Analyse der Gründe, warum wir lachen, vielleicht eine ebenso heikle Angelegenheit ist wie die chemische Analyse eines Parfüms mit seinen zahlreichen Komponenten.«

Zahlreich in der Tat. Hirsch analysiert Witztechniken die Menge (vom Schüttelreim bis zum Absurden Witz), er referiert Theorien des Komischen zuhauf (von Kant bis zu weniger bekannten Zeitgenossen), er redet vom Verstand, den es braucht, um Witze zu verstehen, und von den Gefühlen, die durch diese Witze ausgelöst werden – das alles liest sich nicht nur frisch und kundig, es wird auch ständig durch Zitate und Witze belegt, und doch hat das ganze Unternehmen einen ganz exemplarischen Pferdefuß.

Alle Theorien und Analysen des Komischen (des Lächerlichen, des Witzigen) nämlich verlieren unvermittelt an Glanz, sobald sie die Probe aufs Exempel machen. Je mehr Witzbeispiele Hirsch brachte, desto witzloser erschienen mir seine und seiner Kollegen Anstrengungen. Mag ja sein, daß Sigmund Freud den Schüttelreimen bescheinigte, daß »unser Wohlgefallen an ihnen das nämliche ist, an dem wir den Witz erkennen«. Gut möglich, daß »Bergsons Theorie des Komischen besonders gut auf dies deutsche Produkt« paßt. Nur: Was nützen mir die schönsten Theorien zur Komik des Schüttelreims, wenn ich über so gut wie keinen Schüttelreim lachen kann? Je länger mir Komisches begegnet, desto abgetaner erscheint mir die Warum-lachen-wir-Frage, desto unabweislicher dagegen erhebt ihr Widerpart das Haupt, die sehr viel spannendere Frage: Warum lachen wir nicht?

Eine Frage, die Hirsch nicht einmal – bzw. nicht ein Mal – streift, obwohl sie ihm dauernd über den Weg läuft. Denn so sehr er sich darauf beschränkt, den Witz an sich und die Witzformen als solche zu definieren und zu klassifizieren, so hartnäckig rutschen immer wieder Hinweise darauf in seine Überlegungen, daß der Witz nicht nur ein zeitlos psychologisches, sondern auch ein handfest historisches Phänomen ist. Hinweise, denen Hirsch nicht weiter nachgeht – vielleicht deswegen, weil er dabei recht bald ins Stolpern geraten wäre?

Zumindest sind seine Angaben widersprüchlich. »Wahrscheinlich ist die Gattung Witz, die es erst seit hundertfünfzig Jahren gibt ...« schreibt er in der zweiten Folge seines ›Witzableiters‹ und in der fünften: »Populär geworden ist dieser Gedanke durch den Dichter und Witztheoretiker Jean Paul, der 1804 vom Witz sagte, er sei der ›verkleidete Priester, der jedes Paar kopuliert‹.« Was zur Folge hat, daß die Theorie ihrem Gegenstand um etwa dreißig Jahre vorausgewesen sein muß, bei Licht betrachtet sogar vierzig. Denn der durch Jean Paul popularisierte Gedanke stammt ursprünglich von Immanuel Kant, der sich bereits in seiner ›Kritik der Urteilskraft‹ von 1790 über Witztechnik und Witzrezeption ausgelassen hat – ein Faktum, das Hirsch zwar anführt, jedoch unverbunden und uninterpretiert im Raum stehen läßt.

»Zu den ersten Witzen, die in Umlauf kamen«, schreibt Hirsch, »gehörten geistvolle Wortspiele.« Erst vor hundertfünfzig Jahren? Wirklich? Geistlose Wortspiele jedenfalls wurden bereits viel früher überliefert. In seinem Roman ›Satyricon‹ berichtet der römische Schriftsteller Petronius († 66 n. Chr.) vom Gastmahl des Trimalchio und den dabei servierten Gastgeschenken (kongenial übersetzt von Harry C. Schnur): »›Almosen‹ – auf einer Silberschale brachte man einen Aal, der auf Moos gebettet war; ›Unterkleidung‹ – unter einem silbernen Schälchen voll Kleie eine Bronzeschale voll Pferdemist. Wir lachten lange; unzählige Witze dieser

Art wurden vorgeführt, aber ich kann mich nicht mehr an alle erinnern.«

Leider? Oder Gott sei Dank? Ich wage vorerst keine Antwort ...

»Warum lachen wir?« hatte Eike Hirsch gefragt. »Warum lachen wir nicht?« hatte meine Gegenfrage gelautet. »Was hat dieser ganze humorhistorische Hickhack mit all diesen Fragen zu tun?« mag nun manch Leser fragen – alsdann:

Nicht um gesicherte witzgeschichtliche Daten geht es mir, sondern um den Nachweis, daß auch der Witz eine – offenbar reichlich unerforschte – Geschichte hat. Darum, daß dies Folgen hat, für den Witz und den Witzhörer. Darum, daß wer vom Witz redet, ohne dessen historischen Hintergrund zu bedenken, zugleich das unterschlägt, was ihn doch erst bedenkenswert macht: seine Qualität.

»Witz mit Bart« – der Volksmund hat gar nicht so unrecht, wenn er den Witz zum Lebewesen macht, das früher oder später – meist früher – den Weg alles Lebendigen geht: Alter, Siechtum, Tod. Doch nicht nur der einzelne Witz, auch Witzreihen (Häschenwitze, Ostfriesenwitze) und ganze Witzgenres können dahinwelken, sind dem Tode schon anheimgegeben, haben sich überlebt.

Zu letzteren gehören neben dem bereits erwähnten Schüttelreim auch zwei weitere von Hirsch angeführte Witzabteilungen. der »surrealistische Witz« und das »geistreiche Wortspiel«. Hirsch weiß um das Historische beider Sparten, für seine Überlegungen bleibt dieses Wissen folgenlos: »Das Bedürfnis nach Absurdität hat sich bei den Witzkonsumenten wohl allmählich gesteigert. Besonders groß war es nach dem Zweiten Weltkrieg, da waren die surrealistischen Witze Mode, in denen meist ein Zebra eine Bar betrat« – tat es, tat es, und seinen heutigen Bart teilt dieses Tier denn auch mit all den schachspielenden Hunden, betrunkenen Katern und kaffeetassenhenkelessenden Männern, von denen ich heute ebenfalls nichts mehr hören mag. Vielleicht deswegen, weil ich damals nur zu gerne, ja geradezu süchtig von ihnen hörte?

»Heinrich Heine läßt einmal einen Hühneraugen-Operateur sagen, Baron Rothschild sei zu ihm ganz famillionär gewesen, ein Wortspiel, das sich durch alle Witztheorien zieht und in diesem Jahr sogar die Plakatwände erreicht hat, als Werbegag für ein millionenfach verkauftes Familienauto« – hier nun fällt die Antwort darauf leicht, warum ich über Heines Witz nicht mehr lachen kann. Das, was einst ein sicherlich hochindividueller, die Zeitgenossen blendender Gedankenblitz gewesen ist – noch Freud spricht von einem »prächtigen, als ausgezeichnet anerkannten, sehr lachkräftigen Witz« –, wird heute durch zahllose Werbe-Armleuchter derart massenhaft verbreitet, daß er nur eine weitere Funzel zu sein scheint, neben all den anderen matten Wortspielen auf Anzeigen, Bandenwerbung und Großplakaten: »Schuhverlässig« (für Schuhe), »Herrlich fisch« (für Fische) »interRentabel« (für interRent).

»Staunen, Verblüffung, Reinfall und Kehrtwendung – das gehört offenbar zum Witz«, sagt Hirsch zu Recht, was rechtens den Umkehrschluß erlaubt, daß da kein Witz mehr wirken kann, wo er statt des Staunens Gähnen und statt der Verblüffung Verärgerung hervorruft.

Eben dies ist meine Reaktion nicht nur bei den genannten Beispielen, sondern auch bei anderen, von Hirsch nicht erwähnten Witzmustern, bei den Anfang der 60er Jahre populären Sick-jokes (»Mutter, ich mag meinen Bruder nicht« – »Du ißt, was auf den Tisch kommt«), bei den Ohne-Worte-Cartoons der 50er Jahre (Fakir mit Nagelbrett schenkt seiner Angebeteten statt einer Blume einen – Kaktus), bei den Limericks uralten Angedenkens (»Ein Herrenreiter aus Kamen / Ritt statt der Herrn lieber Damen« – doch bevor mein soeben erst ausgedachtes

Beispiel noch ein halbwegs passabler Limerick wird, rasch weiter):

Das Altern der Witze hat viele Gründe. Witzmuster können anöden, Witzanlässe in Vergessenheit geraten, Witzbedingungen – politische Unterdrückung etwa oder soziale Tabus – sich ändern. Wie schon beklagt, läßt Hirsch diese Tatsache ebenso außer acht wie die, daß uns hier und heute nur solche Witze erheitern können, die etwas Hiesiges und Heutiges haben – was immer das sein mag, ich werde mich hüten, mich allzuweit auf das Glatteis der Warum-lachen-wir-Fragwürdigkeiten hinauszuwagen. Zurück also zum Warum-lachen-wir-nicht-Ufer.

Der Witz an sich ist eine Chimäre, so viel sollte klargeworden sein. Es gibt gute und schlechte Witze, das steht fest. Wie gut oder wie schlecht ein Witz ankommt, hat beileibe nicht immer, aber doch häufig, mit seiner Geschichte zu tun: Manch einer überlebt seine Geburt kaum, bei anderen variiert das Verfallsdatum, einigen – sehr wenigen – scheint die Zeit nur wenig anhaben zu können.

Warum? Ach, fragen wir lieber: Welchen? Beispielsweise dem hier von 1839, aus einem Brief Clemens Brentanos an Ferdinand Freiligrath:

»Als die Kaiserin Maria Theresia durchreiste, sagte Täddadl zu Tadäddl: Ich möchte wahrlich der Kaiser sein und sie an mein Herz drücken; da erwiderte Tadäddl: Talke! Du meinst wohl, der Kaiser wär asochenä Sau wie Du, da werden Ihro Majestät schon ihre Leut' dazu haben.«

Hat da jemand gelacht? Nein? Aha! Und warum nicht?

Zu Beck-Dülmen

Der Fernsehdokumentarist Roman Brodmann hat nun schon zum zweiten Mal einen erfundenen Herrn thematisiert, den »Denker in dunkler Zeit« Rudolph Beck-Dülmen.

Erstmals tat er das zum 1. April 1984, das zweite Mal am Faschingssonntag 1985, beide Male wurde der Vorgang von Presse und Ansagern mit jener mühsam gewahrten Ernsthaftigkeit annonciert, die dem Kenner äußerst feinsinnigen Humor verheißt. Fein war der Humor der Sendung denn auch in der Tat, so fein, daß er mir, je länger je mehr, herzlich unsinnig vorkam – wobei das Unsinnige des Unternehmens nicht Brodmann persönlich angelastet werden kann, vielmehr in der Natur der Sache liegt.

Sache ist, daß diese Art Parodie nie so recht funktionieren kann, entweder fällt sie vornüber oder hintenrüber. Diese Art – das meint eine Parodie, die sich darum bemüht, dem Original zum Verwechseln ähnlich zu sein, und die sogar einen gewissen Stolz darein setzt, den weniger wachen Zuschauer zu leimen, zur Freude all der wacheren, die sich stolz auf die Schulter klopfen dürfen, eben weil sie nicht auf den Leim gegangen sind.

Das aber war bereits die so ziemlich einzige Freude, die sich aus Brodmanns einstündiger Sendung gewinnen ließ, dieser fast gagfreien und so gut wie witzlosen Mutmaßung über den Werdegang des erfundenen schwäbischen Denkers und Arztes, Reformers und Musikers, Dichters und so weiter, vorgetragen im bräsigsten Dokumentarstil und Rauneton, mit angeblichen Beck-Dülmen-Dokumenten (ein Arztbesteck), vorgeblichen Beck-Dülmen-Forschern (darunter Prof. Walter Jens) und vergeblichen Versuchen, einem 24 Personen umfassenden Beck-Dülmen-Freundeskreis Komisches zum Thema Beck-Dülmen aus der Nase zu ziehen.

Sage ich, und ich weiß wohl, daß ich mit meiner Meinung ziemlich alleine dastehe. Alle Kritiken, die ich las, waren des Lobes voll – »Vortrefflich« (Frankfurter Rundschau), »Spinnt beste satirische Traditionen weiter« (FAZ) –, alle Kritiker besprachen die magere Mystifikation in eben jenem gestelzten, augurenhaft salbadernden Tonfall, welcher mir bereits die Sendung verleidet hatte, alle also machten beste Miene zum drögen Spiel – darf man bei solch rauschender Zustimmung überhaupt maulend beiseite stehen?

Muß man. Denn wenn mir ein Humor auf den Sack geht, dann dieser augenzwinkernd professorale, anspielungsreich gebildete, blutarm elitäre.

Was tun? Entweder sollte man bei solchen Pseudo-dokumentationen – und nur von denen ist die Rede – den Versuch machen, alle zu leimen, auch und gerade den Professor, oder alle zu erheitern, auch und besonders den Facharbeiter. Letzteres ist schwer, ich weiß, ersteres ist zu schaffen. Sämtliche Zwischenformen aber sind ungut. Sie geben dem Professor das wohlfeile Gefühl, ein Durchblicker zu sein, langweilen den Facharbeiter und machen mich mißmutig – was alles ja nun wirklich nicht der Sinn der Fernsehunterhaltung sein kann.

Lieblingscartoon

Freimut Wössner ist der Star der ›1977–1984er Zitty Spätlese‹, Cartoons aus acht Jahrgängen, er lieferte in all den Jahren offensichtlich die meisten oder doch schönsten Einfälle. Darunter einen meiner Alltime-cartoon-favorites. Berlin-Fahrer werden mich sicherlich verstehen und

Wössner-Fans möglicherweise einwenden, daß der Cartoon sich bereits im Wössner-Bändchen der Elefanten Press findet, in ›Brenzlig, Brenzlig‹ aus dem Jahre 1983.

Stimmt, macht aber nichts. Diesen Cartoon kann ich gar nicht oft genug sehen.

Zweimal Semmel Verlach

Zwei Neuerscheinungen aus dem Semmel Verlach liegen vor mir, sprechen wir zunächst von der zweiten.

›Werner eiskalt!‹ heißt Brösels neuer Werner-Band, als – meines Wissens – erster Comic behauptete er sich seit Wochen auf der ›Spiegel‹-Bestsellerliste – was sicherlich damit zusammenhängt, daß diese Liste lediglich jene Bücher berücksichtigt, die über den Buchhandel verkauft werden, einen Kiosk- und Kaufhausrenner wie ›Asterix‹ also nicht erfaßt. Trotzdem: Ein schöner Verkaufserfolg des vielfältig vermarkteten Werner; neben drei weiteren Werner-Bänden bietet der Verlag noch vier ›Werner Winzig‹-Büchlein an, vier ›Werner-Daumenkinos‹, sechs ›Werner-Aufkleber‹, zwei ›Werner-T-Shirts‹, zwei ›Werner-Anstecker‹ und eine ›Werner-Platte‹ – Werner satt also.

Nichts gegen solch geballte Geschäftstüchtigkeit. Werner hat sich redlich aus dem Underground hochgearbeitet, und daß neben den eiskalt lancierten Kunstfiguren der großen Comic-Konzerne – ich sage nur: Kater Garfield – auch ein so abseitiger Typ wie Werner seine Chance hat und nutzt – soll er.

Einiges allerdings gegen ›Werner eiskalt!‹. Die erste Hälfte ist schlicht schwach. »Los, heb die Uhr auf!« sagt Werners Manager. »Hab ich das Urheberrecht oder du?« fragt Werner zurück – Altes aus Kalau. Wobei dieser Scherz wenigstens in einem Bild erzählt wird.

Einen anderen, ähnlich mageren, streckt Brösel auf drei Seiten und 18 Bilder: Da kommt eine Frau in ein Weingeschäft, welche »Wein« will, die Pointe aber besteht darin, daß sie gar keinen »Wein« zu kaufen begehrt, sondern daß es sie danach verlangt zu »weinen«, was sie denn auch tut, als ihr der Verkäufer ganz verlachsmäßig eine semmelt – so was sollte Brösel gar nicht erst zu Papier bringen.

Denn daß er auch anders kann – und wie! –, zeigt die zweite Hälfte des Buches, der durch und durch gehende Comic ›Das Rennen‹.

Ich versteh zwar nichts von Autos und mach mir nichts aus Motorrädern, doch die Geschichte vom Rennen zwischen Holgis Porsche und Werners Horex ergriff und bewegte mich. (Ein Indiz großer Kunst übrigens, dieses uninteressierte Ergriffensein: Ich verstehe ja auch nichts von russischen Frauen, und ich mach mir nichts aus dänischen Prinzen, die ›Drei Schwestern‹ oder der ›Hamlet‹ jedoch ...) Wie immer: So, wie im ›Rennen‹, geht es auch, aber immer, Frage an Brösel: Warum geht's

Schönes Brösel-Reiche-Duo

nicht immer so? So zügig und detailbesessen, so persönlich und allzumenschlich, so ganz ohne breitgewalzte
Wortspiele?

Eine gute Frage, die mir einen schönen Übergang zu
meiner ersten Semmel-Neuerscheinung ermöglicht, zu
den bereits 1984 erschienenen ›Neue Pullover Comics‹.
Ein Sampler, wenn man so will, der aus mehreren Soli
von Pfarr, Gutmann, Fritsche, Drühl und Brösel besteht
und aus zwei Duetten von Volker Reiche und Brösel,
zwei Zwei-Mann-Bildergeschichten also. In der ersten
wechseln sich die Zeichner bruchlos von Bild zu Bild ab,
in der zweiten lassen sie ihre Figuren Heinz aus Hessen
(Reiche) und Ossi aus Ostfriesland (Brösel) gemeinsam
auftreten und reden, meint: jede Phase des ›Besuchs an
der Nordsee‹ wurde gemeinsam von beiden Zeichnern
gezeichnet – eine ebenso seltene wie gelungene schöp-
ferische Symbiose. Gelungen auch Brösels Solo ›Karl
Dumpfmeister dreht ab‹, ein vielsagender Ohne-Worte-
Comic, gelungen ferner – aber halt! Nichts öder, als Zen-
suren zu verteilen, nichts herzwärmender, als von einem
(mir) bisher unbekannten guten Zeichner berichten zu
können, und das kann ich: Jörg Drühl heißt er, und sein

Verblüffendes Drühl-Solo

Beitrag ›The origin of Pullovers‹ geht weit zurück und sehr in die Vollen. Wie da das Leben zusammen mit dem Pullover entsteht, wie da aus der Ursuppe zugleich der Urpullover schlüpft und von da ab die Lebewesen begleitet und bekleidet, vom Einzeller über den Saurier bis hin zum Menschen – das alles ist derart kundig und locker mittels Pinsel, Folie und Weißhöhung in Szene gesetzt, daß ich mich ernsthaft frage: Wie und wo lernt das einer hierzulande und heutzutage?

Eine schöne Frage, die mir einen guten Schluß ermöglicht. Ich lasse sie ganz einfach noch etwas nachzittern …

Ist die Post noch bei Trost?

Seit geraumer Zeit versucht Schwarz-Schillings Bundespost uns einzureden, am Bildschirmtext alias Btx führe kein Weg vorbei. Eines ihrer Sprachrohre ist das ›bildschirmtext Magazin‹, das alle sechs Wochen erscheint, im Handel sechs Mark kostet und mir (in zwei Exemplaren) von Thomas Allweyer aus Möckmühl zugespielt wurde – was es alles gibt!

Als »journalistische Zukunftstechnologie« wird da das neue Medium verkauft und als »Bestellrevolution«; als »Gefahr für den Datenschutz« bezeichnet es ›die feder‹, die Zeitschrift der Deutschen Journalisten Union, als »Reinfall« der Wirtschaftsteil der FAZ – all das freilich hat den Humorkritiker nicht zu interessieren. Wohl aber die Frage, ob eine neue Technologie auch einen neuen, sprich: entwickelteren, aktuelleren, ja zukunftsorientierten Humor zur Folge habe – und das läßt sich überprüfen. Das ›bildschirmtext Magazin‹ hat nämlich auch eine Humorseite, die ›Btx Geblödel‹ überschrieben ist und ihrem blöden Namen alle Ehre macht.

Von formalen Humor-Neuheiten keine Spur. Es wird verdächtig viel gereimt, und natürlich fehlen auch Limericks nicht, die hier allerdings ›Be-Te-icks-Limericks‹ heißen:

»Ein elender Schuft bist du, Fritz«,
sprach Frieda, »laß mir meine Bits
gefälligst in Ruhe,
denn was ich sonst tue,
bringt dir heiße Ohren, kein Witz.«

Nein, kein Witz, schon gar nicht ein guter, ein gutes Beispiel jedoch dafür, daß der Profi-Btxler offensichtlich bereits dann lachen muß, wenn er sein neumodisches Kauderwelsch in möglichst altmodischen Zusammenhängen wiederfindet:

Sprüche aus dem Zeitgeschehen.
Aus einem verzagten Rechner kommt

keine fröhliche Seite.
Frei nach M. Tele-Luther.

Erinnern wir uns noch? »Verzagter Arsch – fröhlicher Furz«? Eine Methode, die fort- und fortgestrickt werden kann: »Bit oder Nichtbit, das ist hier die Frage ...«
Gegenfrage: Warum ereifere ich mich eigentlich so? Gegengegenfrage: Muß man sich eigentlich alles gefallen lassen? Auch sowas? –:

Es war einmal ein Bit,
das fühlte sich nicht fit,
und bat: »Byte, nimm mich mit,
dann sind wir wieder quitt.«

Klar: *So* haben Experten aller Fachrichtungen schon immer geblödelt, so klobig, so witzarm, so selbstzufrieden. Nur: »Alle Bildschirmtext-Nutzer erhalten das Magazin kostenlos mit der Post«, lese ich im Impressum des ›bildschirmtext Magazins‹, und da hört der Spaß für mich auf. Eine – auch von mir – subventionierte Post, die es nicht einmal schafft, einen Brief innerhalb von 24 Stunden von Frankfurt/M nach Frankfurt/M zu befördern, hat jedwede Nachsicht verwirkt, wenn sie sich derartig schlechte Witze im Jahr sechs Millionen Mark kosten läßt.
Zugegeben: Die 6 Mio beziehen sich laut ›bildschirmtext Magazin‹ auf »sämtliche Bildschirmtext-Werbemaßnahmen«. Aber: Allein der Gedanke, daß auch nur einer meiner Subventions-Steuergroschen in die Taschen der ›bildschirmtext Magazin‹-Witzereißer fließen könnte, treibt mich die Wände hoch, aber ach: So hohe Wände gibt es gar nicht. Nicht einmal hier in Frankfurt/M.

Lieblingsdruckfehler

Eigentlich lache ich ja nicht über Druckfehler ... haha ...,
aber dieser hier ... hihi ..., gelesen im Lokalteil der ...
hoho ... FAZ, am Morgen des ... huhu ... 25. Mai ..., geht
um die Volksschauspielerin Liesel Christ und die ...
prustprust ... also ich jedenfalls fand diesen Dreckfüller
lustig:

Frankfurt und Frankfurter

Liesel Christ liest am „Fröhlichen
Frankfort-Telefon" unter der Rufnummer
2 12 - 50 01.

Witziger Wahlkampf

Wer nachlesen und vor allem nachsehen will, wie der
Plakatwahlkampf der Alternativen Liste in Berlin geführt
wurde, kann dies tun; bei der Elefanten Press Berlin (W)
ist ein großformatiges Bilderbuch zu diesem Thema erschienen: ›Bevor uns schwarz vor Augen wird – Bun-
tes aus dem Untergrund‹, ein ebenso sperriger wie
anspielungsreicher Titel. Dafür hebt das Buch sehr viel
deutlicher an. »Die Großflächenkampagne der AL im
Berliner U-Bahnnetz« heißt die einleitende Überschrift,
und was dann folgt, ist ebenso lehrreich wie spannend. Lehrreich, weil andere Randgruppen daraus lernen können, wie so was gemacht wird, und spannend,
weil dergleichen vorher selten gemacht wurde und nie
dokumentiert worden ist. Dergleichen – das meint eine
Plakataktion, die nicht mit gedruckten, massenhaft aus-

gehängten Plakaten arbeitet, sondern mit Unikaten, sprich: eigens für diesen Zweck gemalten Originalen. Wenn man so will, lief in den Berliner U-Bahnhöfen also während des Wahlkampfes eine Art Politkunstausstellung – hundert U-Bahngroßflächen waren für zweimal zehn Tage angemietet worden, dort hingen die 3,56 m mal 2,52 m großen Originale, gestaltet von »zwei Honorarkräften, einigen (wenigen) Grafikern, Bürgerinitiativen, Bezirksbereichgruppen der AL«.

Freilich: Das alles wäre kein Thema für die Humorkritik, wäre diese Kampagne nicht häufig eine Parodie auf den herkömmlichen, vor allem den gerade in Berlin laufenden Wahlkampf gewesen und hätte nicht Michael Sowa bei den meisten dieser parodistischen oder satirischen Motiven den Pinsel geführt.

Michael Sowa – auf der Autorenliste des Impressums, die zehn Urheber aufführt, rangiert er als letzter, das hat mit dem Alphabet zu tun. Im Bildteil des Buches wird er nie genannt – das hat damit zu tun, daß da niemand namentlich aufgeführt wird: Die gutgemeinten, seltener auch gut gemachten Plakate von Autoren wie »Mieterrat Chamissoplatz« stehen gleichberechtigt neben den Arbeiten von Profis, Leuten wie … wie … nun, wie Michael Sowa.

Ihn selber stört es nicht, daß er das so gut wie namenlose Rückgrat dieses Bildbandes bildet. Ideen seien ja immer wieder kollektiv erdacht worden, Honorar habe es gegeben, internes Lob sei ebenfalls gespendet worden, überdies lebe er eigentlich von seiner Malerei und müsse sich nicht als Grafiker profilieren, schon gar nicht als politischer, er stände der AL zwar nahe, ohne jedoch Mitglied zu sein – je länger ich mit Sowa sprach, desto mehr glaubte ich ihm, desto stärker aber auch überkam mich der Wunsch, das Lob dieses zurückhaltenden Mannes herauszuposaunen.

Gut gedacht und schön gemacht.

Sowa nämlich kann etwas, was ganz wenige können: komplexe bzw. komplizierte Sachverhalte auf eine verblüffend einleuchtende und zugleich unterhaltende Formel bringen. Gemeinhin landen solche raren Talente dort, wo sie (oft) reich und (häufig) unglücklich werden, in der Werbung. Nicht so Sowa, der den (meisten) Werbern noch etwas voraushat: Er denkt nicht nur Bild und Wort zusammen, er ist auch in der Lage, beides in Personalunion auf den Punkt zu bringen und auszuführen, als sein eigener Art Director, Visualizer, Texter, Grafiker, Layouter und wer noch alles unter welchen Bezeichnungen immer an einem der kommerziellen Großplakate beteiligt ist.

Schönes Beispiel: Die Textzeile »Langweiler aller Parteien verschont uns« läßt bereits formelhaft Östliches anklingen, so richtig perfide aber wird das Plakat erst durch die Grafik, die das Apel, Diepgen und Co.-Team nachdrücklich in die Nähe oststaatstragender Langweiler

rückt – das Rot der Fähnchen und das Gold der »gähn«-
und »schnarch«-Inschriften bitte ich hinzuzudenken.

So viel zu Sowa und noch ein ernstes Wort an die AL,
die verantwortliche Herausgeberin des Wahlkampf-Bild-
bands. Im Abspann nämlich schreibt sie:

»Die Umsetzung aller verabschiedeten Maßnahmen
in Großflächen, Plakaten, Broschüren etc. sollte unter
starker Einbeziehung von AL-Aktivisten erfolgen. Leider
waren Interesse und Courage zu gering, so daß ein –
zu großer – Teil von bezahlten Kräften, Künstlern und
Redakteuren übernommen werden mußte.«

Ja … ach ja … ach was! Die Marxsche Utopie in Ehren,
nach welcher jeder von uns in einer befreiten Gesellschaft
morgens Fischer, mittags Bauer und abends kritischer
Kritiker (Grafiker) sein kann – noch sind wir leider nicht
soweit. Abgeordnete mögen austauschbar sein, Leute
mit Einfällen und Talent, mit solidem Handwerk und
inspiriertem Kunstverstand sind vorerst noch nicht im
Rotationsverfahren zu ersetzen. Sage ich, und ich weiß,
wovon ich rede.

Reife Leistung

Seit jeher hat man der Karikatur den Vorwurf gemacht,
sie sei einseitig, und schon immer haben Karikaturisten
und deren Verteidiger darauf hingewiesen, eben das mache das Wesen der Karikatur aus: Parteinahme. Zugleich
war und blieb die ausgewogene Karikatur der Wunschtraum all jener Redaktionen, die zwar ihre Bleiwüsten
durch heitere Grafik auflockern wollen, ohne doch dadurch unguter schwarzweißer Radikalität die Spalten zu
öffnen. Immer wieder haben Karikaturisten versucht,
diesem Ansinnen zu entsprechen; erst dem FAZ-Zeich-

ner Fritz Behrendt aber ist es gelungen, die so oft angestrebte Ausgewogenheit der Karikatur wortwörtlich und
vorbildlich in Szene zu setzen. Deshalb möchte ich seine
Zeichnung in voller Dummheit vorstellen.

Sie erschien am 21. 9. und erinnert uns daran, daß
irgendwo im Süden Afrikas irgendwelche eifernde Weiße
(Präsident Botha) mit irgenwelchen erregten Schwarzen (Bischof Tutu) irgendwelche unsinnigen Händel aus-
tragen, ohne auch nur einen Gedanken daran zu verschwenden, daß es mal wieder der schmächtige, aber
standhafte Präsident der USA ist, der wieder mal die
ganze Last dieses unbegreiflichen Hickhacks zu tragen
hat.

So kann man die Vorgänge in Südafrika natürlich auch
sehen; all denen aber, die nun sagen, eine solche Seh-
weise sei nicht nur das Ende aller politischen Karikatur,
die diesen Namen verdient, sondern auch der nichtunter-
bietbare Tiefpunkt jedweden Begreifens dessen, was zur
Zeit in Südafrika passiert – all denen also möchte ich in
aller Ausgewogenheit beipflichten: Natürlich kann man
es auch so sehen.

Flann vor, noch ein Tor!

Flann O'Brien muß hier ja nicht groß vorgestellt werden –
»Flann who?«
Also gut:
Flann O'Brien, GEBOREN 1911 in Strabane/Irland,
GESTORBEN 1966 in Dublin,
VERÖFFENTLICHTE 1939 sein Hauptwerk ›At Swim-two-
Birds‹ (›Zwei Vögel beim Schwimmen‹, Rowohlt Verlag).

SCHRIEB zwischen 1941 und 1966 vier weitere Romane,
die Harry Rowohlt für die Bibliothek Suhrkamp übersetzte (›Das Barmen‹, ›Das harte Leben‹, ›Aus Dalkeys
Archiven‹, ›Der dritte Polizist‹).

WAR ab 1940 als Kolumnist für die ›Irish Times‹ tätig
und

DIESE Tatsache soll uns noch etwas beschäftigen.

›Trost und Rat‹ heißt das Büchlein, der Haffmans Verlag hat es rausgebracht, wieder war Harry Rowohlt der
Übersetzer, wieder ist Flann O'Brien alias Myles na gCo-
paleen (Myles von den Pferdchen) der Autor. Denn als
Myles Undsoweiter signierte O'Brien seine Kolumne,
eine unverkennbar irische und unleugbar länger zurück-
liegende Angelegenheit also – was geht sie uns hier (in
der wollmasprechen BRD) und heute (im sagnwama
Computerzeitalter) an?

Allerhand. Komiker sind wirklich rar, und Flann
O'Brien ist ein wirklicher Komiker. Jedenfalls dann,
wenn er komisch sein will – er will es nicht immer und
nicht in all seinen Werken, dafür ist er denn doch ein
allzu durchmischter Schriftsteller, kein Humorist also,
der unablässig seine als komisch deklarierte Meterware
abliefert. Aber er ist auch keiner jener feinsinnigen Wort-
setzer, deren komisch gemeinten Texten von der Kritik
köstliche Subtilität, Doppelbödigkeit und Hintergründig-
keit nachgerühmt wird, meist, um damit die Tatsache zu

verschleiern, daß es nicht viel zu lachen gibt. Da gerade Julio Cortázars ›Geschichten der Cronopien und Famen‹, Bibliothek Suhrkamp, auf meinem Nachttisch liegen, sei dieses Buch rasch als Gegenbeispiel angeführt und abgetan: Da tändelt ein wort- und selbstverliebter Autor ständig im Mittelfeld herum, bar jenes Pointenhungers und Lacherinstinkts, der doch den wirklichen Komiker, auch den Sprachkomiker, auszeichnet.

Anders – na wer wohl? – Flann O'Brien. Der tritt schnell an, bringt sich voll ein – mit Kopf, Herz, Bauch – und nutzt jede komische Chance. Daß er dabei so häufig trifft, liegt sicherlich an Harry Rowohlts Auswahl. Trotzdem: Ein solch erfreulicher 160-Seiten-Mitschnitt läßt auf eine durchgehend von Spiellaune geprägte Kolumne schließen. Und bereits nach wenigen Seiten wird deutlich, wie Flann O'Brien aus der Not, daß die Kolumne eine Kurzform ist, eine Tugend zu machen versteht, indem er häufig ein und demselben Thema über mehrere Beiträge auf den Hacken bleibt.

Da bietet er einen »Kulturbund-Begleiter-Service« an, der angeblich aus gebildeten, aber arbeitslosen Bauchrednern besteht: »Nehmen wir mal an, Sie sind eine Dame und so komplett dämlich, daß die Hunde auf der Straße sich weigern, Sie anzuknurren. Sie rufen beim Kulturbund an« – worauf ein »Kulturbund-Begleiter« mit der betreffenden Dame ins Theater geht und im Foyer – er ist ja Bauchredner – das gesamte hochstehende Gespräch bestreitet, von »Ich habe Sie doch nicht warten lassen, Lady Charlotte« bis »Überhaupt nicht, Herr Graf. Und ein solcher Abend für Ibsen. Man ist in der richtigen Stimmung irgendwie. Eine Übersetzung kann natürlich nie ganz dasselbe sein. Erinnern Sie sich an jene Nacht … in Stockholm … damals?«

Lustig, doch es kommt noch besser. Flann O'Brien bleibt am Ball, und nach einigen weiteren Kulturbund-

Begleiter-Episoden gibt er ihm eine überraschende, nun sehr lustige Wendung: Er berichtet von falschen Kulturbund-Begleitern, Bauchredner auch sie, die sich als echte ausgeben, um dann mit den nichts ahnenden Begleiteten völlig unqualifizierte, ja obszöne Dialoge zu führen, einzig zu dem Zweck, sie mittels eines überreichten Vordrucks zu erpressen: »Schieben Sie mir ein Pfund rüber, oder ich sorge dafür, daß Sie den Herrn, der neben Ihnen sitzt, fragen, woher er das Geld für die Eintrittskarte hat … Gezeichnet: Die Graue Spinne.«

Schön, und weil's so schön war, hier noch ein weiteres O'Brien-Zitat, aus einem gänzlich anderen Zusammenhang, nur so zum Appetitmachen, wenn Sie verstehen, was ich meine:

»Neulich habe ich mir den ›Pflug und die Sterne‹ angesehen, und das brachte mich ins Denken. Hier ist das alte Stück, von neuen Schauspielern revitalisiert und rekonstruiert. Jetzt ist es besser, vielleicht, aber es ist anders. Könnte man nicht verfügen, daß ein Stück von denselben Schauspielern gespielt wird, solang sie leben? Wenn Jahre später einer oder zwei gestorben sind, könnte eine kurze Programmnotiz die Abwesenheit der fehlenden Charaktere erläutern, und die verbliebenen Darsteller könnten entsprechend agieren: ›Ach ja, an dieser Stelle kam dann in der guten, alten Zeit der arme, alte Fluthers rein, der Herr sei ihm gnädig, es ist hier auch nicht mehr, was es mal war, seit er weg ist.‹ Stellen Sie sich das Covey vor, wie ein alter Mann in den Siebzigern, der einzige Überlebende der ursprünglichen Besetzung, verzweifelt versucht, das Stück auf eigene Faust durchzuziehen …«

Ja, stell ich mir gerne vor. Wer noch?

Lieblingsrefrain

Ich hörte ihn auf der Platte ›Vorsicht bei Musik‹ von Bernhard Lassahn (Text) und Heiner Reiff (Musik), produziert und vertrieben von der ›Rillenschlange‹, und er geht so:

> So und jetzt singen wir alle gemeinsam:
> Vorsicht bei Musik,
> Musik macht einsam.

Schön, nicht wahr? Aber ob's auch wahr ist? Ich jedenfalls hatte beim Anhören der Platte das Gefühl, mich in recht pfiffiger, intelligenter und gutaufgelegter Gesellschaft zu befinden.

Kaktus Kittner

Dietrich Kittner macht seit 1960 Kabarett, seit 1966 arbeitet er als Solist, 1985 veröffentlichte er »Ausgewählte Lieder, Lacher und Leid-Artikel aus 25 Jahren Kabarett« unter dem Titel ›Vorsicht bissiger Mund‹ in der ›edition logischer Garten‹.

Das 424 Seiten starke Buch ist eine Lizenzausgabe. Lizenzgeber ist der »Henschelverlag Kunst und Gesellschaft DDR-Berlin«, und das ist natürlich kein Zufall. Der in Hannover tätige Kittner ist DKP-Kabarettist, »Proletarischer Agitator« nennt ihn Klaus Budzinski in seiner Kabarett-Geschichte ›Pfeffer im Getriebe‹, Heyne-Verlag, und stellt fest: »Die sozialistische Sehnsucht sieht er in der DDR verwirklicht und befriedigt. Er sagt das klar, und ebenso klar nennt er die Ungereimtheiten des kapitalistischen Systems beim Namen.«

Klar, daß so jemand nicht im BRD-Fernsehen auftreten darf, klar auch, daß sein Kabarett nicht allzu feinsinnig daherkommt. »Zwischentöne sind nur Krampf / im Klassenkampf«, sang Degenhardt einst, »Kabarett ist Bewährungsfrist für Satiriker ... Nicht Brettl: Reißbrett! Na, meinetwegen Hackbrett«, sagt Kittner heute, im Nachwort seines Buches. Klar, daß man statt »Hackbrett« auch »Holzhammer« sagen könnte, doch da Kittner selber keinen Etikettenschwindel betreibt, würde ich derlei interpretatorische Feinheiten liebend gerne beiseite lassen. Kann es aber nicht, da ein anderer ebendiesen Schwindel verbreitet, der Vorwort-Schreiber Günter Wallraff.

Na, nicht gerade Schwindel. Wallraff glaubt sicherlich, was er da schreibt, obwohl es schwerfällt, das zu glauben, er schreibt nämlich: »Kittners hintergründiger Humor ist nicht auf vorschnellen Beifall aus. Sein tiefschürfender intellektueller Witz entfesselt keine Lachsalven vordergründiger Übereinkunft.«

Das ist unwahr. Wahr ist vielmehr, daß Kittner seinem – seinen? – Lachaffen gnadenlos Zucker gibt. Drei Beispiele nur, alle aus dem Zusammenhang gerissen, klar, doch das Drumherum schaut nicht wesentlich anders aus – Kittner in einer ›Sympathisanten-Conference‹: »Besitzen Sie Bücher? Vielleicht muß ich das heute schon erklären: Bücher, das ist so mit vielen Seiten zum Blättern ... Da sind lauter kleine schwarze Zeichen drin. Rattenköttel, Schmeißfliegenschiß, wie man bei der CSU sagen würde ... Also noch mal: Besitzen Sie Bücher? Ja? Dann fühlen Sie sich als gefährlicher linksintellektuell-orthodoxer Sympathisant. Sie sind entlarvt.«

Kittner in einer Fernsehnachrichten-Parodie: »Washington. Der amerikanische Präsident Ronald Reagan erklärte auf einer Pressekonferenz zur amerikanischen Invasion in Grenada, er wolle auch in Zukunft wirklich keinen Krieg.

Alaska. In Alaska erklärte heute ein Wolf, er werde auch in Zukunft kein Fleisch fressen.«

Kittner über Strauß: »alpenländischer Bayertollah«. Kittner über Kohl: »Wählst du im Frühjahr Kohl als Saat, hast du im Winter den Salat.« Kittner über Kohls Gespräch mit dem deutschen Gast-Astronauten Ulf Merbold: »Zwei ebenbürtige Partner: beide von den USA gesteuert, völlig losgelöst von der Erde, im Schleudersitz. Eigentlich war der Kanzler dem anderen sogar noch über; er war schon viel weiter, nämlich hinterm Mond.« Kittner über Kittner: »Nun sagen Sie sicher: Der Kittner kalauert jetzt aber wild drauflos. Stimmt, das hat künstlerische Gründe. Die Form soll doch dem Thema angemessen sein, und wir sprechen über den Kanzler. So gesehen hätte ich für unser Land doch lieber ein Verdummungsverbot.«

Reicht's? Es reicht. Tja – all das würde ich auf meiner nach hinten und unten offenen Witzrichter-Skala zwischen Un- und Flachwitz einordnen. Nichts gegen flache Witze, häufig sind sie ihrem Gegenstand in der Tat angemessen. Alles aber gegen die Vermengung von allem und jedem. Agit-Prop-Kabarett sollte man danach beurteilen, was es für Agitation und Propaganda leistet. Seine kernige Komik mit so spätbürgerlichen Sumpfblüten wie »hintergründig« und »tiefschürfend« zu garnieren wird einem so klassenbewußten Kaktus wie Kittner ganz einfach nicht gerecht.

1986

Man hat aber noch jedesmal erlebt, daß man zu einem großen Autor den Zugang sich verbaut, wenn man davon ausgeht, er sei Humorist.

Walter Benjamin

Ich würde gern den Sarg von Dostojewski aufbrechen, ihm die Skeletthände drücken und ihm zubrüllen: »Bravo, verflixtes Genie!«

Mel Brooks

Humor ruht oft in der Veranlagung von Menschen, die kalt bleiben, wo die Masse tobt, und die dort erregt sind, wo die meisten »nichts dabei finden«.

Kurt Tucholsky

Humor kann viviseziert werden wie ein Frosch, doch wie dieser stirbt auch jener während der Prozedur.

E. B. White

Es gibt Autoren, deren Werke so halbwegs zwischen einem Kichern und einem Gähnen liegen – viele von ihnen sind beispielsweise Berufshumoristen.

Vladimir Nabokov

Unter den Deutschen gibt es ein Mißverständnis, was den Humor betrifft. Man betrachtet ihn als dumme Fröhlichkeit, so wie Wilhelm Busch, der grausame Sachen schildert, in denen kein Humor ist. Im Humor ist viel Traurigkeit verborgen.

Heinrich Böll

Es gibt kein unfehlbares Zeichen eines ganz schlechten Herzens und tiefer moralischer Nichtswürdigkeit, als einen Zug reiner, herzlicher Schadenfreude.

ARTHUR SCHOPENHAUER

Irrweg!

›TERRA!‹ heißt der Roman des (erraten!) Italieners Stefano Benni, im Piper Verlag ist er jüngst erschienen, und auf der Umschlagrückseite sagt Wassiliboyd, einer der Helden dieses Werks, zu ebendiesem Werk: »Ich hatte die Nase voll davon, mit Tiefgang überladene, langweilige Schmöker von irgendwelchen Problemhanseln zu konsumieren. In TERRA! kann wenigstens jeden Moment etwas passieren. Weißt du noch, was von Cram, der Wikinger, gesagt hat? Hauptsache, wir können mal richtig ablachen!«

Ganz meiner Meinung, nur bietet das Buch kaum Anlaß dazu.

»TERRA! ist Fantasy und Science-fiction, humoristischer Roman und philosophische Erzählung« (Klappentext), doch sosehr der Autor sich müht, einen Wahnsinnseinfall auf den anderen zu türmen, so wenig wurde und werde ich das Gefühl los, all das sei schon mal viel besser und viel komischer geschrieben worden, von Kurt Vonnegut etwa, auch er ein Piper-Autor, oder von William S. Burroughs, der freilich in eine ganz andere Gewichtsklasse gehört.

Man kann darüber streiten, ob das Science-fiction-Genre überhaupt für die lange Form taugt – ich meine: nein –, doch Bennis Versuch, die Marschrichtung »science fiction goes crazy« über 430 Seiten durchzuhalten, ist mit Sicherheit schiefgegangen: zuwenig blanker

Scherz, zuwenig treffende Satire und viel zu viel vorgeblich tiefere Bedeutung.

Komik à la carte

Es ist ein Kreuz mit der Komik: Was dem einen sin Uhl – aber zur Sache.

Seit Jahren mästet sich mein Verdacht, hiesige Intelligenz und Kritik hätten in Sachen Komik einen herzlich hausbackenen Geschmack, grad wieder hat er neue Nahrung erhalten. Drei Gedichtbände liegen vor mir, die drei Autoren aber verbindet zweierlei: die einprägsam einsilbigen Vor- und Nachnamen – Kurt Bartsch, Ror Wolf, Max Goldt – sowie die eindeutige Absicht, die komischen Möglichkeiten des Dichtens und Reimens zumindest – na sagen wir mal, so sagt man ja heute –: zuzulassen.

Am eindeutigsten setzt Kurt Bartsch auf komische Wirkungen. Seine Gedichtsammlung ›Weihnacht ist und Wotan reitet!‹ erschien im Rotbuch Verlag, verspricht im Untertitel »Märchenhafte Gedichte«, kam wiederholt in die SWF-Bestenliste, wurde auch sonst lobend empfohlen und setzt im wesentlichen eine Tradition fort, die bereits zu Wilhelm Buschs Zeiten nicht mehr ganz taufrisch war: Bartsch parodiert die heutzutage nun ganz und gar abgehalfterte Balladenform, und er travestiert die mittlerweile ebenfalls tausendfach veralberten Sagen- und Märcheninhalte, indem er sie aktualisiert:

Rotkäppchen, dreizehn Jahre alt,
Ein Mädchen wie fast jedes,
War unterwegs im Märchenwald,
Im Minikleid, per pedes.

So beginnt Bartschs Gedicht ›Rotkäppchen und der Herr Wolf‹, und so ging Heinz Erhardt sel. dasselbe Thema an:

Der alte Wolf, verkalkt und schon fast blind,
traf eine junge Dame:
»Bist du nicht Rotkäppchen, mein Kind?«
Da sprach die Dame: »Herr, Sie sind …
Schneewittchen ist mein Name!«

Bartsch läßt sein Rotkäppchen sodann auf einen »Vorstadtcasanova« namens »Herr Wolf« treffen, welcher sie sexuell ge- bzw. mißbraucht, worauf Rotkäppchen zu Hause das Bett hüten muß, was ihr Vater gottlob nicht bemerkt:

Er sang nämlich im Männerchor.
Die Mutter las mit bleichen,
verkniffnen Lippen Märchen vor.
Rotkäppchen und dergleichen.

Eine raffinierte Pointe – Märchen im Märchen! –, auf die freilich auch schon Heinz Erhardt gekommen ist, da dessen Gedicht mit der gegenüber Rotkäppchen bzw. Schneewittchen abgegebenen Versicherung des Wolfs endet, er habe die Großmutter nicht gefressen, denn:

Das ist nicht wahr, daß ich sie fraß,
ich krümmte ihr kein Härchen!
Die Brüder Grimm, die schrieben das
für kleine Kinderchen zum Spaß –
Das sind doch alles Märchen …!

Nein, ich unterstelle nicht, daß der Bartsch den Erhardt plagiiert hat, ich stelle lediglich fest, was dabei herauskommt, wenn jemand hier und heute auf endgültig abgefahrene Züge des humoristischen Dichtens aufspringt: Nichts Neues unter der Sonne.

Wirklich nichts? Da gab es doch nach Busch auch noch Morgenstern – ein komischer Dichter, den Erhardt wenigstens trivialisiert, Bartsch jedoch nicht einmal zur Kenntnis genommen hat, jedenfalls nicht erkennbar –, da gab es ferner Jakob van Hoddis, Alfred Lichtenstein, Kurt Schwitters, Hans Arp, Ludwig Rubiner, alles keine dezidierten Sprachkomiker, aber doch Leute, die derart munter auf der Sprache herumklopften, daß sie außer viel Geröll auch unerwartet poetische und überraschend komische Sprachadern freilegten –: Was wurde denn aus all den Funden und Erfindungen? Womit ich glücklich bei Ror Wolf angelangt wäre.

›hans waldmanns abenteuer‹ heißt sein im Haffmans Verlag erschienener Gedichtband, bisher las ich in den mir bekannten Feuilletons kein Wort darüber, schon gar kein lobendes – wenn man nicht alles *selber* macht! Doch zunächst einige Worte zum Inhalt des 170-Seiten-Werks: Es gliedert sich in drei fast gleich lange und mit Sicherheit gleich starke Teile, ›hans waldmanns abenteuer, erste folge‹, ›hans waldmanns abenteuer, zweite folge‹, und ›mein famili‹; und wenn mich nun ein wacher Leser fragt: Gab's das denn nicht schon mal?, so kann ich mit Jein antworten. Teil eins und drei nämlich schrieb Wolf Anfang der sechziger, das längst vergriffene Suhrkamp-Bändchen ›mein famili‹ versammelte diese Gedichte. In den Jahren 1983/84 dann entstand die zweite Folge der Waldmann-Abenteuer, Krönung und Abschluß einer Trilogie, die zum erfreulichsten gehört, was seit langem an zugleich zeitgenössischer und komischer Dichtung veröffentlicht worden ist. Große Worte, die, fürchte ich, einer Erklärung bedürfen.

Zeitgenössische Komik – gibt's das überhaupt? Widersteht große Komik nicht geradezu staunenswert dem

Zahn der Zeit? Sind nicht die Filme der, zum Beispiel, Chaplin, Keaton, Lubitsch auch heute noch weitaus komischer als das Gros der aktuellen Produktion? Wohl wahr, aber doch nicht die ganze Wahrheit. Beim komischen Gedicht jedenfalls gibt es so etwas wie »gestrig« und »heutig« – was aber macht dieses »etwas« aus? So beginnt das Waldmann-Abenteuer ›ruhe ruhe‹:

aus der ferne grüßt der watzmann spitz.
und hans waldmann fällt in einen schlitz.
waldmann hat sich nichts daraus gemacht.
er steht auf und fällt in einen schacht.
waldmann steigt heraus und lacht, jedoch
danach fällt hans waldmann in ein loch.

Lasse sich keiner durch die mittlerweile antiquiert wirkende Kleinschreibung täuschen, glaube keiner, Ror Wolf sei damit bereits am Ende seines schlitz-schacht-loch-Lateins, jetzt erst legt er richtig los: In 25 weiteren fünfhebigen Paarreimen fällt Waldmann in jede nur erdenkbare Öffnung – nische, rinne, lücke, krater etc. –:

als er aufsteht sagt er: arsch und zwirn,
leckt mich fett, und fällt in einen firn.

Und das widerfährt ihm erst in Vers 17, er aber fällt weiter, bis zum bitteren Schluß:

waldmann, hans, verläßt die gegend schnell
und bezieht ein anderes hotel.

Ein quälender Vorgang, dieses stete Reinfallen, zumal der Leser spätestens bei Vers drei gemerkt hat, wie der Hase fällt, aber – Wunder! – ab Vers zehn etwa wird das anfangs so errechenbar scheinende Geschehen wieder

spannend: Worein kann Autor Wolf den Helden Waldmann noch alles fallen lassen? Wenn denn da überhaupt
noch ein Autor am Werke ist. Zwingt ihm nicht vielmehr
die Sprache selber Worte und Reimworte auf, so lange,
bis er das verbale Potential sämtlichen Reinfalls ausge-
schöpft hat?

Kein Zweifel, da hat nicht nur er (der Wolf), da hat
auch es (das Sprachpotential) gedichtet. Da steuerte nicht
ein sprachgewandter Autor auf eine Pointe zu, die er zur
Not auch hätte in ungereimter Rede mitteilen können,
da ergab erst das gnadenlose Insistieren auf dem Reim-
Schleim den Witz-Schlitz-undsoweiter, einen Witz, welcher sich eben nicht in einer Schlußpointe erschöpft, sondern sich von Vers zu Vers neu herstellt, bis auch ihn das
Ende aller Witze ereilt: Nichts geht mehr.

Diese Doppeldichterschaft aber unterscheidet das heutige komische vom gestrigen humoristischen Gedicht, sie
scheidet auch Ror Wolf von Kurt Bartsch, und nun noch
rasch ein Wort zu Max Goldt.

Der Titel seiner Textsammlung ›Mein schwererziehbarer schwuler Schwager aus der Schweiz‹, a-verbal Verlag
Berlin, zeigt auf den ersten Blick, wo's langgeht: ebenfalls
der Sprache lang natürlich. Ein zweiter Blick ins Vorwort
allerdings läßt tiefer blicken: »Einige der folgenden Texte
sind Gedichte, andere sind Songtexte, die meisten sind
weder das eine noch das andere. Allen gemein ist, daß
ich sie zum Zweck der Vertonung geschrieben habe, sei
es, daß sie zu Rockmusik gesungen werden sollen, sei es
zu anderer klanglicher Begleitung gesprochen.«

Seit 1981 nämlich veröffentlicht Max Goldt auch Platten, zusammen mit Gerd Pasemann als ›Foyer des Arts‹,
alleine als ›Max Goldt‹, seine letzte Solo-LP, die Eigen-
produktion ›Die majestätische Ruhe des Anorgani-
schen‹ enthält »u. a. Vertonungen einiger Texte aus diesem Buch:« – es folgen zehn Titel von, wenn ich recht

gezählt habe, sechsundfünfzig Buchtexten. Max Goldt ist Jahrgang 58, Anfang der 80er Jahre, auf dem Höhepunkt der ›Neuen Deutschen Welle‹, hatte er zusammen mit Pasemann einen regelrechten Hit, ›Wissenswertes über Erlangen‹, sein 1984 erschienenes Buch dagegen scheint kaum beachtet worden zu sein – wenn man nicht alles selber macht! Stimmt nicht ganz, der Westberliner ›Tip‹ immerhin hat Goldt zur Kenntnis genommen: »Die Texte wirken oft absurd und grotesk«, schreibt da ein »Eraserhead«, dem Goldt freilich sogleich ins Wort fällt: »Aber bitte nicht ironisch, parodistisch, skurril, makaber ... Ich habe schwarzen Humor, aber mit Tucholsky, Ringelnatz und Georg Kreisler nichts zu tun.« So grenzt Goldt sich ab, doch was kultiviert er innerhalb dieser etwas vagen Markierungen? Nun, da geht es ziemlich querbeet. Mal reimen sich die Songs durchweg:

> Miss Busen, Miss Po und die Weinkönigin sitzen
> in einem Lokal.
> Miss Busen, Miss Po und die Weinkönigin verzehren
> ein deftiges Mahl

– mal reimt sich wenigstens der Refrain, wie in dem Song ›Trends‹:

> Das Eine kommt. Das Andere geht.
> Trends sind pünktlich. Nie zu spät.

– und dazwischen gibt es Szenen, abwegige Interviews und Kürzestgeschichten, wie ›Visitenkarte einer Frau‹:

> Nachts, am Rudolf-Schwedler-Damm.
> Aus einem Alt-Girl-Container der Stadtreinigung
> dringen Schreie

– da nämlich ist ein Mädel hineingefallen, doch als der Erzähler ihren Fuß sieht, läßt er davon ab, sie herauszuziehen:

Voller Hornhaut und Schrammen ...
Nein danke.
Die Füße sind doch schließlich die
Visitenkarte einer Frau

– worauf so etwas wie eine zweite Prosa-Strophe zum gleichen Thema folgt; wer je eine Goldt-Platte gehört hat, wird die eindringliche Musikuntermalung unschwer mitlesen können – was eigentlich eint all diese disparaten Songs, Reime, Prosaformen?

Auf den ersten Blick Goldts Freude am Disparaten, am inhaltlichen Verwirrspiel, am sprachlichen Hakenschlagen. Schwer, ihm auf die Schliche zu kommen. Goldt parodiert, und er parodiert zugleich das Parodieren, er gibt sich ironisch, und er ironisiert die Ironie, er versteigt sich zu Satire-Satiren – und das alles setzt er derart flink und knapp in Szene, daß der Leser/Hörer am Schluß meist nicht so recht weiß, ob er es nun mit einer Pointe, mit einer Anti-Pointe oder mit einer Anti-Anti-Pointe zu tun hat, sauber!

Erst der zweite Blick – er nun wieder! – macht deutlich, daß auch Max Goldt – wie Ror Wolf – nicht einfach mit Sprache und Sprechweisen spielt, sondern sie kalkuliert zu Wort kommen läßt: Spießbürgersprache, Großbürgersprache, Schlagersprache, Protestliedsprache, Machersprache, Dichtersprache und andere mehr, alle kunstvoll komprimiert, durchgerührt und mit einer Prise liebevollen Spottes gewürzt – ein apartes Parfait. Mir hat es gemundet, Freunden der »Nouvelle Comique« würde ich empfehlen: Nehmen Sie erstmal den Wolf, dann den Goldt, den Bartsch aber lassen Sie besser aus, zu altbacken.

Gut und blöd

Das hannoveranische Sprengel-Museum zeigt und feiert Kurt Schwitters, den Sohn der Stadt, den Merz-Künstler, Lautdichter, Dada-Aktivisten usw. Das finde ich gut.

Schwitters lebte von 1887 bis 1948, Anlaß der Schwitters-Feier ist also nicht irgendein, sondern expressis verbis der 99. Geburtstag des Künstlers. Das finde ich blöd.

Der deutsche Karneval beginnt am 11. 11. 11 Uhr 11 – der 99. Geburtstag ist auch so eine Schnapszahl, die verbissenen Unernst signalisiert. Den aber hat Schwitters nicht verdient. Er mag seine Künste mal ernster, mal unernster betrieben haben, verbissen war er nie.

Rezensenten von Komischem wollen häufig ebenso komisch sein wie der Anlaß ihrer Überlegungen – meist ist das Ergebnis ärgerlich. Den Verantwortlichen der Schwitters-Feiern blieb es vorbehalten, dieses Ärgernis auf die kürzestmögliche Formel gebracht zu haben: 99.

Schwere Stunde

Stunden der Anfechtung gibt es, da würde ich meine kritische Elle am liebsten an den Nagel hängen, weil ich über nichts mehr lachen kann. Bildwitz, Wortwitz, Bewegungswitz – gar nichts heitert mich auf, im Gegenteil. »Es gibt keine Komik«, denke ich verzagt und »Hoffentlich gibt es wenigstens was schön Trauriges im Fernsehen«, da geschieht es. Mürrisch blättere ich im ›stern-TV-Magazin‹, müde will ich gerade Erhard Kortmanns ›Viertes Programm‹ überblättern, jene »Fernsehrückblende mit neuem Ton«, die der ›stern‹-Humor-Chef seit irgendwel-

chen tausend Jahren Woche für Woche absondert, da ertönt plötzlich ein feines Stimmchen: »Lies doch mal!«
Entsetzt wehre ich ab, doch das feine Stimmchen läßt
nicht locker: »'s wird dein Schade nicht sein!«

»Was du verlangst, ist unmöglich«, keuche ich. »Handelt es sich doch bei dieser Rubrik bekanntermaßen um
die witzloseste und niederziehendste aller ›stern‹-Hu-
morseiten, und das will, wie jedermann weiß, etwas
heißen!«

»Nichts weißt du!« kreischt das feine Stimmchen.
»Und zur Strafe siehst du dir jetzt alle sechs Bilder einzeln an und liest alle sechs Unterzeilen in voller Länge
durch!«

Machen wir es kurz. Ich las und litt erst, doch dann begriff und lachte ich. Berührten sich da Extreme, schlug da
Qualität in Quantität um? Ich weiß es nicht, aber so viel
ist sicher: Kortmanns geballter Unwitz belustigte mich
nicht nur, er belehrte mich überdies. Gerne ließe ich nun
alle meine Leser an meiner Freude teilhaben, gerne
druckte ich zu Demonstrationszwecken die ganze Seite
ab, aus Platzgründen muß ich mich auf drei Beispiele aus
dem ›stern‹ Nummer 38 beschränken:

»Nichts gegen sein Übergewicht und nichts
gegen seine Glatze – aber muß er
auch noch schnarchen?«
Farrah Fawcett in »Heiße Hölle Acapulco«
Sonntag, 31. August, 20.15, 1. Programm

»Nie wieder laß ich mich überreden,
Reklame für Büchsenmilch zu machen!«

Szene aus »Expeditionen ins Tierreich«
Dienstag, 2. September, 20.15, 1. Programm

»Mein Autoradio ist schon wieder geklaut –
besorg mir jetzt 'nen Walkman!«

Helmut Fischer und Gundi Ellert in »Rette mich, wer kann«
Mittwoch, 3. September, 21.00, 2. Programm

Dreimal kurz gelacht? Nein? In Ordnung, gibt ja auch
nichts zu lachen. Weder entlarven die Worte das Bild,
noch geben sie ihm eine neue, ganz unangemessene Bedeutung – und dennoch. Allein die Tatsache, daß solch
plane Wort-Bild-Korrespondenzen auf einer Humor-Seite
erscheinen können, ist komisch; doch so richtig lustig
wird die Sache erst durch eine Entdeckung, die ich persönlich gemacht habe und die ich Ihnen, liebe Leser, nun
stramm vertraulich und nur zum persönlichen Gebrauch
mitteilen möchte: Da Kortmanns Unterzeilen so vollstän-

dig beliebig sind, kann man sie allesamt untereinander austauschen, ohne daß auch nur ein Gramm Witz bei dieser Transaktion verlorenginge. Im Gegenteil!

Ist es nicht viel komischer, wenn der Bär seinem Autoradio nachtrauert, der Herr im Auto aber versichert, er werde nie wieder Reklame für Büchsenmilch machen? Oder wenn die Bärin sich über einen schnarchenden glatzköpfigen Bären beschwert, während Farrah Fawcett jedweder Büchsenmilch-Reklame abschwört? »Büchsen«milch, Herrschaftszeiten! Eindeutig zweideutig! Spitzenwitz!

Kombinatorisch gesehen kann Kortmann den sechs Bildern, die ihm jede Woche vorliegen, seine Zeilen auf jeweils 720 verschiedene Arten zuordnen. Im Laufe eines Jahres steht er also vor 37 440 Möglichkeiten, aus insgesamt 1872 denkbaren Witzen 52 ›Vierte Programme‹ zu bilden. Bedenkt man weiter, daß er ja ohne weiteres auch die Zeilen verschiedener Ausgaben untereinander vertauschen könnte, dann wirft sich mit 312! (= 312 × 311 × 310 × … × 3 × 2) Möglichkeiten ein Witzgebirge mit derart vielen Nullen auf, daß man auf die eine Null, die sich hier im Auftrag des ›stern‹ als Bergführer aufspielt, problemlos verzichten kann. Ich habe es selbst ausprobiert – und kehre von meiner Expedition unversehrt zum Ausgangspunkt meiner Überlegungen zurück. Als innerlich Veränderter freilich:

Nichts ist komisch? Ach was. Alles ist komisch! Ach Gott, ja.

Klarheit und Wahrheit

Seit etwa zehn Jahren führt Woody Allen mit wechselnden Gesprächspartnern ein stets gleiches Interview, das etwa so geht:

INTERVIEWER: Woody Allen, Ihr neuester Film ist ein Meisterwerk.

ALLEN: ›Ödipus Rex‹ ist ein Meisterwerk, aber doch nicht mein Film. Der ist ja bloß eine Komödie.

INTERVIEWER: Aber was für eine! So reich und so tief und so komplex, daß man gar nicht weiß, ob man weinen oder lachen soll.

ALLEN: Was ist schon dabei, die Leute zum Lachen zu bringen? Das ist doch keine Kunst. In ›Ödipus Rex‹ muß niemand lachen. Das ist eine Kunst. Ich will in Zukunft auch Kunst machen.

INTERVIEWER: Heißt das etwa, daß Sie in Zukunft keine Komödien mehr machen wollen?

ALLEN: Ja.

INTERVIEWER: Nein!

ALLEN: Doch.

INTERVIEWER: Bitte, nein!

ALLEN: Doch, doch!

INTERVIEWER: Nein, nein, nein!

ALLEN: Doch, doch, doch!

Undsoweiterundsofort, das letzte Mal war das alles im ›Spiegel‹ nachzulesen, als Hellmuth Karasek den Meister zu seinem letzten Meisterwerk ›Hannah und ihre Schwestern‹ befragte. Ein so langes wie unergiebiges Gespräch, da durchweg unklar blieb, was denn die interviewerseits gepriesene und allenseits abqualifizierte »Komödie« nun eigentlich sei – anstandslos stülpten beide diesen Begriff über alles, was nicht gerade zum Weinen reizt, von Tschechows ›Drei Schwestern‹ bis hin zu Bob-Hope-Filmen.

»Komödien sind Tragödien, an denen man haarscharf noch einmal vorbeigekommen ist«, sagt Karasek. »Komödien sind wie Pappbecher. Man trinkt daraus, wirft sie weg«, sagt Woody Allen; wobei Karasek sicher nicht Bob Hope und Allen bestimmt nicht Tschechow meint –

wen oder was meinen die beiden dann? Will man Bob Hope und Tschechow nicht unterschiedslos in einen Topf werfen, muß man rechtzeitig genügend unterschiedliche Töpfe bereitstellen. Aber welche?

Beschränken wir uns auf den Film. Allen selber hat vor Jahren den sehr brauchbaren Begriff der »cartoon-artigen Komödie« (im folgenden: »Cartoon-Film«) geprägt, eine »Komödie, die keine konsequente Handlung hat«, eine schwierige Form, denn: »Man hat von Anfang an lustig, lustig und noch mal lustig zu sein … Man ist immer in der Ausgangsposition und muß am Ende noch sechsmal komischer sein.« Cartoon-Filme reinsten Wassers sind, neben den Zeichentrickfilmen, die Filme der Zucker, Zucker und Abrahams, ›Airplane‹ also oder ›Top Secret‹. Beides Filme, deren Gagfolge derart ausgeklügelt abläuft, daß kein Komiker sie in Gang bringen und in Schwung halten muß – ganz normale Schauspieler können die erforderlichen Pappkameraden ebensogut personifizieren. Allen hat keinen einzigen reinen Cartoon-Film gemacht. ›Take the Money and Run‹ enthält eine Reihe sehr abstrakter Scherze, doch schon in seinem Erstling weckt Woody Allen Gefühle und bindet er Sympathien, die ein Woody Woodpecker schwerlich erregen würde.

Das gilt auch für die weiteren Filme seines Frühwerks, sie gehören allesamt einem Typ des komischen Films an, den ich mangels eines eingeführten Begriffs »Komiker-Film« nennen möchte. In solchen Filmen arbeitet alles – die Geschichte, die Dramaturgie, der Rest der Schauspieler – dem ständig präsenten Komiker zu, von einem solchen Film wollen Macher und Konsumenten nur das eine: Lacher am laufenden Band. Diese Lachkontinuität garantiert der Komiker, weshalb auch Komiker-Filme häufig auf eine durchgehende Handlung verzichten, um den Komiker schneller in möglichst abwechslungsreiche, möglichst komische Situationen schliddern lassen zu können. Wenn letztere durch ein gemeinsames Thema verbunden sind, um so besser: Chaplins ›Modern Times‹ (Technik), die ›Duck Soup‹ der Marx Brothers (Krieg) und Woody Allens ›Sleeper‹ (Zukunft) – auf all diese Filme trifft zu, was Allen als das Ziel der ominösen »Komödie« überhaupt angibt: »Leute zum Lachen zu bringen. Und zwar möglichst viele Leute.«

Dieses Ziel nun wurde Allen von ›Annie Hall‹ (›Der Stadtneurotiker‹) an zunehmend gleichgültiger. Sein gutes Recht, nur sollte er nicht so tun, als träten seine Filme ›Zelig‹, ›Purple Rose of Cairo‹ oder ›Hannah‹ noch in derselben Gewichtsklasse an wie Keatons ›The General‹ oder Chaplins ›The Pilgrim‹. Man mag darüber streiten, ob es ein schnödes Ziel ist, Leute in ein Lachen ohne Ende hineinzulocken, unbestreitbar aber versucht Allen das nicht einmal mehr. Das weiß er selber natürlich am besten, unerfindlich bleibt deswegen, woher er die Kraft und die Begründung für seine steten Selbstbezichtigungen nimmt: »Jemand wie ich nimmt einer Situation die Spannung, indem er eine lustige Bemerkung macht, so daß jeder lachen muß.«

Also *ich* habe in seinen letzten Filmen weit häufiger besinnlich geschmunzelt als haltlos gelacht; von mir aus mag man sie als »Filmkomödien« bezeichnen. Natürlich nicht nur diese Filme, sondern auch die anderer Regisseure, und natürlich nicht nur die verhalteneren Streifen, sondern auch dreistere, alles Filme aber, in denen sich nicht alles um pausenlose Gags oder den einen Komiker dreht, sondern statt dessen mehrere einigermaßen gleichberechtigte Schauspieler eine wie immer komische Geschichte vorspielen – wobei diese Schauspieler keineswegs Komiker zu sein brauchen, siehe Gary Cooper in Lubitsch-, Cary Grant in Hitchcock- und Tony Curtis in Wilder-Komödien.

Ein Kreis schließt sich also: Waren die Cartoon-Filme noch ohne Komiker ausgekommen, wegen ihrer Lebensferne, tun es die Filmkomödien wieder, wegen ihrer Lebensnähe; folgerichtig hat sich Allen in ›Hannah‹ weitgehend in die Schauspielereinheitsfront eingereiht und einige der woodytypischen Sprüche und Lacher Mitspielern abgegeben, etwa seinem Filmvater, den er sagen läßt: »Woher soll ich wissen, warum es die Nazis gegeben hat, ich weiß doch nicht einmal, wie ein Dosenöffner funktioniert.«

Warum erzähle ich das alles so lang wie breit? Weil ich für Klarheit und Wahrheit bin und weil das deutsche Feuilleton beim Thema Komik so häufig alles ineinanderquirlt und durcheinanderbringt. Nicht nur im ›Spiegel‹. Hans-Dieter Seidel von der FAZ ist von ›Hannah‹ begeistert: »Der Film ist unendlich komisch und ungemein ernst« – Gott befohlen, ich finde solche abgegriffenen Paradoxa unendlich wohlfeil und ungemein nichtssagend.

Klaus Nothnagel von der ›taz‹ ist enttäuscht: »Leider arbeitet Allen an seiner eigenen Abschaffung. Er versucht, sich selbst als Schauspieler überflüssig zu machen und nimmt seinem Stoff dadurch das Zentrum« – da wird leider lediglich beklagt, daß Allen keine Solo-Komiker-Filme mehr macht, nicht aber bedacht, ob ihm die beabsichtigte mehrstimmige Filmkomödie geglückt ist – da werden also vom Birnbaum Äpfel verlangt.

Vergleiche, an denen der mit sich selber Verglichene nicht unschuldig ist; Mißverständnisse, die fortan zu vermeiden wären, wenn nur jeder auf mich hörte. Ja, jeder. Everybody. You too, Mister Allen!

Von deutschem Ernst

Dem Deutschen an sich den Humor als solchen abzusprechen ist ungefähr so sinnvoll wie dem Franzosen zu bescheinigen, daß er keinen Ernst besitze, der filou, der oberfläschlische, was Joachim Kaiser von der ›Süddeutschen Zeitung‹ allerdings nicht daran hindert, seinen Leitartikel ›Von deutschem Humor‹ mit eben-dieser Unterstellung zu beginnen: »Jeder wahrheitslie-bende deutsche Mensch, auf Existenz oder Qualität des deutschen Humors angesprochen, senkt verlegen den Kopf.«

Damit, nach drei Zeilen, könnte die Betrachtung be-reits wieder schließen, hätte nicht ein solcher SZ-Leitarti-kel ca. 160 Zeilen lang zu sein und wäre ein alter Hase wie Kaiser nicht viel zu gewitzt, als daß er diese Distanz nicht hakenschlagend packen würde. Bereits nach zähen ersten 25 Zeilen nämlich wird klar, daß jener wahrheits-liebende deutsche Mensch lediglich ein grau in grau ge-malter Pappkamerad ist, vor welchem Kaiser sich um so strahlender abzuheben beabsichtigt. Zu diesem Zweck schwärzt er ihn zunächst noch weiter ein: »Und betonen nicht viele weltläufige deutsche Publizisten sozusagen rund um die Uhr, daß es den hiesigen Zuständen er-bärmlich an Beweglichkeit, Brillanz und Pfiff fehle? Alle sagen es ... Diese triste Unisono-Bilanz muß *überprüft* werden« – und zwar von Joachim Kaiser, der erst bei Zeile 46 ist und dementsprechend weit ausholt: »So sieht der Schreiber dieser Zeilen – dem Leser dürfte es ähnlich gehen – in seinem Bekanntenkreis« – der sog. Zeilen-schinderhannes-Bande – »weit mehr amüsante, witzige, zur Heiterkeit, Ironie und Selbstironie aufgelegte Zeitge-nossen, als es das Welt-Urteil will.«

Welt-Urteil als Welt-Vorurteil also – in Kaiser-Kreisen jedenfalls gibt es sie, die *amüsanten, witzigen* und *ironi-schen* Deutschen, alles Eigenschaften, die Kaiser an die-sen Bekannten offenbar schätzt, sonst verkehrte er nicht mit ihnen, alles Worte und Werte, die wir uns merken wollen, da ich Kaisers Causerien nicht zum Spaß refe-riere. Doch bevor es ernst wird, weiter im Text. *Ein* Bekanntenkreis macht noch keinen deutschen Humor; wer oder was fällt Kaiser denn noch alles so ein?

Also erst mal Thomas Mann, »ein Humorist von welthistorischem Rang«. Allerdings auch jemand, der bereits um die Jahrhundertwende den Grundstock zu seinem Weltruhm legte – gibt es keinen aktuelleren deutschen Humoristen? Aber ja: »Loriot hat es geschafft, daß die Nation ihm wegen seiner noblen Wort-Bild-Scherze zu Füßen liegt.« Liegt oder lag? Denn dieser in der Tat herausragend komische Deutsche schweigt seit geraumer Zeit; wer aber rettet die Ehre des deutschen Humors hier und heute?

»Bleiben wir weiter im Lande« – Kaiser ist erst auf Zeile 80, weitere 80 Zeilen sind noch zu füllen, bedächtig setzt er seine Worte, verschmäht selbst so brummende Banalitäten nicht wie die, daß es bei der Suche nach deutschem Humor untunlich sei, sich im Ausland umzuschauen …

»Bleiben wir weiter im Lande«

– doch früher oder später wird er die Katze aus dem Sack lassen müssen: Wer mag uns da entgegenspringen? Ein komischer Zeichner wie Poth, ein komisches Mannsbild wie Polt? Eine Filmemacherin wie Doris Dörrie, ein Stückeschreiber wie Patrick Süskind? Eine geschliffene Feder wie Hermann L. Gremliza, ein Schandmaul wie Otto Waalkes? Ach, was sind wir alle gespannt!

»Bleiben wir weiter im Lande«

– ja doch! Bleiben wir! Heraus mit der Sprache, Herr Kaiser! Wen oder was können Sie uns als Beweis für den real existierenden Humor der Deutschen nennen? Na?

»Das eher leichte, mittlerweile hochbetagte ›Streiflicht‹«

– na ja. Dieses ›Streiflicht‹ ist eine täglich erscheinende, häufig recht muntere Glosse der ›Süddeutschen Zeitung‹

– allzu sehr hat deren Starkritiker Kaiser wohl nicht über den Tellerrand schauen wollen. Oder können?

Die restlichen 80 Zeilen jedenfalls transportieren nur noch vagen Trost. Deutscher Dialekt, deutsche Musik und der deutsche Graf Lambsdorff heißen nun die Kronzeugen: »Hinweise darauf, daß natürlich zahlreiche humorbegabte und witzige Deutsche existierten und existieren – und daß sie hier ein großes, bewunderndes Publikum haben, dessen Beifall seltsamerweise auch mit sanfter Verachtung für die Lockeren gemischt sein mag« – eine Verachtung, von welcher Kaiser selbstredend frei ist. Obwohl er offenbar nicht so recht weiß, welchen z. Zt. tätigen deutschen Humoristen er eigentlich achten soll, achtet er doch den Humor selber derart, daß er für humorlose Humor-Einkläger nur Spott übrig hat: »Selbstgefällige Verdonnerungen, ›ihr habt ja alle keinen Humor‹, helfen am allerwenigsten.«

Das alles war am 20. September in der SZ nachzulesen, all das wäre kein Wort wert, hätte sich der splitterfasernackte Humorkritiker Kaiser nicht elf Tage später wieder zu Wort gemeldet, diesmal mit allen Insignien des Großkritikers angetan, ja geradezu prächtig gepanzert.

»Peter Handkes hohe Heimatkunst« überschreibt er seine Rezension des Romans ›Die Wiederholung‹, die ganze erste Seite der Messebeilage der SZ füllt er damit, und wem solch wuchtiger Auftritt noch keinen Respekt einflößte, der reißt spätestens beim ersten Satz im Geiste die Hacken zusammen: »Ein schweres Buch.«

Meint: Ein gutes Buch. »Imponierend Handkes originelle, reiche Kraft, nicht Literatur über Literatur zu machen« – aber halt! Das »sondern« soll uns hier nicht interessieren, bleiben wir bei dem, was Handke alles nicht macht: »Jenseits von allem Witzigen und Amüsanten reflektiert Handke die Welt pathetisch«, und er vermeidet es überdies, »distanziert ironisch Zeitkritik am schlechten Bestehenden zu üben, die ja mittlerweile auch jeder Esel von sich geben kann«.

Das Witzige, das Amüsante, das Ironische – hier sind sie wieder! Aber sind sie's wirklich? Gerade noch hatten diese Eigenschaften Kaisers Bekanntenkreis geadelt, nun sieht sich die dergestalt begabte Runde als Esel gescholten und als ästhetisch-moralische Fliegengewichte eingestuft – was geht da vor?

Das Übliche? Deutsches Buch, schweres Buch, Schnaps ist Schnaps und Kunst ist Kunst, was geht mich mein saudummes Geschreibsel von gestern an, etwas hinschreiben und es sich dann auch noch merken, ist ganz einfach zuviel für einen einzigen Großkritiker –?

All das wirkte sicherlich zusammen, um Kaiser innerhalb einer Woche vom Humor-Paulus zum Ironie-Saulus werden zu lassen, und doch steht seine Verachtung des Witzigen und seine Verherrlichung des Pathos nicht nur in der altteutschen Tradition, den Asphalt gegen die Heimat auszuspielen, die Zivilisation gegen die Kultur, das Flache gegen das Tiefe – da kommt auch jene nicht mehr ganz so neue Stimmung im Westen zu Wort, die mal wieder von der Kunst das Heilende erfleht und im Künstler den Seher verehrt.

Also sprach Botho Strauß bereits vor Monden in der ›Zeit‹: »Kunst und schönes Wissen werden die Kraft der Verborgenheit, die Rosenkreutzer-Vereinigung, dringend benötigen, um fortzubestehen und der verrückten, tödlichen Vermischung zu entgehen. Was sonst noch ist, gehört den Gewitzten und Amüsierten« – da sind sie nochmals, ein letztes Mal, die Esel aus Kaisers Bekanntenkreis, nun endgültig als Antipoden von echter Kunst und schönem Wissen entlarvt; was sagt man dazu?

Vielleicht dies: jeder zeitunglesende deutsche Mensch, auf Existenz und Qualität des deutschen Ernstes angesprochen, darf stolz den Kopf heben. Ein einziger Blick in den Kulturteil bestätigt aber auch jedwedes Welt-Vorurteil: Deutscher Ernst – einzig unter den Ernsten. Oder: Deutsch macht so ernst, ernster geht es nicht. Oder auch: Ach Ernst, ach Ernst, ach Ernst, was du mir alles lernst. (Statt »Ernst« lies: »Joachim«.)

1987/88

Lieber Herr Krasna, eine Menge Wasser ist über
den Damm gegangen, seit ich das letzte Mal
schrieb. Und wenn das hier ›Animal Crackers‹
wäre, würde ich sagen »Eine Menge Damm ist
über das Wasser gegangen«. Aber die Zeiten und
der Humor ändern sich, und was 1930 Gold war,
stellt sich 1956 als purer Unrat dar.

GROUCHO MARX

Humor selbst ist albern: lächerlich geworden –
wer könnte über komische Grundtexte wie den
Don Quixote oder den Gargantua noch lachen –,
und das Urteil über ihn wird von Beckett exeku-
tiert. Noch die Witze der Beschädigten sind be-
schädigt. Sie erreichen keinen mehr; die Verfalls-
form, von der freilich jeder Witz etwas hat, der
Kalauer, überzieht sie wie Ausschlag.

THEODOR W. ADORNO

Wir sollten so viele Lacher wie möglich aus diesem furchtbaren Zeug herauslocken.

SAMUEL BECKETT, 1964, während der Proben
zur Londoner Aufführung von ›Endspiel‹

Die erste Satire wurde gewiß aus Rache gemacht.
Sie zur Besserung seines Nebenmenschen gegen
die Laster und nicht gegen den Lasterhaften zu
gebrauchen ist schon ein geleckter, abgekühlter,
zahm gemachter Gedanke.

GEORG CHRISTOPH LICHTENBERG

Aber vielleicht ist eine komische Zeichnung mit
treffendem Text nicht die richtige Medizin, um

das Übel zu heilen. Obrigkeiten und Monarchen, die allwöchentlich zu fröhlichem Gelächter dienen, werden dem Publikum sympathisch.

TH. TH. HEINE

In einer so gottlosen Zeit muß man lustig sein. Das ist Pflicht. Die Schiffskapelle spielte auf der untergehenden Titanic bis zum Ende. Man entzieht damit der Verzweiflung den Boden.

FRANZ KAFKA

Schwul und lustig

Ralf Königs ›Schwul Comix‹ werden, vermute ich, vorwiegend in Schwulenkreisen betrachtet und belacht, dabei verdienen sie aus drei Gründen breitere Beachtung:

Erstens geben sie ein anschauliches Bild von Lust und Frust unserer schwulen Mitbürger,

zweitens tragen sie auf diese Weise dazu bei, Gräben abzubauen und Vorurteile zuzuschütten und

drittens sind sie sehr anrührend und komisch.

Im Ernst – wenn der Papst ›Schwul Comix‹ läse, würde er vermutlich darauf verzichten, die Schwulen mit Kirchenbann und Höllenstrafen zu bedrohen: Die sind schon gestraft genug, jedenfalls bei Ralf König.

Die geilen Schnittchen und die knackigen Heteros, hinter denen sie her sind, kriegen sie nicht, und die, die sie kriegen, erzählen bei der Zigarette danach von ihren Wehwehchen: »Am nervigsten waren eigentlich die zwei Feigwarzen vor einem Jahr ... Und Filzläuse sind im Grunde schon meine Haustierchen ...« Die harten Ledermänner dagegen wollen nicht vögeln, sondern tränentreibende Gedichte verlesen, in den Schwulengruppen verdrängt die Tagesordnungsdebatte das Aufreißen, und in den festen Beziehungen kriselt es, da der eine Partner die sorgsam versteckten Hetero-Pornos des anderen entdeckt, worauf der ein Geständnis ablegt: »Weißt du … schon als kleiner Junge fühlte ich mich mehr zu Mädchen hingezogen als zu Jungen …« – alles also wie im richtigen Leben, bloß andersrum.

König erzählt schön abwechslungsreich und zeichnet ziemlich hemmungslos. Etwas zu bedenkenlos bedient er sich vom Typen-Arsenal der Claire Bretécher, dabei ist er durchaus in der Lage, eigene, unverwechselbare Arschgesichter zu formulieren. Seine Bildergeschichten drehen sich um das Eine, doch das hat viele Gesichter, geile, dreiste, verhuschte, ja regelrecht subtile. Zum Beispiel in mei-

Lust und Frust unserer schwulen Mitbürger

ner Lieblingsgeschichte ›Herr Schmidt geht in die Sub‹. Da wird zunächst in sechs stummen Bildern gezeigt, wie der ältere Bankangestellte Schmidt sich mittels Perücke und Gebiß für den Lokalbesuch rüstet, dann, wie er im Schwulenlokal dem nichtigen Blabla zweier Jünglinge über Wohnung und Mieten zuhört und sich in Gedanken in dieses Gespräch einschaltet, und schließlich, wie er ihnen beim Weggehen kurz folgt, um sodann alleine in seine Wohnung zurückzukehren, wobei er bis zum Lichtauslöschen so tut, als befinde er sich auf Aufforderung der Jünglinge in deren Wohnung und schließlich auch in deren Bett.

Eine unzulässig vergröbernde Inhaltsangabe, ein Vorgang, den man nicht schöner erzählen kann, als es König in Wort und Bild getan hat, ein überzeugender Beweis dafür, daß der Comic neben Prosa, Film und Szene eine ganz eigene, immer noch ausbaufähige Erzählform ist – zu überprüfen sind all diese Behauptungen in ›Schwul Comix 3‹, Verlag Rosa Winkel.

Schmitz über Stone

Der Film ›Die unglaubliche Entführung der verrückten Mrs. Stone‹ heißt so, um an den Film ›Die unglaubliche Reise in einem verrückten Flugzeug‹ zu erinnern, aus dem einfachen Grunde, weil beide Filme von denselben Regisseuren stammen, den Brüdern Zucker und Jim Abrahams. Zwei Streifen, die noch mehr gemeinsam haben, die beide schön dreist und sorgfältig erdacht sind und erfreulich zügig und geschmacklos ablaufen, obwohl die Gangart jeweils eine ganz andere ist: Während das ›Flugzeug‹ recht voraussetzungslos Gag an Gag reiht, braucht ›Entführung‹ einen längeren Anlauf, um jene Motive und Personen in Trab zu setzen, die dann zu einer jener Verwechslungskomödien sich verflechten, bei welchen der Zuschauer immer schon vor den Akteuren um die zwangsläufig eintretenden Katastrophen weiß und dementsprechend viel zu lachen hat, sei es aus Vor- oder aus Schadenfreude.

Ein komischer Film also, der nicht unbedingt Jubel, aber doch Respekt abnötigt, einen Respekt, der allerdings von jenem übertroffen wird, den ich für H. Schmitz, den Filmkritiker der ›Frankfurter Rundschau‹, und dessen Film-Fazit empfinde: »Erst in den letzten zehn Minuten wird der gähnend Ausharrende etc.« – welch ein gußeisern anspruchsvoller Kopf, dieser Schmitz! Oder war er ganz einfach unausgeschlafen?

Polgar über Biermann

Zu den Menschen, die mir das Gefühl geben, nicht so ganz allein auf der Welt zu sein, gehört der 1955 verstorbene Alfred Polgar. Dieser Kritiker hat derart kunstreich in so viel aufgeblasenes Künstlertum gestochen, daß es noch heute Freude und Mut macht, ihm bei seinem makellosen Handwerk zuzuschauen, zumal er immer wieder dem heutigen Kritiker die Arbeit abnimmt: Schlag nach bei Polgar …

Beispielsweise in der Textsammlung ›Sperrsitz‹, herausgegeben von Ulrich Weinzierl, Löcker Verlag, wir öffnen das Buch auf Seite 181 und lesen im ›Osterbrief‹ von 1929: »Geliebte Tante … Du vermutest recht, es hat sich viel getan in diesem Winter, auf vielen Gebieten körperlichen und geistigen Lebens, und ich könnte Dir von einer ganzen Reihe unvergeßlicher Eindrücke berichten, wenn ich sie nicht vergessen hätte.

Schuld daran trägt das Frühjahrslicht, in dessen Schein so viele Wichtigkeiten zu Gleichgültigkeiten verblassen. Sein milder Glanz macht die Stadt schöner, aber auch häßlicher, zeigt sie dem lustvoll tränenden Auge als die ›Wüste aus Ziegelsteinen und Zeitungspapier‹, die sie ist, und rührt im Busen des Großstädters die Sehnsucht auf nach Gras, Landpartie und dem Weibe des Nächsten. Ich will Dir, Tanti, bei dieser Gelegenheit mitteilen, daß mein ›Buch vom Erotiker‹ schöne Fortschritte macht. Zwei Aphorismen sind, bis auf die letzte stilistische Ausfeilung, fast fertig. Der erste, ganz tiefe und fundamentale, lautet: ›Eine ist zuviel … alle sind zuwenig!‹ Der zweite: ›Monogamie ist Zucht wider die Natur.‹ Weißt Du vielleicht jemand, der mir die Verfilmungsrechte für beide abkauft?«

Hat Tanti wahrscheinlich nicht gewußt, doch so viel weiß *ich* mit Sicherheit: daß jemand den ersten der beiden Fundamental-Aphorismen in Verse gesetzt und vertont hat, der Liedermacher Wolf Biermann in seinem Lied ›Das mit den Männern‹, dessen Refrain so geht:

Ich kriegs nicht raus
in diesem Leben nicht
das: Wie-man-leben-soll
Denn ein Weib ist zuviel
für mich – und zwei
sind viel zuwenig

Nein, der Biermann hat den Polgar ganz sicher nicht gekannt. Nein, nein, der Polgar hat den ganz tiefen Aphorismus sicherlich gar nicht selbst erfunden, sondern das Fundstück lediglich mit spitzen Fingern präsentiert, verhalten gähnend und unverhohlen amüsiert über diesen erotisch-idiotischen Paradoxa-Quatsch, und heute, mehr als fünfzig Jahre später, wird der wieder aufgetischt, biermannernst …

Nun hat der Biermann ja viele Tonfälle drauf, verhaltenere und grobere, mehr seriöse und mehr heitere, vorgeblich naive und nachweislich kunstvolle, und doch las ich seine jüngsten Gedichte/Lieder/Balladen-Sammlung ›Affenfels und Barrikade‹, Kiepenheuer und Witsch, ohne rechte Freude. Diese ganze hemdsärmelige Archipoeta-Villon-Bellmann-Heine-Brecht-Nachfolge ging mir ziemlich auf den Geist, ohne daß ich doch erwogen hätte, wo nun genau der kritische Hammer anzusetzen wäre, zuviel Arbeit, vergessen wir's ...

Da halfen der Zufall und die Polgar-Lektüre: Nein, man kann das alles nicht so einfach durchgehen lassen, Biermanns anbiedernde Ruppigkeiten nicht und nicht seine naßforsch vorgetragenen Leiden die Weiber betreffend. »Weiber«! Wer heute noch derart alttestamentarisch-dekadentweanerisch daherredet, hat allein deswegen satirische Haue verdient. Wie schön, daß die bereits 1929 ausgeteilt wurde, danke, Alfred Polgar!

Blech statt Birne

Satiriker neigen häufig zu Larmoyanz, ein Berufsübel, das wahrscheinlich daher rührt, daß das Anklagen, das Einklagen, das Beklagen und das Sichbeklagen allzu nah beisammenliegen.

Satiriker beklagen sich, wenn ihre Angriffe ignoriert werden – »Narrenfreiheit« –, aber auch, wenn sie Prozesse nach sich ziehen – »Justizterror«. Sie beklagen sich, wenn die Mächtigen ihre Scherze beklatschen – »Umarmungstaktik« –, aber auch dann, wenn sie ihnen Sendezeiten streichen oder ganz verweigern – »Zensur«. Vor allem aber beklagen sie stets und ständig, daß die Realität andauernd jedwede Satirikerphantasie übertreffe, wobei dann gern mit leidend verdrehten Augen auf Kohl verwiesen und gefragt wird, ob dessen Person nicht jeden Kohl-Witz in den Schatten stelle.

Ich meine: nein. Über Kohl habe ich so gut wie nie, über Kohl-Witze häufig lachen können. Natürlich nur über gute, doch was ist gut, was schlecht? Kohl sah das in einem Interview mit ›Bild‹ so: »Gute Witze über mich stören mich nicht. Die schlechten muß man ertragen können, wenn man ein Spitzenamt ausüben will. Das gilt auch für den Spitznamen ›Birne‹.«

Ich sehe das anders. »Birne«, diesen in ›Titanic‹ lancierten, von Pit Knorr verbalisierten und von Hans Traxler visualisierten Spitznamen finde ich aus zwei Gründen spitze: 1. weil er so abwegig ist und 2. weil er so folgenreich war. Abwegig: Wieso benennt man einen Mann, der bereits an einem deutlich pejorativen Gemüsenamen zu tragen hat (»Kohl reden«), nach einem doch recht wohlschmeckenden Obst? Folgenreich: Das ist eine längere, lehrreiche Geschichte.

Bei den vorletzten Wahlen war die Satirikerwelt noch in Ordnung. »Birne« war zwar bereits in aller Munde, doch noch gehörte sie eindeutig all denen, die Kohl nicht haben wollten. Voll brummenden Vertrauens in die Urteilskraft der Wähler erschien ›Titanic‹ anläßlich der Wahl am 6. März 1983 mit diesem Titel:

Der mündige Bürger hat uns dann zwar was gehustet (48,8 % für Kohl), doch das dicke Ende kam erst drei Jahre später. »Kohl-Werbung mit Birne« meldete AP im September 1986, und die ›Frankfurter Rundschau‹ druckte es: »Mit einer schwarz-rot-goldenen Birne sowie dem Slogan ›I like Birne‹ will die junge Union im Kreise Wesel« na, und so weiter bis: »Der Landesgeschäftsführer der jungen Union Christian Schröter begrüßte das Vorhaben. Mit dieser Aktion könne die CDU die Birne endlich als ›Eigengewächs‹ in Besitz nehmen« – harr harr. Ein bitteres Lachen, das spätestens an jenem Tag in den Satiriker-Gesichtern erstarb, als nicht eine obskure JU-Ortsgruppe, sondern die CDU-Spitze, das Angebot des ›Spiegel‹ nutzend, »als Beitrag zur demokratischen Meinungsbildung« folgende exklusive und kostenlose Wahl-Werbe-Doppelseite veröffentlichen ließ:

Eine Anzeige, die zweierlei belegt: die totale Vereinnahmung der Birne durch sie selber und die Fähigkeit ihrer Partei, sich in puncto Reiz-Abgreiferei von keinem

Alt-Punk, keinem Neuen Wilden und keinem postmo-
dernen Schnick-Schnackisten übertreffen zu lassen.

Wir erinnern uns: 150 Jahre zuvor gab es schon mal
eine mächtige Birne, den Bürgerkönig Louis Philippe.
Der ließ die Karikaturisten, die ihn zur Birne geformt hatten, noch gerichtlich verfolgen, weshalb die satirische
Zeitschrift ›Charivari‹ das Gerichtsurteil in Birnenform
abdruckte, worauf der König sich mächtig mopste – ich
verstehe jeden Satiriker, der diesen Zeiten heimlich oder
offen nachweint, und ich gönne ihm seinen Kummer.
Je schmerzlicher der ist, desto rascher wird der Beküm-
merte begreifen, daß in dieser Welt des Wandels auch die
Satire nicht mehr das ist, was sie früher war; daß heutzutage nicht nur erprobte satirische Techniken wie die
verunglimpfende Karikatur dahinwelken, sondern auch
ganze, altehrwürdige Gegner klammheimlich verschwinden, weshalb – doch ich greife vor. Gegner? Was für Gegner denn?

Im Dezemberheft von ›Titanic‹ erschien eine doppel-
seitige Anzeigenparodie, auf welcher ein blechernes Kruzifix sagt: »Ich war eine Dose.« Worte, die nicht ohne
Echo blieben, man rate, aus welcher Ecke. Nein, nicht aus
der kirchlichen. Die altböse Übelnehmerin und Verfolge-
rin schwieg, statt dessen rief das »Informations-Zentrum
Weißblech e.V.« nach dem Richter: »Die Geschmacklosigkeit ist durch nichts zu überbieten …«, ließ es durch zwei
Rechtsanwälte mitteilen, sowie: »Namens und im Auf-
trage unseres Mandanten … Grenzen noch zulässiger satirischer Bezugnahmen überschritten … Unterlassungs-
Verpflichtungserklärung … einstweiliger Rechtsschutz …«
– doch welchen Rechtsbruchs haben sich die Satiriker
schuldig gemacht? Der Weißblechbeleidigung? Der An-
zeigenverunglimpfung? Der Dosenlästerung?

Ich weiß es nicht, doch das glaube ich heutigen und
zukünftigen Satirikern raten zu können: Jammert nicht

darüber, daß Thron und Altar weitgehend satireresistent geworden sind. Freut euch lieber über jeden Neuzugang noch empörungsfähiger Personengruppen. Weißblech macht auch Mist – herzlich willkommen, Weißblech! Freilich: Ein Weißblech macht noch keinen Satire-Sommer. Schafft daher drei, vier, viele Weißblechs! Am Weißblechwesen muß die Satire ge – wie bitte? Ich rede Blech? Ich weiß, ich weiß ...

Fortu C., der Erlöser

Aus Buchs im schönen Dreiländereck (Schweiz, Österreich, Liechtenstein) schreibt mir Frank Noser: »Vor etwa zwei Jahren hatte unsere ›unabhängige liberale Tageszeitung‹, der ›Werdenberger & Obertoggenburger‹, begonnen, jede Woche eine Ecke der Seite 3 mit Humor zu füllen. ›Das Wort beim Wort genommen‹ hieß die neue Rubrik ... Leicht begriffsstutzig, wie ich nun einmal bin, habe ich etwa ein halbes Jahr nichts gemerkt und jede Woche mein Los verflucht, solch geistlosem Rotz ausgesetzt zu sein ... Irgendwann aber begann ich, die kleinen Kunstwerke des Malers und Illustrators Fortunat Cagienard alias Fortu C. zu sammeln ... Ich vermute – aber ich lasse mich gerne belehren –, daß diese Geistesblitze einzig dastehen auf der Alpennordseite. Einzig in ihrer Ideenlosigkeit, Banalität und Unverfrorenheit« – was sagt man dazu?

Erst mal »Danke schön«, da Frank Noser gleich 74 Ablichtungen der so verheißungsvoll geschilderten Rubrik beigelegt hat. Dann »Aua!«, da Fortu C. hart an der Schmerzgrenze herumzeichnet. Schließlich aber »Pax vobiscum, Bruder Witzbold«, da ja die Welt nicht eher erlöst werden kann, bevor nicht alle denkbaren Kalauer nicht

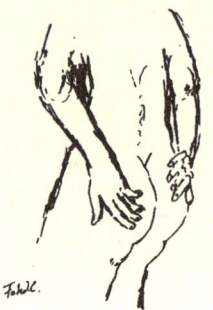

Hinterhalt

St(e)i(e)fbruder

Erster August

nur gedacht, sondern auch ausgesprochen und zu Papier gebracht worden sind. Fortu C. hat diesen Prozeß wesentlich befördert und beschleunigt, daher soll er auch dreimal zu Wort kommen dürfen, mit einer Trilogie gewagtester Wort-Bildlichkeit, die alles weit hinter sich läßt, was brave deutsche Cartoonisten Woche für Woche in den einschlägigen Publikationen veröffentlichen, Werkzeuge der Erlösung freilich auch sie.

Da lachen ja die ...

Vom Cartoon-Markt ist eine Hausse in Hühnerwitzen zu melden – das Geflügel schickt sich an, den traditionellen Witz-Tieren Hund und Katz den Rang abzulaufen. Vier unlängst erschienene Cartoon-Bücher fallen mir auf die Schnelle ein, zwei von Peter Gaymann, ›Huhnstage‹ und ›Hühner auf Reisen‹, beide Fackelträger Verlag, Peter Butschkows ›Matschoo!!‹, Fischer Taschenbuch Verlag, und ›Herrmann, der Hahn‹ des deutschzeichnenden Griechen Arkas, Eichborn Verlag. Mir fehlen Zeit und Kraft, all diese Bände eingehend zu würdigen, ich will mich auf eine Beobachtung und eine Frage beschränken.

Die Beobachtung: Nach altehrwürdiger Fabelmanier dienen die Tiere den Zeichnern dazu, den Menschen Torheiten und Schwächen vorzuhalten, wobei vor allem diejenigen Hähne unter uns Männern eins aufs Dach bekommen, die noch immer nicht begriffen haben, daß die Zeiten des alleinseligmachenden Schniepels der Vergangenheit angehören, da die stets pfiffigen und aufgeklärten Hühner diesem Schwindel gottlob nicht mehr aufsitzen.

Die Frage: Die wackere Gesinnung all dieser fortschrittlichen Scherze in Ehren – wieso haben all die

Zeichner ausgerechnet das Huhn zum Stellvertreter menschlicher Geschlechterkämpfe und Emanzipationsbestrebungen gewählt? Warum nicht den Adler, den Biber, das Chamäleon oder den Dachs?

Nun, so viel weiß ich: Anfang der 70er führte F. K. Waechter das emanzipatorisch besetzte Huhn in den Cartoon ein, in welchem es sich sogleich festkrallte und, s. o., Eier ohne Zahl legte. Was freilich nur beweist, daß das selbstbestimmte Huhn einer gewissen scene mächtig einleuchtete, nicht aber erklärt, wieso es gerade das Huhn war und nicht s. o.

Erwiesen ist jedenfalls eine enge seelische Verwandtschaft zwischen Huhn und scene, die ich freilich nicht weiter begackern möchte, da ich meine Behauptung hier und heute nicht kaputt-put-put-reden will. Vielleicht ein andermal.

Kahl hat's

Die ›Kleine Schule des Geraden Sehens‹ von Ernst Kahl, Galgenberg Verlag, ist ein sehr schönes Buch, vorausgesetzt, man mag Bücher voller sehr abwechslungsreicher, komischer Zeichnungen und man schätzt komische Zeichner, die aus Neugier und Neigung von Blatt zu Blatt die graphischen Mittel und den komischen Tonfall wechseln.

Ob sich bei uns viele Liebhaber eines solch unruhigen Talents finden, bezweifle ich. Erfolgsgeschichten von Mordillo bis Brösel legen vielmehr die Vermutung nahe, daß der Konsument beim komischen Zeichner vor allem graphische Wiedererkennbarkeit und verläßlich sich wiederholende Pointen schätzt – nichts davon bei Kahl. Statt dessen ein Kompendium sowohl derbster wie exquisitester Techniken, ein Wechselbad grobsinnlicher und feinsinniger Pointen, alles zusammengehalten durch Können, Kunstverstand und jene komische Kraft, die man entweder hat oder nicht – Kahl hat sie.

DDR-Witze

›Wo wir sind ist vorn‹, Rasch und Röhring, ist laut Banderole »Das Buch zum Thema«. Nicht zum Thema »Komma setzen, aber wo?« wie mancher wohl vermuten mochte, sondern zum Thema »Der politische Witz in der DDR ...« – ein der DDR entlaufener Clown namens Clemil alias Clement de Wroblewsky hat die Witze gesammelt und kommentiert. Eine ziemlich konfuse Sammlung, da die Witzgrenzen fließend sind und z. B. die breit zitierten Volkspolizei-Witze nichts weiter darstellen als die DDR-Variante der BRD-Ostfriesen-Witze, welche wiederum aufs innigste mit den Schweizer Österreicher-Witzen verwandt sind sowie mit den US-amerikanischen Kanadier-Witzen, den italienischen Carabinieri-Witzen und zahllosen weiteren international verbreiteten Dummerle-Scherzen, die ich nur aus dem Grunde nicht erwähne, weil ich sie nicht kenne. DDR-typischer, wenn auch vollkommen verschnarcht, sind da schon die Walter-Ulbricht-Witze, deren einer mich unvermutet lachen ließ, obwohl Clemil ihn ziemlich pointenmordend runtererzählt:

Walter Ulbricht ist zum Ski-Urlaub nach Suhl unterwegs. Da überholt ihn mit hohem Tempo ein Auto mit dem Zeichen GB, kurz darauf noch ein Auto mit dem Zeichen GB.

»Tüchtig, tüchtig«, sagt Walterchen, »die Geheimbolizei ist auch unterwegs.«

»Das ist nicht die Geheimpolizei«, sagt der Fahrer, »ich glaube, das sind Genossen aus Bulgarien.«

»Also«, sagt Walter, »bei Bulgarischen Genossen steht immer BG dran. Hier aber steht GB dran.«

»Und das bedeutet nicht Kriminalpolizei«, sagt Lotte, »und auch nicht Keheimpolizei, das bedeutet Gönigreich Persien!«

Schlecht erzählt, wie gesagt. Wieso beginnt der Witz mit zwei GB-Autos, wo doch zur Exposition schon eines gereicht hätte? Wieso fährt das erste Auto mit hoher Geschwindigkeit, da doch diese Tatsache für den weiteren Verlauf des Witzes vollkommen unerheblich ist? Wieso erwähnt Lotte am Ende die gänzlich abwegige, weil bisher mit keinem Wort erwähnte »Kriminalpolizei«? Wieso sagt sie »Keheimpolizei«? Wieso endet sie mit »Gönigreich Persien« und nicht, wie zwingend aus dem Vorhergehenden erforderlich, mit »Bersien«?

Alles Rätsel, die ein gutes Witzbuch nicht aufgeben sollte, bei Clemil jedoch die Regel sind. Daraus schließe ich, daß er ein schlechtes Witzbuch zusammengetragen hat.

Schwarze Komik

Daß Spike Lee, der Regisseur und einer der Hauptdarsteller von ›She's gotta have it‹, ein schwarzer Woody Allen sei, lese ich in der ›taz‹.

Daß er Miles Davis, schwarze Rap-Musik und den Sprachwitz von Woody Allen anklingen lasse, schreibt der ›Spiegel‹.

Ihn verbinde mit Allen, daß der genausoviel Schwarze in seinen Filmen habe wie er Weiße, sagt Spike Lee – immer noch laut ›Spiegel‹, und das ist ein ebenso wahrer wie nachdenklich stimmender Satz.

Stimmt, dachte ich nämlich nachdenklich, nachdem ich Spike Lees Film gesehen und Woody Allens Filme hatte Revue passieren lassen. Keine Weißen bei Spike Lee und keine Schwarzen bei Woody Allen.

Wieso eigentlich nicht?

Spike Lee ist entschuldigt. In »Amerikas erstem, nur von Schwarzen hergestellten Film« hatten Weiße nichts verloren: Filme, in denen die auftreten können, gibt's reichlich. Doch warum fehlen die Schwarzen bei Allen?

In den Kreisen, in welchen der sich bewegt, gibt es keine Schwarzen, wurde mir von Kundigen als Antwort zuteil. Kann ich nicht beurteilen, doch ich erinnere mich, daß Allen Filmscherze über Bankräuber, U-Bahn-Rowdies und Partisanen gemacht hat, alles Bevölkerungsgruppen, die sicherlich ebenfalls nicht zu seinen Kreisen gehören. Warum dann nicht über Schwarze?

Deshalb, vermute ich: Weil er selber zu einer Minderheit gehört, zur jüdischen. Weil er daher weiß, daß nur derjenige das Fühlen und Handeln solch einer Bevölkerungsgruppe kompetent und komisch vorführen kann, der nicht über sie befindet, sondern sich in ihr befindet. Weil Bankräuber und Partisanen Schießbudenfiguren sind, auf die jeder ungestraft ballern darf, die Schwarzen aber vermintes Gelände darstellen: Wie leicht kann da der komische Schuß nach hinten losgehen und auch noch Beifall von der falschen Seite bekommen. (Ende des ballistischen Teils.)

Im Ernst: Spike Lees »seriously sexy comedy« ist eine Bereicherung. Verscheißert Eddie Murphy als ›Beverly Hills Cop‹ noch die bemühte Reception eines stockweißen, total belegten Nobel-Hotels, indem er, als er kein Zimmer bekommt, lauthals den furchterregenden »Aha! Rassismus!«-Hammer schwingt, so treiben es die Schwarzen in Spike Lees flinkem Schwarzweiß-Film weit ärger. Da gibt es nicht nur sympathische, wache, lustige Neger, sondern auch dumpfe und lachhaft unsympathische. Da behauptet einer der drei Liebhaber der prallen Nola Darling, für ihn seien seine Nebenbuhler bedauernswerte Getto-Neger, er dagegen werde von Brooklyn nach Manhattan übersiedeln, wo er überdies jederzeit weiße Klassefrauen haben könne.

Ein denkwürdiger Moment! Das erste Mal hörte ich in einem Film einen Schwarzen lächerliche Vorurteile über

Schwarze äußern. Das erste Mal sah ich in einem Film Schwarze, die ohne jeden Onkel-Tom-Bonus belachbar waren. Diese Belachbarkeit aber ist, wie man weiß, ein unverzichtbarer Schritt jedweder Minderheit auf dem Weg zum Ernstgenommenwerden.

In der Kürze

Norbert Neumanns Buch ›Vom Schwank zum Witz‹, Campus Verlag, ist eine der wichtigsten Veröffentlichungen der letzten Jahre. Jedenfalls für mich, der ich seit Jahren von einem Fuß auf den anderen trete und frage: Wo bleibt denn mal eine gute materialreiche Abhandlung zum Thema »Vom Schwank zum Witz«? Die aber habe ich schon immer gebraucht, um endlich einmal eine meiner schon immer gehegten und gepflegten Lieblingsthesen belegen zu können: Es gibt den Fortschritt, und er ist meßbar.

Jedenfalls in der Komik, und das beweist Neumann aufs schönste, indem er mittelalterliche Schwankbücher, frühneuzeitliche Histórchensträuße und heutige Witzsammlungen miteinander vergleicht. Was ein Umstand, früher: »Von einem Artzt. Ein Artzt zog von Rhom gen Athen / und wollt daselbsten die Griechische Sprach lernen. Da er die Grammatik durchlesen / und ein wenig Fundament darinn geleget hatte, fieng er an Homerum zu lesen« – usw. usf., acht weitere von insgesamt dreizehn Zeilen stehen noch aus, ermattet erfährt der Leser schließlich die mühsame Pointe: Der Arzt erwartet, in Griechenland höher denn Achilles gepriesen zu werden, da er in seinem Leben noch mehr Menschen unter die Erde gebracht habe als jener.

Neumann entnahm diesen Scherz einem Buch von 1617 des Otho Melander: »Joco-Seria: Das ist Schimpff

und Ernst: Darinn nicht allein nützliche und denkwürdige / sondern auch anmutige und lustige Historien
erzehlet und beschrieben werden ...« – nein, was Umstände!

Welch knappe und kluge Folgerung Neumann dagegen aus alldem zieht: »Einen Kontrast zur Langatmig-
keit – weil Informationsbedürftigkeit früherer Zeiten –
bietet der Komiker Otto, der für einen Witz mit vergleich-
barer Tendenz nur noch fünf Sekunden braucht. Ohne
einen Arzt-Witz anzukündigen:

›Schwester! – Zange! – Tupfer! – Sterbeurkunde!‹

Das Publikum bricht in wahre Lachstürme aus. Aber
vermutlich amüsiert es sich weniger über das dem heh-
ren Berufsethos eines Arztes widersprechende Ergebnis,
als über die im Augenblick des Wiedererkennens ge-
wonnene Erfahrung, mit welch geringem Aufwand es in
die gewünschte Kommunikationsspur gezogen werden
konnte. Die Sprache des Witzes wird damit selbst zum
Thema des Lachens.«

Preis-Niveau

In Hannover gibt es das Wilhelm-Busch-Museum, das
sich im Untertitel »Deutsches Museum für Karikatur
und kritische Grafik« nennt. Heuer wird es fünfzig Jahre
alt, zur Feier des Jahres sollte auch ein Preis beitragen,
der – erraten! – »Wilhelm-Busch-Preis für Karikatur und
kritische Grafik«. Angesprochen waren »alle Künstler,
die in der Bundesrepublik Deutschland, der DDR, in
Österreich und der Schweiz arbeiten«, ausgesetzt war
eine Preissumme von DM 40 000: DM 20 000 für den besten, DM 10 000 für den zweitbesten sowie je DM 5 000
für zwei förderungswürdige Künstler. Sieben Juro-

ren – ein Regierungsdirektor, ein Museumsdirektor, ein Kunstwissenschaftler, ein Galerist, ein Journalist, ein Generalsekretär und der Zeichner Paul Flora – wirkten am historischen Vorgang der Preisvergabe mit. Jawohl, historisch, da die Einladung nicht ohne Stolz mitteilte: »An Preisen mangelt es in der Bundesrepublik Deutschland gewiß nicht … Nur die Karikaturisten und Cartoonisten standen bislang wie das arme Mädchen mit den Schwefelhölzchen draußen vor der Tür … Das wird nun künftig anders werden.«

Alles prima, wären da nicht die Wettbewerbsbedingungen gewesen. Richtiger: wären da welche gewesen. Zugelassen waren nämlich »Zeitungskarikaturen ebenso wie graphische Blätter, die die Tradition eines William Hogarth oder Francisco de Goya weiterführen, humorvolle Skizzen, ironische Betrachtungen« – also Kraut und Rüben, da ein Goya und ein sagenwirmal Flora wenig mehr miteinander gemein haben als die Tatsache, daß sie beide je ein O und je ein A im Namen führen. Daher rechnete ich damit, daß die Preisverleihung schon irgendwie schiefgehen würde, doch ich sollte mich irren. Sie ging gründlich schief.

Vorerst jedenfalls. Den ersten Preis erhielt ersten Meldungen zufolge ein mir bis dahin unbekannter Zeichner namens Gerhard Glück. Dafür kam mir das, was man mir über sein preisgekröntes Blatt erzählte, um so bekannter vor. Es zeige, hieß es, einen zwischen seinen Bildern erhängten Künstler, Unterzeile: Der Künstler ist anwesend. Wo hatte ich das schon mal gesehen? Im ›stern‹? Gezeichnet von Peter Neugebauer?

Der zweite Teil meines Gerätsels klärte sich rasch und direkt: Ja, es hatte vor Jahren ein sehr ähnliches Blatt von Peter Neugebauer im ›stern‹ gegeben. Glücks Blatt dagegen habe ich bis heute noch nicht betrachten können. Ich bat das Wilhelm-Busch-Museum um eine Ablichtung,

337

statt dessen erhielt ich eine Pressemitteilung, die meine Vermutungen indirekt bestätigte:

»Neuentscheidung der Jury über die Preisträger des Wettbewerbs um den ›Wilhelm-Busch-Preis‹ für Karikatur und kritische Grafik‹. Die Ähnlichkeiten sind auffällig. Und so wurde der Jury des Wilhelm-Busch-Preises die Erkenntnis zuteil, daß sie fehlbar ist. Eines der eingereichten Blätter des Künstlers, dem der erste Preis zugesprochen worden war, ist stilistisch selbständig, doch das Thema ist es nicht, wie sich im nachhinein herausstellte. Ein anderer Karikaturist hatte zuvor dieselbe Idee gehabt.

So wie es eine Duplizität der Ereignisse gibt, gibt es auch eine Duplizität der Ideen. Deshalb entschloß sich die Jury ... die Reihenfolge der Preisträger zu ändern und Borislav Sajtinac den ersten, Walter Hanel ... den zweiten Preis zuzusprechen. Den Förderpreis erhält, wie schon bekannt, Ernst Reyer.«

Ein trotz der vielen Worte immer noch recht undurchsichtiger Vorgang. Kein Grund zur Schadenfreude, jedoch ein Anlaß, die Schadensursachen zu ermitteln. Keine Jury kann alle bereits gezeichneten Pointen kennen, doch einer von sieben Juroren sollte wenigstens so viel Witterung für das Naheliegende, Gängige oder Wohlfeile einer Pointe haben, daß er die Mitjuroren, die Herren Regierungsdirektoren und Generalsekretäre, zur Vorsicht mahnt. Wobei ein naheliegender Witz durchaus gut sein kann, wenn auch nie ersten Ranges, und Glück keineswegs ein Plagiator gewesen sein muß. Der Schwarze Peter gebührt zweifellos den wirren Wettbewerbsbedingungen und den offenbar überforderten Preisrichtern. Aber aus über 1000 Blättern (ca. 360 Einsender à drei Arbeiten) ausgerechnet eine Doublette herauszufischen und zu prämieren, ist schließlich auch eine Leistung.

338

Erster Preis: Borislav Sajtinac »Der Wurm« (seufz)

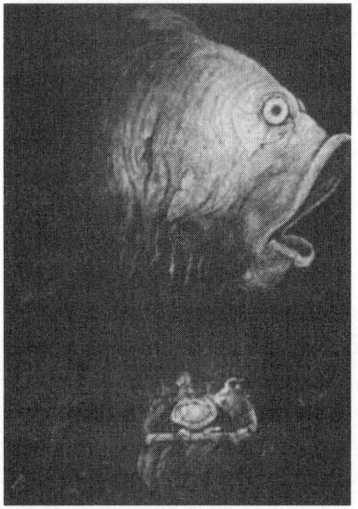

Zweiter Preis: Walter Hanel »Ohne Titel« (gähn)

Förderpreis: Ernst Reyer »Wilde Deponie« (schnarch)

Schwamm drüber, mit der »Neuentscheidung« ist ja wieder alles im Lot. Nun ist unter den drei Preisträgern – einer der beiden Förderpreise wurde nicht vergeben – garantiert kein einziger Pointenmarder mehr, da die preisgekrönten Blätter bar jeder Pointe sind: Borislav Sajtinac, Walter Hanel und Ernst Reyer wurden für Arbeiten ausgezeichnet, vor deren sauberem Handwerk jede Kritik verstummt und deren schlichte Allegorien zum immergrünen Thema Natur- und Stadtzerstörung jeden Kritiker einschlafen lassen.

Die Nackten und die Roten

Über Scherz, Satire und Komik aus der DDR zu befinden ist ein so schwieriges wie undankbares Geschäft. Kein Witz gedeiht im luftleeren Raum, doch kaum ein hiesiger Leser hat die Geduld, sich mit dem Umfeld der DDR-Witze zu beschäftigen, da die Begründung, warum etwas komisch ist, leider keinen Ersatz für den spontanen Lacher darstellt. Der aber bleibt in der Regel selbst mit im

Halse stecken, jedenfalls immer dann, wenn ich den ›Eulenspiegel‹, das satirische Wochenblatt der DDR, durchblättere. Warum andere mit der Frage behelligen, ob ich angesichts der sich stets wiederholenden Seitenhiebe gegen Pfusch und Versorgungsengpässe objektive oder subjektive Lachschwierigkeiten habe, denke ich bei solcher Gelegenheit, blättere schnell weiter – und sehe mich unversehens doch gezwungen, das Wort in Sachen DDR-Satire zu erheben. Nicht der BRD-Leser wegen, sondern um es mahnend an die DDR-Satiriker zu richten.

Kollegen Satiriker vom ›Eulenspiegel‹! Beim Lesen Eures Blattes stoße ich mit schöner Regelmäßigkeit auf ›Die andere Seite‹, eine Kolumne, deren doppelsinniger Titel bereits davon kündet, daß es auf dieser Seite um unsere Seite, also die BRD, geht. Layout und Inhalt tragen dem Rechnung. Ersteres lehnt sich an die ›Bild‹-Zeitung an, letzterer feiert in ehrwürdiger Satiriker-Manier alles, was hierzulande zu tadeln ist, von SDI-Säbelgerassel bis zu den Arbeitslosen. Ein »Gerhard Löwenqual« glorifiziert Südafrikas Rassenpolitik, die Schlagzeilen lauten »Unternehmer beweisen: Gewerkschaften überflüssig« oder »Vorsicht bei Angeboten aus Moskau« – alles wie gehabt und sturzlangweilig, wäre da nicht jedesmal jener raffiniert plazierte Augenfänger, welcher – doch da muß ich etwas weiter ausholen.

Zu den Ruhmesblättern des offiziellen DDR-Humors gehört es, daß er all die Jahrzehnte hindurch sauber geblieben ist. So sauber wie das gesamte Pressewesen, welches weder Männermagazine duldete, noch Satiremagazine hervorbrachte, welche unter dem Vorwand, Pornowelle und Schmuddelsex geißeln zu müssen, ungestraft schmuddelig sein durften. Wie anders der ›Eulenspiegel‹! Auf dessen sechzehn Seiten pro Woche fand und findet Erotik, gar Sex nicht statt, weder als Thema noch als Vorwand, im Bild nicht und nicht im Text, außer – und damit, verehrte Kollegen, bin ich endlich beim Thema – außer auf ›Die andere Seite‹.

Die nämlich bringt schön groß in jeder Ausgabe wechselnde, jedoch stets halbnackte Mädchen. Die darf das, weil sie ja die ›Bild‹-Zeitung und ihre Rattenfänger-Unsitten parodiert. Die übertrumpft ihr Vorbild noch, indem sie die Nackten mit einem lachhaft vordergründigen, pseudopolitischen Alibi offeriert: »Pamela (18) aus Bonn gestand ... daß sie den USA-Präsidenten ganz toll findet« (Nr. 49/86) oder »Patty aus Philadelphia ist stolz auf ihren Präsidenten« (Nr. 9/87) – alles recht schlicht und ganz wie bei westlichen ›Bild‹-Parodien. Alles klar also? Leider ganz und gar nicht.

Kollegen Satiriker, wißt Ihr eigentlich, welchen Tiger Ihr reitet, wenn Ihr in Eurer fleischlosen DDR erotische Schaulust, junge Mädchen und nacktes Fleisch ausschließlich mit dem Assoziationsfeld »Westen«, »USA« und »Präsident Reagan« koppelt? Wißt Ihr, welch unheilvoller Konditionierung Ihr damit die Euch anvertrauten Arbeiter und Bauern unterwerft? Ahnt Ihr wenigstens, in welch ausweglose double-bind-Situation Ihr sie blindlings hineinmarschieren laßt?

Denken wir uns den 17jährigen Dreher Dieter D. aus Dresden. Sein Verstand sagt ihm, daß der altböse Präsident Reagan das Letzte ist. Sein Gefühl sagt ihm, daß junge, nackte Mädchen das Tollste sein müssen. Ihr sagt ihm, daß all die jungen, nackten Mädchen für Präsident Reagan schwärmen. Was wird da der Dreher Dieter denken, wenn ihm erstmals ein nacktes Mädchen entgegentritt?

Wird er ihr ein wütendes »Weiche, du kriegslüsterne Präsidentendirne!« entgegenschleudern? Wird er sich angesichts der Nackten wahnhaft für den amerikanischen Präsidenten persönlich halten? Wird er so lange zwischen erotischer Berührungslust und ideologischer Berührungsangst hin und hergerissen werden, bis er es

Frankfurt (Main).
Werke planen die
mindestens 1000
Konzern, so wurde
gabe des „Manage
teilt, strebt eine K
Produktionsstätten
an, die für den do
zu einer Belebung

Patty for President
●●●●●●●●●●

Patty aus Philadel-
phia ist stolz auf
ihren Präsidenten:
„Fünfundzwanzigmal
hat er den Russen
während ihres Kern-
testmoratoriums ge-
zeigt, was eine
Härte ist. Und in
seiner Rede zur La-
ge der Nation hat
er gesagt:
,Die Welt ist
durch uns sicherer
geworden – aber
sie ist noch nicht
sicher.' Zeigen
wir's ihnen!"

Ein
›Eulenspiegel‹-
Streich

Hut ab, Herr Präsident

Pamela (18) aus Bonn gestand der „Anderen Seite" in einem
offenherzigen Gespräch, daß sie den USA-Präsidenten ganz
toll findet. „Das ist eine echter Mann", erklärte sie genau an
dem Tag, an dem die ersten vier MX-Raketen auf einem
Luftwaffenstützpunkt im Bundesstaat Wyoming abschußbereit
stationiert wurden. „Ich liebe Männer, die mit dem Kopf durch
die Wand gehen und sich durch nichts davon abbringen
lassen!"

343

schließlich wissen will und hinterher nicht mehr aus noch ein weiß –: Sex ist toll. Sex ist USA. SDI ist USA. Ist auch SDI toll?

Rhetorische Fragen? Aber ja doch, Kollegen Satiriker. Jetzt erst kommen nämlich die ernstgemeinten: Braucht Ihr wirklich für jede Brustwarze ein ›Bild‹-Alibi? Erinnert das nicht penetrant an jene stockbürgerliche Doppelmoral, die die Verurteilung des Lasters zum Vorwand nahm, sich stillvergnügt am lauthals Verdammten zu ergötzen? Ja – nicht wahr? Ist eine solche Verhocktheit eines fortschrittlichen Satirikers würdig? Tja, Kollegen Satiriker, das ist die Frage. Antwortet mir jemand?

Familie Flodder

Gerade war ich im Kino, in ›Eine Familie zum Knutschen‹ (›Flodder‹), und bevor ich ganz vergesse, warum ich den Film des Holländers Dick Maas zum Heulen fand, rasch zwei, drei Anmerkungen.

›Flodder‹ gibt sich anarchisch, schwarz und unangepaßt, ist jedoch das reine Gegenteil. Der Film handelt davon, daß eine Asozialenfamilie von der Stadtverwaltung in einen Villenvorort einquartiert wird, und er lebt hauptsächlich davon, daß er die braven Bürger als die wahren Asozialen vorführt. Bürgerkinder bedrohen das Asozialenkind, das sich daraufhin mit einem Klappmesser zur Wehr setzen darf, unblutig natürlich, Bürgersöhne räuchern das Asozialenauto mit einem Molli aus. Diese simple Umkehrung der Erwartungen ist wacker, jedoch überhaupt nicht komisch; dabei wird der Film doch als Komödie gehandelt.

Auch daß da reichlich Autos zu Schrott gefahren und Villen verwüstet werden, macht die Sache nicht komischer. Ich jedenfalls habe noch nie dann lachen können, wenn ein führerloser Delikatessenbus auf der Autobahn entgegenkommende Lastzüge zwingt, links und rechts in die Grünstreifen zu rasen.

Was der beabsichtigten Komödie jedoch endgültig den Rest gibt, ist die zutiefst versöhnlerische und anbiedernde Gesinnung von Dick Maas, verantwortlich für Buch und Regie. Wenn es ums Saufen und Ficken geht, sind Bürger und Asoziale eigentlich ein Herz und eine Seele, führt er vor, doch er läßt auch schleimigere Verbrüderungen nicht aus. Da besucht der asoziale Stenz die geile gelangweilte Generalsgattin, nippt an ihrem Cocktail, verzieht das Gesicht, doch statt des erwarteten Gemäkels über die ihm unbekannte Plörre kommt kennerische Kritik: »Da fehlt etwas Zitrone.« Merke: Die Asozialen sind die besseren Genießer.

Die geile Gattin revanchiert sich wenig später, als sie ihren Gatten verlassen und bei den asozialen Nachbarn Unterschlupf gefunden hat. Ein weiterer Asozialer reicht ihr statt des verlangten Glases Wasser ein Wasserglas voll Schnaps, sie aber trinkt es nicht nur, sondern nagelt den Scherzbold auch noch mit einem so beiläufig wie professionell geworfenen Brotmesser an der Küchenwand fest. Merke: Die Society-Schnepfen sind die tougheren Frauen.

Alles natürlich gelogen, und diese auf Beifall und Lacher von allen Seiten schielende Verlogenheit hat Folgen: Ihretwegen ist der Film so mißraten und so erfolgreich.

So mißraten, weil er sich niemals ernsthaft jenem komödiantischen Potential stellt, welches darin liegt, daß Nichtangepaßte sich ohne Scheu unangepaßt verhalten bzw. ihr Angepaßtsein dem einzigen Zweck unterordnen, via Sozialamt schnelle Kohle abzusahnen.

So erfolgreich, weil die Botschaft vom ehrlicheren und somit wahreren Leben der Indianer, Zigeuner, Landstreicher, Künstler und – last, not least – Asozialen bereits seit etwa 200 Jahren die Phantasie der Bürger bewegt und offenbar immer wieder gern gehört wird, ob sie nun vom Papalagi handelt oder der Familie Flodder.

Herausforderung Aids

Daß eine Welle von Aids-Witzen durch die Bundesrepublik rausche, hatte der Berliner Manfred Hofmann in der ›Humor-Kritik‹ vom Juni dieses Jahres berichtet und auch ein Beispiel genannt. Daß das ein umfrisierter Syphilis-Witz sei, hatte ich entgegnet und die Leser gefragt, ob sie denn bisher etwas von einer genuinen Aids-Witz-Welle gespürt hätten, richtiger: von einer Welle genuiner Aids-Witze.

Nun, da einige Zeit ins Land gegangen ist, weiß ich mehr. Zehn Leser schickten mir 18 Aids-Witze ein – sicher weder ein repräsentativer Querschnitt der Bevölkerung noch eine erschöpfende Witzlese, aber doch besser als gar nichts: Es gibt sie, die genuinen Aids-Witze – auch wenn von einer Welle offensichtlich nicht die Rede sein kann –, und es gibt diese Witze bereits seit längerem.

Vor drei Jahren hörte und sah Andreas Campen aus Berlin folgendes in einem englischen Horror-Film: »What do the letters GAY stand for?« – »Got Aids Yet.«

Auch der deutsche Volksmund hat seinen Schnabel an der Herausforderung gewetzt, bekannte Worte als aidsbezogene Abkürzungen zu enttarnen. Dieter Matten aus Essen hat gleich zwei überliefert: »Aids ist bekanntlich eine Abkürzung für Ab in den Sarg« sowie »Gibt es ein Mittel gegen Aids?« – »Ja. Rama.« – »Rama?« – »Raus aus meinem Arsch.«

Daß das alles nicht sehr geschmackvoll sei, merkt Matten an, und er ist nicht der einzige, der sich von seinen Witzbeispielen deutlich distanziert. Sein gutes Recht, doch die Frage hieß ja nicht: Gibt es geschmackvolle Aids-Witze?, sondern: Hat Aids Witze provoziert, die es vorher nachweislich noch nicht gab?

Beim Rama-Witz weiß ich nicht so recht. Der könnte auch auf der Schiene »Gibt es ein Mittel gegen Homosexualität?« funktionieren, ebenso wie ein anderer Witz, den Hans-Martin Arnold aus Sinsheim berichtet: »Warum bekommt ein Beamter niemals Aids?« – »Weil er seinen Arsch nicht vom Stuhl hochbekommt.«

Frei von jeder schwulen Konnotation dagegen funktioniert die gleiche Frage auf den bayrischen Bauern bezogen: »Warum haben die bayrischen Bauern kein Aids?« – »Weil es das noch nicht bei der Baywa gibt« – wozu Gewährsmann Achim Greser bemerkt, die Baywa decke in Bayern den Bauernbedarf. Mein Urteil: Ein hübscher, etwas unbedarfter Scherz, der nicht so sehr Aids als vielmehr die Trägheit bayrischer Bauern zum Inhalt hat und daher wahrscheinlich in Vor-Aids-Zeiten zurückreicht.

Ulrich Müller-Kremer aus Jever schreibt mir, er habe Aids-Witz-Forschung betrieben, »und das ging so: Von hier vonne Nordsee aus habe ich meinen Freund im Gebirge (Hunsrück) angerufen und ganz vorsichtig gefragt: Kennste den (den Aids-Witz aus ›Titanic‹ natürlich), und schon sprudelte es durch die Telefonmuschel« – folgen drei Witze, wenden wir uns zunächst dem dritten zu: »III (diesmal allerdings ein wirklich umfrisierter Opel-Konstantinopel-Witz): Boris und Steffi nach einem Match gemeinsam unter der Dusche. Steffi: Ich will dir ja nicht zu nahe treten – aber warum hast du da auf das da AIDS schreiben lassen? Boris: Ich will nicht angeben – aber ausgefahren heißt das ADIDAS.«

Eine, wie ich meine, hervorragende Version eines in der Tat bewährten Schemas, das ich bisher in einer Variante kannte, die gänzlich frei von jeder Werbung am Mann war: »Elvira zum Seemann: Wer ist denn Rumbalotte? Seemann: Rumbalotte? Elvira: Du hast dir doch den Namen Rumbalotte auf deinen Pint tätowieren lassen. Seemann: Ach so! Nein – wenn der in Aktion ist, kannst du da ›Ruhm und Ehre der baltischen Flotte‹ drauf lesen.« Aber zurück zum Thema und zu jenen Witzen, die, wie ich meine, jüngeren Datums sind. Peter Höpgen ist ganz sicher, daß die ersten Aids-Witze schon vor zwei Jahren kursierten, und er überliefert einen, in dem einer die katholische Kirche unheimlich progressiv nennt, worauf ein anderer »Wieso?« fragt und der eine erwidert: »Die haben doch schon Erz(Ähz)bischöfe und Erzengel.«

Daß da mit der rheinischen Aussprache der Silben Erz und Aids gespielt werde, merkt Höpgen an – wie müssen die Rheinländer da erst über den zweiten der drei Müller-Kremer-Witze lachen: »Welches ist die höchste Erhebung im Aids-Gebirge? Der Rock Hudson.«

Gerd Bley schickte vier Scherzfragen und schreibt dazu: »Man merkt ihnen an, daß die beiden ersten ein Verwaltungsangestellter, die letzteren eine Krankenschwester erzählte.« Merkt man das? Derart sublime Aromen schmecke ich nicht heraus; daß zumindest drei der Witze auf Aids reagieren, glaube ich herauszuhören: »Warum können sich Polizisten nicht mit Aids infizieren? Weil sie Gummiknüppel haben« – könnte zwar auch ein reaktivierter Präserwitz aus den 50ern oder 60ern sein (»Warum kriegen Polizisten keine Kinder« etc.) –, doch mein Gefühl sagt mir, daß das nicht der Fall ist.

Das Alter des nächsten Witzes dagegen kenne ich recht genau, wenn nicht alles täuscht, war ich bei seiner Entstehung zugegen. Im Oktober des Jahres 1984 versuchte

›Titanic‹ die Gattin des frischgewählten Bundespräsiden-
ten Richard von Weizsäcker zu leimen, indem sie ihr in
getürkten Briefen die Patenschaft für zahlreiche erfun-
dene, vorgeblich karitative Institutionen antrug. Eine davon nannte sich »After Aids« – jetzt, drei Jahre später,
begegnet mir das Wortspiel in folgender Version wieder:
»Wie heißen die Kinder Aids-Kranker? After-Aids.«

Soweit die Highlights aus den Einsendungen – Zeit
für ein vorläufiges Fazit. Aids war und ist eine Herausforderung an den Volkswitz. Die irisierende Aura von
Sex und Tod, von Allgegenwärtigkeit und Unfaßlichkeit,
die Aids umgibt, steckt auch die Bandbreite der Aids-
Witze ab: Sie reicht vom Schwarzen Humor über den Ab-
surdscherz bis zur Zote. Richtiger: So weit könnte sie
reichen, hätte der Volkswitz sich der Herausforderung
gestellt. Davon aber kann bisher nicht die Rede sein.
Wortspiele, Berufspflaumereien und Scherzfragen in
Ehren – eigentlich darf das nicht alles sein, was der auf-
begehrenden Witzpotenz eines Volkes zu der verstörend-
sten und plakativsten Volksseuche seit der Syphilis einfällt. Scheint aber bisher alles zu sein, denn auch der
offenbar verbreitetste und beliebteste aller Aids-Witze –
viermal genannt, während sich bei den restlichen einge-
sandten Witzen keine einzige Doublette findet – auch der
bundesdeutsche Aids-Witz Nummer 1 also läuft nach
einem schlichten Schema und erstaunlich sanft ab: »Was
ist schlimmer als Aids? Eine Gummi-Allergie.«

Kurz oder lang?

»Das Komische hat ein kurzes Leben« lese ich in ›Neue
Enzyklopädie‹, einem Werk des italienischen Schriftstellers Alberto Savinio, Suhrkamp Taschenbuch, und: »Das

Komische ist, kurz gesagt, eine Form der Verwunderung, nicht tragisch, sondern anregend. Und aus diesem Grunde kommt aus der Tiefe des Komischen, wenn die Überraschung vorbei ist, die alte Bitternis (immer dasselbe!) über das verlorene Paradies herauf« – und ich merke, daß ich drauf und dran bin, dem zuzustimmen, trotz einer so banalen Behauptung wie der, daß das Komische nicht tragisch sei. Aber draußen ist es grau und naß und im Herzen öd und leer, da kommt mir Savinios Bitternis gerade recht: Jawohl, alles ist eitel, alles vergeht, und das Komische allzumal – eigentlich sollte man sich jetzt und gleich die Pulsadern öffnen, doch statt dessen öffne ich dann doch wieder nur ein Buch, und auf einmal wird es licht und warm im Raum, denn das Buch ist von Egon Friedell und Alfred Polgar und heißt ›Goethe und die Journalisten‹, herausgegeben von Heribert Illig, Löcker Verlag, Wien.

Das Komische hat ein kurzes Leben? Die im Buch versammelten Texte stammen aus den Jahren 1908 bis 1925, sie sind im Schnitt also betagter als der Durchschnittsmensch der Bibel: »Unser Leben währet siebzig Jahre.« Seinerzeit zielten sie sehr kalkuliert und inspiriert auf das Lachzentrum der Zeitgenossen, heute treffen sie meines, obwohl viele der Namen und Anlässe natürlich vollkommen versunken sind und obgleich ich um die Gefährdung dessen weiß, der zeitlich oder räumlich entrückte Scherze einer zumeist reichlich unwissenden Mitwelt als ganz besonders komisch anpreist. Häufig belohnt sein ostentatives Lachen nicht so sehr den Witz, sondern die eigene Intelligenzleistung, meist ist dieses Lachen dezidiert gegen die anderen gerichtet: Während ihr hier den deutschen Schrott der 80er belacht (Otto, Werner), delektiert sich einer wie ich an Cartoons aus dem fernen New York oder an Parodien aus dem alten Wien, bin halt doch was Besseres – aber nein, bin ich gar nicht. Bin lediglich besser unterrichtet als das Gros der lachlustigen Zeitgenossen und leite daraus keinen Dünkel, sondern die verdammte Pflicht und Schuldigkeit ab, meinen Mitlachern Lust auf das Gespann Polgar/Friedell zu machen, auf die »Polfried AG«, wie sich die beiden manchmal nannten – was gibt's denn da zu lachen?

Wie die Zusammenarbeit der beiden Wiener zerfällt auch ihr Buch in zwei Teile, einen früheren und einen späteren, einen szenischen und einen presseparodistischen – an Komik steht der eine dem anderen in nichts nach.

Der eine Teil: Das sind Szenen, welche die AG zwischen 1907 und 1910 für das Kabarett ›Die Fledermaus‹ und andere Kleinkunstbühnen geschrieben hat, schnelle, helle Verarschungen von Bildungsgut, Operette und Kabarett, fast alle ohne Hilfestellung zu verstehen, im Zweifelsfall helfen das Nachwort und die Anmerkungen von Heribert Illig weiter.

Das Kurzdrama ›Soldatenleben im Felde‹ beispielsweise verrät bereits im Untertitel, wo es langgeht: »Ein zensurgerechtes Militärstück, in das jede Offizierstochter ihren Vater ohne Bedenken führen kann.« Der Anlaß: 1910 hatte die Wiener Zensur das Lustspiel ›Der Feldherrnhügel‹ von Roda Roda und Carl Rößler wegen Verächtlichmachung des Militärs verboten. Dem trägt Polgar/Friedells Stück Rechnung: durch ein Personal, das in herzensgute Militärs und heimtückische Zivilisten zerfällt, durch einfache Soldaten, die darüber murren, daß das Manöver zu lasch ist –:

WACHTMEISTER (hinzutretend): Murrt nicht, meine lieben Söhne, ich leide ja selbst schrecklich unter dem Mangel an Entbehrungen.

– und durch Vorgesetzte, die ebenso markig denken:

> OBRISTIN: Wollen Durchlaucht jetzt nicht soupieren? Ich habe in meinem Zelt Sekt und etwas kalten Fasan vorbereiten lassen.
> DER FÜRST (verletzt): Wohin denken Sie? Ein Trunk frischen Quellwassers und dies hier (zieht ein Stück Schwarzbrot aus der Tasche, klopft damit auf einen Stein, welcher entzweigeht), das ist die Nahrung, wie sie sich für einen rauhen Krieger geziemt!

Sehr schön, und ebenso schön geht es im Teil zwei weiter. 1921, nach einer Pause von etwa zehn Jahren, setzte sich die AG ein zweites Mal zusammen, diesmal, um das ›Böse Buben Journal‹, die Ballzeitung des ›Bösen Buben Balles‹, zu gestalten.

Anlaß und Form klingen hoffnungslos verschnarcht, der Inhalt ist es keineswegs:

> »Sensationeller Mangel an Neuigkeiten!«

lautet die Schlagzeile der ersten Nummer, vier weitere sollten in den nächsten vier Jahren folgen.

> »Belanglose Meldungen aus vielen Hauptstädten – Depeschen von unerhörter Nichtigkeit eingetroffen«

meldet die Unterzeile, aber wenn man weiterblättert, ist dann doch etwas passiert:

> »Die Einsiedler organisieren sich – Einsiedler erscheint in Massen!«

oder

> »Die Krötenjagd in Vöcklabruck freigegeben«

liest man da, sowie:

»Mit Befriedigung werden die Bewohner zur Kenntnis nehmen, daß diese sympathischen Nutztiere nun nicht mehr ein Monopol der Prasser und zahlungsfähigen Schlemmer sein sollen.«

Und außerdem gibt's noch, alles in der ersten Nummer, ein wundervolles Feuilleton:

»Dort, wo jetzt das riesige Bankhaus ragt, kalt und nüchtern, stand einst, unter Ferdinand dem Gütigen, ein gemütliches Pissoir« –

und es gibt Aphorismen von einem ganz und gar zeitlosen Schwachsinn, Sprüche, die noch heute auf jeder Humorbeilage zwischen SZ und FR glänzen könnten:

»Viele Frauen sind am anziehendsten, wenn sie sich ausziehen.
Viele Frauen ziehen sich nur aus, um den Mann auszuziehen«

– und ähnlich lustvoll muß die Polfried AG unter miesen Witzen gelitten haben, sonst wären die ihren nicht so herrlich schlecht ausgefallen:

»*Einige köstliche Scherze* entnehmen wir dem neuen, trefflich redigierten Witzblatt ›Knallerbsen‹:
Gipfelpunkt der Zerstreutheit: Professor (beim Heimkommen den Regenschirm in seiner Hand bemerkend): Sapristi, da hab' ich jetzt ganz vergessen, meinen Regenschirm stehenzulassen!«

Die vier folgenden »Böse-Buben-Blätter« sind komplizierter gestrickt. Was wäre, wenn die ›Neue Freie Presse‹ – ja die, welcher der immerwährende Zorn des Karl

Kraus gegolten hat – was wäre, wenn die sich zum Kommunismus bekehrte? Dann wäre alles möglich, meint die AG, auch die folgende Nachricht:

»(*Neue Straßennamen*) Die Umbenennung der Straßen im modernen Sinne macht erfreuliche Fortschritte. Von allen Straßentafeln soll der heranwachsenden Generation die neue Sittlichkeit in die Augen springen. So ist z. B. geplant, die ›Asperngasse‹ in ›Der-Mensch-ist-gut‹-Straße umzutaufen, den ›Rudolfsplatz‹ in ›Bruder-Mensch‹-Platz, die ›Kirchengasse‹ in ›Religion-ist-Privatsache‹-Straße und die ›Tempelgasse‹ in ›Fluchwürdiges-Ritualmordmärchen‹-Gasse. Will man die bekannten Straßennamen erhalten, so könnte man ohne Mühe durch kleine Zusätze das ihnen anhaftende Odium austilgen. Zwanglos ließe sich aus der ›Kaiserstraße‹ eine ›Pfui-Kaiser‹-Straße machen«

– aber genug der Zitate. Sie haben, hoffe ich, das Schnurgerade der Friedell/Polgarschen Komik ebenso belegt, wie deren Doppel- und Tripelbödigkeit. Einem ihrer Zeitgenossen, Arthur Schnitzler, hat sie jedenfalls gefallen – »Friedell las aus seiner und Polgars sehr witzigen ›Bösen Buben Zeitung‹ vor« – und Ulrich Weinzierl, dem Verfasser einer 1985 im Löcker Verlag erschienenen Polgar-Biographie, gefällt sie immer noch:

»Also nahmen die Blätter der ›Bösen Buben‹ ein unverhofftes Ende. Heute erst, da man in puncto Humor nicht verwöhnt ist, vermag man den außergewöhnlichen Einfallsreichtum der beiden Autoren wirklich zu schätzen, der eine solche Menge boshaften Witzes, eindeutiger wie zweideutiger Anspielungen hervorbrachte. Niemand sollte jedoch den engen Zusammenhang von Witzigkeit und Aggresivität übersehen, ebensowenig wie das gut getarnte kritische Potential, die tiefere Bedeutung, die sich hinter der Vielfalt von Scherz, Satire und Ironie verbarg.«

Nein, wird nicht übersehen, ebensowenig wie die unübersehbare Tatsache: Das wirklich Komische hat ein erstaunlich langes Leben.

Sauber, sauber

Der Verleih preist Ralf Huettners Film ›Das Mädchen mit den Feuerzeugen‹ als »Eine wahnwitzige Komödie« an, und das ist eine reichlich unsinnige Behauptung. Weder verläßt oder verletzt der Film Normalität oder Norm, noch will er lachen machen. Die vier jungen Behinderten, die da am Weihnachtsabend aus dem Heim ausbüxen und dank eines Engels prächtige Rollstühle und entgegenkommende Frauen finden, gehören zu jenen Außenseitern, denen kein fühlender Mensch seine Sympathien vorenthalten wird, auch dann nicht, wenn sie etwas pöbeln, vögeln oder ausflippen. Gerade wegen seiner Schwächen taugt der Außenseiter zum Helden für jenen Kinogänger, der sich nicht mit Rambo, Rocky oder Conan identifizieren will und statt dessen Protagonisten bevorzugt wie ›Harold und Maude‹ (Einsamer Knabe liebt patente Achtzigjährige), ›Lina Brake‹ (Patente Achtzigjährige linkt gefühllose Bank) oder wie jene anderen Helden anderer Streifen, z. B. ›Harry and Tonto‹, in dem ein Greis mit seinem Kater durch die Staaten trampt (und en passant noch ein resches Mädchen flachlegt), ›Outrageous‹, in dem ein verstörtes Mädchen und ein Transvestit Leid und Freud solidarisch teilen, oder ›Kleine Fluchten‹, in dem ein eigenbrötlerischer alter Knecht mit seinem Moped abhebt.

Eine regelrechte Gattung, dieser »kleine sympathische Film« (Bernd Eilert) mit seinen liebenswerten Underdogs, ein Genre, das in weltweit erfolgreichen Filmen wie ›E.T.‹ (Kind freundet sich mit einem Außerirdischen an) gipfelt und in TV-Serien wie ›Anna‹ versandet (Unfallopfer schöpft dank tätiger Hilfe anderer Behinderter neuen Lebensmut) – ganz zu schweigen von all den pfiffigen TV-Alten wie Inge Meysel, Carl-Heinz Schroth und Brigitte Horney, die uns immer ein so gerührtes Lächeln entlocken: So alt und immer noch so patent.

All diese Filme haben eine mehr oder weniger ausgeprägte komische Komponente, von Grund auf komisch sind sie nie. Können sie nicht sein, da die Macher dieser Filme ihre eigenen Helden viel zu lieb haben und weil sie dem Publikum viel zu wenig zutrauen. Dem nämlich treten sie stets als mehr oder minder verkappte Pädagogen entgegen. Bloß keinen Beifall von der falschen Seite! Nur keine Vorurteile verstärken! Der Zuschauer darf zwar ruhig einen pfiffigen Behinderten/Greis/Ausländer/Außerirdischen beschmunzeln, nie jedoch deren Defekte belachen. Daher das letztlich Cleane all dieser Helden – sie mögen zwar reichlich Macken haben, richtige Fehler haben sie nie: Ein wirklich unwürdiger Greis oder ein tatsächlich unsympathischer Behinderter sind im kleinen sympathischen Film ebenso undenkbar wie ein feiger Rambo oder ein Rocky, der den Endkampf verliert.

Ein Halali der Blasphemie

›Tele Vaticano – Das Auge des Papstes‹ ist eine Filmkomödie, die zweierlei vermissen läßt: den Film und die Komödie.

Auf den Film hat der Regisseur, Co-Autor und Darsteller Renzo Arbore wahrscheinlich deswegen verzichtet, weil er mit jenen Darbietungsformen auszukommen glaubte, die ihn im italienischen Fernsehen berühmt und beliebt gemacht haben, mit Nummern-Revue, Travestie, Improvisation und bewußt schlechter Show-Parodie.

Die Komödie resp. Komik aber blieb aus zwei Gründen auf der Strecke: wegen des Themas und wegen der Darsteller. Das Thema: Der Papst will dem weltweiten Rückgang praktizierender Katholiken dadurch wehren, daß er einen versierten Show-Mann, Renzo Arbore, zum Direktor eines massenwirksamen vatikanischen Fernsehprogramms macht. Anlaß zu allerlei Späßen betr. Religiöses, die allesamt weit hinter dem zurückbleiben, was die französische Zeitschrift ›Harakiri‹ bereits vor zwanzig Jahren und der deutsche Schriftsteller Panizza schon um die Jahrhundertwende so zusammengelästert haben. Oder irre ich mich? Ist Arbore möglicherweise ebenso blasphemisch wie seine Vorgänger, nur daß ich das nicht mitgekriegt habe? Dann – und ich fürchte, es ist soweit –: dann wäre der völlige Niedergang wenn nicht der Tod einer so alten wie fruchtbaren Form der Auflehnung zu konstatieren, der der Blasphemie.

Daß der Film in den frühen 80ern kurzfristig in Italien verboten wurde, widerspricht dem nicht. Die Definition von Tabuverletzungen und die Blasphemie ist lediglich deren religiöse Spielart kann ein denkender Mensch nicht sich beklagenden oder anklagenden Hinterwäldlern überlassen. Nur das, was *ihn* lustvoll zusammenzucken läßt, zählt, nur *sein* »Aber das darf man doch nicht sagen/zeigen/tun« entscheidet darüber, ob da wirklich einer jener wunden Punkte berührt wurde, die noch nicht von der Hornhaut der Gewöhnung überwachsen oder von ständig fortschreitender Abgebrühtheit anästhesiert worden sind.

›Tele Vaticano‹ habe ich mir völlig ungerührt angeschaut; wenn sich da überhaupt ein Gefühl meldete,
dann leiser Neid auf jene braven Katholiken, die beim
Anblick eines boxenden Papstes noch prusten und angesichts eines Herrgotts, der für Fiat Reklame macht,
noch grollen können.

Das zum Thema, und dies zu den Darstellern: In Italien spricht man vom Arbore-Clan, der Film ist denn
auch eine Familienfeier mit durchaus mafiosen Zügen
geworden, voll augenzwinkernder Anspielungen, die
kaum der Italienkenner geschweige denn Otto Consuma-
tore normale mitbekommt.

Nun wäre der Film natürlich nicht in unsere Kinos
gelangt, wenn nicht Roberto Benigni mitmachen würde.
Ja, der aus Jim Jarmuschs ›Down by Law‹, einer der be-
zauberndsten Menschen überhaupt, jawohl.

In ›Tele Vaticano‹ aber welkt selbst sein Zauber: zu
viele zu schlicht abgefilmte Improvisationen zu abgestandenen religiösen Themen, und die auch noch syn-
chronisiert –: Das alles haut selbst den begnadetsten Tos-
caner irgendwann vom schlingernden Schlitten.

Von deutschem Volk und Witz

Am 16. November 1987 ging der folgende anonyme Brief
in der ›Titanic‹-Redaktion ein:
  »Sehr geehrte Damen und Herren,
dieses Blättchen eines mir unbekannt gebliebenen Künstlers kursierte diesen Frühsommer in unserer Gegend.
Wissen Sie mehr?«

Lapidare Zeilen, die der ›Titanic‹-Redakteur Achim Greser mit den Worten kommentierte:

Emanzipation

»Das Blatt ist ein typisches Beispiel für einen allerorten funktionierenden privaten Komik-Vertrieb. Die Zentralen dafür sind größere Industriebetriebe. Gezeichnet bzw. abgekupfert von einem technischen Zeichner, wird das Blatt von einem Büroangestellten vervielfältigt und unter befreundeten Arbeitern und Kollegen verteilt. Diese vervielfältigen es erneut, tragen es aus dem Betrieb, verteilen es unter ihren Bekannten, bis, im besten Fall, eine ganze Region witzmäßig versorgt ist.

Thematisch beschränken sich die Blätter auf Schweinkram.

Ein konspiratives Flugblattwesen zur Witzverbreitung. Ist das etwas für die Humor-Kritik?«

Und ob es das ist.

Vor einigen Jahren bereits machte mich Kollege Kantereit auf ein Buch aufmerksam, Uli Kutter ›Ich kündige!!!‹, Jonas Verlag: Ob das nicht ins Fach des Humorkritikers falle?

Seit Jahren drücke ich mich um die Aufgabe, dieses Buch, das erfreulicherweise noch immer im Buchhandel erhältlich ist, vorzustellen, und das liegt an seiner ebenso heiklen wie uferlosen Materie. »Zeugnisse von Wünschen und Ängsten am Arbeitsplatz. Eine Bestandsaufnahme« verspricht der Untertitel, doch das Werk hält weit mehr.

»Nachdem ich in der ›Zeitschrift für Volkskunde‹ (II 1981) auf die Bedeutung des Materials hingewiesen habe, das täglich in vielen Betrieben und Behörden kursiert und unter anderem der Erheiterung am Arbeitsplatz dient, ergreife ich gerne die Möglichkeit, eine umfangreichere Auswahl der von mir in den vergangenen zehn Jahren zusammengetragenen Beispiele einer größeren Öffentlichkeit vorzulegen«, schreibt der Autor im 1982 verfaßten Vorwort und fügt hinzu: »Dies ist der erste Versuch einer Bestandsaufnahme in deutscher Sprache.«

Das meint: Die erste Bestandsaufnahme des in neuerer Zeit neu hinzugekommenen Materials. Kutter selbst nennt die Vorläufer und Vorsammler, die bereits um die Jahrhundertwende tätig waren, Männer wie Eduard Fuchs oder Friedrich S. Krauss, in dessen ›Anthropophyteia-Jahrbüchern‹ (1904–1913) so schöne Aufsätze zu finden sind wie ›Rätselfragen deutscher Seefahrer‹, ›Breslauer Abort-Inschriften‹ oder ›Erotische Kinderreime aus Groß-Frankfurt‹. Aber auch eines H. E. Lüdecke gedenkt Kutter, des Verfassers einer Arbeit über ›Das deutsche Herrentischlied‹, die davon Zeugnis ablegt, daß die Verbreitungs- und Vervielfältigungsformen von 1911 den heutigen bereits erstaunlich ähnlich waren: »All diese Lieder … gehen von Mund zu Mund, von Haus zu Haus. Von einer gemütlichen Tafelrunde trägt der Mann sie nach Hause, schreibt sie ab, um das Material bei nächster Gelegenheit einem zu Besuch weilenden Freunde mitzuteilen usw. Die ›fliegenden Händler‹ setzen in biederer Bierstube ihre Postkarten und Drucksachen ab, hektographierte Manuskripte – oft wahre Orgien erotomanischer

Phantasie – wandeln von Hand zu Hand. Alle Stände teilen sich in die Freude an derlei Dingen.«

Auch Kutter tut dies, und das ist gut so. Von »vielgestaltigen, geistreichen und humorvollen, gekonnten und amateurhaften, kritischen und obszönen Ausdrucksformen einer größeren Bevölkerungsgruppe« spricht er und davon, daß die wichtigsten Kriterien, die man an »volkstümliches« oder »populäres« Material stelle, erfüllt würden: »Im Gegensatz zu künstlerischen Darstellungen einzelner Individuen müssen volkskulturelle Formen in gewisser Weise traditionell, d. h. überliefert und übermittelt sein …« – Kutter sichtet und ordnet sein Material also als Volkskundler, doch er tut dies voller Sympathie für beide, für die Produkte wie für die Produzenten: »Tag für Tag geht ein großer Teil unserer Bevölkerung mit Widerwillen zur Arbeit und kehrt abends unzufrieden und mit schlechter Laune nach Hause zurück« – im Laufe des Tages aber sieht sich ein Teil dieses Teils hin und wieder gezwungen, Dampf abzulassen, indem er in die Welt der Phantasie flüchtet: »Ein Ventil um Dampf abzulassen sind xerokopierte Blätter, die in vielen Betrieben kursieren und u. a. variantenreich den Wunschtraum vieler Arbeitnehmer darstellen: 6 Richtige im Lotto und kündigen«:

»Die Urheber, Verfasser oder Kopierer dieser ›Volkskunst‹

361

und ›Volkspoesie‹ sind die frustrierten und wütenden Menschen am Arbeitsplatz«, schreibt Kutter.

›Über das Volksvermögen‹ hatte sich Peter Rühmkorf bereits 1967 so grundsätzliche wie wegweisende Gedanken gemacht, wobei er sein Material allerdings auf komisch, anarchisch oder obszön reimenden Kinder- oder Volksmund beschränkt hatte. Kutter holt weiter aus. Den Hauptteil seiner Beispiele bildet heutige faksimilierte Büro-Folklore, gezeichnete ebenso wie getextete, doch auf der Suche nach Anregern und Vorbildern des Volkes greift er weit zurück, von Titus Livius (59 v. Chr. bis 17 n. Chr.) über obszöne Figurenalphabete des 16. Jahrhunderts bis zu grobsinnlichen Schiller-Parodien um 1850 und zu schweinösen Bauernregeln der Jahrhundertwende. Die Anlässe all der Scherze allerdings gleichen sich durch die Jahrtausende: »Arbeit und Alltag« und »Sexualität im weitesten Umfange«.

Eine spannungsreiche Welt, die sich dem Betrachter der Beispiele auftut. Mal sind diese von schlichter Direktheit – »Ich kündige!!!« – mal finden sich scheinbar harmlose Geschichten, die sich als wüste Schweinerei entpuppen, wenn man den Dreh rauskriegt und nur jede zweite Zeile liest. Mal zeigen die Zeichnungen plumpe Potenzphantasmagorien

mal intelligente Impotenzphantasien, die direkt auf F. K. Waechter zurückgehen, nur daß der Text von ungelenker Hand abgeschrieben wurde:

Günter sthämte sich schrecklich. Nicht so sehr, weil Monika ihn zum 1. Mal nackt sah, sondern weil er gestern vor ihr ge= prahlt hatte, er habe 3 Eier !

Doch sind auch Motive und Werke anderer professioneller Zeichner und Schreiber in die Büro-Folklore eingegangen, das ›Titanic‹-Titelblatt von 1980, »Na endlich! Die Weiber werden wieder normal!« ebenso wie Cartoons von Liebermann und Kochan oder das von mir verfaßte ›Gebet‹, das neben ›Die zehn Wirtshausgebote‹ – »Ich bin dein Wirt; Du sollst keine anderen Wirte neben mir haben« – und dem »Glaubensbekenntnis« – »Ich glaube an das Bier, kommend aus der Brauerei« – steht, formal etwas wacklig, doch inhaltlich korrekt tradiert:

Gebet
Lieber Gott, nun gib doch endlich zu,
daß ich klüger bin als du,
und nun nimm doch endlich hin,

daß ich was besondres bin.
Ehre und preise meinen Namen,
denn sonst setzt's was … Amen

(Das Original lautet: Lieber Gott, nimm es hin, daß ich
was Besondres bin / Und gib ruhig einmal zu, daß ich
klüger bin als du / Preise künftig meinen Namen, denn
sonst setzt es etwas. Amen.)

Was nun nicht heißen soll, diese ganze Büro-Folklore
gehe auf abgesunkenes Kulturgut zurück. In der diffizi-
len Urheberrechtsfrage halte ich es durchaus mit Kutters
Pragmatismus: »Sicherlich kursieren viele Blätter, bei denen es sich um Kopien aus irgendwelchen Publikationen
handelt und die somit keine überlieferten Originale darstellen. Wenn sie aber beliebt sind und ›benutzt‹ werden,
so ist diese Frage nur noch von theoretischer Bedeutung.« Genau.

Um die Beantwortung einer anderen Frage freilich darf
sich der Humorkritiker nicht so elegant drücken: Wie
witzig ist Volkes Stimme eigentlich? Bzw.: Sind jene
Scherze, die das Volk derart witzig findet, daß es sie,
oft unter Mühen – Abschreiben, Abzeichnen, Vervielfältigen – kolportiert und häufig über Jahrzehnte, ja Jahrhun-
derte tradiert, überhaupt komisch?

Kutter breitet sein Material in den bereits genannten
zwei Abteilungen aus. Die erste ›Arbeit und Alltag‹ stellt
den Kritiker vor keine allzu großen Schwierigkeiten. Den
trotz vereinzelter Bräsigkeiten aufmüpfigen bis aufsäs-
sigen Geist der Produkte kann er nur gutheißen, ihrer
Ausführung nur Beifall zollen. Der formalen Strenge
der Texte – häufig handelt es sich um die Parodie von
Ordnungsvorschriften – gesellt sich ein immer wieder inspirierter Inhalt hinzu. In einem ›Arbeitnehmerlied 1980‹
finden sich die schönen Zeilen »Zweimal in der Woche
Ente / Und mit vierzig in die Rente«. Beliebt sind aufrüt-

telnde Absurdsprüche vom Schlage des Achternbusch-Satzes »Du hast keine Chance, also nutze sie«:

Wir wissen zwar nicht, was wir wollen, aber
das mit ganzer Kraft.

Oder

Bei uns wird Hand in Hand gearbeitet, was die
eine nicht schafft, läßt die andere liegen.

Und über eines der verbreitetsten graphischen Blätter muß ich immer wieder lachen, wenn ich es wieder mal sehe, das müssen aber auch Pfeifen sein, diese Inschinöre:

FOR SEX MONAT WUSTE
ICH NOCH NICHT, WIE MANN
INSCHINÖR SCHREIBD UN
JETZ BIN ICH EINER.

Viel heikler ist das Sichten und Gewichten des Materials der zweiten, ›Sexualität etc.‹ überschriebenen Abteilung. Allerdings auch spannender. Zustimmung und Ablehnung sind heftiger, spontanes Lachen wird von fast angewidertem Schaudern abgelöst. Das hat Ursachen, die teils im Anlaß, teils im Betrachter zu suchen sind.

»Die Dinge, über die man mittels obszöner Witze lacht, betreffen die Grundfesten der jeweiligen Kultur, so z. B. Sexualität, Ausscheidungen, Ehe, Religion etc.«, schreibt Kutter, doch dieses lachende »man« hilft mir dann nicht weiter, wenn mein so und so genormtes, geformtes, auch deformiertes, Ich partout nicht lachen kann oder will, gerade über den doch so viel versprechenden obszönen Witz. Witze über Religion werden in dem Maße fad, wie die Inhalte der Religion oder die Taten der Religionsverwalter das Ich nicht mehr nachhaltig belasten oder bedrücken können; Ausscheidungswitze lehnt es in dem Maße ab, wie es sich von jenem Kleinkind-Ich unterscheidet oder zu unterscheiden glaubt, das den Anforderungen der Reinlichkeitskultur auftrumpfend mit der ungefähr gleichzeitig erworbenen Fähigkeit begegnete, diese Gesetze wenigstens mit Worten zu verletzen und die geforderte Reinheit wenigstens in der Phantasie zu beschmutzen.

Die angeführten Gründe, nicht über obszöne Religions- oder Ausscheidungswitze zu lachen, treffen natürlich auch auf die klassische Zote, den obszönen sexuellen Witz zu. Hinzu kommen weitere Lachhemmungen, auch solche neueren Datums. Daß die Zote nicht nur diffuse Tabus verletzen will, sondern sich, als Männersache, auch gegen Frauen richtet, belegt Kutter mit zahlreichen Beispielen. Daß diese Bild- und Wort-Aggression in »Konkurrenzangst und Konkurrenzneid der Männer« wurzle, merkt er an, sowie: »Auf sexuellem Gebiet ist die Frau dem Mann psychosomatisch ohnehin überlegen.« Alles traurig, aber wahr. Das auftrumpfende »Wir können aber im Stehen pinkeln!« des anonymen Einsenders belegt diese Angst sehr bildhaft: Wem kein anderes Argument gegen konkurrierende Frauen und Frauenemanzipation einfällt, der ist mit seinem Witz wahrlich am Ende. Hat die Zote also ausgedient? Ist sie eine Witzgattung, deren erwiesene Unreife und unverstellte Bösheit jeden Lachenden als derart unreif und böse entlarven, daß jedem gut Denkenden und wahr Fühlenden das Lachen im Munde gefrieren müßte?

Wer so fragt, unterschlägt die schlichte Tatsache, daß es nach wie vor bessere und schlechtere Zoten gibt. Bessere und schlechtere meint, da die Zote auf Gelächter aus ist, komischere und weniger komische, und der Beweis für diese Behauptung ist ebenfalls simpel: Mal muß ich lachen und mal nicht. Daß das weniger mit dem Was der Zote zu tun hat, vielmehr mit dem Wie, daß nicht nur das Kitzeln subjektiver Ängstlichkeiten oder Obsessionen den Lacher bewirkt, sondern ebenso sehr, wenn nicht vor allem, die Beachtung objektiv gültiger Witzgesetze – all das läßt sich belegen. Daß Kutters Buch keine obszönen Witze enthält, erleichtert die Unternehmung. Seine Beschränkung auf jene Zoten in Reim oder Prosa, die der schriftlichen Fixierung deswegen bedürfen, weil der Text entweder zu lang oder zu kompliziert für die mündliche Wiedergabe ist, hat eine Sammlung zur Folge, der Kunstfertigkeit und redliches Bemühen nicht abzusprechen sind, im Gegenteil.

Es ist auf den ersten Blick geradezu erstaunlich, welch ordnungsstiftender Geist, ja Systemzwang die Zotenproduktion durchzieht. »Das Schwein« ist ein fünfzehn Zeilen langer Text überschrieben, der unermüdlich ein recht trächtiges Thema variiert:

Wer fremdgeht, ist ein Schwein.
Wer mehrmals fremdgeht, ist ein Meerschwein.
Wer sich erwischen läßt, ist ein dummes Schwein.
Wer nicht erwischt wird, ist ein Glücksschwein.

Und so weiter über Wildschwein, Sparschwein, Dreckschwein, Stachelschwein und andere bis hin zu dem larmoyanten Resümee:

Wer nicht mehr fremdgehen kann, ist ein Schlachtschwein.

Ein nicht unbedingt begnadeter, aber aufschlußreicher Text, dem man anmerkt, daß es gerade die vorgegebene Reduziertheit der möglichen Aussagen war, welche eine derart bohrende kollektive Denkleistung zur Folge hatte. Und es darf weitergedacht werden! Noch fehlen »Frontschwein«, »Marzipanschwein« und »Mastschwein« – wer erfindet die dazugehörigen Sätze?

»Wer auf See fremdgeht, ist ein Mastschwein«...? War nur ein Vorschlag, weitermachen, nicht stören lassen!

Es gibt schlechtere und bessere Zoten – eine Behauptung, die noch bewiesen werden muß. Es gibt derbere und feinere – eine Tatsache, die keines Beweises bedarf. Auf keinen Fall aber sind die feineren die besseren – ein Irrglaube, der noch immer weit verbreitet ist.

In Waldgaststätten gibt es Scherzpostkarten mit zweideutigen Liedern, in welchen Jäger darüber Klage führen, daß die Büchse, die früher immer so rasch und zuverlässig getroffen habe, nun vor sich hin roste – Anzüglichkeiten dieser Machart sind einfach nur doof.

Nicht ganz so einfach und nicht ganz so doof, doch ebenfalls zur Gattung der Herrenzote gehörig – »Etwas jewagt, Jnädigste, aba imma stilvoll« – ist eine angestrengte Verknüpfung deutscher Weinmarken zu einer zweideutigen Liebesgeschichte: »Nachdem er mit der ›Hallgartener Jungfrau‹ ›Klüsserather Brüderschaft‹ getrunken hatte ...«, kam er nach einigem Hin und Her zur Sache: »Nun nahm er seinen ›Nackenheimer Stiel‹ heraus und steckte diesen mit einem eleganten ›Thörnicher Rütsch‹ in ihre ›Zeller schwarze Katz‹« und so weiter, bis schließlich der Vater des Mädchens den Jüngling das ›Erdener Treppchen‹ hinunterwirft – ein reichlich uninspiriertes Produkt zähesten Sammler- und Umdeuterfleißes, aus welchem lediglich der ebenso abwegige wie einleuchtende ›Thörnicher Rütsch‹ einigermaßen erheiternd herausragt.

Ordnung muß sein – natürlich nicht nur auf dem wüsten Feld der Zote. In aller Komik, zumal in populären Kurzformen, geht es ordentlich zu, zumindest formal. Je präziser das Schema, desto überprüfbarer der komische Ertrag. So stereotyp die Erwartung hergestellt wird – »Bilde mal einen Satz mit Bochum und Köln« –, so rasch erfährt der Zuhörer, ob die Auflösung seine Erwartung einlöst, unterläuft oder gar überbietet! »Er boch um die Ecke, um zu pinköln.«

»Bilde mal einen Satz mit« – auch so eine handfeste Produktionsanleitung von Komik, allerdings keine, die bisher allzu häufig in der Zotenherstellung eingesetzt wurde. Aber das läßt sich ja ändern: »Bilde mal einen Satz mit Bidet.« – »Wählst du auch Ess Bi De?« (War doch ebenfalls nur ein Vorschlag! Wer bidet mehr?)

Die bewährteste komische Kurzform aber ist natürlich das Gedicht. Keine andere sprachliche Äußerung läuft nach derart strengen und zugleich leicht faßlichen Gesetzen ab, keine andere lädt derart eindringlich zum Mit- und Weitermachen ein. Kein Wunder, daß sich in Kutters Sammlung eine ganze Reihe obszöner Reim-Klassiker finden. Wirtinnen-Verse fehlen, doch so populäre Gestalten wie Bonifatius Kiesewetter und so denkwürdige, gereimte Vorgänge wie ›Der Pyramidenbau‹ sind ebenso vertreten wie schweinische Umdichtungen der Schillerschen ›Glocke‹ oder seines ›Tauchers‹. Am lehrreichsten allerdings ist eine Kollektion von Zweizeilern, die Kutter mit den Worten einleitet: »Alt, aber immer noch beliebt und in ganz Deutschland bekannt ist das ›Goldene ABC‹ (frei nach Wilhelm Busch). Dazu verschiedene Beispiele …«

In ganz Deutschland bekannt? Mir nicht. Dafür weiß ich, daß die Vorlage, das bekannte ›Naturgeschichtliche

Alphabet‹ nicht von Busch selber erdacht, sondern von ihm lediglich für die ›Münchener Bilderbogen‹ illustriert worden ist. Der oder die unbekannten Verfasser hatten vermutlich eine Parodie der Lexika im Sinn, als sie Verse wie den folgenden ersannen:

Die Lerche in die Lüfte steigt,
Der Löwe brüllt, wenn er nicht schweigt.

Zwei unanfechtbare, ebenso platte wie disparate Aussagen, durch Anfangsbuchstabe (L), Inhalt (Tier) und Form (Reim) aber derart eisern zusammengehalten, daß beim Lesen die Vorstellung eines möglichen sinnvollen Verknüpftseins aufflackert, der freilich rasch die Einsicht in die völlige Sinnlosigkeit dieser Vorstellung und – wenn alles gutgeht – Gelächter über die Dreistigkeit des Reimers oder über die eigene Düpierbarkeit oder über beides folgt.

Das ›Goldene ABC‹ hält sich an das Schema des ›Naturgeschichtlichen Alphabets‹, zumindest gilt das für viele, vermutlich frühe Verse. Die erste Zeile liefert eine unwiderlegbare naturgeschichtliche Information:

Die Ceder wächst im Libanon,

die zweite Zeile aber wartet mit einem ebenso lapidaren obszönen Sachverhalt zum gleichen Buchstaben auf.

Cadetten onanieren schon.

Ein schlüssiges und komisches Gebilde, dieser Zweizeiler. Die Plattheit der Aussagen wetteifert mit denen des ›Naturgeschichtlichen Alphabets‹, ihre Disparatheit aber ist deutlich erweitert worden. Je disparater, desto komischer – kein Wunder, daß die besseren unter den unbekannten ABC-Dichtern in dieser Richtung weitergedichtet haben. Konnte man nicht statt der strikt naturgeschichtlichen Eingangszeile auch mit Aussagen aus anderen Wissensbereichen beginnen? Selbstreimend. Hier beispielsweise wurde die Naturgeschichte durch die Menschheitsgeschichte ersetzt:

Die Hunnen schlugen große Schlachten,
Der Hausfick ist nicht zu verachten.

Sehr gut, aber noch nicht die Endstation. Erst mußte noch der Schritt von der Menschheitsgeschichte zur Heilsgeschichte getan werden:

Die Bibel ist ein gutes Buch,
Vom Beischlaf kriegt man nie genug.

Wunderbar: Da stimmt nun gar nichts mehr, das heißt: alles. Die Lässigkeit, mit welcher der Reimeschmied der Bibel auf die Schulter klopft, kontrastiert wirkungsvoll zur Angestrengtheit, mit welcher er in Sachen Beischlaf lügt, kunstvoll eint der Buchstabe B gleich sämtliche Substantive, blasphemisch folgt der Bibel der Beischlaf auf dem Versfuße – eine reife komische Leistung.

Wie reif, das zeigen die zahlreichen sehr viel weniger reifen Reime des ›Goldenen ABC‹:

Cornelia war 'ne geile Maid,
Condom ist Piephahns Arbeitskleid.

Gar nicht gut, da die Aussage der ersten Zeile ebenso uninteressant wie unüberprüfbar ist, da sie zweitens unsinnigerweise in der Vergangenheitsform aufgestellt wird und da sie drittens unnötigerweise bereits jenen obszönen Ton anschlägt, der doch erst der zweiten Zeile vorbehalten bleiben sollte, damit da noch Raum für Fallhöhe im ohnehin engen Zweizeiler sei.

Cornelia ist 'ne fromme Maid –

Schon etwas besser, wenn auch nur Flickwerk, da der Vers selbst mit einer besseren ersten Zeile nicht zu retten ist – der forcierte Unernst der zweiten läßt ganz einfach keine rechte Freude aufkommen.

Mißmutig stimmen auch jene Verse, deren Verfasser offensichtlich zu dumm waren, das Muster zu begreifen, oder zu faul, es zu erfüllen:

Die Jungfrau schläft im Bett allein,
Der Jüngling sieht das gar nicht ein.

Statt erheiternder Diskrepanz von Wissenschaft und Schweinkram vereint diese beiden Zeilen stocknormale humoristische Logik – ja, da kann man doch gleich zu Eugen Roth oder Heinz Erhardt greifen!

Aber nein, greifen wir statt dessen nochmals ins ›Goldene ABC‹, zum Buchstaben Q, an dem sehr schön deutlich wird, wie man Komik herstellt und wie die sich verbessern läßt. Zwei Hirne nämlich haben sich an einer Pointe abgearbeitet:

Die Quappe durch die Teiche segelt,
Es quatscht, wenn man im Wasser vögelt.

Konventionell, aber sauber aufgebaut, auch wenn die behäbige Fortbewegungsweise der Quappe kaum als Segeln zu bezeichnen ist. Etwas betulich das Ganze, wozu sicher beiträgt, daß nach den »Teichen« der ersten Zeile das »Quatschen« der zweiten nicht mehr derart überraschend kommt, wie es dem größtmöglichen Witz dienlich wäre – ein Ungenügen, das wohl auch jener brave Mann verspürt hat, welcher der zweiten Zeile zu einer neuen ersten verhalf, wodurch beide Zeilen in ganz neuem Glanze erstrahlen:

Des Quäkers Leben ist geregelt,
Es quatscht, wenn man im Wasser vögelt.

Chapeau! Mein Lieblings-ABC-Gedicht aber hat der Volksmund zum Buchstaben W gereimt. Kein typisches Werk – es besteht aus acht Zeilen, statt der eigentlich vorgegebenen Doppelzeile –, dafür ein Volkskunstgebilde ganz eigener Prägung: Wie da zwei so disparate wie vielversprechende Handlungsstränge eingeführt werden, zwei Personen zudem, die sich nach menschlichem Ermessen spätestens am Ende des Gedichts zu eindeutigem Tun treffen müßten, und wie sich beide, Personen wie Handlung, nicht einmal verfehlen, sondern derart konsequent nebeneinander herlaufen, daß der düpierte Leser zum Schluß nicht einmal mehr weiß, ob die Helden jemals in einem wenigstens räumlichen Zusammenhang agiert haben –: Das alles zeugt von solch hohem Volkskunstverstand, daß vor diesem Gedicht selbst hartnäckige Verächter der Zote nachdenklich werden müßten, wenn sie denn schon ihr Vorurteil nicht ernsthaft überprüfen und heiter über Bord werfen. Das Gedicht aber lautet:

Die Witwe weint an Mannes Grab,
Der Wandrer wichst sich einen ab.
Die Witwe weint an Grabes Rand,
Der Wanderer wichst mit der Hand.
Der Witwe Tränen reichlich fließen,
Der Wanderer wichst mit den Füßen.
Die Witwe, die wird wieder heiter,
Der Wanderer wichst ruhig weiter.

Daß die Zote von Männerangst vor Frauenmacht geprägt sei, hatte Kutter festgestellt. Daß Alters- und Impotenzfurcht den basso continuo vieler zotiger Texte bilden, lehrt die Lektüre der Kutterschen Sammlung. Daß man eigentlich Mitleid mit diesen Wesen haben müßte, die auch dann noch ihrer solistischen Lust frönen, wenn die Witwe schon wieder heiter und wohl auch ansprechbar geworden ist, legt das letzte Gedicht nahe. Ein Mitleid allerdings, das die Rechnung ohne die Männer macht. Denn die sind zu Zoten fähig, die jegliche Zotentheorie sprengen, alles nur grobsinnliche Interesse weit hinter sich lassen und bar jeder Larmoyanz körperlichen Verfall in ästhetischen Gewinn ummünzen. Mein allerliebstes obszönes Gedicht findet sich in keiner mir bekannten Sammlung schweinischer Volkspoesie. Ich hörte es vor Jahrzehnten aus dem Munde dreier alter Sangesbrüder und Kneipenhocker; bis auf den heutigen Tag bewundere ich die lärmende Abgeklärtheit, mit welcher da der Mann von der Straße die obszöne Rede nicht gegen irgendwen oder irgendwas richtet – gegen die Weiber, die Anstandsregeln, die Götter –, sondern für etwas nutzt, für hellen Wortwitz, schnelle Komik und unverwüstliche Lebensfreude:

Und ist der Schwanz geknickt,
dann wird nicht mehr gefickt,
dann saufen wir die Eier aus
und schmeißen den Sack zum Fenster raus.

AUFSÄTZE UND REDEN

Der fast neun Jahre währende Reigen der in ›Titanic‹ erschienenen ›Humor-Kritik‹-Beiträge ist beendet, doch der Komikkritiker ist noch längst nicht am Ende. Der hat sich ja bereits lange vor ›Titanic‹-Zeiten und an ganz anderen Orten redend und schreibend zur Komik und zu Komischem geäußert, und die Vorstellung, diese verstreuten Texte hier in einem Aufwasch ebenfalls zu veröffentlichen, ist natürlich viel zu verlockend, als daß ich nur einen Moment lang gezögert hätte, dieser Verlockung nachzugeben. Im Gegenteil.

»Meint ihr, das sei so leicht weggeschrieben als Kandidaten-Prose, Magazyn-Satiren oder eine Frankfurter Rezension?« hat Georg Christoph Lichtenberg 1772 ahnungsvoll gefragt, wobei er – ebenso wie im Motto dieses ersten Teils – mit den »Frankfurter Rezensenten« die Beiträger der just gegründeten Zeitschrift ›Frankfurter Gelehrte Anzeigen‹ meinte, stürmisch an die Öffentlichkeit drängende Jünglinge wie Merck, Herder, Schlosser oder Goethe. Gleichviel. Wer dem Kritiker vorhält, Kritisieren sei einfach, Bessermachen schwer, macht es sich zwar einfach zu einfach, doch daß sich der Tadel häufig leichter formuliert als das Lob – das zumindest habe *ich* beim Verfassen meiner Komikkritiken zu spüren bekommen.

Um so lieber rücke *ich* daher die folgenden Beiträge ein. Bis auf zwei kritische Kritiken, die zu Kempowski und die zu Böll, sind sie aufbauend und fördernd, wenn sie denn überhaupt noch komikkritische Reflexion sind und nicht, wie die ›Braunschweiger Rede‹, Anleitung zu komischem Handeln.

Eine Rede macht auch den Anfang dieser versprengten Arbeiten. Sie mag belegen, mit welchem Ernst und welcher Sachkenntnis der Komikkritiker bereits in jüngeren Jahren abzuwägen und zu werten wußte – auf jeden Fall verstand er es, sich den Anschein eines solchen Abwägers und Bewerters zu geben. Aber Vorsicht! Goethe-Zitat und Schrapplau-Sprüche, ja der ganze Herr Schrapplau sind pure Mystifikation. Das zu sagen, gebietet die Fairness gegenüber dem Leser sowie gegenüber sämtlichen anderen in diesem Buche angeführten Zitaten – die nämlich sind durch die Bank authentisch.

ÜBER F. K. WAECHTER

Verehrte Anwesende,
mit einer gewissen Beklommenheit habe ich den an sich
ehrenvollen Auftrag übernommen, einige Worte zu den
Arbeiten Friedrich Karl Waechters zu sagen. Als Goethe
1805 – vor nun 160 Jahren – die Ausstellung des Weima-
rer Kunstvereins eröffnete, sagte er nicht ohne Grund:
»Es ist etwas Mißliches, mit dem Wort, das sich ans Ohr
wendet, über Bilder reden zu wollen. Ihr einziger Zweck
ist es, das Auge zu erfreuen, sie wären denn keine Bilder.«

Bei Karikaturen wird dieses Mißverhältnis noch um einiges mißlicher. Ihr Zweck ist es ja, Heiterkeit zu verbrei-
ten. Hätten sie erklärende, ernste Worte nötig, wären sie
schlechte Karikaturen oder Cartoons, oder wie immer
man die Arbeiten, die hier an den Wänden hängen, nennen will. Trotzdem, da es nun einmal sein muß, will ich
versuchen, diese Arbeiten und ihren Schöpfer in die nun
bald zweitausendjährige Geschichte der Karikatur und
in die geistesgeschichtliche Situation unserer Zeit einzuordnen.

Doch vorerst einige Worte zum Schöpfer, zu Waechter.
Er gehört seit Bestehen der Zeitschrift zum Redaktions-
stab von ›pardon‹, hat sich dort vom einfachen Graphiker zum Chefgraphiker hochgedient und für diese Zeitschrift bisher sämtliche Titelblätter gestaltet, ungezählte
Aufmacher und textbezogene Karikaturen ersonnen. An
den Wänden des Clubs werden Sie jedoch nur wenige
Beispiele seiner ›pardon‹-Tätigkeit sehen. Der Großteil
der Arbeiten entstand nach Arbeitsschluß und wurde
bisher noch nicht veröffentlicht.

Sie zeigen eine Entwicklung, die im Beginn durchaus
typisch für die Karikatur unserer Zeit ist. Die frühesten

Arbeiten ›Ameisen transportieren eine Elefantenleiche‹ etwa oder ›Zebra im Ried‹ führen eine Linie weiter, deren bedeutendster Protagonist Saul Steinberg ist: den ausschließlich graphischen Witz, der sich in einem Blatt wie ›Schloßgespenst‹ bis in die tiefsinnig-heiteren Gefilde der Graphik Klees zu steigern scheint. Diese und ähnliche Arbeiten zeigen uns einen Graphiker, der vor einem Scheideweg steht: Soll er den graphischen Witz weiterentwickeln? Oder soll er dem beherrschenden Trend der Cartoonisten unserer Zeit folgen, soll er ein Männchen entwickeln, ein typisches Waechter-Männchen, das sich durch eine merkwürdig geformte Nase, durch so und so gezeichnete Augen, durch ein charakteristisches Hängeohr so weit von den bisher bekannten Männchen eines Loriot, eines Bosc, eines Vip, eines Flora unterscheidet, daß man nun in jeder Arbeit einen unverkennbaren Waechter sehen kann? Die erste Entscheidung hätte ihn in dubiose Gefilde der Hochkunst entführt, in der noch so leise Scherze ungern gesehen werden, da große Kunst bei uns sich mit ernsten Dingen zu befassen hat; mit der Entscheidung für ein typisches Männchen hätte Waechter seinen Marktwert beträchtlich steigern können.

Waechter ging keinen dieser beiden Wege, ein Entschluß, der ihm hoch anzurechnen ist. In einer Zeit, da außer Picasso auch jeder Hoch-Künstler vom Kunsthandel dazu angehalten wird, sich stets zu reproduzieren und damit zum echten Markenartikel zu werden – woran könnte man einen Nay erkennen, wenn er keine Kreise malte, einen Chagall, wenn er keine fliegenden Uhren lieferte, einen Buffet ohne ausgemergelte Gestalten –, in dieser Zeit also verzichtete Waechter auf das typische Markenzeichen. Er folgte der immer noch wahren Einsicht Karl Schrapplaus, daß »Der Inhalt die Form bestimme«, die graphische Formulierung also immer dem Einfall zu dienen habe. Nebenbei gesagt: Der Hinweis auf Karl Schrapplau soll keineswegs besagen, daß ich all dem zustimme, was dieser Nestor der Ästhetik der Karikatur gesagt hat. Auch Waechter würde man Unrecht tun, wenn man ihn nur in der Nachfolge der oft zweifellos brillanten Ideen Schrapplaus sehen würde. Das beweist schon die dogmatische Haltung, die Schrapplau 1954 gegenüber den Versuchen junger Cartoonisten einnahm, die den stagnierenden Cartoon durch die Collagetechnik zu beleben suchten. Wollte man Schrapplau folgen, so wäre die Collage der Tod der heiteren Zeichnung – Waechter dagegen beweist in zahlreichen seiner Arbeiten, welche neuen Spielarten des Komischen der Verbindung zwischen Zeichnung und Klebebild entspringen können, ich verweise nur auf die Blätter ›Warum darf ich mit vollem Mund nicht reden‹ und ›Höhere Erträge durch Remington‹, auch ›Herr, es ist Zeit‹ genannt. In seinen letzten Blättern schließlich löst sich Waechter vollends von den Traditionen des hierzulande üblichen Cartoons, da bedient er sich historischer Stile, des Dürer-Stils, des Stils der spätägyptischen Kunst, des Stils der zweiten Hälfte des 13. Jahrhunderts, um entweder heutige Witzmotive – die Heimkehr des betrunkenen Ehemanns z. B. – zu verfremden oder um die früheren Stilen immanenten Möglichkeiten der Komik auszuschöpfen. Für diese letzten Arbeiten Waechters, für die Genauigkeit und Stiltreue dieser Kunstparodien gibt es im In- und Ausland, soviel ich weiß, kein Pendant. Es ist schade, daß Schrapplau sie nicht mehr sehen kann. Bekanntlich erklärte er noch in seiner letzten Schrift, die den pessimistischen Titel ›Karikatur wohin‹ trägt, daß solche Parodien zwar auf literarischem Gebiet, nicht jedoch in der bildenden Kunst möglich seien. Diese Ausstellung, ein Blatt wie der Franz Marc nachempfundene ›Turm der weißen Mäuse‹ würde ihn eines Besseren belehren.

Mehr habe ich nicht zu sagen, jetzt mögen die Arbeiten selbst sprechen. Ein Hinweis noch: Weitere Arbeiten Waechters befinden sich im Obergeschoß. Ich danke Ihnen für Ihre Aufmerksamkeit.

Rede zur Eröffnung einer Ausstellung im ›Club Voltaire‹ in Frankfurt, 1965

ZU ECKHARD HENSCHEID

1973 erschien Eckhard Henscheids Roman ›Die Vollidioten‹, der sich im Untertitel als »Historischer Roman aus
dem Jahre 1972« bezeichnet. Dieses Buch leitete Henscheids ›Chronik des laufenden Schwachsinns‹ ein, jene
Trilogie, die er 1977 mit ›Geht in Ordnung – sowieso – –
genau – – –‹ fortsetzte und 1978 mit ›Die Mätresse des
Bischofs‹ abschloß.

Alles Bücher, denen großer Erfolg und langes Leben
beschieden war, da sie fünfzehn Jahre nach Erscheinen
des ersten Bandes noch allesamt bei Zweitausendeins
erhältlich sind – wer hätte das gedacht, als ›Die Vollidioten‹ das Licht der Welt erblickten! Nicht im schmucken
Zweitausendeins-Gewande, mit den schönen Zeichnungen von F. K. Waechter – so traten sie erst Jahre später
auf. Erst mal waren sie nichts anderes als ein notdürftig
kartonierter Privatdruck voller Druckfehler, in Eintau-
sender-Auflage und von einer alphabetischen Aufzäh-
lung all jener hochherzigen Subskribenten beschlossen,
die das Zustandekommen des Werkes mit DM 10.– be-
vorschußt hatten.

In dieser Liste findet sich auch mein Name, doch kann
ich mir zwei weitere, weit prächtigere Federn an den Ko-
mikkritiker-Hut stecken. Ich darf mich nicht nur rühmen,
der erste gewesen zu sein, der dieses später vielgerühmte
Buch öffentlich gelobt hat – 1973, im April-Heft von ›pardon‹ –, ich habe auch privat mit meinem Lob nicht ge-
spart, und das bereits vor Erscheinen, ja vor Fertigstel-
lung des Buches. Ich gehörte nämlich zu jenen, denen
Henscheid sein work in progress zur Beurteilung vor-
gelegt hat, und die beiden Briefe, die ich ihm damals
schrieb, veröffentliche ich aus zwei Gründen: Einmal, um
die Behauptung zu widerlegen, wir, Henscheid und ich,

hätten uns damals in aller Öffentlichkeit schamlos und gegenseitig hochgelobt, der ›pardon‹-Beitrag sei also nichts weiter gewesen als eine Gefälligkeits-Rezension. Kein Wort wahr, ich habe Henscheid auch schamhaft und in aller Nichtöffentlichkeit gelobt. Sodann zitiere ich deshalb, weil die Zeilen die Auserwähltheit des Komikkritikers auf das allernachdrücklichste belegen: Da hatte es dem Geist der Komik gefallen, sich dem Kritiker ganz unfertig, ja scheinbar demütig zu nähern, und siehe! er hat IHN sogleich erkannt und IHM nicht nur Einspruch und Zuspruch ans Herz, sondern auch seine Liebe zu Füßen gelegt:

Lieber Henscheid,   22. 8. 72
ich kam einen Tag später zurück, heute früh holte ich den Beginn Deines Romans, eben habe ich die Seiten auf einen Sitz durchgelesen.

Das vorweg, und ohne Verstellung: Ich glaube die Sache wird sehr gut, Erzählhaltung und Sprachebene machen wirklich einen Haufen Komik möglich, und ich fand das, was ich las, sehr komisch.

Ich mach jetzt mal ein paar Bemerkungen, nicht so gründlich, wie von Dir gefordert, auch nicht geordnet, aber später habe ich vielleicht schon etwas vergessen, und in einer halben Stunde muß ich malen:

1. Außenstehenden wird sich alles sicher mitteilen, da habe ich gar keine Bedenken. Du hast den richtigen epischen Zugriff, die Leute werden schön mythisiert, die ganze Welt erscheint rund und prall, da sehe ich keine Probleme.

2. Der Erzähler ist ja ohne Frage ein intelligenter Mann, sicher die intelligenteste Figur in dem Ensemble. Er darf schwadronieren, mystifizieren, aber nicht sich dumm stellen. Das tut er in der Passage über den Weiberrat. Sicher, das ist ironisch gemeint, aber diese Ironie ist finster und dem Niveau der anderen Szenen nicht angemessen. Einmal gibt es auch eine spöttische Bemerkung über die Glasreiniger, ein Wortspiel (klarsehen), da wird es auch dick und unschön. Der Erzähler sollte seine Kritik darstel-

len – also durch die Handlung vermitteln – oder klar aussprechen. Meistens tut er das ja auch. Ich glaube, dieser etwas wirre
Gedankengang läuft auf den sehr richtigen Schluß hinaus,
daß Ironie ein törichtes Darstellungsmittel ist. Also: Ironie weglassen.

3. Zur Sprache: Die mag ich sehr. Irgendein Quidam hat das
Manuskript vor mir gelesen und Bemerkungen an den Rand geschrieben, die ich fast durchweg ablehne; etwa verbessert er
Seite 14 »Heute in einer Woche steigt hier ein großes Schei-
dungsfest« in »Heute in einer Woche gibt es hier ein Fest. Ich
feire nämlich meine Scheidung« – da ist der ganze idiomatische
Spaß weg, darauf würde ich nicht hören. Ich finde die Sprache
fast durchweg sehr machtvoll und voller überraschender, aber
nicht gesuchter Wendungen, die wohl aus dem Süddeutschen
kommen, oder zumindest dort ihre geistige Heimat haben...
Manchmal nur verläßt Du Dich zu sehr auf die Kraft und Komik
der aufgedonnerten Banalitäten, ein, vielleicht nicht gutes, Beispiel, das ich eben finde: »Herr Rösselmann und Fräulein Bitz
waren übrigens nicht gekommen, daraus ersieht man schon,
welch ein guter Psychologe ich bin« – das ist etwas umständlich,
gehört aber, wie ich immer mehr bemerke, nicht in den Zusammenhang, den ich herstellen wollte. Dieses Beispiel ist besser:
»Statt auf ihre Reize zu schauen, machen sie Sozialismus und
Unfug.« Ist zwar auch wieder ein Beispiel aus der Weiberratpas-
sage, zeigt aber, was ich meine: Es ist häufig erfrischend, wenn
ein Unfug ohne Ironie und Abschweifung als Unfug angesprochen wird, aber in diesem Kontext finde ich das Kraftwort zu
platt, da müßte der Zusammenhang »Sozialismus-Unfug« noch
etwas sauberer hergestellt werden, etwas wortreicher vielleicht,
damit ein Gegengewicht zu den häufigen und meist sehr schönen Lakonismen entsteht. (Dazu gehören auch manchmal etwas
geschliffenere Übergänge als das hübsche, aber überstrapazierte
»So. Und nun zur Sache« o.ä.) Im selben Zusammenhang: Was
Du am Anfang des dritten Tages über die Musik sagst, ist auch
zu wurschtig – »So eine sensible Sau bin ich« –, da kann es sich
der Erzähler ruhig leisten, überlegen und offen über seine Vorlieben und seine Kenntnisse zu reden, er braucht nicht den For-
schen zu spielen.

Momentan scheinen mir dies die wichtigsten Punkte zu sein.

Alles liest sich schön, die Verschränkung (Erzähler–Handlung) läuft gut, ich glaube, daß ich das fertige Buch sehr lieben werde. Das in Eile, später mehr

Robert G.

Einen Tag später plagte mich der Gedanke, ich könnte nicht anfeuernd genug geschrieben haben. Daher griff ich nochmals zur Schreibmaschine:

Lieber Henscheid,   23. 8. 72
noch einige Notizen zum Buch. Es ist nicht so, daß ich nicht einige sprachliche Einzelkritik vorzubringen hätte. Ich meine aber, daß diese im Moment noch nicht wichtig ist, wenn alles steht, werde ich – bei Bedarf – gerne gründlich gegenlesen. (Ich würde z. B. hin und wieder gerne da einen Konjunktiv sehen, wo Du einen Indikativ schreibst.)

Psychologische und dramaturgische Kritik scheint mir noch nicht vonnöten, da fand ich alles sehr stringent. Mit Jakob und Classen hast Du ja auch zwei Figuren, die kaum kaputtzumachen sind und sehr gut tragen. Was mir im Moment am wichtigsten erscheint, ist, daß Du den epischen Gleichschritt beibehältst. Ich sage das so laut, weil ich mir vorstellen kann, daß es für einen bisherigen Kurzschreiber recht schwer ist, sich in längeren Formen zu bewegen, ohne aufkommende Langeweile zu befürchten. Kommt aber – bisher – nicht auf. Ich las Almut längere Teile des Manuskripts vor. Sie kennt diese Leute ja noch weniger als ich, ist also noch unvorbelasteter, und sie und ich mußten immer wieder laut lachen.

Weiteres zum Buch hoffe ich bei Gelegenheit mündlich vortragen zu können. Zum Beispiel ein Lob für die vorzüglichen Sperrungen, die bisher im Roman ganz schlecht und falsch eingesetzt worden sind.

Ja. Was hier läuft, weiß ich nicht, ich war etwas weg, und mir erzählt ja auch keiner etwas.

Schönes Reisen wünscht   Robert G.

Acht Monate darauf war in ›pardon‹ der folgende Text zu lesen:

DIE CHRONIK DES LAUFENDEN SCHWACHSINNS –
ECKHARD HENSCHEIDS ROMAN ›DIE VOLLIDIOTEN‹

Die Vorgeschichte wollen wir schnell hinter uns bringen: Vor einem halben Jahr war Eckhard Henscheid nichts weiter als ein viel versprechender Autor. Er werde einen Roman schreiben, ließ er damals via ›pardon‹ veröffentlichen, sofern sich genügend Leute fänden, die dieses Vorhaben vor Abfassung des Romans mit einer Vorauszahlung von DM 10,– unterstützten. Der Betrag sei bitte auf folgendes Konto zu überweisen …

Rund 500 Literaturfreunde schossen 10 Mark vor, der Roman ist geschrieben, abgesetzt, wird bald ausgeliefert – was ist das nun für ein Buch?

Ein Roman, der von noch durchaus lebenden Zeitgenossen handelt, aber sicher kein Schlüsselroman. Henscheid ist zwar von seinem Plan abgekommen, alle in dem Roman vorkommenden Personen mit ihren authentischen Namen zu nennen, er entschuldigt sich in dem Nachwort dafür, daß er »sich aus naheliegenden romantechnischen, juristischen und humanen Rücksichten« entschlossen habe, »sämtliche im Vordergrund agierenden Personen mit fiktiven Namen auszustatten«.

Aber es ist nicht so, daß der Leser die Verschlüsselung durchschauen müßte, um irgendwelche Anspielungen und damit den Inhalt des Romans überhaupt zu verstehen. Wer Thomas Manns ›Zauberberg‹ liest, hat mehr von der Lektüre, wenn er weiß, daß der Mijnheer Peeperkorn ein Portrait Gerhart Hauptmanns ist. Dem Leser der ›Vollidioten‹ nützt es wenig, die bürgerlichen Namen der Hauptpersonen zu kennen. Dafür sind diese Herrschaften – bisher jedenfalls – einfach zu unbedeutend. Ins Positive gewendet: ›Die Vollidioten‹ sind kein Roman für Durchblicker und Eingeweihte geworden, kein Insider-Spaß. Und diese Gefahr lag nahe. Schließlich beschreibt

Henscheid authentische Vorgänge, die sich in einer bestimmten Woche des Jahres 1972 in seinem Frankfurter Bekanntenkreis abspielten. An der Peripherie dieses Kreises tauchen sogar Namen auf, die ein regelmäßiger Leser von Feuilletonseiten eigentlich kennen könnte: der Schreiber Wondratschek, der Kulturdezernent Hoffmann, der Verleger Nikel. Doch das Zentrum der Handlung wird von herzlich unbekannten, fast zwielichtigen Figuren beherrscht. Kein Privatspaß also, aber ein Roman, der Spaß macht. Weshalb?

Nun ist wohl Dostojewski an der Reihe: »Im Begriff ans Werk zu gehen und mit der Schilderung der so merkwürdigen Erlebnisse zu beginnen, die sich unlängst in unserer ... Stadt zugetragen haben ...« – beginnt der große Russe seinen Roman ›Die Dämonen‹. Und so beginnt der Oberpfälzer Henscheid: »Indem ich mit der Niederschrift all der Vorgänge beginne ... befinde ich mich in einer gewissen Verlegenheit ... In unserer Stadt ... haben sich seit nunmehr genau sieben Tagen sehr seltsame und überaus merkwürdige Vorkommnisse abgespielt ...«

»Jetzt aber zur Sache!« – endet Dostojewskis Vorwort zum Roman ›Die Brüder Karamasoff‹. »So. Und nun zur Sache!« – diese Worte beschließen Henscheids Vorwort. Doch damit nicht genug, ein Dostojewski-Zitat ist dem Buch auch noch als Motto vorangestellt – was soll das alles?

Im Nachwort der ›Vollidioten‹ beklagt Henscheid, daß »die mächtigen humoristischen Errungenschaften Dostojewskis in Deutschland ohne Folgen geblieben sind« – will er diese Errungenschaften in die deutsche Literatur einbringen? Genau. Und was sind das für Errungenschaften? »Seine augenfälligste humoristische Domäne ist das Gerede, das Drauflosreden, das ›verkommene Schwatzen‹«, stellte Henscheid bereits 1971 in der

›Frankfurter Rundschau‹ fest, und diese Domäne be-
ackert auch er mit schönem Erfolg. Er schwatzt drauflos.
In gravitätischer Erzählerpose verspricht er »sehr seltsame« und »überaus merkwürdige« Ereignisse. Ein Herr
Jackopp verliebt sich in ein Frl. Czernatzke, doch seine
Liebe wird nicht erwidert. Ein Herr Kloßen ist ständig
hinter Geld her. Ein Herr Henscheid läuft diesen Herren
dauernd über den Weg, horcht sie aus, erzählt das, was er
erfährt, anderen Damen und Herren, es wird zuviel getrunken und sehr viel geredet – was ist daran eigentlich
»merkwürdig« oder »seltsam«? Auf den ersten Blick gar
nichts. Aber der Erzähler ist nun einmal fest entschlossen, die unordentlichen Banalitäten, die sich rund um ihn
abspielen, ernst zu nehmen. Und dadurch wird die Sache
komisch.

›Die Vollidioten‹ sind ein sehr komisches Buch. Dabei fehlt es ihm durchaus an humoristischen Szenen oder
skurrilen Typen. Der Inhalt des Romans besteht aus einer Aneinanderreihung ausgemachter Nichtigkeiten, komisch werden sie erst durch den Blickwinkel Henscheids. Herzlich unbedeutende Vorgänge referiert er mit
jener Faktenwütigkeit, die häufig Kneipengespräche auszeichnet: »Als wir das Lokal verließen, sagte Herr Kloßen
mit sonderbar schwankender, ja schaukelnder Stimme,
er gehe jetzt mal eben in die Innenstadt, er kenne da
einen vorzüglichen Weinprobeausschank mit Pool-Bil-
lard, da koste der Schoppen 1a Wein nur eine Mark.«
Und keine Begebenheit ist Henscheid zu banal, als
daß er nicht hinter ihr noch Geist, ja durchdachte Pla-
nung vermuten würde: »Freudiges erwartend bestellte Herr Rösselmann sofort noch einen Käsekuchen, ein
kluger Schachzug, denn von einem zweiten Bienenstich
wäre selbst so einem eßgewandten Mann wie Herrn Rösselmann schlecht geworden …«, »Herr Jackopp zischte
nun wieder überraschend geistesgegenwärtig: ›Arsch-

loch, verdammtes!‹« – da Henscheid selbst den trivial-
sten Handlungen noch einen Sinn unterschiebt, bleibt in
seinem Buch jeglicher Sinn auf der Strecke.

Die ›Vollidioten‹ – das sind nicht nur die anderen,
Henscheid berichtet nicht aus ironischer Distanz. Selbst
in die Banalitäten verstrickt, hält er trotzdem an der alt-
väterlichen Chronistenrolle fest, erst dadurch wird die
Idiotie des Ganzen total.

»Denn verstört ist der Weltlauf«, sagt Adorno in den
›Minima moralia‹ und fährt fort: »Wer ihm vorsichtig
sich anpaßt, macht eben damit sich zum Teilhaber des
Wahnsinns.« Genau das tut Henscheid. Er ist es, der den
verliebten Herrn Jackopp nicht nur voyeuristisch begleitet, er selbst stachelt ihn zu unbesonnenen Schritten in
Richtung Frl. Czernatzke an. Er leiht dem stets bargeldlo-
sen Herrn Kloßen 20 Mark, um sie mit ihm stantepede zu
vertrinken. Er lebt überhaupt sehr ungesund, verliert immer mehr die Übersicht und muß schließlich betroffen
feststellen, wie nötig er die beiden Herren braucht. Zu
sehr hat er sich an das Anhören und Weitertragen von
deren Kalamitäten gewöhnt.

Die Herren haben ihn trotzdem verlassen. Henscheid
aber, Chronist des laufenden Schwachsinns, hat weiter-
gemacht und alles weitererzählt. Wer Ohren hat zu
hören, der höre.

DIE SAU RAUSLASSEN
Bemerkungen zu Busch

> Nicht minder verbürgt, wenngleich mehr der
> Sphäre von Witzblättern um 1919 zugehörig, ist
> ein Ereignis aus Ernsttal, dem Leiningenschen Be-
> sitz. Dort erschien eine Respektsperson, die Gat-
> tin des Eisenbahnpräsidenten Stapf, in knallrotem
> Sommerkleid. Die gezähmte Wildsau von Ernsttal
> vergaß ihre Zahmheit, nahm die laut schreiende
> Dame auf den Rücken und raste davon. Hätte ich
> ein Leitbild, so wäre es jenes Tier.
>
> THEODOR W. ADORNO, Ohne Leitbild

Olaf Gulbransson mochte sich, 1952, zu Wilhelm Busch
nicht ausführlich äußern: »Ich wäre auch zu bescheiden
um über so einen Riesenvormaat von ein Kerl – über Wilhelm Busch was zu schreiben. Ich kann ihm bloß anbe-
ten.«

Thomas Theodor Heine hatte da weniger Skrupel.
1932, anläßlich des 100. Geburtstags von Busch, schrieb
er in den ›Düsseldorfer Nachrichten‹: »Auch Wilhelm
Busch ist dem Schicksal nicht entgangen, von Literaten
auf den kunstgeschichtlichen Seziertisch geschleppt zu
werden. Die Resultate ihrer Forschung liegen sauber in
Schubfächer verteilt und sind mit den vorrätigen Etiket-
ten versehen … Ich vermisse nur ein Schubfach mit der
Etikette: Zeichenkunst. Denn das ist die Hauptsache: die
Zeichnungen Buschs sind etwas ganz Einziges …«

Ich halte es mit Thomas Theodor Heine, gleich ihm,
gleich allen anderen Busch-Exegeten, vermisse ich –
bei den anderen Busch-Exegeten natürlich – ein gerade
mir wichtiges und liebes Schubfach, wollemer es raus-
ziehe?

Es ist das Schubfach mit der Etikette: Komik, darin möchte ich mal etwas kramen; als ständige Kram- und Zitierhilfe dient mir ›Das große Wilhelm Busch Buch‹, das Dietrich Leube ebenso sachkundig wie liebevoll für den Piper Verlag zusammengestellt hat.

Was gibt es Schönes in der Schublade?

Zuoberst liegt ein Hermann-Hesse-Zitat von 1938, das sehr gut geeignet ist, die weitere Kramrichtung anzuzeigen. Da nämlich geht es auf keinen Fall lang. Hesse behauptet, Buschs Humor zu schätzen, doch auch er muß sich sofort gegen andere Busch-Liebhaber abgrenzen: »Er gilt noch heute, vollkommen irrtümlich, beim Durchschnittsbürger als Mann des ›goldenen Humors‹, während sein Humor doch so voll pessimistischer Hintergründe ist... Von seinen Büchern waren mir am liebsten ›Kritik des Herzens‹, ›Eduards Traum‹ und ›Der Schmetterling‹.«

An diesem Urteil ärgern mich drei Dinge, ach was, alles an ihm ärgert mich. Was soll die herablassende Zurechtweisung des »Durchschnittsbürgers«? Ohne diesen – kaufenden oder zahlenden – Durchschnittsbürger hätten sich weder Busch noch seine komischen Nachfahren Karl Valentin, Charlie Chaplin oder Buster Keaton über Wasser halten können.

Sie alle begannen ihre Tätigkeit an Orten, die den gebildeten Ständen ihrer Zeit äußerst suspekt waren: auf dem Jahrmarkt, im Kintopp oder, wie Busch, in Witzblättern, die ›Fliegende Blätter‹ oder ›Münchener Bilderbogen‹ hießen. Und bei allen dauerte es lange, bis Nicht-Durchschnittsbürger mitbekamen, daß da etwas Überdurchschnittliches passierte; die erste ausführlichere Würdigung von Buschs Werk schrieb der Literat Paul Lindau 1878 für die Zeitschrift ›Nord und Süd‹. Da aber war Busch bereits 46 Jahre alt, hatte zwanzig Jahre lang publiziert, fast alle seine großen Bildergeschichten, von

›Max und Moritz‹, 1865, bis zur ›Knopp‹-Trilogie, 1875 bis 1877, waren bereits erschienen.

Sodann: Ich begreife nicht, weshalb pessimistische Hintergründe den Humor eines Humoristen besonders wertvoll machen. Jeder Mensch ist ein Abgrund – wieso sollte da ausgerechnet der Komik-Produzent eine Ausnahme bilden? Das aber ist sein Problem – und das seiner Biographen; was mich, den Komik-Konsumenten, interessiert, ist, ob er mich lachen macht.

Hesse freilich will offensichtlich gar nicht lachen, er schätzt ausgerechnet jene drei Arbeiten Buschs, bei denen es wenig zu lachen gibt, alle drei keine Bilder-, sondern reine Textbücher, alle drei zwar verständliche, glücklicherweise aber untypische Ausflüge in jene Bereiche des Hochhumors, in denen sich Hinter-, Vorder- und Nebensinn derart vermengen, daß schon ein lauteres Schmunzeln von dem indignierten »Pst!« der dort umherstiefelnden Deuter begleitet wird.

Nein, Komik ist angesagt, und Busch war und ist komisch, immer noch, nach ganzen 116 Jahren. 1864 erschien sein erstes, noch erfolgloses Buch, die ›Bilderpossen‹. Und eine dieser Possen ist die Reim-Bild-Geschichte ›Der Eispeter‹, in der Busch das erste Mal voll die Sau rausließ. Jenes Tier mit den vielen Gesichtern, jene Sado-maso-anarcho-hoho-huhu-hahaaua-ratsch-patsch-klicke-radoms-Komik-Sau, die er in den nächsten 20 Jahren immer kunst- und effektvoller zuzureiten lernte:

Da geht der kleine Peter trotz der Kälte aufs Eis, fällt ins Wasser, krabbelt raus, erfriert zu einem menschenähnlichen Eiszapfen, wird zu Hause an den Ofen gestellt, taut jedoch nicht mehr zu menschlicher Gestalt, sondern lediglich zu einer menschenähnlichen Pfütze auf. Diese Pfütze sammeln die betrübten Eltern in einem Einmachtopf auf, den sie im Kellerregal zwischen ähnlichen Töpfen abstellen, die mit »Käse« und »Gurke«

beschriftet sind. Der neue Topf aber trägt die Aufschrift »Peter«.

Das ist – im Ernst – eine vollkommen komische, das heißt eine vollkommen herzlose und eine herzlich flache Geschichte. Sie steht nicht für irgendwas, sie schreitet einfach fort, wird von Bild zu Bild komischer und schließt mit einer wunderschönen, eiskalt servierten Pointe; »vom Leben geglüht, mit Fleiß gehämmert und nicht unzweckmäßig zusammengesetzt« – so bezeichnete Busch im Rückblick seine Bildergeschichten.

Die mir liebsten, ›Hans Huckebein, der Unglücksrabe‹, ›Max und Moritz‹, auch viele der ›Knopp‹-Episoden sind von dieser herzlos gehämmerten Zweckmäßigkeit. Keine Abschweifung, kein Mitgefühl, kein Hintersinn trübt den Fortgang der komischen Handlung, und noch der reife Wilhelm Busch serviert seinen Helden Tobias Knopp mit der gleichen Kaltblütigkeit ab, mit der er Hans Huckebein (aus Versehen erhängt) und Max und Moritz (mit Absicht verschrotet) über den Jordan gehen ließ:

In der Wolke sitzt die schwarze
Parze mit der Nasenwarze,
Und sie zwickt und schneidet, schnapp!!
Knopp sein Lebensbändel ab.

Nein, das ist kein »Schwarzer Humor«. Nicht jener harmlose Gruselverschnitt, den biedere Komikproduzenten heutzutage fleißig auf Flaschen ziehen, etikettiert als »Scharfrichterwitze«, »Sensenmannwitze«, »Friedhofswitze« etc.

Hätte auch Busch nach Rezepten gearbeitet, hätte er nicht hemmungs-, verantwortungs- und bedenkenlos seinen ganz persönlichen Komikstiebel durchgezogen, er würde nicht bis auf den heutigen Tag derart viele Exegeten anlocken. Die freilich stoßen bei dem Versuch, hinter die blanke Oberfläche seiner Geschichten zu gelangen – »Da muß doch was dahinterstecken!« –, immer nur auf ihr eigenes Spiegelbild.

Dem Sozialisten Max Hochdorf ist Busch einer, der »ohne Erbarmen Heuchelei und Philisterei zerstört«, dem Deutschen Hermann Löns ist er ein »Stärker des Deutschtums«, dem Feldmarschall von der Goltz ein »Militärschriftsteller«, dem Nazi Karl Anlauf ein »völkischer Seher«.

Und der belesene, wenn auch etwas zerstreute Gert Ueding deutet, beispielsweise, den ›Eispeter‹ als verfremdete Erziehungskomödie: »Buschs Schilderung dieses Verwandlungsprozesses bis hin zur völligen (inneren) Vereisung ... sind so authentische Visionen wie Kafkas Erzählung vom Lebensausgang des Gregor Samsa.« Kafka! Wallfahrtsziel aller Sinnhuber! Busch: Eine Kreuzwegstation auf diesem Deutungswege? Doch genug der Exegetenschelte, bin ja selber einer, was suchte *ich* noch mal bei Busch? Ja richtig, Komik. Ja, richtige Komik.

Komik, die sich weniger über den Kopf als über den Bauch vermittelt. Busch erzählt in Bildern, anfangs ganz ohne begleitende Worte, auch später, sagt er, sei er immer von den Bildern ausgegangen. Verständlicherweise: Die Intensität und Dreistigkeit, mit der er Bewegungsabläufe zeichnet, den ›Katzenjammer am Neujahrsmorgen‹ oder ein ›Pianokonzert‹, lassen alle komischen Möglichkeiten des Wortes weit hinter sich.

Überhaupt tun Literatur- und Kunstgeschichte recht daran, wenn sie Busch nur gequält oder gar nicht einzuordnen vermögen. Dieser Schreiber-Zeichner ist in vielen seiner Geschichten durchaus auch darstellender Künstler, nur daß er nicht persönlich, sondern vermittels seiner gezeichneten Figuren auftritt. Und er ist zugleich ein äußerst erfinderischer Regisseur. In seinen Bildfolgen gibt es Schwenks, Schnitte, den Wechsel von der Totalen zur Großaufnahme – filmische Techniken also, bevor es den Film gab.

Auch biographische Parallelen gibt es zwischen Busch und einigen Filmkomikern, von Chaplin bis zu den Marx Brothers. Sie alle beginnen, schlecht bezahlt, in niederen Medien, die Bildergeschichte ist da, s. o., durchaus dem Vaudeville oder dem frühen Stummfilm zu vergleichen. Sie alle wenden sich an ein Publikum, das keinen »guten« Geschmack hat – hätte es den, wäre es nicht Konsument dieser Medien.

Sie alle haben – anfangs – bei der Kritik nichts zu verlieren, da die sie überhaupt nicht wahrnimmt. Sie können daher unbedenklich komisch sein, dürfen einige jener Dinge aussprechen und darstellen, die man in den respektablen Künsten nicht beim Namen zu nennen wagt, jedenfalls nicht mit dieser Direktheit. Dort jedoch, wo sie sich tummeln, zählt erst mal nur eins: der Lacher.

Wenn es Lacher für die Darstellung ganz privater Obsessionen, Lüste, Wünsche und Ängste gibt – um so besser. Davon kann reichlich geliefert werden: In Buschs Werk finden sich – zum Beispiel – mehr Nasenverletzungen als in der restlichen deutschen – europäischen? – Literatur zusammengerechnet.

Nicht nur der Beginn, auch der weitere Werdegang dieser Spaßmacher verläuft ähnlich. Sie haben erste Erfolge. Sie lernen, ihre Mittel bewußter einzusetzen. Sie erproben kompliziertere und umfangreichere komische Formen. Hier und da streift sie bereits ein wohlwollendes Wort jener Kritiker, die sich sonst nur mit den Ernstmachern unter den Künstlern beschäftigen. Zugleich wächst ihre Beliebtheit.

Aber sie kommen auch langsam in die Jahre, biologisch und schöpferisch. Ihre Anfänge werden ihnen selber suspekt, die Sau, die sie mal rausgelassen haben, erscheint ihnen auf einmal als unvollkommenes, niederes, ja verächtliches Tier, dabei verdanken sie ihr doch alles. Es zieht sie weg vom Katzentisch der Komik, sie möchten da tafeln, wo die bewunderten Ernstmacher speisen. Sie geraten in Gefahr, große Humoristen oder humoristische Großkünstler werden zu wollen.

Als ob es erstrebenswert wäre, die große Zahl der Ernstmacher noch zu vergrößern. Von denen gibt es doch genug, Tausende, na, meinetwegen auch Hunderte. Während sich die großen Spaßmacher an den Fingern dreier Hände abzählen lassen, gut, meinetwegen auch vierer. Doch die Spaßmacher wollen partout ernst machen:

Chaplin dreht ›Der große Diktator‹, hat auf einmal eine Botschaft, die sich nicht mehr in schiere Komik auflösen läßt, er wird sentimental. Harpo Marx plant einen künstlerisch wertvollen Clown-Film, zu dem es gottlob nicht kommt. Busch veröffentlicht, 42jährig, den Gedichtband ›Kritik des Herzens‹. Der Titel erinnert mit Fleiß an Kants ›Kritik der reinen Vernunft‹. Der Inhalt, gereimte Parabeln und mild-humorige Betrachtungen, läßt für die weitere Produktion Buschs Schlimmes befürchten.

Zu Unrecht. Busch kommt noch einmal in Fahrt, in den folgenden zehn Jahren zeichnet und schreibt er neun weitere Bildergeschichten, in denen er, abgeklärter zwar, doch sehr bestimmt und wie gehabt, allerhand von dem niedermacht, was seinen Zeitgenossen angeblich heilig war: die Ehe, die Kirche, den Sinn des Lebens, die Erziehung, die Unverletzlichkeit des Mitmenschen bzw. des Mittiers, den gepflegten Suff und die holde Kunscht.

Dafür haben ihn seine Zeitgenossen geliebt, und diese Liebe beruhte sicherlich auf keinem Mißverständnis. Es ist ganz einfach hocherfreulich und sehr entlastend, die letztlich folgenlosen Katastrophen miterleben zu dürfen, in die Busch seine Helden pausenlos jagt, unmißverständlich ist auch das Vergnügen Buschs und das seiner Leser an den immer wieder malträtierten Katzenschwänzen. Wobei malträtierte Katzenschwänze bei Busch malträtierte Katzenschwänze bedeuten.

Freilich: Bereits in seiner vorletzten Bildergeschichte, im ›Balduin Bählamm‹, scheint mir Busch nicht mehr auf der Höhe seiner Kunst, da erzählt er eine plane Desillusionsparabel: Kleiner Angestellter fühlt sich als großer Dichter, fährt aufs Land, um zu dichten, doch hier stört ihn ein Ohrwurm, da scheißt ein Vöglein auf sein Manuskript, schließlich kehrt der Möchtegerndichter ernüchtert ins Büro zurück. Das steht nicht mehr quer zum gesunden Menschenverstand, das redet ihm, möglicherweise ungewollt, nach dem Munde: »Genau! Die spinnen doch, die Dichter.«

Trotzdem: 26 Jahre lang war Busch als Leistungskomiker aktiv, mit dem ›Maler Klecksel‹ gab er, 1884, ein sehr beachtliches, streckenweise glänzendes Abschiedsspiel, dann hörte er freiwillig auf, weitere 23 Jahre privatisierte er noch als »Einsiedler von Wiedensahl«.

Mehr war wohl nicht drin, die Komikproduktion schlaucht, doch Busch trat in Ehren ab. Ohne, bis zum Abschluß seiner aktiven Laufbahn, seine Anfänge zu verraten, ohne die Sau durch Wiederholungen zu Tode zu reiten, ohne nennenswerte Konzessionen an den versöhnlichen Humor oder den guten Geschmack zu machen. Auch – wichtig! – ohne in ästhetischen Formalismus abzurutschen, eine Gefahr, der die meisten komischen Zeichner irgendwann erliegen.

In alldem ist Busch vorbildlich, bis heute, obwohl er, zumindest in Deutschland, keine Nachfolger fand. Die ›Simplicissimus‹-Zeichner interessierten sich kaum für die Bildergeschichte, erst Erich Ohser (e. o. plauen) machte, in den dreißiger Jahren, mit seinen Vater-und-Sohn-Strips einen ernsthafteren Versuch, das Genre weiterzuführen. Doch wie matt, wie steif und wie betulich wirken seine Figuren und Einfälle neben denen von Wilhelm Busch.

Nun war der ja eine Doppelbegabung, er reimte und zeichnete mit der gleichen Verwegenheit. Eine solche Talenthäufung ist selten – trotzdem bleibt es merkwürdig, daß er hierzulande nicht Schule machte. Die wacheren, wohl auch respektloseren Amerikaner haben eine Menge von ihm gelernt und verwertet: Der Comic strip, angefangen von den ›Katzenjammer Kids‹, bei deren Geburt Max und Moritz Pate standen, bis hin zu – doch den Rest kann man in jeder besseren Geschichte des Comic strips nachlesen.

Nur das noch: Schon der bereits erwähnte Paul Lindau glaubte 1878 Buschs Reputation dadurch stützen zu können, daß er auf dessen durch und durch ernste Ölbilder hinwies: »Mehr noch als meinen Augen traue ich aber in diesem Falle dem Urteil Lenbachs, der Busch für einen hochbegabten Maler hält.«

Ja sicher, Busch malte auch. Flott, fetzig und soßig, in der Nachfolge der von ihm bewunderten Niederländer Hals, Brouwer und Teniers. Die gebildeteren unter den Busch-Liebhabern werden nicht müde, gerade den Maler Busch besonders herauszustreichen. Als ob seine Malerei den Komiker Busch adeln oder zumindest entschuldigen könne: »Ja, wissen Sie, der Mann war ja nicht nur ...«

Sie gehen sogar so weit, Buschs skizzenhafte Manier als Vorwegnahme des Impressionismus zu deuten. Das aber ist schlichter Unfug. Wenn jemand etwas vorweggenommen hat, dann nicht der Maler, sondern der komische Zeichner Busch. Der freilich nahm gleich so ziemlich alles vorweg, was viel spätere Stilrichtungen und Künstler dem Menschenbild und der Welt der restlichen optischen Erscheinungen antaten. Busch hat nämlich

den Jugendstil vorweggenommen

den Pointillismus

den Expressionismus

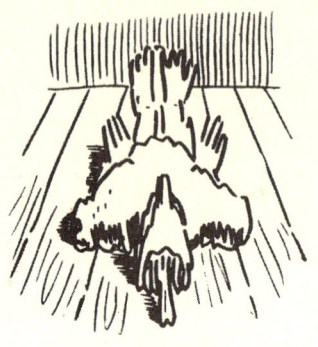

den Kubismus

den Kubismus, jawohl

den Futurismus

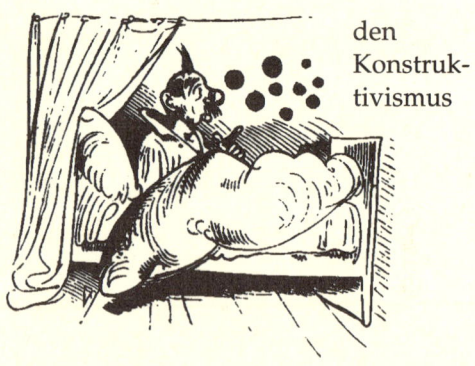

den
Konstruk-
tivismus

den Surrealismus

den Tachismus

den Tachismus, doch!

die Op- bzw.
Pop-art

und ...

die Neue Figuration.

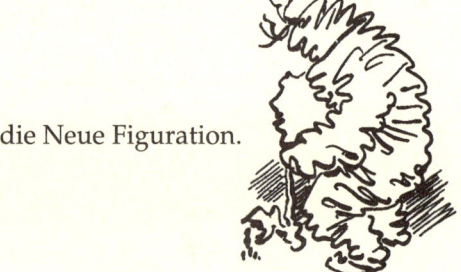

Ferner nahm Busch eindeutig und zweifelsfrei folgende
Künstler vorweg:

Salvador Dalí und Claes Oldenburg

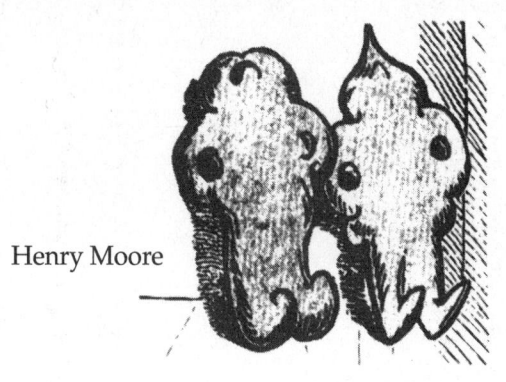

Henry Moore

Jean Dubuffet

Alberto
Giacometti

sowie Günter Uecker.

»Ick bin all dor!« ruft der Igel der Komik dem Hasen der Hochkunst entgegen – oder sollte ich, um im Bilde zu bleiben, den Igel zum Stachelschwein machen?

Ich könnt's, aber ich mag nicht. Lasse lieber Busch und sein wie immer geartetes Tier endgültig in den Olymp einziehen, mit jenen Worten, mit denen Wilhelm Busch selber einst seinen heiligen Antonius und dessen Sau in den Himmel aufsteigen ließ:

»Da grunzte das Schwein, die Englein sangen; So sind sie beide hineingegangen.«

Unter dem Titel ›Eiskalte Pointen‹ im ›Spiegel‹, Nr. 21, 1980

RUNTER FALLEN SIE IMMER
Über Robert Crumb

Es gibt zwei Gründe, über Robert Crumb zu schreiben. Der erste ist, daß der Zweitausendeins Versand mal wieder ein Buch von Crumb herausgebracht hat, und der zweite, daß das mal wieder von niemandem zur Kenntnis genommen wurde. Niemand, das meint die Medien, und da sich dieser Vorgang zum fünften Mal wiederholt, hört der Spaß, finde ich, auf. Ich frage mich im Gegenteil ernsthaft, woran das liegen mag.

Das neue Buch von Robert Crumb ist das ›Sketchbook 1966–67‹, ein Skizzenbuch aus seinen Anfängen, 369 Seiten stark und eines der anregendsten komischen Bücher, die ich seit langem in Händen hatte. Das vorweg und nun der Reihe nach.

Es war nämlich nicht immer so, daß die Bücher von Crumb fast unter Ausschluß der Öffentlichkeit erschienen. Im Gegenteil: Als der März Verlag 1970 Robert Crumbs erstes Buch, die ›Head Comix‹, herausbrachte, war das Echo überraschend laut und bemerkenswert einhellig. »Noch selten ist die Zwielichtigkeit und Verlogenheit unserer Zivilisation derart schockierend genau festgehalten worden«, freute sich die FAZ. »Die Horror-Trips seiner Figuren sind die pure Entspannung gegen den gesellschaftlichen Alltagshorror, den sie vorführen«, sekundierte der ›Spiegel‹. »Der Zeichner Crumb will beweisen, daß nicht nur ein paar Verrückte verrückt sind, sondern das ganze Universum ... Das kulturkritische Gequengel über den angeblichen Stumpfsinn der Comic-Kunst erledigt sich damit von selbst«, konstatierte die ›Welt‹. »Haß, Neid, Gewalt, gelegentlich ein bißchen Menschlichkeit – Crumbs ›Head Comix‹ bieten eine vorläufige Bestandsaufnahme unserer Gegenwart«, pflichtete ›Christ und

Welt‹ bei – und wenn überhaupt Kritik an Crumb laut wurde, dann deshalb, weil er leider, leider die offensichtlich allseits gewünschte Revolution nicht genügend vorantrieb: »Der Witz fängt aufkommende Aggressionen gleich wieder ab, da man die vorgeführten Personen als Opfer ihrer Umwelt bemitleidet, statt sie als Gestalter ihrer Umwelt zu begreifen«, mahnte die ›Zeit‹ den damals 25jährigen Zeichner. »Zu befürchten ist, daß die ›Head Comix‹ nicht auf das Millionen-Publikum der Comic-Konsumenten einwirken, sondern als ›Kunst‹ ausschließlich dem ästhetisch-intellektuellen Vergnügen eingeweihter Kreise anheimfallen«, befürchtete das ›Main-Echo‹. »Mit der Ideologie hapert es bei Crumb also«, tadelte die ›Abendzeitung‹ zusammenfassend – das Schicksal der Deutschen, über allem schwer zu werden, hatte sich mal wieder erfüllt, diesmal an Crumb, doch sie hatten sich immerhin einen, wenn auch reichlich modischen Reim auf den Comix-Künstler gemacht.

Die meisten dieser Kritiken waren nämlich Sammelbesprechungen. Wir schreiben das Jahr 1970: Pop-Art war (gerade noch) ein Thema, Kulturrevolution war (noch) angesagt, Comics, speziell Underground-Comix, waren (gerade) in oder (noch) ein Gerücht, und diese Modewelle spülte in ein und demselben Jahr so einiges in die Ausstellungshallen, Buchhandlungen und Feuilletons. In der Akademie der Künste, Berlin, führte die Ausstellung ›Comic Strips‹ »Geschichte, Struktur, Wirkung und Verbreitung der Bildergeschichten« vor, Günter Merken und Karl Riha arbeiteten die gleiche Materie gleich in zwei Büchern auf, ›Comics‹ und ›Zok roar wumm‹, Michael Czernich dechiffrierte ›Die Ducks. Psychogramm einer Sippe‹, A. G. Baumgärtner analysierte ›Die Welt der Comics als semiologisches System‹, Malte Dahrendorf sinnierte über ›Comics – Stiefkind der Literatur‹ – die Stiefkinder selber aber traten gleich rudelweise auf.

Vorwiegend in Gestalt ebenso entblößter wie modischer Sex-Polit-Pop-Tanten. ›Barbarella‹, ›Jodelle‹ und ›Pravda‹ waren bereits in den vergangenen vier Jahren vorausgegangen, nun folgten ihnen ›Valentina‹, ›Epoxy‹ und ›Phoebe Zeitgeist‹ auf den deutschen Buchmarkt. Ein Boom also, der neben diesen eiskalt kalkulierten, gänzlich unpersönlichen Kommerzgeschöpfen auch die überhaupt nicht coolen, ganz und gar persönlichen Ausgeburten des Crumbschen Kopfs ins öffentliche kulturelle Bewußtsein hob.

Dort tanzten sie alle freilich nur einen Herbst lang. Dem Nachklapp der aufgeregten späten Sechziger folgten stantepede die bedächtigeren Siebziger, »April, April«, hieß es plötzlich allerorten, die (Kultur-)Revolution stand gar nicht vor der Tür, Marshall McLuhan war gar nicht so ernst zu nehmen, die populären Medien waren gar nicht der Weisheit letzter Schluß, das Wasserbett war gar nicht das non plus ultra, die Literatur war gar nicht tot. Wo waren wir noch mal stehengeblieben? Beim letzten Böll?

Nicht, daß ich dem ebenso plötzlich entflammten wie abrupt erloschenen Interesse für Comics nachtrauerte. Die kommerziellen waren und sind in der Regel leider ziemlich töricht, Ausnahmen natürlich ausgenommen, und das, was hier in den frühen Siebzigern noch ein Gerücht war, der Underground-Comic, ist mittlerweile Geschichte, unterm Strich leider keine allzu ruhmreiche. Bereits in der ersten Hälfte der Siebziger zog man in den USA Bilanz, 1973, fünf Jahre nach Erscheinen, wurden Reprints der ersten zwölf Nummern der Comic-Zeitschrift ›Yellow Dog‹ aufgelegt, 1974 erschien Mark Estrens ›A History of Underground Comics‹, im gleichen Jahr brachten die Underground-Verlage Apex und Bijou Comic-Retrospektiven heraus – kein Zweifel, zwischen 1967 und 1973 waren in den diversen US-Undergrounds unendliche Tuscheströme in ungezählte Bildergeschichten geflossen. Zeitweise glaubte offensichtlich jeder, der eine Feder halten konnte, auch zeichnen zu können, selten sah ich so viel klobigen Dilettantismus (Lynch, Williamson) und soviel angeblich bewußtseinserweiterndes Kunsthandwerk (Griffin, Moscoso) auf einem Haufen, und wäre da nicht immer wieder Crumb – doch da ist immer wieder Crumb, immer wieder und vor allem, und immer wieder, wenn ich auf ihn stoße, denke ich: Welch ein Zeichner! Welch ein Geschichtenerzähler! Welch ein Jammer, daß er hierzulande mit all dem Comic-Schrott den Kultur-Bach runtergegangen ist, nein: Welch eine Schande!

Daß es nach den ›Head Comix‹ bei uns still um Crumb wurde, hatte erst mal freilich auch ganz handfeste Gründe. Der März Verlag machte Pleite, Crumbs Buch lief aus, und fünf Jahre lang erschien nichts Neues von ihm. Trotzdem konnte man dauernd etwas von Crumb sehen: Die munter wuchernde Alternativpresse raubdruckte ihn munter, untergrundig verbreitete sich sein Ruhm auch in den einschlägigen deutschen Kreisen. Doch als der Versand-Verlag Zweitausendeins 1975 damit begann, Crumbs ungebärdige, auch für dessen Landsleute schwer überschaubare Produktion in schön aufgemachten (Franz Greno), hervorragend geletterten (Dieter Kerl) und kongenial übersetzten (Harry Rowohlt) Auswahlbänden anzubieten, rührte sich kaum eine Feder mehr: ›Die 17 Gesichter des Robert Crumb‹ (1975, enthält Comics von 1967–1973), ›Yum Yum‹ (1975), ›Sketchbook I‹ (1978), ›Voll auf die Nüsse‹ (1981, enthält Comics von 1973–1977) und das bereits erwähnte ›Sketchbook II‹ wurden nur noch von abseitigen Publikationen und auch dort nur am Rande wahrgenommen, im deutschen Comic-Fachblatt ›Comixene‹ beispielsweise, das es leider auch nicht mehr gibt.

Ein Schweigen, das sicherlich damit zu tun hat, daß Crumb nur schwer in den Griff zu kriegen ist. Das beginnt mit seiner Cartoonistenbiographie, die sich ebensogut als Erfolgsgeschichte wie als bewußt gewählter Weg in den programmierten Mißerfolg deuten läßt. 1978 erinnert er sich: »1962 haute ich von zu Hause ab, um mein Glück zu machen, und bekam einen Job in Cleveland, Ohio, wo ich Farbauszüge für eine große Glückwunschkartenfirma verfertigte.

Ich zeichnete weiter meine hausgemachten Comics, obwohl ich die Idee, ein professioneller Cartoonist zu werden, längst aufgegeben hatte. Ich zeichnete Comics aus dem gleichen Grund wie bisher: um nicht mit anderen Leuten zu tun zu haben.« Gerade die Comics aber bringen ihn mit anderen Leuten zusammen, ausgerechnet in diesen einsamen Jahren entwickelt Crumb seine wahrscheinlich populärste Comic-Figur, Fritz the Cat. Fritz ist auch der Held seines ersten publizierten Strips: 1964 veröffentlicht Harvey Kurtzmans Humormagazin ›Help‹ die Bildergeschichte ›Fritz comes on strong‹, in welcher Fritz ein langhaariges Katzenmädel auszieht und flachlegt. Damit sind die Fritz-Weichen gestellt: In weiteren Folgen legt Fritz nicht nur weiter flach, er zieht auch durch, füllt sich ab, wirft ein, flippt aus und engagiert sich in allen denkbaren revolutionären und konterrevolutionären Umtrieben. Und er macht Crumb bekannt: »1969 wurde mein erstes Fritz-Buch veröffentlicht. Damals war ich berühmt, jedenfalls in der hip-Subkultur, und Horden von großsprecherischen Medienhaien rannten mir die Bude ein. Ich versuchte Widerstand zu leisten, doch sie überrollten mich wie ein Güterzug …« Die Lokomotive heißt Ralph Bakshi, er entreißt Crumb die Fritz-Rechte und verbrät sie in einem Fritz-Trickfilm, welcher den Fritz-Schöpfer derart verstört, daß er sich zum Äußersten entschließt: »Mir war klar, Fritz mußte beseitigt werden. 1977 fühlte ich mich gezwungen, ihn töten zu lassen ... Another casuality of the ›Sixties‹ ...«

Die Straußendame Steffi besorgt den Abgang, sie rammt dem mittlerweile nur noch mäßig potenten, dafür unmäßig zynischen Fritz einen Eisdorn ins Genick. Auf der Strecke aber bleibt nicht nur eine Comic-Figur, ganz bewußt entledigt sich Crumb einer Geld-katze, die ihm bei entsprechender Pflege noch seinen Lebensabend vergoldet hätte. Er macht auch sonst alles falsch. Statt dem Beispiel eines Bud Sagendorf (›Popeye‹) oder Charles M. Schulz (›Peanuts‹) zu folgen und einer begrenzten Zahl von Helden zu weitester Verbreitung zu verhelfen, erfindet er in den späten 60ern ein Heer von Helden, die in ständig wechselnden, obskuren Heftchen erscheinen.

1967 sind es 75 solcher Erfindungen, von Mr. Natural bis Stinko the Clown, 1968 bringt er es auf 27 neue Comic-Figuren, 1969 folgen 23 weitere, und es dauert Jahre, bis der Kreativstrom in normale Bahnen zurückkehrt; erst 1974 vermerkt mein faktenpraller Wissensquell, die ›R. Crumb Checklist‹ des amerikanischen Russisch-Professors Don Fiene, lediglich einen New-Comer, Herrn Shlub Mugubb.

Gegen alle wirtschaftliche Vernunft verfährt Crumb bei seinen Publikationen genauso sprunghaft. Anstatt *einen* erfolgreichen Hefttitel zum Periodikum auszubauen, lanciert er nacheinander ›Big Ass Comics‹, ›homegrown funnies‹, ›Motor City Comics‹, ›The peoples Comics‹ usw. Hefte, die es selten auf mehr als eine Nummer bringen. Selbst von Crumbs erster Underground-Publikation, den legendären ›Zap Comix‹, erschienen zwischen 1967 und 1975 nicht mehr als neun Folgen, und diese wohl auch nur deswegen, weil vom dritten Heft an auch andere Zeichner an ›Zap‹ mitarbeiteten.

409

Und so fortan: Mr. Natural, nächst Fritz the Cat Crumbs beliebteste Erfindung, ein Guru von unüberbietbarer Weisheit, Dreistigkeit, Ein- und Vieldeutigkeit, erlebt nur zweimal die Ehre eines nach ihm benannten Heftes, 1969 und 1971. Doch Crumb läßt ihn immerhin bis 1976 weiterleben. Ab Februar dieses Jahres erscheint wöchentlich ein ›Mr. Natural‹-Strip in der New Yorker Zeitschrift ›Village Voice‹, im August wird es Crumb zuviel. Er notiert in sein Sketchbook: »Ich möchte keinen regelmäßigen Strip für die Voice mehr zeichnen ... Scheiß drauf ... Scheiß aufs Geld ... Ich möchte kein verantwortlicher Erwachsener sein ...« Und im November handelt er: Nachdem Mr. Natural nackt durch die Wohnung seines Uralt-Freundes Flakey Foont getobt ist, karrt ihn der in die Nervenheilanstalt. Mit von der finsteren Partie ist Flakeys Freundin Ruth Schwartz; während Mr. Natural erstarrt auf dem Rücksitz hockt, spricht sie den Epilog: »Arme Sau ... in den 60ern war er so scharfsinnig ... Ein Held der Gegenkultur. Millionen liebten ihn. Was ist da schiefgegangen?«

Ja – was wohl. Denn Crumb läßt Mr. Natural lediglich das nacherleben, was ihm bereits Jahre vorher widerfahren ist. 1974 fragt ihn der Interviewer Keith Green, ob er noch viel Fan-Post erhalte: »Nein, eigentlich nicht mehr. Ich bin ein has-been. Ein alter Hut. Ein Teil der Sechziger ... passé ...«

Aber war er das jemals – ein Teil? Ist er nicht immer ein Einzelkämpfer gewesen, trotz der Sammelbezeichnung »Mr. Underground«, die ihm eine etikettengeile Mitwelt aufgepappt hatte? Hat er, abgesehen von der großen Verweigerung, die er von Anbeginn praktizierte, ernsthaft an all die Moden, Drogen, Schlagworte und Hoffnungen der Sechziger geglaubt?

Fritz the Cat ruft die Neger-Krähen zur Revolution auf, jawohl, doch nur, weil er völlig stoned ist: »Erhebt euch!

Die Bosse fahren in Limousinen herum, die essen Erdbeeren mit Schlagsahne! Nach der Revolution wird es keine Limousinen mehr geben! Nach der Revolution gibt's keine Erdbeeren mit Schlagsahne mehr!« Fritz verkündet die Ideale der 60er-Bewegung, Peace and Love, Bewußtseinserweiterung und Spontaneität, gewiß, doch nur so lange, bis er wieder ein Blumenkind ins Bett geschwatzt hat, danach ist er rasch wieder auf dem Teppich: »Gähn ... ein sehr günstiger Fick ...« Crumb zeichnet, wie die Negerin Angelfood Mc Spade von weißen Entwicklungshelfern überredet wird, im Interesse ihres kulturellen Aufstiegs Klos auszulecken – zweifellos eine eindeutige Satire. Doch er zeichnet auch entsetzlich bimbohafte Neger, die einen Weißen zusammenschlagen, welcher fortwährend beteuert, Verständnis für ihre Probleme zu haben. Er zeichnet Whiteman, den Vertreter des Establishments und seine Mordphantasien, er zeichnet aber auch hirnlose Haight-Ashbury-Hippies, die jedem Modeguru hinterherlaufen. Einen wahnwitzigen Hau haben oder kriegen sie bei ihm alle – die prügelnden Polizisten und die geheimen Volksbefreiungsheere, »Dale Steinberger, das jüdische Cowgirl« und »Strawberry Fields, das allerletzte Blumenkind« – je länger ich in alten Crumb-Bänden blättere, desto mehr muß ich mich fragen, ob er denn jemals ein nützliches und vollwertiges Mitglied der Bewegung gewesen ist.

War er nicht, sagt er selber 1972: »Ich ging zu diesen Loveins und schaute mir den Unfug an. Nie hatte ich das Gefühl, wirklich dazuzugehören. Ich kam mir wie ein Reporter von einem anderen Stern vor.« War er doch, sagt ein Vertreter des Establishments, Robert Doty, Kurator des New Yorker Whitney Museums: »Crumb ist der Daumier seiner Zeit, ein wahrhaftiges Genie, das aus dem underground-movement auftaucht ...« War er doch nicht, hält Professor Poteet aus Newark dagegen: »Der

Inhalt von Crumbs Werk ist pubertär. Zynisch, doch ziellos macht er alles nieder, herrschende Kultur und Gegenkultur ...« Und vor allem sich selber, hätte der Professor hinzufügen können. 17 seiner Gesichter enthüllt Crumb in dem gleichnamigen Strip, sie reichen von »Crumb, der etablierte, burschwase Kommerz-Cartoonist« bis »Einer von uns ... angesehenes Mitglied der Alternativszene« – und im Laufe der 70er thematisiert er sich und seine Probleme immer häufiger, vor allem seine Probleme mit den Frauen, mit all den vergewaltigten und gewaltigen, unterdrückten und erdrückenden Wesen, die seine Bildergeschichten bis zum Bersten füllen. Als »R. Crumb, das alte Chauvi-Schwein persönlich« richtet er sogar »Ein offenes Wort an euch Manzen«. Im Sessel sitzend versucht er es zunächst auf die charmante Tour: »Ciauchen Mädels ... ich stehe voll auf eurer Seite, ehrlich! Heh heh ...«, um sich dann doch von Bild zu Bild immer mehr zu verrennen: »Nennt mich einen Triebverbrecher, bitteschön ... Aber es wäre doch hirnrissig, von einem Zeichner zu verlangen, daß er all das unterdrückt, was ihn persönlich bewegt ... Das wäre totalitär! Oder – mal andersrum: Ich bin kein Propagandist für irgendeine beschissene Bewegung! Ich bin Künstler!« Der aber kann nur ganz lieb gucken und die Hände ringen: »Ich will mich nicht verteidigen ... Ich bin weiß Gott mindestens so kaputt wie sonstwer ... Alles, was ich verteidigen will, ist die Meinungsfreiheit ... Wollt ihr dieses Geschenk des Himmels abschaffen?« Und schließlich, nun aber schon sabbernd und ganz werwolfhaft: »Wollt ihr das, ihr selbstgerechten, widerwärtigen Weiber??«

So macht man sich keine Freundinnen. Und viele seiner verbliebenen Freunde weiß Crumb ebenfalls zu verprellen. Sie möchten lachen, er aber will das Gewissen der Nation aufrütteln. 1975 teilt er in einem äußerst doppelbödigen, ungemein bilderreichen Rundumschlag

(»Dies ist kein komischer Comic«) mit, was er an dem modernen Amerika haßt: »Ich hasse die gesamte moderne Pop-Musik, und ich hasse Motorräder ... fette Kapitalisten ... Losungen brüllende Radikale fast genausosehr ... weltläufige Intellektuelle ... die Alternativkultur der Jugend sowie fast alle Teenager ...« usw. usf. – wo aber bleibt das Positive, Mr. Crumb?

»Und was, so höre ich fragen, würde ich unternehmen, um Amerika zu verbessern? Nun, zuerst würde ich die Straßenbahnen wieder einführen ...« Meint der das ernst? Hat der je etwas ernstgenommen, wenigstens seine Comics? Dem Herausgeber der Comic-Fachzeitschrift ›Funnyworld‹ schreibt er 1972: »Funnyworld ist ein so ernsthaftes Blatt ... Sollte Serious World heißen ... All die ernsthaften Briefe und Beiträge über Cartoons ... Macht mich richtig krank, Leute!«

1969 bereits ist Crumb aufs Land gezogen, nach Potter Valley, in etwas, was er selber eine Farm und der Besucher Georg Stefan Troller eine Baracke nennt. Angebote etablierter Medien wie ›Playboy‹ oder ›Rolling Stone‹ lehnt er nach wie vor ab, die weltweiten Raubdrucke bringen nichts ein, am Crumb-Boom, der sicherlich manchen Crumb-Überdruß nach sich gezogen hat, an ›Mr. Natural‹-T-Shirts und ›Keep on truckin'‹-Posters verdienen andere, er kommt 1972 auf monatlich 1500 Dollar. Und das ist noch ein fettes Jahr, weniger fette Zeiten folgen, auch die Comic-Produktion wird magerer, zu Schaffenskrisen kommen finanzielle Sorgen, 1978 zwingen Steuerschulden den »American Hogarth« (›Time‹) nach Deutschland zu kommen, wo der Verleger-Versender Lutz Reinecke sein ›Sketchbook 1974–78‹ herausbringen will, weltweit, denn er ist der einzige, der die Herausgabe riskiert.

Ein verzweifeltes und herzwärmendes Buch, Crumbs Versuch, zeichnend und schreibend mit sich, seinem

Ruhm und seinem Versagen ins reine zu kommen: »Wenn ich nicht zeichne, bin ich NICHTS«, »Die Leute haben mich ein Genie genannt – und ich hab's auch noch geglaubt!« – in Worten läßt Crumb ständig die Hosen runter, in den zahllosen Zeichnungen aber zieht er sie energisch wieder hoch und schreitet mit festem Schritt sein Terrain ab, das sich, gemessen an seinen Anfängen, noch mächtig erweitert hat. Zu den immer wieder zitierten und variierten Figuren der amerikanischen Comic-Geschichte, zu den erprobten Ausgeburten seiner Sex- und Alpträume, zu dem ständigen Registrieren von und Reagieren auf zeitgenössische Scheußlichkeiten ist nun noch die realistische, ganz unkomische Zeichnung gekommen. Crumb bekennt eine »Schrulle, fast eine Besessenheit ... nein falsch, eine intensive LIEBE zu gewissen Dingen der Vergangenheit«, besonders »für das Amerika zwischen 1860 und 1930 und/oder das vorindustrielle Europa«, geradezu andächtig zeichnet er Jazzmusiker der 20er Jahre oder »Terrys Art Deco Herd«. Da scheint der Spaß für Crumb nun wirklich aufzuhören, da entpuppt er sich als Konservativer, als einer von der widerborstigsten Sorte freilich – im kleinen Holland provozierte dieses Buch drei lange Aufsätze, lobende und kopfschüttelnde, in der großen Bundesrepublik jedoch ...

Der Kreis schließt sich, doch bevor er sich ganz gerundet hat, möchte ich noch einmal flink abfragen, ob denn hierzulande wirklich niemandem etwas zu Crumb einfällt. Beginnen wir mal ganz oben:

Kunstkritiker! Daß ihr nichts zum komischen Zeichner Crumb sagen könnt – geschenkt. Dabei kommt selten mehr raus als ein wohlwollendes Schulterklopfen, das zumeist die anvisierte Schulter auch noch meterweit verfehlt. Aber ist euch eigentlich klar, daß Crumb die Postmoderne, den spielerischen und verantwortungslosen Umgang mit Formen und Inhalten der bildenden Kunst dieses Jahrhunderts bereits 1967, in ›Zap 1‹ eingeleitet hat? Mit seinen ›Ultra Super Modernistic Comics‹? Daß er seither all das praktiziert, was heute den jungen Wilden nachgerühmt wird – Stilpluralismus, Wegwerfkunst und radikale Geschmacklosigkeit? Man wird ja wohl noch mal fragen dürfen.

Literaten! Wie lange noch wollt ihr eure kümmerliche Geschichte in weinerlichen Wälzern ausbreiten? Ist doch alles schon gesagt, viel bildhafter und weinerlicher als ihr es je schaffen werdet, in Crumbs ›Heulsusen-Blues‹ von 1976, Held: Crybaby Beanhead, Motto: »Hält sich für die einzige Bohne in der Suppe!« Wer würdigt diese vier glorreichen Seiten endlich einmal? Wer weist nach, daß sie die denkbar anrührendste Begründung der neuen Weinerlichkeit enthalten und zugleich ihre denkbar vernichtendste Kritik? Äh … War nur ein Vorschlag.

Kulturträger! Ihr wart doch alle mal so stolz darauf, den tradierten Kulturbegriff erweitert zu haben, um Trivialkunst und Rockmusik, Alltagsmythen und – erinnert ihr euch noch? – Comics. Könntet ihr nicht mal was über – wie? Überlastet? Erst müssen noch der neue Strauß, der neuere Herzog und der allerneueste Frisch abgefackelt werden? Und die 1000 Seiten Pynchon sind noch nicht mal zur Hälfte gegessen? Aber apropos Pynchon – läge da nicht ein Hinweis auf Crumb nahe: der amerikanische Traum als die totale Paranoia, die Stadtlandschaften als schreckerregende Zeichensysteme eines allesdurchdringenden, undurchdringlichen Wahnsinns? Wobei auch Pynchons Komik einige Parallelen zu – Bin ja schon still. Nicht stören lassen, weiterlesen!

Gegenkulturträger! Jede Kultur lebt vom Erinnern. Daß die herrschende Kultur jemanden wie Crumb, wenn überhaupt, nur im Ex-und-hopp-Verfahren mitnimmt – klar. Kurzfristig mag es ja ganz chic und progressiv sein, den Rüssel in die Schmuddelmedien des sogenannten

Underground zu tunken, von groteskem Sex und anarchischer Komik zu naschen, um so wohler fühlt man sich hernach wieder auf den etablierten Spielwiesen. Ihr aber ... Ist euer Gedächtnis ebenso kurz? Ist es durch all die Polit-, Rock- und Filmnostalgien derart blockiert, daß die Geschichte der Szene-Satire und der Szene-Comics sich bereits mit dem vorletzten Seyfried im dunkeln verliert? Will denn niemand mehr wissen, wie alles anfing? Indem er energisch auf eine Neuauflage der ›Head Comix‹ drängt oder sich doch wenigstens Gedanken zum ›Sketchbook 1966–67‹ macht? Interessiert es denn niemanden, wie es mit Crumb weiterging – auf die Gefahr hin, in dessen Geschichten auch die eigene, manchmal gar nicht so lustige Geschichte der letzten zwölf Jahre wiederzufinden? Nicht angesagt? Wirklich nicht?

Männer! War dieser Crumb nicht einmal genau euer Mann? Wolltet ihr nicht so sein, wie seine Figuren: Offen wie Mr. Natural, zu wie Bo Bo Bolinski, stürmisch wie Mr. Snoid, begehrt wie Fritz the Cat, liebebedürftig wie Creampuff mit der Hupe? Doch, das wolltet ihr. Wollt es ja immer noch, stimmt's? Traut euch nur nicht mehr, es zuzugeben – oder? In Ordnung, trau mich ja selbst nicht.

Frauen! Ist dieser Crumb – Nein, nicht wahr? Auch nicht irgendwo ganz tief drinnen? Schon gut, vergessen wir's.

Keine weiteren Wortmeldungen? Dann rasch noch ein Wort in eigener Sache: Es geschieht nur alle Jubeljahre, daß jemand die komische Zeichnung (die komische Bildergeschichte, den komischen Comic) aus den umfriedeten Bereichen milder, kommerzieller Belustigung befreit, das Medium mit den allerpersönlichsten Erfahrungen, Beleidigungen, Hoffnungen und Begierden bepackt und es so kunstreich wie ungehindert querfeldein traben läßt – über Stock und Stein, Geld und Gut, Anstand und Sitte, Freund und Feind, Gott und die Welt, Sinn und Verstand.

Busch war so ein Fall, Crumb ist so einer: »Anfangs war ich beim Zeichnen mein eigener Zensor, dann hörte ich einfach mit der Zensur auf – das ist eigentlich alles.« Verwegene Herrschaften! Ihr Start ist meist glänzend, ihr Ende abzusehen. Runter fallen sie immer, früher oder später; um so spannender, lustvoller, befreiender und lebenssteigernder ist es, ihrem Parforce-Ritt zuzusehen. Unterm Strich ist der Weg das Ziel, fragt sich nur, wie lange der sich hinzieht. Und ob die Zuschauer ihn nicht verlängern können, durch anfeuernde oder warnende Zurufe etwa. Doch ich merke gerade, daß ich dabei bin, gar nicht mehr von Crumb zu reden, und schon gar nicht mehr für ihn, sondern für all jene Zeichner-Schreiber, die auf ihre sehr viel bescheidenere Weise versuchen, dem Wechselbalg der komischen Bildergeschichte ein paar neue, persönlichere Töne zu entlocken. Sie können dem Schweigen um Crumb nur ebenso betreten wie entmutigt zuhören: Wenn nicht einmal der wahrgenommen wird, wer dann?

Zuerst im ›Spiegel‹, Nr. 30, 1982. Die Crumb-Zeichnungen stammen aus der ›R. Crumb Checklist‹ von Donald M. Fiene, Cambridge, Massachusetts: Boatner Norton Press 1981. Abdruck mit freundlicher Genehmigung von Robert Crumb.

10 SÄTZE

betr. Komik, komische Zeichnung, bildende Kunst und Literatur nebst einem Zusatz

1. Um den Schwierigkeiten zu entgehen, die eine korrekte Definition der Begriffe »Karikatur«, »Cartoon«, »Bilderbogen« und »Comic Strip« mit sich bringen würde, beschränke ich mich darauf, im folgenden von »komischer Zeichnung« zu sprechen.

2. Viele bildende Künstler haben, meist in ihrer Jugend, komische Zeichnungen gemacht: Bernini, Goya, Burne-Jones, Dante Gabriel Rosetti, Manet, Monet, Nolde, Barlach, de Chirico, Picasso, Juan Gris, Feininger, Klee – war da noch jemand? Im Moment fällt mir kein weiterer Künstler ein. Ist auch nicht so wichtig. Denn meist haben sie das komische Zeichnen bald wieder gelassen, selten waren ihre Zeichnungen besonders komisch, fast nie haben sie Einfluß auf Geschichte und Entwicklung der komischen Zeichnung ausgeübt.

3. Hin und wieder griffen auch hauptberuflich komische Zeichner zum ernsten Pinsel, meist hatten sie ja mal ursprünglich Maler werden wollen: Daumier, Wilhelm Busch, Adolf Oberländer, Th. Th. Heine, Olaf Gulbransson, in neuerer Zeit Steinberg, Maurice Henry oder André François. Meist haben sie die Malerei sehr nebenher betrieben, selten waren ihre Bilder besonders gut, fast nie haben sie Geschichte und Entwicklung der bildenden Kunst beeinflußt.

4. Es gibt viele komische Zeichnungen, wenige komische Ölbilder, kaum komische Plastiken. Offenbar besteht eine Relation zwischen Arbeitsaufwand und Effekt – für einen

Lacher lohnt es sich nicht, monatelang an einem Stein herumzuhämmern. Auch bei komischen Ölbildern stört der mangelnde Sinn für Ökonomie. Den pinkelnden, greinenden, vom Adler entführten ›Ganymed‹ hätte Rembrandt billiger haben können, eine Zeichnung hätte es auch getan.

5. Die komische Zeichnung will immer irgendwas. Sie will Augen öffnen für, Partei ergreifen gegen, Stellung nehmen zu, aufmerksam machen auf, lachen machen über. Hier, jetzt und gleich. Deshalb muß sie rasch produziert und schnell unter die Leute gebracht werden. Noch der viel-, doppel- und zweideutigste Witz verfolgt eindeutig eine Absicht, meist eindeutige Absichten.

6. Die bildende Kunst will natürlich auch irgendwas. Aber was will die bildende Kunst eigentlich? Über den Apoll von Tenea, Piero della Francescas ›Madonna del Parto‹ oder Vermeers ›Der Maler im Atelier‹ wird nie das letzte Wort gesprochen werden. Noch der unbedarfteste abstrakte oder fotorealistische Pinselschwinger tritt mit dem Anspruch einer vieldeutigen Aussage an. Um so schlimmer für ihn, wenn er eindeutig Scheiß baut.

7. Aus alledem schließe ich, daß bildende Kunst und komische Zeichnung außer einigen Darstellungsmitteln nicht viel miteinander zu tun haben.
Zumal die komische Zeichnung selten ohne ein weiteres, ein gerade der bildenden Kunst ganz und gar fremdes Medium auskommt: ohne das Wort. Was immer die komischen Zeichner sonst noch alles wollen, eines wollen sie mit allen Mitteln: erzählen. Ihr Mitteilungsdrang ist wahrhaft grenzenlos: Er überschreitet die Grenzen, die die Künste normalerweise voneinander scheiden. Sie vagabundieren in einer Art Niemandsland zwischen bil-

dender Kunst, Literatur und darstellender Kunst umher: Die meisten Bildergeschichten von Toepffer, Doré und Busch bis hin zu Barks, Feiffer und Poth lassen sich ohne Schwierigkeiten animieren, das meint: in Bewegung setzen.

8. 1845 schrieb Rodolphe Toepffer, der sogar von, jawoll, Goethe gewürdigte Vater der Bildergeschichte: »Man kann in Kapiteln, in Reihen, in Worten Geschichten schreiben: das ist Literatur im eigentlichen Sinn. Man kann auch in einer Folge graphischer Darstellungen Geschichten erzählen: das ist Literatur im Bilde. Man kann auch keines von beiden tun: und das ist manchmal das Beste.« Ich möchte hinzufügen: Man kann mit einigem Recht auch die komische Einzelzeichnung, die ja ebenfalls erzählt, der Literatur zuschlagen. Die Zeichnung mag dort als Fremdkörper wirken, das »Komische« aber ist in der Literatur bedeutend besser aufgehoben, es durchsäuert sie, von so niederen Gattungen wie dem Schwank und der Anekdote bis hinauf zu Höchstleistungen wie dem ›Don Quijote‹ oder dem ›Ulysses‹. Vergleichbares wird man in der bildenden Hochkunst vergeblich suchen.

9. Natürlich hört mal wieder niemand auf mich.
Und deshalb wird es dabei bleiben, daß sich auch in Zukunft niemand im Ernst für die komische Zeichnung verantwortlich fühlen wird, weder der Kunst- noch der Literaturkritiker. Daß die sich, wenn sie überhaupt was sagen, weiterhin halbherzig und schulterklopfend aus der Affäre ziehen. Indem sie dem komischen Zeichner beispielsweise attestieren, daß er im Grunde seines Herzens eigentlich ein ernsthafter Künstler sei, der bei Licht betrachtet ... Er sei der »Michelangelo der Karikatur«, hörte ich während einer Buchmesse den Schreiber Her-

bert Rosendorfer dem Zeichner Hans Georg Rauch ins Gesicht salben. Darunter tun sie es nicht. Anstatt sich mal zu überlegen, worin die immerhin denkbaren Unterschiede zwischen Michelangelo und Hans Georg Rauch bestehen. Dessen Zeichnungen mögen nicht die allerkomischsten sein, komischer als der David sind sie allemal. Wie kommt das?

10. Hoffentlich hört niemand auf mich. Denn meinetwegen kann alles so bleiben. Muß man denn auch noch die letzten Reservate der Unordnung einzäunen, die letzten fließenden Grenzen festlegen oder doch wenigstens kartographieren? Nein. Wieso auch? Nützen würde es ohnehin nicht viel. Die komischen Zeichner sind ein unruhiger Haufen, stets auf der Suche nach neuen Quellen der Komik. Wiese man ihnen ein abgestecktes Territorium zu, sie würden sofort versuchen, in die angrenzenden Gebiete auszubrechen.

Womöglich fingen sie an zu komponieren (wie Shel Silverstein für Dr. Hook and his Medicine Show). Oder zu musizieren (Robert Crumb hat seine eigene Band, die Cheap Suit Serenaders).

Oder Stücke zu schreiben (ich denke an Jules Feiffer). Oder zu schauspielern (ich sage nur: Loriot). Oder Bühnen auszustatten (Edward Gorey stattete die wegen ihrer Ausstattung vielgelobte Broadway-Produktion ›Dracula‹ aus).

Oder Bücher zu schreiben (Topor schrieb u. a. ›Die Memoiren eines alten Arschlochs‹).

Doch warum in die Ferne schweifen. Ein naheliegender Blick auf die ›Neue Frankfurter Schule‹ genügt:

F. K. Waechter wurde weltweit erst als Dramatiker bekannt, durch sein Stück ›Schule mit Clowns‹. Er wirkte als Co-Autor und als Co-Regisseur an dem Arnold Hau-Film ›Das Casanova-Projekt‹ mit und reimt, wie er's braucht. Hans Traxler schrieb die häufig übersetzte Wissenschaftsmystifikation ›Die Wahrheit über Hänsel und Gretel‹, als Forscher Georg Osseg entlarvte er für das und im Fernsehen das Märchen von Schneewittchen und den sieben Zwergen.

Von F. W. Bernstein gibt es Gedichtbände und Zeitstücke. Chlodwig Poth verfaßte den heiteren Roman ›Die Vereinigung von Körper und Geist mit Richards Hilfe‹. Und außerdem schufen die Genannten noch politische Kartenspiele und Bühnenbilder, Plakate und Anti-Startbahn-Buttons, Schallplatten und Schwellköpfe, Funksatiren und Liedtexte, mit einem Wort: Kraut und Rüben.

Ich berichtige mich: mit drei Worten. Wer soll das alles in die Reihe bringen? Soll man das alles überhaupt in die Reihe bringen?

Zusatz: Der Ordnung halber sei noch angemerkt, daß auch ich der erwähnten Schule angehöre, komische Zeichnungen zeichne und den Zeichenstift hin und wieder gegen die Schreibfeder eintausche. Doch, das tu ich. Gerade eben habe ich wieder was geschrieben. Ich werde es vermutlich ›10 Sätze betr. Komik, komische Zeichnung, bildende Kunst und Literatur nebst einem Zusatz‹ nennen.

Zuerst im Katalog der Ausstellung ›Kunst und Ironie‹, Göttingen 1982

SEMPÉS MÄNNER UND ICH

Sempés Männer haben mir seit jeher Vergnügen bereitet – ich wüßte gerne, warum. Was gehen die mich eigentlich an, diese Upper-middle-class-Franzosen – Bourgeoisie nannte man das mal –, diese auf den ersten Blick zufriedenen und selbstzufriedenen Vertreter einer Schicht, für die ich doch nur Verachtung empfinden, bestenfalls etwas Mitleid erübrigen sollte? Wie sie sich in Szene setzen, auf ihren Balkons, vor ihren Tennisnetzen, in ihren Lieblingsrestaurants! Was glauben die denn, wer sie sind, all diese gehobenen Angestellten, Advokaten, Zahnärzte, Leute, die es geschafft haben? Wirklich? Nicht eher Geschaffte?

Da strampelt man sich ab, begräbt tausend Pläne, schließt zehntausend Kompromisse – und das Ergebnis? Das bißchen Sicherheit, das bißchen Selbstsicherheit, das sichere Gefühl, daß nicht mehr allzuviel dazukommt, und die ungewisse Hoffnung, es müsse doch noch mehr als das da geben – warum lache ich all diese groß (und großartig) in Szene gesetzten Kleinbürger nicht einfach aus? Wieso betrachte ich sie statt dessen mit einem verständnisinnigen Lächeln?

Weil ich Sempé bereits auf den Leim gegangen bin. Der nämlich ist nicht auf Konfrontation, sondern auf Komplizenschaft aus. Der reißt dem Kleinbürger nicht zum tausendsten Mal die Maske vom Gesicht, sondern lockt den Kleinbürger in mir aus der gutgepanzerten Reserve. Sicher – mit denen da habe ich nichts zu schaffen, und doch ... Habe ich mir nicht neulich auch ein Sportrad gekauft – wegen der Gesundheit natürlich? Habe ich nicht manchmal auch das Gefühl, daß mich eigentlich nur meine Katze wirklich versteht? Ertappe ich mich nicht auch hin und wieder dabei, kenntnisreiche Betrachtungen über die Qualität diverser Rotweinsorten anzustellen?

Doch die Komplizenschaft geht noch weiter. Etwas von denen ist in mir – sollte nicht auch etwas von mir in denen sein? »Wenn ich mal mein Potential an Freude einsetze, dann knallt's!« läßt Sempé einen seiner Männer sagen. Ein anderer Sempé-Mann malt nicht nur in seiner Freizeit herzlich konventionelle Stilleben, er hat auch – das verrät uns seine Frau – »einige seiner Bilder unter Drogeneinfluß gemalt«. Ein dritter ist stolz auf sein »nietzscheanisches Lachen« – alles verhinderte Künstler? Und ich lediglich ein verhinderter Kleinbürger? Oder gründet sich die Komplizenschaft, die Sempé zwischen mir und seinen Männern stiftet, nicht so sehr auf versteckte soziologische Gemeinsamkeiten als vielmehr auf einen offenkundig biologischen gemeinsamen Nenner – darauf, daß wir alle Männer sind, Männer in der Lebensmitte?

Wie immer – gerade weil Sempés Männer keine abstrakten Cartoonmännchen sind, sondern genau gesehene und brillant gezeichnete Upper-middle-class-Franzosen, gehen sie mich etwas an. Gerade weil Sempé auf jede naheliegende bloßstellende Pointe verzichtet, fühle ich mich dazu aufgefordert, seine Männer auf den Punkt zu bringen. Und gerade weil ich jetzt so schön in Fahrt bin, sollte ich wohl besser aufhören und Sempés Bilder zu Wort kommen lassen.

Katalogvorwort anläßlich einer Sempé-Ausstellung in der Münchener Galerie Bartsch & Chariau, 1983

BEGEGNUNGEN MIT LORIOT, PERSÖNLICH

Wann sind wir uns das erste Mal über den Weg gelaufen? Es muß 1957 oder 58 gewesen sein, in den Fernsehstudios des Süddeutschen Rundfunks auf dem Stuttgarter Killesberg, und laufen …

Er lief nicht, sondern stand vor den Fernsehkameras, da er eine absonderliche Show zu moderieren und zu gestalten hatte. Anhand rätselhafter Zeichnungen, die Loriot mit Kohle aufs Packpapier warf, sollten prominente Gäste prominente Namen erraten; ich erinnere mich an flink gezeichnete acht Zylinder, die einen Achtzylinder meinten, welcher wiederum auf den Rennfahrer Bernd Rosemeyer verwies – die Gäste, darunter die so ständig wie grundlos lachende Liselotte Pulver, rätselten und rätselten …

Und auch ich lief nicht. Mußte ja die Stellung halten, hinter einer der elektronischen Kameras. War doch Kabelträger, die brauchte es damals nämlich, um die lianendicken Kabel der verschiedenen Kameras davor zu bewahren, sich heillos ineinander zu verheddern, gibt es diesen Job heute überhaupt noch? Tagsüber aber studierte ich Kunst, kein Gedanke an komische Zeichnungen, trotzdem griff ich mir nach getaner Fernseharbeit ein, zwei der achtlos beseite geworfenen Loriot-Blätter, doch auch dabei kreuzten sich unsere Wege nicht, da war er schon weg …

Die Loriot-Zeichnungen gingen bei einem meiner zahlreichen Umzüge verloren, sehr haltbar waren sie ohnehin nicht gewesen. Eine Zeitlang aber hingen sie an meiner Wand, neben Drucken von Piero della Francesca, Cézanne, Picasso und dem, was ein ernsthafter Kunststudent der späten 50er sich sonst so an die Wand zu pinnen pflegte. Darin mag einen Fingerzeig sehen, wer will, ich erwähne diese Episode lediglich als kuriosen Auftakt zu einer anderen, sehr viel wichtigeren Begegnung mit Loriot. Bei der freilich war er gar nicht anwesend ...

Am 1. April 1964 traten F. W. Bernstein und ich in die Redaktion der satirischen Monatsschrift ›pardon‹ ein. Ein Zwischenspiel, weiter nichts, sagte ich mir, schließlich war ich staatlich geprüfter Kunsterzieher und, nach vier Semestern FU, sogar Germanist. Auch wollte ich noch immer Maler werden, aber es war ja wohl erlaubt, die zugegebenermaßen recht windigen Satire- und Komikmedien etwas gründlicher kennenzulernen, bevor man sich ganz und gar auf den unausweichlichen Ernst des Lebens einließ. Schon in Berlin hatten Bernstein und ich damit begonnen, komische Zeichnungen zu zeichnen, nur so, um lange Wirtshausabende etwas aufzulockern. Daraus war freilich gleich ein ganzes Manuskript entstanden, ›Anleitung zum Kunstdiebstahl‹, oder so ähnlich, ein Werk, das voll war von jenen »Falsch-Richtig«-Anweisungen, die Loriot damals so populär gemacht hatten. Eine etwas bedenkliche Geistesverwandtschaft, die uns jedoch nicht davon abgehalten hatte, das Buch dem Bärmeier und Nikel Verlag anzubieten, gottlob ohne Erfolg. Aber dann, im September 1962, hatte derselbe Verlag ›pardon‹ auf den Markt gebracht, mit einem Titelblatt von Loriot übrigens, und daraus hatte sich eine einigermaßen regelmäßige Zusammenarbeit mit dem Frankfurter Blatt und schließlich die Aufforderung ergeben, in die Redaktion einzutreten.

Da saßen wir nun und fühlten uns nicht so recht wohl. Tagsüber ging's ja noch, da war genug zu tun, doch die Abende waren trostlos. Der Verlag hatte uns in aller Eile zwei äußerst möblierte Zimmer mit einem Doppelbett und spiegelnder Schrankwand gemietet – dahin zog uns nichts. Lieber verbrachten wir lange, langweilige Abende in der Redaktion, arbeiteten Manuskriptstapel auf oder blätterten, wenn nichts anderes mehr zu tun war, in Verlagskorrespondenzen. Und dabei stieß ich auf einen Brief Loriots, auf einen Brief, in welchem er …

Hier stock ich. Jetzt nämlich wird es heikel. Jetzt drängt es mich, aus einem Brief zu zitieren, dessen Wortlaut ich nach all den Jahren nicht mehr im Kopf habe. Ich weiß nur noch, daß es ein Beschwerdebrief war. Ich bin ziemlich sicher, daß er sich auf ein ›Schmunzelbuch‹ des Verlags bezog, auf ›Wie wird man reich, schlank und prominent‹. Und ich erinnere mich, daß Loriot darüber Klage führte, daß der Verlag – ohne sein Wissen? – seinen Zeichnungen Texte von Egon Jameson hinzugefügt hatte. So weit, so alltäglich – wer ärgert sich nicht, wenn über seinen Kopf hinweg entschieden wird? –, hätte Loriot seinen Ärger nicht auf bemerkenswerte Weise begründet: »Ich habe nicht deshalb jahrelang an meinem trockenen Legendenstil gearbeitet, damit nun ein Schnellschreiber wie Egon Jameson« – doch hier stock ich schon wieder. Denn *so* hat Loriot diesen Satz sicher nicht geschrieben. Ich könnte allerdings schwören, daß von »jahrelang«, von »trockenem Legendenstil« und von »gearbeitet« die Rede war. Und ich weiß noch, daß mich diese Worte so sehr beeindruckten, daß ich sie F. W. Bernstein vorlas.

Was mir an ihnen bemerkenswert schien? Das jedenfalls weiß ich heute so gut wie damals: daß da ein komischer Zeichner mit einer Bestimmtheit von seinen Arbeiten und seiner »Arbeit« sprach, die ich bisher nur von ernsten Künstlern gewohnt war. Daß er offenbar einen Begriff von dem hatte, was er machte, und um Begriffe nicht verlegen war. Daß er bewußt da Stil- und Qualitätsansprüche ins Feld führte, wo ich nur unbewußt, wenn auch munter wirkende Kräfte am Werk geglaubt hatte.

Natürlich war mir bereits vor der Lektüre dieses Briefes klar gewesen, daß es gute und schlechte komische

Zeichnungen gab. Ich hatte sogar ausgeprägte Vorlieben für und hartnäckige Abneigungen gegen einige komische Zeichner. Nach den Gründen für mein Urteil befragt, hätte ich allerdings wenig mehr antworten können, als »X ist eben witzig – das sieht man doch!« oder »Y ist langweilig – wer das nicht sieht!« Ich war also – und das, obwohl ich bereits selber in der komischen Zeichnung dilettierte – der typische Komikkonsument, jener spaßversessene Lustsucher, der sich einen Deubel darum schert, warum etwas komisch ist, Hauptsache, es gibt was zu lachen.

Eigentlich seltsam. Kunsthistoriker und Germanisten hatten mich gelehrt, Bilder und Texte auf Kunstwollen und Stilwillen hin abzuklopfen. Ich war in der Lage, den kürzer werdenden Pinselduktus des mittleren Cézanne ebenso zu deuten wie die Absichten, die Goethe im ›Faust‹ mit der Verwendung des Knittelverses verbunden hatte – lediglich die komische Zeichnung betrachtete ich noch immer mit jener laienhaften Unschuld, die von Gattungsgeschichte so wenig weiß wie von Kunstgriffen oder ästhetischen Zwecken.

Das sollte sich rasch ändern, ich hatte es ja nun Tag für Tag mit allen möglichen komischen Hervorbringungen zu tun, mit fremden wie eigenen. Bei fremden, Einsendungen also, fiel mir auf, wie gering die meisten Einsender von ihren Arbeiten dachten: »Vielleicht schaut ihr mal mein Zeugs an« o. ä. Bei den eigenen Sachen merkte ich bald, daß eine gedankenlose Öffentlichkeit sie genauso schnöde wegschleckte, wie ich es zuvor mit Loriots Zeichnungen getan hatte – ohne jeglichen Sinn für Verständnis, ohne Dank für die aufgewendete Mühe, ohne Blick für versteckte Feinheiten oder offenkundige Fortschritte.

Bitter, bitter, doch wir Frankfurter waren ja keine Einzelkämpfer. Wir zogen zu mehreren am gleichen Strang, wir konnten uns gegenseitig ermuntern und korrigieren, und wir taten das auch. So etwas stärkt, doch wer hatte Loriot bestärkt? Woher hatte der sein Selbst- und Stilbewußtsein? Als er anfing, standen die Witzseiten der Wochenblätter noch in voller Blüte; so wie Cefischer, Rudi Fäcke oder Olav Iversen zeichneten, ging's doch auch – weshalb überhaupt etwas Neues versuchen? Warum einen »trockenen Legendenstil« entwickeln, den dann nicht einmal der Verleger zu schätzen wußte?

Sicher, der Erfolg hat Loriot ziemlich bald recht gegeben – trotzdem kann ich mich über seine Zähigkeit nur wundern. Zumal er von dem Medium, das ihn bekannt gemacht hatte, in ein anderes überwechselte, in welchem aufgrund der Arbeitsbedingungen beständige Qualität und persönlicher Stil noch schwerer herstellbar sind. Ich rede natürlich vom Fernsehen, und ich kann es bei diesem Hinweis belassen, da sich nicht nur Loriots Qualitäten auf diesem Felde herumgesprochen haben, sondern auch sein Qualitätsanspruch zum Gegenstand der Besprechungen geworden ist. Nicht ohne die üblichen Mißverständnisse natürlich. Immer wieder wurde ihm »feiner, englischer Humor« attestiert, immer wieder versuchte Loriot selber, dieses Urteil geradezurücken: Der englische Humor, zumal im Fernsehen, sei gar nicht fein, im Gegenteil, ihn zeichne oft eine erstaunliche, wenn auch oft erstaunlich komische Derbheit aus, das gelte für Solokomiker wie Dave Allen ebenso wie für Komiker-Ensembles vom Schlage der Monty-Python-Truppe ...

Ohne Erfolg. Das Epitheton blieb an ihm kleben, bei Lichte betrachtet nicht zu Unrecht. Denn »fein« und »englisch« sind ja lediglich etwas hilflose Umschreibungen für das, was Loriots Komik vom Gros des übrigen Komikangebots unterscheidet, von einfallsarmer ›Non-Stop‹-Rasanz und inhaltloser Slapstick-Hektik. Während sich Loriot Zeit nehmen kann, da er beides hat, Einfälle und Inhalte, richtiger: außergewöhnlich komische Einfälle zu ebenso gewöhnlichen wie bedrängenden Inhalten, zu Flugreisen und Restaurantbesuchen, Eheclinch und Familienfeiern.

Doch ich gleite ins Allgemeine ab, rasch zurück ins Persönliche. Noch einmal, es muß 1966 gewesen sein, kreuzten sich unsere Wege, da stand *ich* vor der Kamera und Loriot dahinter. Für seine Sendereihe ›Cartoon‹ lichtete er die damalige ›pardon‹-Mannschaft ab, schon damals hätte ich ihn gern zum »trockenen Legendenstil« befragt, doch im allgemeinen Wirrwarr kam ich nicht dazu.

Holte das aber nach, 1982, als Gast Loriots in seinem Haus in Ammerland, da freilich wußte der Hausherr nicht mehr so recht, ob er dergleichen geschrieben hatte. Möglich sei es schon … hm … Legendenstil?

Ist auch unwichtig. Nicht der Loriotsche Wortlaut zählt, sondern das Beispiel Loriot. In doppelter Hinsicht. Seine respektable Erscheinung hat dem komischen Genre einen Respekt verschafft, von dem auch ich hin und wieder zehren konnte:

TANTE Du bist kein Lehrer geworden? Was machst du denn dann?
ICH Komische Zeichnungen und so Texte.
TANTE Was für Texte?
ICH So lustige Texte. So … so …
TANTE So wie Loriot?
ICH *erleichtert* Ja, ja. So ähnlich.
TANTE Also ich liebe Loriot! So etwas Geistreiches! Hast du seine letzte Sendung gesehen, wie er *usw. usf.*

Tante in Ehren, wichtiger bleibt natürlich, daß Loriot jahrzehntelang gute komische Sachen gemacht hat. Daß er vorgemacht hat, wie man stetig und ernsthaft bei der

Sache bleiben kann, ohne in schnöder Routine oder stumpfem Ernst zu versanden. Mittlerweile gibt es einige, die ihm das nachmachen, ohne ihn nachzumachen. Und wenn heute so etwas wie Ansätze zu einer Komikkultur in Deutschland erkennbar werden, dann hat Loriot – wie bitte? Schon wieder zu unpersönlich? Ob ich persönlich mich ebenfalls unter die Nachmacher rechne? Ich? Mich? Aber sicher, na klar, worunter denn sonst, immer, ich bitt Sie, ja … na ja … hm … ich mein … also den Versuch zumindest wird man ja wohl noch machen dürfen – oder?

Für Loriot, gezeichnet + abgezeichnet von Robert Gernhardt 83.

Nachtrag

Die ›Begegnungen mit Loriot‹ schrieb ich 1983, aus Anlaß von Loriots 60. Geburtstag; sie wurden in der Zeitschrift ›Der Rabe‹ Nr. 4 veröffentlicht. Im Anhang findet sich eine Anmerkung, die ich nicht ohne Stolz las:

Robert Gernhardt hat sich übrigens recht genau erinnert. Am 16. 2. 1957 schrieb Loriot an den Verlag Bärmeier & Nikel: »Sie kennen meine Einstellung zu Jamesons Texten. Ich halte auch jetzt noch ›Reich und prominent‹ und den ›Leim‹ für unlesbar, mögen sie gehen, wie sie wollen, und ich habe mir damals geschworen, nie wieder Zeichnungen in einem Buch zu veröffentlichen, das ich im Manuskript vorher nicht lesen konnte. Leider scheint das unvermeidbar zu sein. Aber nachdem wir seinerzeit genau besprochen hatten, worin der Mißklang zwischen Jamesons Texten und meinen Zeichnungen besteht, hoffte ich nun auf ein Exposé, das meinen Vorstellungen wenigstens entgegenkommt. Davon ist nichts, aber auch gar nichts zu sehen. Es ist, trotz vieler guter Ideen, genau dieselbe unerträgliche hemdsärmelige Fröhlichkeit voll lähmender Wortspiele und künstlicher Paradoxa wie damals. Wenn ich lese ›Hans Stampf in allen Gassen‹, ›Hab Kaviar im Herzen‹ oder ›Wer gut reimt, der gut leimt‹ wird mir elend. So *kann* man es nicht machen, jedenfalls nicht in Verbindung mit meinen Zeichnungen. Ich habe mir jahrelang große Mühe gegeben mit der Entwicklung eines trockenen, präzisen Legendenstils, der in angestrebter Unverwechselbarkeit ein untrennbares Ganzes mit der Zeichnung bilden soll. Sie werden verstehen, daß es unsinnig wäre, mir jetzt selber in den Rücken zu fallen und meine Zeichnungen in unmittelbare Nachbarschaft mit Texten zu bringen, die meinen Absichten völlig widersprechen. Ich möchte, daß die Bücher, auf denen mein Name steht, gut sind. Das ist ein einfaches Qualitätsprinzip, von dem auf die Dauer auch Sie nur profitieren.«

DAS MUSS GESAGT SEIN
Walter Kempowskis
»Roman des deutschen Bürgertums«

Was berechtigt jemanden dazu, ein Buch zu besprechen? Was mich, Walter Kempowskis Roman ›Herzlich Willkommen‹ zu kritisieren?

Der Werbung entnehme ich, daß mit diesem sechsten Band die »Chronik des deutschen Bürgertums« vollendet ist, »ein großes Werk der zeitgenössischen deutschen Literatur«. Im Klappentext lese ich etwas von der »allen Kempowski-Lesern vertrauten Mutter Grete« – mir war sie bisher ebenso unvertraut, wie es die fünf ersten Bände der Chronik nach wie vor sind. Ich kann daher kein Urteil darüber abgeben, ob die sechs Bände zusammen jenen Anspruch erfüllen, den der Knaus Verlag mal »Deutsche Chronik«, mal »Roman des deutschen Bürgertums«, mal, siehe oben, »Chronik des deutschen Bürgertums« nennt. Ich weiß auch nicht, ob der folgende Satz der Verlagswerbung zutrifft: »Den unverwechselbaren Erzählton hat sein Autor sich bis zum Schluß bewahrt.« Ich kann nur hoffen, daß das nicht stimmt, denn der Erzählton gerade des Schlusses – doch ich greife vor. Zurück zur eingangs gestellten Frage, die, nach so viel eingestandener Unwissenheit, klipp und klar zu lauten hat: Kann ich überhaupt irgend etwas Triftiges zu diesem Buch sagen?

Kann ich, kann ich. Aus zwei Gründen: Da ist einmal der vom Verlag wiederholt herausgestrichene Humor – »Nie aber verläßt ihn die Kraft seines Humors«, »Unnachahmlicher Humor« –, und wo es was zu lachen gibt, bin ich stets gern dabei. Außerdem spielt gut die Hälfte des Romans in Göttingen – »Lupenscharf beobachtet der Student der Pädagogik im Göttingen der goldenen fünfziger Jahre seine Umgebung« –, und eben jene Jahre habe ich in eben dieser Stadt verbracht: 1957 begann Kempowski sein Studium an der Göttinger PH, ein Jahr zuvor hatte ich meine neunjährige Schulzeit an der Göttinger Felix-Klein-Oberschule beendet.

»Roman« nennt Walter Kempowski sein Buch auf der Titelseite, »Jede Ähnlichkeit mit lebenden Personen ist rein zufällig«, versichert er auf der nächsten – daß das alles, wenn nicht humoristisch, so doch augenzwinkernd gemeint sein mußte, wurde mir bald klar. War doch der Held ein Walter Kempowski, der, ganz wie der wirkliche Walter Kempowski, eine langjährige Zuchthausstrafe in der DDR hinter sich hatte, in Hamburg bei der Mutter auf Entschädigung wartete, sich diese Entschädigung zunächst durch unangebrachte Ehrlichkeit beim Fragebogenausfüllen vermasselte, in der Zwischenzeit Verwandte besuchte, Reisen nach Dänemark und anderswohin machte, als Erzieher schwererziehbarer Kinder arbeitete – die ersten beiden Teile des Romans und ihre fünfzehn Kapitel flogen nur so dahin, ohne daß ich den versprochenen Humor ausmachen konnte und ohne daß es den Helden je nach Göttingen verschlagen hätte. Statt dessen war die Lektüre ein rechtes Wechselbad: Mal verwunderte mich die Vielgestaltigkeit menschlicher Schicksale, mal bewunderte ich die Zurückhaltung und Eindringlichkeit, mit der Kempowski einige dieser Schicksale erzählte – das des Schwererziehbaren Egbert beispielsweise –, meist freilich wunderte ich mich über Kempowskis geradezu manisches Mitteilungsbedürfnis: »Der Martini, das muß gesagt sein, schmeckte ziemlich nach Marmelade.« Warum mußte so etwas eigentlich gesagt werden? Und wieso ließ ich mir so etwas sagen?

Nun, ich wartete natürlich auf Humor und Göttingen, und auf Seite 189 – gerade hatte der Gönner Cornelli dem immer noch dahinkrebsenden Kempowski einen

Studienplatz an der Göttinger PH verschafft, gerade begann der »III. Teil« – war es endlich soweit: »In Göttingen schien die Sonne.«

Was nun folgte, ließ sich für mich, den ehemaligen Göttinger und immer noch 50er-Jahre-Geprägten, richtiger: -Geschädigten, erst einmal gut an. Es war wie bei Klassentreffen oder anderen erinnerungsseligen Zusammenkünften: Die gemeinsame Geschichte adelt noch die dürftigste der herausgekramten Geschichten. Wenn es überhaupt Geschichten sind. Meist genügen Stichworte – Spitznamen, Kneipennamen, selbst Markenartikelnamen –, um in allen Köpfen lustvolles Erinnern auszulösen: »Ja richtig! Mein erstes Radio war auch ein Loewe-Opta! Mit acht Röhren!« – »Stimmt! Damals hatten die Radios ja noch Röhren!« – »Und 3-D-Tasten!« – »Und so grüne Tigeraugen zur Feineinstellung!« Und so weiter.

Bei solchen Gesprächen wird meist viel gelacht oder doch innig geschmunzelt, und manchmal sitzt auch ein Jüngerer oder Fremder in der Runde, der sich verzweifelt fragt, was es denn da zu lachen gibt, ohne daß ihm irgendeiner der anderen erklären könnte, warum ein Wort wie »Dufflecoat« so komisch ist oder der Titel einer NWDR-Musiksendung der 50er wie ›Herr Sanders öffnet seinen Schallplattenschrank‹ so heiter stimmt, daß alle begeistert auf den Tisch patschen und »Genau!« rufen.

Das alles hat ja auch mit Humor oder gar Komik wenig zu tun. Warum dann dieses behagliche Lachen? Ich vermute sehr schlichte Ursachen: Daß all das Erinnerte so ganz vergangen und abgetan ist, man selber aber – toi, toi, toi! – immer noch lebt. Daß man sich und den anderen beweisen möchte, wie locker man heute mit jener einst so bedrängenden Gegenwart umgehen kann: Seht nur, der Löwe ist mausetot, ich ziehe ihn sogar am Schwanz!

Wie auch immer – eine Zeitlang habe ich Kempowski gerne zugehört. Seine 40 Mark Zimmermiete – genau wie meine erste Bude! –, seine 150 Mark Stipendium pro Monat – exakt mein erster Wechsel! – ließen mich zunächst einiges in Kauf nehmen. Etwa die detaillierte Beschreibung all der Professoren, mit denen er es an der PH zu tun hatte – da kam es mir manchmal so vor, als hätte ich mich ins falsche Klassentreffen verirrt. Doch kurz darauf fuhr der Student Kempowski ja auch schon zur Burg Plesse – Die Plesse! Richtig! Bin ich auch hingeradelt! –, und alles hätte so schön sein können, wäre nicht immer häufiger und immer unabweislicher die alte Frage wieder aufgetaucht: Warum erzählt er mir das alles?

Ach, er erzählte ja längst nicht mehr, er registrierte nur noch. Dreimal ist Kempowski während seiner Studienzeit auf der Plesse gewesen, mal mit der Vespa, mal mit dem Fahrrad, mal mit seiner zukünftigen Frau – jedesmal wird der Vorgang vermerkt, ohne daß sich außer dem schieren Faktum irgend etwas Bemerkenswertes ereignet hätte. Häufig geht Kempowski ins Kino, meist begnügt er sich mit der Nennung des Filmtitels – ›Jonas‹! Mit Robert Graf! Habe ich auch gesehen! –, nie weiß oder hat er irgend etwas zum Wallungswert all dieser Filme zu sagen. ›Orphée‹, ›Kinder des Olymp‹, ›Das Wunder von Mailand‹ – warum ging man da damals rein? Vor allem: Wie kam man da wieder raus? Wie schaffte man es, weiter zu leben – mit *diesen* poetischen Bildern im Kopf in *dieser* prosaischen Umgebung? Und so durchgehend: Die Reizwörter der 50er Jahre, der Nierentisch, die Vespa, das Pferd- (Kuh-, Gestalt-)hafte – sie alle werden lediglich abgehakt; was sie bedeuteten, kommt nie zur Sprache: Klassentreffen.

Auch wenn ich zuvor keine Bücher Kempowskis gelesen hatte, so viel immerhin wußte ich bereits aus Kritiken: daß dieser Autor nicht wertend kommentiert, sondern Sprache zu Wort kommen läßt, Umgangssprache, Werbesprache, Warensprache, auf daß aus solch präzisen, lakonischen Partikeln ein beredtes Bild der Zeit sich zusammenfüge. Mag stimmen, aber stimmt es auch noch für sein Bild der 50er Jahre?

»Lupenscharf beobachtet« – hm. Auf den ersten Blick ist alles da, der zweite allerdings zeigt, daß es der Autor mit der Genauigkeit nicht allzu genau nimmt: »Wenn ich in Ruhe gefrühstückt hatte, kam die Zeitung an die Reihe ... Erbitternd war, daß die bundesdeutsche Fregatte Sowieso in La Rochelle mit Pfiffen begrüßt worden war ... Das war erbitternd.«

Ist das nicht eine etwas verwaschene, reichlich geschwätzige Lakonie?

»Der Sommer 1957 war heiß. In der Zeitung stand, daß man Wasser sparen soll, die Leine weist den tiefsten Stand seit soundsoviel Jahren auf« – hätte nicht ein rascher Gang ins Archiv des ›Göttinger Tageblatts‹ einige etwas präzisere Sommerdaten zu Tage gefördert? Von anderem 50er-Jahre-Geröll ganz zu schweigen – war doch das GT damals so etwas wie die lokale publizistische Speerspitze der Moralischen Aufrüstung und des Kalten Krieges.

Solche und ähnliche Fragen gingen mir noch durch den Kopf, während Kempowski schon wieder einen Ausflug abheftete: »In Münden das Haus von Doktor Eisenhart suchen und dann die Stelle, wo Werra sich und Fulda küssen, was sie, wie schon gesagt ›büßen müssen‹« – wie schon gesagt, denn genau das hatte er bereits anläßlich der Schilderung seines ersten Besuchs in Münden gesagt. Zum letzten Mal: Wieso sagte er das alles? Und was gab ihm die Gewißheit, daß ihm jemand dabei zuhören würde?

Die Antwort findet sich in Kempowskis Buch, im, diskret gesagt, indiskretesten und »IV. Teil«, da, wo er seine zukünftige Frau kennenlernt, zusammen mit ihren beiden Schwestern: »Es fiel mir ein, die Mädchen meine drei

›Bärlappgewächse‹ zu nennen, linkshändig und nach Zahnpasta riechend: Heuschnupfen hatten sie alle, das muß gesagt sein« – muß es natürlich nicht, außer in jenen handschriftlichen Erinnerungen pensionierter Studienräte, »Für meine Kinder«, in denen sie besinnliche Rückschau halten auf die besonnte Zeit, da sie Mutter das erste Mal trafen: »Einen äußerst sauberen Gehörgang hatte sie, wenn man sie von der Seite her betrachtete.«

In diesen Gehörgang nun geht allerhand rein: »Der Gesprächsstoff ging uns nie aus, das plätscherte so dahin … und ich kramte in meinen Familienstories herum … gern und immer gerner, weil sie immer so genießerisch lachte – ›humhum!‹ – und alles kapierte, was ich sagte« – Und da spätestens begriff ich, weshalb Kempowski all diese Geschichten auch mir, dir und dem Rest des deutschen Volkes mitteilen zu können, ja zu müssen glaubt: Wo sie doch schon seine Frau immer so gern gehört hat.

Unter dem Titel ›In Göttingen schien die Sonne‹ im ›Spiegel‹, Nr. 44, 1984

SPÄTE LEKTÜRE

Am 16. Juli 1985 starb Heinrich Böll, und angesichts der vielen preisenden Nachrufe erinnerte ich mich der Mahnung Lessings:

Wer wird nicht einen Klopstock loben?
Doch wird ihn jeder lesen? Nein.
Wir wollen weniger erhoben,
und fleißiger gelesen sein.

Ich folgte diesem Rat und las endlich jenes Buch von Böll, das mich bereits in meiner Jugend beschäftigt hatte, den 1954 erschienenen Roman ›Haus ohne Hüter‹. Das belustigte Entsetzen, mit welchem ich von meiner Lektüre berichtete, ließ in dem damaligen ›Titanic‹-Koordinator Jörg Metes den Plan reifen, auch andere ›Titanic‹-Mitarbeiter darum zu bitten, noch andere Bücher Bölls daraufhin zu lesen, ob sie lesbar seien. Es lasen: Eckhard Henscheid ›Die Satiren‹, Gerald Hündgen ›Ansichten eines Clowns‹, Bernd Fritz ›Gruppenbild mit Dame‹, Jörg Metes ›Die verlorene Ehre der Katharina Blum‹, Bernd Eilert ›Frauen vor Flußlandschaft‹, und wir alle veröffentlichten unsere Lesefrüchte im Dezemberheft der ›Titanic‹.

Da Böll mit ›Haus ohne Hüter‹ niemals auch nur im entferntesten Komik oder Komisches beabsichtigt hatte, ist mein Text natürlich auch keine Komikkritik. Doch birgt das Buch derart liebenswerte Glanzlichter unfreiwilliger Komik, daß es mir erlaubt scheint, die Böll-Betrachtung in diesen sonst strikt komikkritischen Kontext aufzunehmen.

DAS WAREN DIE WILDEN FÜNFZIGER JAHRE

HEINRICH BÖLLS ROMAN ›HAUS OHNE HÜTER‹

Als der sechsunddreißigjährige Heinrich Böll 1954 seinen Roman ›Haus ohne Hüter‹ veröffentlichte, war ich sechzehn Jahre alt und hütete mich, in dieses Buch zu schauen, obwohl es im Bücherschrank meiner Mutter stand und obwohl ich sonst so ziemlich alles las, was mir in die Hände fiel. Sein Thema schreckte mich ab. »Ein Thema, das uns alle berührt«, nannte es der Klappentext, »das Schicksal der Kriegerwitwen und Kriegswaisen«, mein Thema und Schicksal also, da auch mein Vater im Kriege gefallen war, im Osten, so wie Rai, jener Hüter, der in Bölls Roman dem Hause seiner Witwe Nella und dem seines Sohnes Martin fehlte. Das alles wollte ich damals nicht so genau wissen, erst jetzt, nach dem Tode Heinrich Bölls, las ich das Buch.

Heute weiß ich, daß ich gut daran tat, nicht hineinzuschauen. Nicht des Themas wegen. Die Schwierigkeiten und Ängste des elfjährigen, katholischen Martin waren schon damals nicht die meinen, weder paukte mir eine morphiumsüchtige Großmutter den Namen desjenigen Leutnants ein, welcher meinen Vater in den Tod geschickt hatte, noch hatte ich jemals versucht, mir das Skelett meines Vaters vorzustellen, »beinernes, grinsendes Gestell« – all das hätte mir wenig anhaben können. Doch das war ja längst nicht alles, was Böll in dem handlungs- und figurenreichen Roman mitteilte. Wie jeder rechte Romancier versuchte er, ein umfassendes Bild der Welt zu entwerfen, und wie jeder richtige Jüngling las ich damals vor allem deswegen, um mir ein Bild von der noch weitgehend unbekannten Welt und von dem noch dunkel lockenden Leben zu machen. Da aber hätte mich die Lektüre von ›Haus ohne Hüter‹ vermutlich auf falsche Gedanken gebracht.

Zumindest gilt dies für zwei Lebensbereiche, für die Sexualität und die Kunst. Über Bölls Schwierigkeiten beim Beschreiben der Wahrheit dessen, »was Männer und Frauen zusammen tun«, ist bereits viel geschrieben worden – ich kann mich kurz fassen. Immer wieder kommt es in ›Haus ohne Hüter‹ zur Sprache, meist nennt Böll es »das Unabänderliche«. Er schreibt von Kriegsurlaubern und den »Frauen, die zum ersten Mal das Unabänderliche außerhalb des Ehebettes vollzogen hatten«, er läßt die Männer erneut zurückkehren, und »dreitausendmal muß sich irgendwo das Unabänderliche vollziehen«, er schickt die Krieger nochmals auf Heimaturlaub, und »das Unabänderliche mußte nochmals vollzogen werden«.

Ein so wuchtiges wie niederziehendes Wort, dieses »Unabänderliche«, dabei ist der unablässig so umschriebene Vorgang ja durchaus abänderlich. Wahrscheinlich hatte Böll »das Unausweichliche« gemeint, und hin und wieder bemüht er sich auch um weniger schicksalhafte Formulierungen: »Und irgendwo genossen sie das, was Leen rücksichtslos genoß und rücksichtslos beim Namen nannte: die Freuden der Ehe.«

Hier nun haben wir die ganze Rücksichtslosigkeit der wilden 50er Jahre in einer Nußschale; jener Zeit, in welcher die Aufklärungsbücher noch nicht ›Joy of Sex‹, sondern ›Liebe in der Ehe‹ hießen und vor allem vor Geschlechtskrankheiten warnten. Jetzt geht das ja wieder los, eine Zeitlang aber waren auch andere, ermutigendere Töne zu hören – »das Unabänderliche« Bölls hat ganz sicher nicht zu ihnen gehört, und es war sicherlich nicht mein Schade, daß ich damals weghörte.

Schwerer freilich wiegt das, was Böll in diesem Roman über Kunst, Künstler, Kultur und Intellektuelle mitteilt – dem wäre ich als Sechzehnjähriger weit wehrloser ausgesetzt gewesen. Über den Sex konnte ich mich auch damals schon anderweitig informieren, Darstellungen zeitgenössischen, bundesrepublikanischen Künsterlebens waren in der Mitte der 50er Jahre rar. Auch ich, der Heranwachsende, wollte Künstler werden. Böll war bereits ein gestandener Künstler, der aus der Schule plauderte – doch was erzählte er da?

Heute glaube ich zu wissen, daß so gut wie kein Wort von dem stimmt, was Böll in ›Haus ohne Hüter‹ zur Kunst und zum Künstlersein sagt. Er hat sich nämlich eine ganz und gar aberwitzige Konstruktion einfallen lassen: Raimund Bach, der 1944 gefallene Held und Gatte Nellas, hat vor dem Kriege, im Nazi-Deutschland, eine Lyrik-Sammlung veröffentlicht, seine einzige, »das kleine, fünfundzwanzig Druckseiten umfassende Heft mit bläulichem Deckel«; zusammen mit dem unveröffentlichten, nun von Nella betreuten Nachlaß umfaßt sein Gesamtwerk – Böll ist da sehr genau – »Siebenunddreißig Gedichte.«

Schurbigel, der »Redakteur einer großen Nazi-Zeitung« entdeckt und veröffentlicht den Dichter und nennt ihn »den großen Lyriker seiner Generation«. Schamerfüllt läßt Raimund das Dichten sein, er textet fortan Slogans für eine Marmeladefabrik und wird eingezogen. Ein Leutnant namens Gäseler opfert ihn in Rußland bei einem sinnlosen Stoßtruppunternehmen – da könnte die Geschichte ihr Ende haben. Doch jetzt erst geht sie richtig los.

Denn im Köln der 50er Jahre ist Schurbigel die Gallionsfigur christ-katholischer Akademie- und Tagungskultur, ist Gäseler der Feuilleton-Redakteur der katholischen Wochenschrift ›Der Bote‹, ist der verstorbene Raimund Bach einer der gefeiertsten Lyriker der Republik überhaupt – woraus Schurbigel, sein Entdecker, das Recht ableitet, »alle drei Monate abends bei Nella Wein und Tee zu trinken, wozu er stets ein halbes Dutzend lässig angezogener Jünglinge mitbrachte« –, und womit Böll beim Thema ist: Des wahren Dichters Leiche wird von oberflächlichen Kultur-Geiern gefleddert.

Witwe Nella spielt da leider, wenn auch widerwillig, mit, sie läßt die Geier in ihr hüterloses Haus: »Irgendwelche Snobs, die Nella auf Reisen oder Tagungen kennengelernt hatte ... Mit ausgesuchter Lässigkeit angezogene Jünglinge, die ihre eigene Lässigkeit genossen wie Kognak ... Zeitweise hatte es Pilgerbewegungen in ihr Haus gegeben ... Kompanien gewählt angezogener, lässiger Jünglinge, die Essays schrieben ... Schlammschwimmer mit humanem Horizont und überdimensionaler Frisur ... Haß erfüllte Nella.«

Ein Haß, den Böll offensichtlich voll und ganz teilt, obwohl man einwenden könnte, daß die ständig hervorgehobene »Lässigkeit« allein einen derartigen Haß noch nicht rechtfertige. Ein Einwand, dem der Erzähler dadurch Rechnung trägt, daß er den Todbringer Gäseler nicht nur Redakteur werden, sondern auch die Bekanntschaft von Nella machen läßt: Der von seiner Schuld nichts ahnende Gäseler nämlich will Gedichte seines Opfers Rai in eine Anthologie moderner Lyrik aufnehmen, die attraktive Nella aber lädt er während einer katholischen Kulturtagung zu einer weiteren katholischen Kulturtagung auf Schloß Bernich ein, und die sagt zu: »›Ich komme‹, sagte sie, und sie dachte: ich werde dich zerschneiden, zersägen mit meiner Waffe, die schrecklich ist: mit meinem Lächeln.«

Zu diesem Mundgemetzel allerdings kommt es nicht. Mörder Gäseler fährt Witwe Nella zwar gen Schloß Bernich, »ließ das Tachometer auf fünfundsiebzig springen, nahm die Kurven mit sicherer Eleganz«, doch Nellas Haß wandelt sich unversehens in Verachtung; auch als der unsterblich in sie verliebte Bresgrote ihr anbietet, Gäseler zu ermorden, winkt sie matt ab: Das Ende bleibt offen.

Kolportage, weiß Gott, die Böll möglicherweise in didaktisch-kritischer Absicht einsetzt. Nur: Auf welche erfahrene Wirklichkeit bezieht sich diese Kritik? Welcher deutsche Dichter hätte jemals mit ganzen siebenunddreißig Gedichten all das unter einen Hut gebracht: den Zuspruch der Nazis, die Einvernahme durch die katholische Nachkriegskultur *und* die Bewunderung der lässigen Nachtprogramm-Intellektuellen, »deren von Reflexen und Ressentiments bestimmtes Leben meistens nach Leitbildern vor sich ging, wobei sie zwischen Sartre und Claudel schwankten«. Dient diese so unsinnige wie unsinnliche Phantasiefigur Rai dem Dichter Böll nicht vielmehr dazu, es all jenen heimzuzahlen, die ihn, aus welchen Gründen auch immer, leiden ließen? Und mußte nicht der Versuch, sie alle auf *einen* Streich zu erlegen – die Nazis, die Kulturkatholiken *und* die Intellektuellen –, einen ebenso ressentimentgeladenen wie wahllosen Schlag ins Leere zur Folge haben?

Mußte es. Die Lektüre von ›Haus ohne Hüter‹ jedenfalls legt den Verdacht nahe, daß Böll, damals zumindest, den Intellektuellen eben das krumm nahm, was schon immer alle braven Deutschen, die Nazis inklusive, an ihnen auszusetzen gehabt hatten: Sie tun nichts und reden zuviel. »Es widerte ihn (Albert, den Freund Rais) an, dem stundenlangen Geschwätz über Kunst zuzuhören. Er nahm nie am Gespräch teil, und es wurde ihm meist ein wenig übel, wenn man anfing, Rais Gedichte zu zitieren« – Quasselbude.

Da ich damals ›Haus ohne Hüter‹ nicht gelesen habe – statt dessen las ich, beispielsweise, Sartre und Camus (nicht aber Claudel) –, konnte ich mich in der Folgezeit zu einem halbwegs normalen, einigermaßen mitteilungsfreudigen Intellektuellen entwickeln. Heute bin ich froh, ›Haus ohne Hüter‹ damals nicht gelesen zu haben.

Harte Worte

Wer kritisiert, muß damit rechnen, selber der Kritik an-
heimzufallen. Nicht immer waren die Komikkritik-Leser
meiner Meinung, selten haben sie das so unumwun-
den ausgesprochen wie der Kunsthändler Hans-Jürgen
Hartert aus Hamburg. Deswegen soll er hier zu Wort
kommen, stellvertretend für all jene, die mit meinen Ansichten oder Urteilen, meinem Lob oder Tadel nicht über-
einstimmen:

Gernhardt,
Sie sind doch viel zu dämlich, um Böll zu begreifen.
Wollten als 15jähriger schon Künstler werden? Nicht
geschafft, wie?
Bin gerner (nicht hardter) Titanic-Leser, könnten Sie nicht
mal daraus verschwinden?
Mit einem vorzüglichen Mangel an Hochachtung
                                        Hans-Jürgen Hartert

DER BRAVE CARTOONIST STEIGER

Seit Jahren gibt mir der Cartoonist Ivan Steiger Rätsel auf.
Woher nimmt der Mann seine Einfälle? Woher den Mut,
sie einem Intelligenzblatt wie der FAZ anzubieten? Woher
die Frechheit, sich Tag für Tag und in aller Öffentlichkeit
als Zeichner zu produzieren? Doch während ich rätsle
und rätsle, zeichnet Steiger und zeichnet und zeichnet ...

Abb. 1

1980 veröffentlichte er das Kartenblatt mit Handgranate
(Abb. 1), 1987 den Terroristen, welcher dem Boxer eine
Handgranate entgegenhält (Abb. 2) – in beiden Fällen ist
es haargenau die gleiche Handgranate, offensichtlich
gibt's die auf Letraset zum Durchrubbeln –, und vor beiden Zeichnungen versagte mein Scharfsinn.

Abb. 2

Die Handgranate steht natürlich für den Terrorismus – doch was hat der in einer Herz-Flöte verloren? Das blieb mir ebenso dunkel wie die Gründe, die den Terroristen dazu bewogen haben mögen, seine Handgranate als Mikrofon zu tarnen, und die den Gesprächspartner dazu veranlassen, zum Gespräch Boxhandschuhe anzulegen.

Was um Himmels willen will uns der Zeichner mit alldem sagen? Daß die Terroristen vorgeben, das Gespräch zu suchen, in Wirklichkeit aber Attentate planen? Daß die demokratische Öffentlichkeit mit härteren Bandagen gegen einen sich als gesprächsbereit gebenden, in Wirklichkeit aber attentatslüsternen Terrorismus vorgehen sollte? Daß ehrliche Boxhandschuhe kein adäquates Gegenmittel gegen eine sich gemeinerweise als Mikrofon tarnende Handgranate darstellen? Dunkel, dunkel …

»Ich sende Botschaften, sie kommen an, aber wie sie verstanden werden, weiß ich nicht«, hat Ivan Steiger einmal Maria Frisé von der FAZ anvertraut.

»Er hat eine große Gemeinde«, versichert Frau Frisé, »Zeitungsleser hierzulande … blättern die Seiten um, auf der Suche nach Steigers Prinzip Hoffnung« – wirklich? Läßt die nicht eher die Hoffnung blättern, wenigstens einmal einen Steiger-Witz zu verstehen?

Ich übertreibe. Ungefähr ein Zehntel von Steigers enormer Produktion – an manchen Tagen bringt er es auf drei,

Abb. 3

vier Veröffentlichungen in der FAZ – versteht sich von selbst. Als gebürtiger Prager, Jahrgang 1939, und exilierter Tscheche, seit 1968, ist er erkennbar dagegen, daß im Westen heute das betrieben wird, was seinerzeit im Osten von russischen Panzern unterbunden wurde: Protest und Boykott (Abb. 3). Daß Steiger den Marx und die Roten verabscheut, steht ganz außer Zweifel, doch wie hält er es mit den Grünen? Das ist ein langes Kapitel …

Fassen wir uns kurz. Über Jahre habe ich Steiger-Cartoons aus der FAZ ausgeschnitten, mit ideologiekritischem Ingrimm zuerst, dann immer apathischer, da der Zeichner mich immer gnadenloser auflaufen ließ – ich könnte nun viele Steiger-Themen und viel zu viele Steiger-Beispiele anführen, will es jedoch bei einer ebenso knappen wie repräsentativen Auswahl belassen. Die Grünen also …

Abb. 4

Am 2. 4. 85 läßt Steiger ein mit einem Büchsenöffner bewaffnetes Männchen auf einen Wall von Dosen losgehen, die alle mit »Grün« beschriftet sind (Abb. 4). Das ließe sich mit etwas gutem Willen als Warnung davor deuten, die grüne Pandorabüchse zu öffnen, doch zwei Wochen später, am 16. April, decouvriert Steiger derlei platte Deutungen dadurch, daß er sein Männchen nochmals auf die Dosen losgehen läßt, diesmal mit der Leiter (Abb. 5).

449

Mit einer Leiter? Was will der mit einer Leiter? Das Pandora-Büchsenöffnen scheidet aus. Was dann?

Abb. 5

Keine Ahnung, nur so viel weiß ich: daß Steiger, wie im Falle der Handgranate, jede unnötige Arbeit listig vermieden hat. Der »Grün«-Büchsen-Stapel nämlich ist auf beiden Zeichnungen der nämliche, meint: Steiger standen offenbar mehrere Ablichtungen dieses Stapels zur Verfügung, welche er lediglich durch ein neues Männchen ergänzte, um ihn sodann der FAZ als brandneuen Cartoon zu verkaufen.

Wirklich brandneu und ohne Frage hochaktuell dagegen war Steigers Einfall, den die FAZ am 6. 1. 86 zum Druck beförderte (Abb. 6). Den Heiligen Drei Königen,

Abb. 6

die durch die Initialen auf ihren Kronen unnötigerweise als K(aspar), M(elchior) und B(althasar) ausgewiesen sind, hat sich jemand an die Fersen geheftet, der eine Dose grüner Farbe samt Pinsel auf dem Kopfe trägt. Warum er das tut? Um das goldige Jesuskind grün zu streichen? Um den grübelnden Leser in Verwirrung und Schwermut zu stürzen? Um der FAZ-Redaktion das Gefühl zu geben, aktueller Anlaß und politische Relevanz seien auf diesem Blatt wenn schon nicht unter einen Hut, so doch auf einen Kopf gebracht?

Abb. 7

Wer jemals mit einer Zeitung zusammengearbeitet hat, der weiß, daß die Themen häufig von Redakteuren vorgegeben werden: »Wir haben da einen Zweispalter auf Seite 4 zum Thema ›Zahlreiche Bewerber um Privatfunklizenzen‹ – machen Sie uns was dazu, zweispaltig und circa zehn Zentimeter hoch?«

Ivan Steiger hat immer was dazu gemacht, ohne sich je allzu viele Gedanken darüber zu machen. Zu seinen abwegigsten Erfindungen gehört der freie Fernsehempfänger, der eingesperrte Fernsehempfänger füttert (Abb. 7). Abwegig deswegen, weil die Fernsehempfänger offenbar Fernsehsender meinen, wobei der freie vermutlich für das staatliche Fernsehen steht, die Eingesperrten aber die freien Fernsehanstalten verkörpern sollen – doch genug der Mutmaßungen. Die FAZ-Redaktion jedenfalls war dermaßen geblendet, daß sie Steiger drei Wochen später auch noch eine deutlich mattere Version des mysteriösen Vorgangs abkaufte (Abb. 8).

Abb. 8

Überhaupt: Steigers Serien! Wenn er irgend kann, hebt er völlig vom alltäglichen Schleim der »Politik«-Seiten ab, um sich gänzlich seinen luftigen Wahnideen widmen zu können. Daß da irgendeine aufgeregte Minderheit böse Blitze produziere, während die Mehrheit befruchtenden Regen spende, verkündet Steiger am 17. 4. 1985 (Abb. 9),

Abb. 9

am 23. 4. aber hat es sich – wieso eigentlich? – ausgereg-
net, während die Minderheit – welche eigentlich? – weiterhin bös blitzt – warum eigentlich? (Abb. 10)

Abb. 10

»Cartoonist ist er seit 1966«, vermerkt das Heyne-Taschenbuch ›Kaleidoskop‹. Maria Frisé setzt die Verwand-
lung des Schriftstellers und Filmemachers Steiger in den
Cartoonisten Steiger zwei Jahre später an: »Als er nicht
mehr sagen und schreiben durfte, was er sagen und
schreiben wollte, erfand er eine neue Sprache, die nicht
einmal übersetzt werden mußte: Er zeichnete. Ausgerechnet das hatte er nicht gelernt.«

Er sollte es nie lernen. Auch heute, 21 Jahre später, sind
seine Männchen so flusig wie eh und seine Einfälle so
wacklig wie je. Am 4. 7. 87 zeichnete er einen arbeitsamen
/ linientreuen (?) Zoni / Russen (?), der verblüfft / verbit-
tert (?) einem heiteren / albernen (?) Wessi / Ami (?) nach-
schaut, welcher nichts als Nichtigkeit / Helligkeit (?) im
Kopf hat – was sagt man eigentlich zu einem derart kryp-
tischen Cartoonisten (Abb. 11)? Was dazu, daß der Tag für
Tag das Leib- und Magenblatt des deutschen Großkapitals
vollzeichnen darf? Je länger ich in meinem Steiger-Archiv
blätterte, desto versöhnlicher war mir zumute. Besorgt
der denn wirklich die Geschäfte seiner Brötchengeber?

Abb. 11

Linkt er sie nicht vielmehr nach Strich und Faden, indem er seinen Unsinn erfolgreich als Tiefsinn verkauft?

Der brave Soldat Schwejk hatte während des 1. Weltkrieges nur einen Wunsch: zu überleben. Nicht sehr originell – neuartig aber war Schwejks Methode: Nicht durch Drückebergerei, sondern durch anscheinend hemmungslose Anpassung und scheinbar besinnungslose Pflichterfüllung erreichte er es, daß ihm seine Vorgesetzten selber nahelegten, sich doch nicht allzusehr als Soldat zu exponieren, wodurch Schwejks erklärtes Ziel, sich nach Kriegsende um halb sechs mit seinen Freunden im ›Kelch‹ zu treffen, in greifbare Nähe rückte.

Hat auch Steiger vor Verlassen der CSSR eine solche Verabredung getroffen: halb sechs nach dem Sturz des Husak-Regimes im ›Kelch‹? Geht es ihm seither lediglich darum, die Zeit bis dahin mit Hilfe der FAZ so gemütlich es irgend geht zu überbrücken? Das könnte einiges erklären, seinen Mut, ausgerechnet als Zeichner zu arbeiten, ebenso wie seine Frechheit, ausgerechnet jenem Blatt seine krausen Einfälle anzudienen, das von sich selber sagt, hinter ihm stecke immer ein kluger Kopf. Daß dem nicht so ist, beweist Steiger fast tagtäglich; dafür, daß er das tut, sollte man das tschechische Schlitzohr nicht tatzeln, sondern streicheln.

Zuerst in ›Titanic‹ 9/87

DIE BRAUNSCHWEIGER REDE

Ich möchte mit einer Entschuldigung beginnen. Einigermaßen unbedacht hatte ich meinem Kontaktmann, dem Professor Helmut Henne im letzten Sommer einen Vortrag mit dem Titel ›Versuch einer Anleitung zur Herstellung von Komik unter Nutzung von Sprachvielfalt und Mehrsprachigkeit. Mit Beispielen‹ versprochen – aber einen Vortrag zu versprechen und ihn dann auch noch zu halten, ist ganz einfach zuviel für einen einzigen Menschen. Jedenfalls für mich, denn als ich mein Material sichtete und meine Möglichkeiten erwog, erkannte ich, daß ich keine Anleitung, sondern lediglich einen Erfahrungsbericht anzubieten habe.

Trotzdem – versprochen ist versprochen – um Komik, Sprachvielfalt und so weiter geht es immer noch, nur glaube keiner, daß ich mit Rezepten zur Herstellung von Komik aufwarten könnte.

Erfahrungen auf diesem Gebiet jedoch habe ich gemacht, reichlich, aus dem einfachen Grunde, weil ich seit über zwanzig Jahren davon lebe, wie immer Komisches zu produzieren, zeichnend, schreibend, für unterschiedliche Medien und Interpreten – davon gleich mehr. Und Beispiele – das möchte ich zur Beruhigung derer sagen, die allzuviel graue Theorie oder trübe Erfahrung befürchten – wird es auch reichlich geben.

Anlaß meiner folgenden Überlegungen war allerdings ein theoretischer Text, von eben jenem Helmut Henne, dem ich überhaupt erst den Begriffsapparat meiner volltönenden Überschrift verdanke.

›Jugend und ihre Sprache‹ ist sein Aufsatz von 1983 überschrieben, an dessen Schluß er Thesen zur »Sprachvielfalt und Sprachkritik« aufstellt, etwa:

These 1: Innerhalb der ›Mehrsprachigkeit‹ der Gesamtsprache ›Deutsch‹ hat die deutsche Standardsprache als überregionale und historisch entwickelte, die anderen Varietäten »überdachende« Sprache besondere kulturelle, politische, wissenschaftliche und literarische Funktionen.

These 2: Dieser Mehrfunktionalität der Standardsprache (ihrer ›Sprachvielfalt‹) entspricht strukturell ihre Differenzierung in Funktionalstile: solche des alltäglichen, des arbeitspraktischen, des wissenschaftlichen, des literarisch-künstlerischen Verkehrs.

These 3: Dementsprechend gibt es kein gutes Deutsch schlechthin, sondern nur guten und schlechten Funktionalstil.

Besonders die ›These 2‹ bitte ich Sie, noch etwas im Gedächtnis zu behalten, da ich auf diese Begriffe zurückkommen möchte. Vorerst aber, also bevor ich in medias res gehe, sei mir eine kleine Abschweifung gestattet: ›Jugend und ihre Sprache‹ heißt, wie gesagt, Hennes Schrift, und ahnungsvoll schrieb er auf den Umschlag des Sonderdrucks, den er mir zusandte: »Auf Seite 60 habe ich Dich durch die Zeilen blitzen sehen.«

Wohl wahr. Denn wenn Henne »jugendspezifische Sprüche« wie »Ah Ägypten« oder »Schuhe bitte und keine Zwetschgenrufe!« aufführt und diese Sprüche zugleich als »Mediensprüche des friesischen Entertainers Otto« qualifiziert, dann muß ich in der Tat gestehen, daß solche Sprüche auf mich als Sprachtäter zurückfallen. Richtiger: auf uns, da wir als Dreierbande arbeiten – seit etwa zehn Jahren schreiben Bernd Eilert, Peter Knorr und ich Szenen und Sprüche für Otto Waalkes, bzw. Szenen, die wir ihm, etwa in den Otto-Büchern, in den Mund legen, ohne daß er sie in jedem Fall auch wirklich vorgetragen hätte.

Auch waren diese Sprüche nicht immer für Otto gedacht und erdacht worden. Das »Schuhe bitte, ich gestatte jetzt keine Zwetschgenrufe« fand erst später in

Ottos ›Rede zur Reinerhaltung der deutschen Sprache‹ Eingang. Erstmals tauchte es in etwas anderer Form im Jahre 1975 in der ›Welt im Spiegel‹, kurz ›WimS‹, auf, einer Nonsens-Beilage der satirischen Zeitschrift ›pardon‹, und der Anlaß, diesen und andere Sprüche zu klopfen, war ein handfest aktueller und satirischer gewesen. Damals, auf dem Höhepunkt der Terroristenhatz und Terroristenhysterie hatten Peter Knorr und ich einen Vormittag lang die Redner der staatstragenden Parteien zur »Lage der Nation« reden hören, bis wir es nicht mehr hören konnten, selber zur Feder griffen und die folgende ›Rede zur Klage der Bastion‹ niederschrieben:

Liebe Landsläuse! Meine Rahmen und Sperren!
Ohrwurm geht es in diesen Runden? Warum: Anachronistische Säfte, Linksridiküle und ihre Lymphatisanzen schlucken sich an, unseren Spechtsrat zu hinterwandern! Nicht nur unsere freie Mißwirtschaft, nicht nur die Wiedervereisung Deutschlands in Friesen und Geilheit, nein, auch der innere Frieder unseres Geheimwesens ist verroht!
(Zwetschgenruf von Abg. Stallpferd Dregger: »Höhnt, höhnt!«)
Da beißt es für jeden von uns, die Solidität der Demoskopen nicht nur in Torten, sondern auch in Braten zu beeisen!... Die kommenden Knochen werden unsere Gürtel einer engen Zerreißprobe unterschnallen! Jetzt müssen sich Standhäßlichkeit und Bürgerkinn beweinen! Und deshalb ruhe ich alle Menschen guten Brüllens dazu aus, mit mir in den Ruf einzubrechen: Peinlichkeit und Knecht und Dreistheit müssen in unserem Kratersand wieder Gütigkeit verkommen! Und zwar jetzt oder wie!
Ich zanke Igel für Ihre Ausmerzamkeit!

Soweit das Zitat, das einem doppelten Zweck dient. Einmal soll es belegen, wie breitgefächert die Wurzeln einer Sondersprache – hier der Jugendsprache – sein können, zweitens bringt es mich endlich aufs Thema. Die »Rede«, von der gerade die Rede war, ist zwar kein gesonderter Funktionalstil, aber doch eine einem jeden erkennbare

Sonderform des gehobenen Sprechens – im Wortsinne gehoben, auch ich bin ja als Redner über Sie, die Zuhörenden, herausgehoben –, und von der Rede ist es nur ein kleiner Schritt zur Predigt und zum ersten meiner Beispiele, das ernst macht mit dem Thema meiner Rede ›Versuch einer etc.‹.

Irgendwann in der Mitte der 70er erinnerte ich mich einer Exegese-Parodie, über welche ich während meiner weit zurückliegenden aktiven Zeit als Mitglied der Evangelischen Jungschar gelacht hatte und die etwa folgendermaßen ging: »Wir lesen in der Bibel: Zween der Jünger gingen gen Emmaus. Was wollen uns diese Worte sagen? *Zween* der Jünger gingen gen Emmaus – es waren also nicht einer, nicht drei oder vier jünger, die da gen Emmaus gingen, nein, *zween* der Jünger gingen gen Emmaus.

Zween der *Jünger* gingen gen Emmaus – nicht Könige waren es oder Hirten, nicht Buhlweiber oder Mütter, nein, zween der *Jünger* gingen gen Emmaus.

Zween der Jünger *gingen* gen Emmaus – sie fuhren nicht, sie ritten nicht, sie krochen auch nicht auf allen vieren, nein ...« und so weiter.

Ein Scherz, der eine gewisse Vertrautheit mit Bibelton und Predigtsprache voraussetzte und den wir, dadurch verschärften und popularisierten, daß wir statt des Bibelzitats eine Schlagerzeile zum Ausgangspunkt der Exegese machten:

Meine Damen und Herren!

Wir alle haben unsere Sorgen und Nöte und lassen uns nicht mit billigem Trost über die Last des Alltags hinwegtäuschen. Aber als ich neulich in meiner Musikbox blätterte, da stieß ich auf folgende kleine Zeile:

»Theo, wir fahr'n nach Lodz.«

Nun, was wollen uns diese Worte sagen? Da ist von einem Menschen die Rede. Von einem ganz bestimmten Menschen.

Nicht Herbert, nicht Franz, nicht Willy, nein, Theo ist gemeint. Aber um welchen Theo handelt es sich? Ist es nicht jener Theo in uns allen? Jener Theo, der in so wunderbaren Worten vorkommt, wie Theologie, Theodorant, Tee oder Kaffee. Und an diesen geheimnisvollen Theo ist eine Botschaft gerichtet:

»Theo, wir fahr'n nach Lodz.«

Vier fahr'n. Da sind also vier Menschen unterwegs. Und wer sind diese vier? Sind es die vier Jahreszeiten? Die vier Musketiere? Oder sind es vier alle? Schweigt Brüder...

Ebenso wie in diesem Beispiel sorgen auch im nächsten zwei Sprachebenen für eine kalkulierbare Fallhöhe. Waren es eben Predigt und Schlager, so sind es jetzt Alltagssprache und das ›Hohe Lied‹ Salomonis, aus welchem sämtliche Angaben zu der nun folgenden Personenbeschreibung stammen.

Eine ebenso wahre wie schöne Geschichte von der Herzensgüte und edlen Hilfsbereitschaft unserer Ordnungshüter, die damit beginnt, daß ein verzweifelter Bürger ein Polizeirevier betritt und mit matter Stimme sagt:

– *Oh, entschuldigen Sie, Herr Wachtmeister!*
– Ja? Was kann ich Schönes für Sie tun?
– *Ach, es ist wegen meiner Frau.*
– Grundgütiger! Ihr wird doch um Himmels willen nichts zugestoßen sein?
– *Nein, aber sie ist weg.*
– Da möchte ich Ihnen herzlich empfehlen, eine Vermißtenanzeige aufzugeben.
– *Danke. Das will ich gerne tun.*
– Gut. Ich spanne flugs ein blütenweißes Blatt Papier in meine Schreibmaschine, und Sie sind so freundlich, mir eine Personenbeschreibung zu geben.
– *Sehen Sie, sie ist schön, meine Frau. Schön ist sie. Ihr Haar ist wie eine Herde Ziegen, die gelagert ist am Berge Gilead hinab.*
– Gilead hinab... ja das habe ich.
– *Ihre Augen sind wie Taubenaugen, ihre Lippen sind wie eine scharlachfarbene Schnur...*

- Scharlachfarbene Schnur.
- *Ihre Wangen sind wie der Ritz am Granatapfel.*
- Granatapfel, wie schön! Und Ihre Zähne? Was schreiben wir da? Wie eine Herde Schafe, die von der Weide kommen? Die allzumal Zwillinge haben, und es fehlt keines unter ihnen?
- *Das haben Sie ebenso richtig wie schön gesagt, Herr Wachtmeister. Und ihr Hals ist wie der Turm Davids…*

Gehobenes und niederes Sprechen – bleiben wir noch etwas auf dieser Schiene. Einer der von Henne aufgeführten Funktionalstile ist die Sprache der Verwaltung, und einer, der sie klangvoll zu reden weiß, ist der Parlamentarische Staatssekretär im Bundesinnenministerium Dr. Horst Waffenschmidt. Daß er spricht, wie er spricht – Sie werden ihn gleich hören –, ist sein gutes Recht, wäre da nicht der Anlaß seiner Rede, aus der ich etwas zitieren möchte. Waffenschmidt nämlich ist Vorsitzender der Bonner Kommission für Rechts- und Verwaltungsvereinfachung und tritt als solcher für bürgernahe und jedermann verständliche Gesetzestexte ein. Ein lobenswertes Ziel, das er allerdings in einer derart bürgerfernen Sprache verfolgt, daß ich mich an einer Waffenschmidt-Übersetzung versucht habe. Sie erschien 1985 im endgültigen Satiremagazin ›Titanic‹, geht auf ehrwürdige Muster zurück – bereits Karl Kraus erfreute die Leser der ›Fackel‹ mit Übersetzungen aus der Sprache des Publizisten Maximilian Harden ins Deutsche – und bemüht sich nicht um komische Pointen, da *die* sich bereits unfreiwillig aus dem schreienden Widerspruch von Waffenschmidts Zielen und Waffenschmidts Worten ergeben:

WAFFENSCHMIDT sagt: »*Ich meine, wir sollten uns überhaupt für die Beteiligung Außenstehender in der gebotenen Form offenhalten und auf Informationszugewinn für die Kommissionsarbeit Bedacht nehmen.*«

WAFFENSCHMIDT meint: »Wenn jemand, der nicht unserer Kommission angehört, einen brauchbaren Vorschlag macht, dann sollten wir den zur Kenntnis nehmen.«

WAFFENSCHMIDT sagt: »*Wir sollten dabei auch berücksichtigen, daß die Bundesregierung nach Politikfeldern ausgerichtet arbeitet und überlappende Querschnittsbezüge in Verfolg von Entbürokratisierungsvorstellungen zu Komplikationen führen können.*«

WAFFENSCHMIDT meint vermutlich: »Immer langsam voran mit der Entbürokratisierung, sonst bekommen wir Ärger mit den Ressorts.«

WAFFENSCHMIDT sagt: »*Wir sollten uns so organisieren, daß wir ohne Bürokratieaufwand arbeitsteilig Problemfelder expertenhaft so besetzen, daß uns ein laufender, umsetzungsorientierter Dialog in Erfüllung unseres Auftrages möglich ist*«, und er meint: »Hoffentlich kriegen auch alle Zuhörer mit, mit was für komplizierten modernen Begriffen ich locker um mich schmeißen kann.«

Rednersprache, Predigersprache, Bibelsprache, Verwaltungssprache – damit ist der Kreis des gehobenen Sprechens natürlich noch längst nicht ausgeschritten. Noch fehlt, beispielsweise, die Sprache des »literarisch-künstlerischen Verkehrs«. Gerade sie, zumal die Sprache der Klassiker, war ja einst eine reich sprudelnde Quelle teils entlarvender, teils schmarotzender, teils unfreiwilliger Komik. Der Schritt vom Erhabenen zum Lächerlichen ist, wie bekannt, klein. Als die Jenaer Romantiker Schillers ›Lied von der Glocke‹ lasen, fielen sie laut Caroline Schlegel vor Lachen fast von den Stühlen, und als Friedrich Schlegels Drama ›Alarcos‹ 1802 in Weimar uraufgeführt wurde, lachte das Publikum derart, daß der Theaterdirektor Goethe sein bekanntes »Man lache nicht!« ausrief.

Pathos schreit nach Parodie, und Klassikerparodien gab es denn auch reichlich, im vorigen und in der ersten Hälfte dieses Jahrhunderts, so lange also, wie so etwas wie ein verpflichtender Bildungskanon bestand.

Um die Komik einer Parodie würdigen zu können,

muß man selbstredend das Original kennen. Nur mit leiser Wehmut kann ich nachlesen, was Sprachkomiker vergangener Zeiten an Kenntnissen und Bildungsgut beim Leser voraussetzen konnten. 1878 schrieb Julius von Stettenheim unter dem Namen »Wippchen« seine damals sehr populären getürkten Kriegsberichte vom – beispielsweise – russisch-türkischen Kriegsschauplatz, eine Berliner Zeitung veröffentlichte sie, und das las sich dann so:

W. Schwarzes Meer, 13. Januar 1878
Neptun erglänzte weit hinaus, die Sonne war heute aus dem Schwarzen Meerschaum glühend emporgestiegen. Ich war bereits wach. Das Wasser rauschte und schwoll, ich saß auf dem Deck und sah nach der Angel voll Ruhe, obwohl es mehr als frisch, ja kühl bis ans Herz hinein war. Der kleine Zeiger des Thermometers wies auf neunzehn Grad... Da fiel der erste Schuß. Die russischen Batterien in Feodosia antworteten. Eine Kugel riß unserem Kapitän den Federbusch vom Fez, aber voll Humor rief er sächsisch: »Eiherrmahomed!« und setzte sich einen anderen Pickelfez auf. Schon nach zehn Minuten fragte er mich: »Hören Sie's wimmern hoch vom Turm?« – »Nein, Herr Kapitän«, antwortete ich, die Augen spitzend. »Das ist Sturm!« sagte er. »Sehen Sie nur, welch Getümmel, Straßen auf! Dampf wallt auf. Balken krachen, Pfosten stürzen, Fenster klirren!« Ich überzeugte mich selbst, indem ich meinen Krimstecher auf die Stadt warf. Und da sah ich nun auch, wie ein Mensch auf der leergebrannten Stätte einen Blick nach dem Grabe seiner Habe zurücksendete und die Häupter seiner Lieben zählte, während er fröhlich zum Wanderstab griff. Traurig blickte ich den Kapitän an, der, selbst tief erschüttert, zu mir sagte: »Ja, ja, wohltätig ist des Feuers Macht, wenn sie der Mensch bezähmt, bewacht, aber wehe, wenn sie losgelassen. Jedoch ich mußte!« Dann gab er Befehl, das Bombardement einzustellen, und fügte hinzu: »Holder Friede, süße Eintracht, weilet freundlich über dieser Stadt!« Feodosia liegt in Sack und Asche. Unser Verlust ist dagegen nur gering. Freilich, freilich, die Bomben, die wir in die Stadt schossen, sind für immer verloren.

Ein Text, der unter anderem deswegen komisch ist, weil er Gedichte wie Goethes ›Der Fischer‹ und Schillers ›Glocke‹ – jedenfalls Teile daraus – zu Zwecken prosaischer Beschreibung ausschlachtet – aber wer kennt diese Gedichte heute noch? Das meint: Wer kennt sie noch Wort für Wort? Wer hat sie noch auswendig lernen müssen?

Wer heutzutage pathetisches Sprechen zur Erzeugung von Komik nutzbar machen will, wird selbst dann auf detailliertere Anspielungen verzichten müssen, wenn er sich an die gebildeteren Stände wendet. Dem Publikum der Massenmedien aber kann der Komikproduzent noch weniger abverlangen; mehr als eine ungefähre Ahnung davon, daß es so etwas wie Klassikersprache gibt, wird er kaum voraussetzen können. An diese Einsicht hielten wir uns, als wir die folgende ›Mündliche Führerscheinprüfung‹ schrieben:

– Sie wollen Ihren Führerschein machen. Ich hätte da noch eine Frage an Sie.
– *Oh, eine Frage? Fragt nur zu,*
  denn nur wer fragt, dem wird auf dieser Erden –
– Also. Sie kommen an eine Kreuzung zweier gleichberechtigter Straßen. Von rechts kommt ein Auto. Wer hat die Vorfahrt?
– *Da kommt ein Auto, sagten Sie?*
  Eins jener Fortbewegungsmittel,
  die, wie von Geisterhand beflügelt,
  den Menschen hierhin bald, bald dorthin tragen?
– Wer hat die Vorfahrt?
– *Wer Vorfahrt hat? Welch wunderliche Frage!*
  Weiß ich doch gar nicht, wer in jenem Auto sitzt.
  Ist es ein Jüngling auf dem Weg zur Liebsten,
  den Amors Flammenpfeil zur Eile trieb?
  Dem ließe ich die Vorfahrt gern. Und auch dem Greise,
  der einmal noch der Greisin weißes Haar –
  denn weiß wird's, unser Haar, das in der Jugend

in mannigfacher Farbgestalt sich zeigt,
in Blond, in Braun, ja selbst in Schwarz…
– Herr Bock! Zwei Straßen treffen aufeinander…
– *Zwei Straßen. Und sie treffen aufeinander.*
O kniet mit mir, dies seltne Glück zu preisen!
Denn da, wo man sich trifft, ist auch Begegnung,
ist Leben, ist Musik, sind schöne Fraun.
– Herr Bock, es reicht!

Mit diesem Beispiel nun habe ich so etwas wie den Scheitelpunkt meiner Überlegungen erreicht. Alle bisherigen Beispiele – bis auf die Bundestagsrede, die ein Kapitel für sich ist – bezogen ihre toi, toi, toi Komik nicht nur daraus, daß sie die Fallhöhe zwischen den einzelnen Sprachniveaus nutzten, sondern auch aus dem Umstand, daß – zumal bei den Dialogen – unangemessenes Sprechen erst diese Fallhöhe schuf. Natürlich spricht niemand auf der Polizeiwache in Bibelworten, natürlich keiner bei einer Prüfung in Jamben – es handelt sich also um sauber konstruierte, recht realitätsferne, ziemlich absurde Gesprächssituationen. Der folgende Dialog jedoch hätte so stattfinden können. Daß er vermutlich so nicht stattgefunden hat, steht auf einem anderen Blatt – auf jeden Fall ist er ein gutes Beispiel dafür, wie man unter Zuhilfenahme unterschiedlicher Sprachkompetenz auch noch einen ziemlich schlimmen Kalauer einigermaßen elegant über die Runden bringen kann:

DIE KRIEGSERKLÄRUNG
Wir schreiben das Jahr 212 vor Christi Geburt. Nur einen Steinwurf entfernt, liegen sich das römische und das karthagische Heer gegenüber. Im Glanz der untergehenden Sonne schreitet der römische Feldherr Fabius Maximus auf den karthagischen Heerführer Hannibal zu.
– Herr Hannibal, hiermit erkläre ich Ihnen den Krieg!
– *Ise wase? Was sage du?*
– Ich erkläre Ihnen den Krieg!

- *Erkläre wase?*
- Den Krieg! Wir machen Krieg!
- *Mache? Mache wase? Nix versteh!*
- Macht nichts, ich erklär's Ihnen. Wir nehmen Bogen…
- *Boxen?*
- Nein! Bogen und Pfeile! Wir wollen doch Krieg machen!
- *Wase?*
- Krieg! Also passen Sie mal auf. Sie haben doch diese Elefan-ten… die Kriegselefanten…
- *Ahh! Elefante! Große Tier! Schöne Tier! Wolle kaufe?*
- Nein! Ihr sollt mit denen kämpfen! Also ihr reitet mit euren Elefanten los und wir mit unseren Pferden, und dann schla-gen wir uns…
- *Schlage? Elefante schlage? Nix gut! Nix Elefante schlage!*
- Nein! Nicht die Elefanten? Uns! Wir schlagen uns! Wir ma-chen Krieg!
- *Krieg? Was ise Krieg?*
- Aber ich erklär's Ihnen doch schon die ganze Zeit! Wir gehen und schlagen und schießen…
- *Und saufe und tanze und schöne Fraue – ise große Feste?*
- Nein! Krieg! Wie kann man denn nur so blöd sein!?
- *Iche blöde? Iche Hannibal blöde?*
- Ja! Blöde!
- *Du sage, iche blöde? Ich dich schlage!*
- Ja! Bravo! Schlagen!
- *Jawohl! Ich dich schlage in Fresse!*
- Aua! Römer! Euer Feldherr ist geschlagen worden! Zu den Waffen! Das bedeutet Krieg!
- *Bedeute wase? Iche nix versteh… Was ise Krieg?!*

Bevor ich die Gattung wechsle – den Rest meiner Bei-spiele werde ich meinem lyrischen Schaffen entnehmen –, rasch noch ein etwas aktuelleres Exempel dafür, wie ein Dialog in die – möglicherweise auch komische – Hose gehen kann. Sprache soll ja der Verständigung dienen – daß sie dieses Ziel so häufig nicht erreicht, hat viel Leid, aber auch einige Freude, vorzugsweise Schadenfreude, über die Menschen und in die Welt gebracht. Ich will aus einem Briefwechsel zitieren, den ich 1979 für ›Titanic‹ geschrieben habe, als »Beitrag zur Neuen Innerlichkeit«. Er nennt sich ›Liebe Else, lieber Peter‹, und als ich den Text letztes Jahr wiederlas – ich stellte gerade den Satirenband ›Letzte Ölung‹ zusammen –, da hatte ich das Gefühl, daß er bereits soweit historisch sei, daß er einen kleinen Hinweis darauf, was mich damals zum Schreiben bewog, vertragen könne. Damals – so zwischen 77 und 79 – betrat eine neue, sehr selbstbewußte und sich sehr deutlich äußernde Jugend die Szene, eine ihrer Gallionsfiguren war Nina Hagen, und einer ihrer Liedtexte lautete:

Ich bin nich deine Fickmaschine
spritz, spritz, das isn Witz äh
Schätzchen, wir müssen ausnandagehn.
Tschau tschau du alte Sau!!!

Das zum sprachhistorischen Hintergrund, nun Auszüge aus dem Briefwechsel zwischen Else und Peter:

Du altes Arschloch, verschon mich bloß mit Deinen Ergüssen, sonst passiert noch was.
Dein letzter Brief klang etwas kühl, liebe Else, doch nun, nachdem ich ihn mehrmals durchgelesen habe, ist mir aufgefallen, daß Du mich nicht mehr »dreckiges«, sondern »altes« Arschloch nennst. Weshalb? Weil Du in mir unbewußt den »Alten«, d.h. Deinen Vater siehst, *den* Mann also, dem Du Dich zwar nicht hingeben, in dessen Gegenwart Du jedoch immer Kind bleiben kannst. Else, ich bin nicht Dein Vater, ich bin Dein Peter, und je eher Du diese Tatsache akzeptierst, desto eher wirst Du auch begreifen, daß Du kein Kind mehr bist, sondern ein erwachsener Mensch, der freilich …
Wenn ich noch mal so einen verwichsten Brief von Dir bekomme, trete ich Dir derart in die Eier, daß Du Dich selber nicht mehr kennst.
Else, Dein letzter Brief hat mich sehr froh gemacht. Du nennst meinen Brief, auf den Du Dich in Deinem Brief beziehst, »verwichst«. Ja, er war verwichst – in dem Sinne, daß er Dir helfen

soll, daß Du wächst, innerlich, daß Du lernst, Dich zu Dir selbst und Deinen Gefühlen zu mir zu bekennen. Ich umarme Dich und...

Du und Deine Gefühle sind mir kackpipischnurz. Von mir aus kannst Du Dich ins Knie ficken, nur hör endlich auf, mich mit Deinem Wischiwaschi zu belämmern.

Else, wann wirst Du es endlich lernen, Dich klar auszudrücken? »Kackpipischnurz« – das mußtest Du sagen, da Deine – unsere – Sozialisation es Dir – uns – nicht erlaubt, angstfrei zu Deinen – unseren – Gefühlen zu stehen. Mit Brechungen und Ironien versuchen wir, unsere Triebwelt zu kanalisieren, anstatt uns zu unseren Bedürfnissen zu bekennen. Stutzig machte mich freilich Deine Formulierung »belämmern«. Wenn Du in mir, unbewußt, Deinen Vater siehst, hättest Du eigentlich »behammeln« schreiben müssen. Oder willst Du mich jetzt ins Kindchenschema drängen? Das, Else, wäre nur eine andere Form der Vermeidung, Dich zu mir zu bekennen. Ich bin weder Dein Vater noch Dein Kind, ich bin Dein Peter, der...

Halt bloß den Rand, blöder Scheich. Saubären wie Dich sollte man einzeln in ihrer Scheiße ersaufen lassen.

Else, endlich! Endlich wagst Du es, einige der Aggressionen gegen mich rauszulassen, die sich notwendigerweise in Dir im Verlaufe unserer Beziehung hatten ansammeln müssen.

Zum allerletzten Mal: verpiß Dich!

»Verpiß Dich«, schreibst Du mit jener heiteren Unbefangenheit, die seit jeher das Vorrecht der Jugend war. Wie ich Dich verstehe! Als wir 68 auf die Straße gingen, da taten wir es auch und gerade, um Menschen wie Dir die Möglichkeit zu geben, autonom und selbstverantwortlich ihre Interessen wahrzunehmen, nicht nur auf ökonomischem und politischem Gebiet, sondern auch auf dem der ureigensten Gefühle. Denn glaub mir, es gibt in unserer Gesellschaft kein »Privatleben«, alles Private ist zugleich...

Sag mal, wann findest Du Kackspecht endlich jemanden, der Dich durchzieht, daß die Heide weint, damit Du ein für alle Mal aufhörst, Deine beschissene Schwanzgeilheit an mir auszulassen?

Else, am Ende Deines sehr aufrichtigen und lieben Briefes sagst Du etwas, das mir zeigt, daß bei allen zwischen uns notwendigerweise noch bestehenden Differenzen – die geschlechtsspezifischen Rollenschemata etwa – doch ein grundlegender Konsens durchschimmert. Da sagst Du nämlich, daß »die Heide weint«. Else, seit Jahren verfolge ich die Zerstörung unserer Umwelt mit Sorge. Schon hat das Verschwinden größerer Feuchtzonen ehemalige Vögelparadiese unwiederbringlich ausgelöscht, schon – aber beim Durchlesen der eben geschriebenen Zeilen fällt mir der Freudsche Verschreiber »Vögelparadiese« (statt »Vogelparadiese«) auf, Else, sieh diesen Lapsus nicht als gegen Dich gerichtete obszöne Aggression, sondern als legitimes, ja belustigendes Ans-Licht-Treten jener Triebstrukturen, die nun mal unser – auch Dein! – Menschsein ausmachen und die Du möglicherweise verleugnen, nicht jedoch…

Dreckiges Arschloch!

So viel zu wie immer komischen Dialogen, nun noch einige komprimiertere Beispiele. Es geht, wie angekündigt, um Gedichte, und komprimierter sind sie schon deswegen, weil das Gedicht eine Kurzform ist, zumal das wie immer komische. Es muß schnell zum Punkt, meint: zur Pointe kommen, und ist daher gehalten, die komischen Möglichkeiten, die sich aus Sprachvielfalt und Mehrsprachigkeit ergeben, noch geballter und rücksichtsloser einzusetzen. Ich möchte ein Gedicht voranstellen, das in puncto Drastik ganz gut an den ›Briefwechsel‹ anschließt, da der hier verwendete Jargon so etwas wie eine Synthese aus Elses und Peters Sprechen darstellt, ein Amalgam aus Fremd-, Mode- und Kraftwörtern, das einmal ziemlich verbreitet war, auch an Universitäten. Das Gedicht stammt aus dem Jahre 1978 und trägt den Titel ›Materialien zu einer Kritik der bekanntesten Gedichtform italienischen Ursprungs‹. Diese Gedichtform ist, wie jedermann weiß, das Sonett, und das Ganze geht so:

Sonette find ich so was von beschissen,
so eng, rigide, irgendwie nicht gut;
es macht mich ehrlich richtig krank zu wissen,
daß wer Sonette schreibt. Daß wer den Mut

hat, heute noch so'n dumpfen Scheiß zu bauen;
allein der Fakt, daß so ein Typ das tut,
kann mir in echt den ganzen Tag versauen.
Ich hab da eine Sperre. Und die Wut

darüber, daß so'n abgefuckter Kacker
mich mittels seiner Wichserein blockiert,
schafft in mir Aggressionen auf den Macker.

Ich tick nicht, was das Arschloch motiviert.
Ich tick es echt nicht. Und will's echt nicht wissen:
Ich find Sonette unheimlich beschissen.

Hatten wir es bei diesem Gedicht mit einer recht vertrack-
ten Verschränkung von hoher Form und niederem, sprich
unangemessenem Sprechen und sich daraus ergebender
Fallhöhe zu tun, so wird es nun, da es dem Ende zugeht,
einfacher. An drei kurzen Beispielen möchte ich zunächst
zeigen, wie ich, den bewährten Traditionen des komischen Gedichts seit spätestens Heine folgend, aus dem gehobenen Sprechen in die Alltagssprache gepurzelt bin:

DEUTUNG EINES ALLEGORISCHEN GEMÄLDES

Fünf Männer seh ich
inhaltsschwer –
wer sind die fünf?
Wofür steht wer?

Des ersten Wams strahlt
blutigrot –
das ist der Tod
das ist der Tod

Der zweite hält
die Geißel fest –
das ist die Pest
das ist die Pest

Der dritte sitzt in
grauem Kleid –

das ist das Leid
das ist das Leid

Des vierten Schild trieft
giftignaß –
das ist der Haß
das ist der Haß

Der fünfte bringt stumm
Wein herein –
das wird der
Weinreinbringer sein.

SCHWANENGESANG

Was wollen die Schwäne uns sagen?
Wir leben und schweben
wir kreisen und weisen
wir finden und binden
wir ketten und retten
wir halten und walten
wir schlichten und richten
wir sind überhaupt ganz tolle Vögel –
das wollen die Schwäne uns sagen.

Das waren zwei der Gedichte, das dritte faßt sich noch kürzer, da die Fallhöhe lediglich qua Überschrift hergestellt wird:

ÖKUMENISCHER DIALOG

»Trinken ist ein Laster –
ist das klar, Herr Paster?«

»Alles klar, Herr Kaddinal –
dasselbe bidde nocheimmal!«

All diese Beispiele entnahm ich dem 1981 erschienenen Gedichtband ›Wörtersee‹, mit vier weiteren Gedichten aus dem gleichen Buch möchte ich schließen. Da ist einmal die

Trilogie ›Paarreime in absteigender Linie‹, deren Überschrift bereits andeutet, daß die Pointen nicht Knall auf Fall, sondern peu à peu daherkommen – wenn es denn Pointen sind:

Von den Gästen

Was einer ist, was einer war,
beim Scheiden wird es offenbar.

Ruft er: »Auf Nimmerwiedersehn«,
dann laß ihn frohen Herzens gehn.

Sagt er: »Lebt wohl, so leid mir's tut«,
dann seid mal lieber auf der Hut.

Tut er nur »Tschau, bis dann dann« brommen,
dann will das Arschloch wiederkommen.

Von der Ruhe

Du bist so fahrig und wärst gerne
ganz ruhig, guter Freund? Dann lerne:

Den Bereich der Dunkelheiten
immer heiter zu durchschreiten,

Das Erinnern, das Vergessen
stets zufrieden zu durchmessen,

Dich, sowie das Ich des andern
muntern Sinnes zu durchwandern –:

Und du strahlst ne Ruhe aus,
die zieht dir die Schuhe aus.

Vom Leben

Dein Leben ist dir nur geliehn –
du sollst nicht daraus Vorteil ziehn.

Du sollst es ganz dem andren weihn –
und der kannst nicht du selber sein.

Der andre, das bin ich, mein Lieber –
nu komm schon mit den Kohlen rüber.

Ein nun aber wirklich allerletztes Gedicht steht noch aus. Ob es noch unter die komischen Gedichte gerechnet werden kann, wage ich nicht zu entscheiden; daß es seine – möglicherweise sehr stille – Pointe den reichen Möglichkeiten unserer sich stets erneuernden Sprache verdankt, steht jedoch außer Zweifel. Und zweifellos ist es auch ein ziemlich einzigartiges Gedicht – auf jedem Fall in meinem Œuvre, möglicherweise aber auch darüber hinaus. Denn hier fällt Sprache zu Pointenzwecken mal ausnahmsweise nicht die Treppe runter, sie schwingt sich, einigermaßen überraschend hoffe ich, in die Höhe – aber hören Sie selbst:

SPÄTSOMMERTAG (15. 9. 79)

Nun ist der Wein bereits am Sichverfärben.
Die ersten Blätter lappen leicht ins Gelbe.
Die Sonne hält voll drauf. Exakt dieselbe,
die erst ihr Grünen sah, sieht nun ihr Sterben.

Und dennoch wäre es echt schwach zu glauben,
den ganzen Terror könne man vergessen.
Blattmäßig läuft nichts mehr. Gebongt. Statt dessen
schwillt neues Leben, ach, zu prallen Trauben.

Das war's. Ich zanke Bienen für Ihre Ausmerzamkeit.

Rede, gehalten 1986 im Rahmen eines Seminars von Prof. Helmut Henne

II. KRITIK DER KRITIKER

Ich verlange ja nicht viel von Kritiken, die mir gelten: mir genügt es durchaus, wenn sie hymnisch
sind, fanatisch in Lob und Anerkennung und so
ausführlich, als hätte der Verfasser sich vom Objekt seiner Begeisterung gar nicht trennen können.

ALFRED POLGAR

MENTZ MEIER!
oder: Ein hochinteressanter Briefwechsel

1982 arbeitete Emanuel Eckardt, zu der Zeit Redakteur des ›stern‹, an einer Serie, die von Deutschlands Komikern handeln und den Titel ›Aller Unfug ist schwer‹ tragen sollte. »Komiker« – das reichte von Otto Waalkes bis Josef Beuys: auch ein Portrait F. K. Waechters stand auf Eckardts Zettel, doch dazu kam er nicht mehr: Die Serie ging nach einigen Folgen in den Turbulenzen unter, in welche der ›stern‹ durch die gefälschten Hitler-Tagebücher geraten war.

Doch noch war es nicht soweit, noch ging Eckardt mit seiner Serie schwanger, und in dieser Zeit wechselten er und ich einige Briefe voll derart triftiger Einwände gegen die Humor-Kritik und voller dermaßen schlagender Widerlegungen von seiten des Humor-Kritikers, daß ich ganz einfach nicht anders kann, als die »hochinteressanten humorkritischen Dokumente« – so der angesehene Humor-Papst Hans Mentz – einer, wie ich gerne annehme, ebenfalls hochinteressierten Öffentlichkeit zu unterbreiten.

Guter Gernhardt,   6. 12. 82
Wir sind uns einmal in der Küche von Friedrich Karl Waechter begegnet; dort haben Sie erfahren, daß ich für den ›stern‹ an einer Serie über den deutschen Humor arbeite, und ich habe erfahren – was ich schon wußte –, daß Sie kompetenter als alle anderen und einschlägig belesen, Humor nicht nur produzieren, sondern auch kritisieren, unter dem Pseudonym Hans Mentz (sano in corpore sano?) in der Zeitschrift ›Titanic‹ Monat für Monat, eisern und ein bißchen unerbittlich.

Weil ich mich nun mit dem gleichen Gegenstand wie Sie – dem Humor – kritisch auseinandersetze, weniger kompetent, beileibe nicht so belesen und aus einem anderen Gesichtswinkel, nämlich niemals von oben herab (das stünde mir als Außenstehendem nicht zu), stoße ich auf eine Schwierigkeit, die ich Ihnen nicht vorenthalten will. Ich glaube inzwischen, man kann Humor so wenig kritisieren wie man Trauer kritisieren kann. Und selbst wenn Sie die Erscheinungsformen des Humors angreifen (wobei ich gelegentlich, aber nicht so oft Ihre Ansicht teile), bleibt mir so ein unfroher Nachgeschmack, daß dort jemand versucht, objektive Kriterien für etwas zu finden, was sich objektiver Kritik entzieht. Sag ich mal so.

Die Humorkritik von Hans Mentz atmet Prinzipientreue, durch sie weht ein saurer Hauch, und ich werde den Verdacht nicht los, daß hier eine Amtskirche des Humors errichtet werden soll, und zwar eine protestantische.

Da gibt es weithin strahlend – auf dem Parnass der Hochkultur jenen Marmortempel, in dem die Kritiker der ernsten (hierzulande gleichbedeutend: gehobenen) Literatur vom Handke in den Mund leben und den Grass wachsen hören. Sie melden – wenn es wieder mal soweit ist – der Lenz ist da, und Strauß kann auch ein Botho sein. Und da gibt es in den verwahrlosten Slums des Kulturlebens, in denen sich deutscher Humor nun mal bewegt, einen, endlich einen, der zum Kaiser taugt, ein Gegen-Joachim, einer, der die Unterhunde (ich mag das Wort Underdogs nicht mehr) der Literatur und Kunst eines kritischen Blickes würdigt, sie ernst und auseinandernimmt, der Kritik würdigt. Müßt ich nicht frohlocken?

Ich tu's nicht. Ich denke nun schon ein Jahr – mit angemessenen Unterbrechungen – darüber nach, was mich daran stört, ohne zu einem Schluß zu kommen. Aber seit Hans Mentz im Dezemberheft '82 der ›Titanic‹ die Rezension eines Literatur-Professors in der ›Zeit‹ kritisierte, der wiederum ein Buch kritisiert hatte, das zwei ›Titanic‹-Mitarbeiter herausgegeben haben, da wurde mir bewußt: Dieser Hans ist auch nur ein Mentz. Und er ist – was ich ihm nicht verzeihe – intolerant.

Er erinnert mich irgendwie an Klaus Staeck, dessen Gradlinigkeit und konsequente Streitlust sicher verdienstvoll ist, der aber jedesmal, wenn die Gegenseite einen Treffer landet, in primadonnenhaftes Wehklagen verfällt, wie sehr wieder die Freiheit der Kunst eingeschränkt wird in diesem Land.

Mentz Gernhardt! Warum müssen Sie denn auf eine so offenkundig humorlose verbiesterte Kritik so verbiestert und humorlos reagieren? Und so lang! Oder waren Sie das gar nicht? War das irgend jemand anderer von ›Titanic‹? Schon in dieser Frage zeigt sich ein weiterer Wurm der ›Humor-Kritik‹. Das Pseudonym erhärtet den Eindruck eines absoluten, möglicherweise von einem Kollektiv vereinbarten Urteilsspruchs, was die Intoleranz nur potenzierte.

Und – um mich mal in Zorn zu reden – was bietet denn ›Titanic‹ an Humor? Lech Walesa in der Hitliste der sieben peinlichsten Persönlichkeiten des Monats! Um wie viele Ecken denkt das Auswahlkomitee, das so etwas verzapft? Nein, ich will ganz ruhig bleiben. Wahrscheinlich bin ich kein typischer ›Titanic‹-Leser. Ich kaufe das Blatt nur wegen Waechter und wegen der Humor-Kritik. Ja, ja, ich geb's ja zu.

Sie wissen und ich ahne es: Kritik und Toleranz sind nicht vereinbar. Wer A sagt, muß auch dorno sagen. Kritik kennt keine Nachsicht, keine Geduld, kein Lachen. Sie ist immer ernst. Ich weiß nicht: Wäre es nicht ein Anflug von Solidarität, die Humoristen, die Slumkinder des Kul-

turbetriebs, die ohnehin kollektiver Verachtung preisgegeben sind, mit Kritik zu schonen? Für mich ist das eine ernsthafte Frage. Und mein Problem: Ich habe zu Humoristen nicht die Distanz, die man kritisch nennt. Was tun?
Mit freundlichem Gruß
Ihr
Emanuel Eckardt

Lieber Herr Eckardt,   11. 12. 82
stimmt: Die ›Humor-Kritik‹-Kritik in der Dezember-Ausgabe war ein Grenzfall, möglicherweise ist da der Herr Mentz dem deutschen Laster verfallen, über allem schwer zu werden, Sie waren nicht der einzige, der warnend den Finger hob. Möglicherweise – denn es gab auch andere Stimmen, zustimmende. Ich kann dazu nur sagen, daß ich, einmal und nicht wieder, nach drei Jahren ›Humor-Kritik‹ darüber schreiben wollte, warum ich das überhaupt betreibe, da hatte sich wohl einiger Ärger angesammelt. Ein Grenzfall, wie gesagt, doch Ihre Überlegungen gehen ja weiter: Kann man Humor überhaupt kritisieren?
Sie sagen: Nein. Ich widerspreche. »Humor«, sofern man ihn als Befindlichkeit versteht, kann man in der Tat nicht kritisieren, da stimmt die Analogie zu Trauer, Schmerz oder Zorn, zu Gefühlen also, die die gebrechliche Einrichtung der Welt im Menschen auslöst, oder zu Haltungen, auf diese Gebrechlichkeit zu reagieren. ›Humor-Kritik‹ – das ist ein zumindest mißverständlicher Kolumnen-Titel, ›Komik-Kritik‹ wäre richtiger. Trauer kann man nicht kritisieren, wohl aber Trauerspiele. Meint: Man kann alles kritisieren, was Menschen produzieren, zumal ästhetische Produktionen, die Frage ist lediglich, ob man, was man kann, auch gleich muß. Sie haben auch das bedacht und sagen: Muß man nicht,

laßt doch die armen Unterhunde in Ruhe. Ich sage: Arm sind die nicht – die Komik-Geschäfte gehen gut – und Unterhunde nur deswegen, weil sie gemeinhin von dem verschont werden, was Kritik leisten kann. Und die kann – im Idealfall – doch sehr viel mehr als »Auseinandernehmen«. Sie setzt zugleich tiefer und höher an: Sie teilt mit, daß es ein – in diesem Fall komisches – Produkt gibt. Sie versucht, das Produkt zu benennen. Sie erinnert sich: Gab es dergleichen schon mal? Sie vergleicht: Gibt es dergleichen anderswo? Sie versucht, die angestrebte Wirkung herauszufinden, und stellt einen Bezug her zwischen dem Gewollten und dem Erreichten. Sie wertet, rät zu oder rät ab – sie, die Komik-Kritik verfährt also genau so wie andere Kritik auch: Sie gibt sich nicht zufrieden mit der schieren Wirkung – Langeweile oder Ergriffenheit angesichts eines Trauerspiels, Unlust oder Lust anläßlich eines Lustspiels –, sondern nimmt die Anstrengung auf sich, nach den Gründen zu fragen: Was funktionierte da? Was klappte da möglicherweise nicht?

Jawohl, Anstrengung. Auch auf die Gefahr hin, daß diese Anstrengung noch als Angestrengtheit in der Kritik weiterwirkt. Mir jedenfalls ist eine Komik-Kritik lieber, der man die Mühe der Begriffs- und Urteilsfindung anmerkt, als eine, die von vornherein auf jede Begrifflichkeit, auf alle Prinzipien verzichtet, um dann mit heiterer Blauäugigkeit davon berichten zu können, wie das ganze auf den Kritiker wirkte: lustig, bzw. nicht so lustig.

Allmähliche Verfertigung der Gedanken beim Schreiben: Im Moment bin ich geneigt, meinen Anfangszeilen zu widersprechen. Warum soll man eigentlich nicht über dem Leichten schwer werden dürfen?

Wieso wird getadelt, wer Mühe darauf verwendet, Quellen der Lust (dem Lachen) nachzuspüren? Lugt da nicht ein uraltes Ressentiment um die Ecke: Der Kopf darf nicht zergliedern, was der Bauch als zusammenhängende Ganzheit erlebt hat …?

Sicher: Nach Möglichkeit sollte der Rezensent die Mühsal vergessen machen. Kennen Sie Polgars Betrachtung über Chaplin? Sehr klug und ungemein anmutig, eine erarbeitete Anmut allerdings, glaubt man Polgar, und ich glaube ihm. Ein hohes Ziel, diese Anmutung von Leichtigkeit; der normale Komikkritiker wird immer damit rechnen müssen, es unterschiedlich weit zu verfehlen. Sein Risiko und zugleich Ansporn, es mit der Zeit besser zu machen. Hugh.

Wenn jetzt der Eindruck entstanden ist, ich verteidigte die Komik-Kritik deshalb, weil ich sie betreibe, dann ist das nur, nicht mal, die halbe Wahrheit. Vor allem als Komikproduzent vermisse ich sie. Das meint nun nicht große Rezensionen, die Weihen der Hochkultur etc.; der Ansatz ist viel schlichter. Ich teile etwas mit, nun wüßte ich auch gerne, ob (wie, warum, warum nicht) das begriffen wird. Gäbe es die Gruppe hier in Frankfurt nicht, in der solche Fragen immer wieder erörtert und beantwortet werden, ich hätte das Komik-Machen, glaube ich, schon längst aufgesteckt. Ob man das, was die Gruppe leistet, nun Kritik oder Echo oder Bestätigung oder (Kleinst-) Öffentlichkeit nennt – jedenfalls gibt sie mir das Gefühl, daß da ein Forum, ein Adressat für solche etwas verqueren Botschaften ist. Zugleich aber ist mir natürlich klar, daß Gruppen dazu neigen, die Mitglieder pfleglich zu behandeln. Die Gefahr eines allzu solidarischen, weil bequemen Echos ist groß, kritische Stimmen von draußen könnten da hilfreich relativieren, korrigieren oder auch bestärken.

Das sage ich in aller Ernsthaftigkeit und Abgeklärtheit, obwohl ich mir natürlich manchmal denke, Scheiß drauf, letztendlich bin ich der einzige, der überhaupt in der Lage ist, mich adäquat zu kritisieren – ohne etwas Wahn geht es bei den zumeist einsamen Schreibtischtätern nun mal nicht ab, auch er ein nützliches Korrektiv, wenn der Komikmacher oder Komikkritiker die Sinnsuche allzu gradlinig und human betreiben sollte: Charakter ist nur Eigensinn, es lebe die Zigeunerin.

Mit schönen Grüßen

R. Gernhardt

Lieber Robert Gernhardt   28. Dezember 1982
vielen Dank für Ihre geduldige und ernsthafte Antwort, obwohl ich fast enttäuscht darüber bin, daß Sie mir recht zu geben scheinen; diese Art Gnade erwartet man nicht von einem Kritiker, den man wegen seiner Gnadenlosigkeit kritisiert. Ich habe mir über Ihre Sanftmut Gedanken gemacht und bin zu dem Ergebnis gekommen, daß Sie mir nicht den Mut nehmen wollten, einen zweiten Brief zu schreiben.

Ja nun, lieber Robert Gernhardt, wie Sie in wenigen Sätzen Wesen und Grundlagen der Kritik an sich und im humorigen Besonderen darstellen, das ist schon gemeißelter Stein, ohne Spott, das ist gut und richtig.

Aber: Wie kommt es nur, daß Sie, respective dieser Hans Mentz, immer dann am besten gefällt, wenn er in großer Schlichtheit – Sie nennen es heiter blauäugig – erklärt: Das finde ich lustig. Und wie kommt es, daß er mich immer dann auf die Palme bringt, wenn er den Anschein eines objektiven Urteils zu fällen vorgibt. Das war es, was ich mit Amtskirche meinte. Wie kann jemand ernsthaft über Humor Kritiken schreiben, wenn er von so vielen Handikaps gefesselt ist. Soll ich sie aufzählen?

1. Sie haben keinen Fernseher.
2. Sie sind selbst Humorproduzent, und nicht etwa ein verhinderter von mäßigem Talent – was Sie zum Kritiker prädestinieren würde –, sondern einer der angesehensten im Lande.

3. Sie können einen der wichtigsten Ströme im deutschen Humor – nennen wir ihn die ›Frankfurter Schule‹ – nicht kritisch sondern nur solidarisch würdigen, weil Sie dazu gehören. Damit fallen zehn bedeutende Humorproduzenten – ich greife diese Zahl mal leichtsinnig aus dem Ärmel – für eine Kritik aus dem Rennen.
4. Sie haben, Mentz jedenfalls hat die erkennbare Neigung, sich nicht die Hände schmutzig zu machen mit dem Humor, der wegen seines geringen Anspruches Volksbelustigung genannt wird, der also außerhalb jeder Diskussion am Geistesleben vorbeigeht. Ist das richtig?

Ich denke an Ihre unvergessene Würdigung vom Wilhelm Busch im ›Spiegel‹. Über Otto zu schreiben verbietet Ihnen wieder die Solidarität. Ist ja mentzlich irgendwie, diese komische Ämterhäufung. Über Jürgen von Manger haben Sie, glaube ich, mal etwas geschrieben. Über Willy Millowitsch nichts. Über Volkstheater nichts. Über Clowns nichts. Über ›stern‹-Humor nichts (mit zwei Ausnahmen, ich weiß), über Playboywitze nichts. Kishon. Breinholst. Oder tu ich Ihnen jetzt unrecht? Hab ich was überlesen? vergessen? Ist das gar nicht Ihres Amtes? Beschränken Sie sich nur auf Literatur, um sich zu beschränken auf das nicht so Beschränkte? Muß, ich meinen Ärger erläutern? Gut:

Für mich als Journalisten ist es eine unangenehme Erfahrung, bei diesem Thema – Humor in Deutschland – bei niemandem etwas Vernünftiges abschreiben zu können, nicht mal bei Ihnen. Muß man denn heute alles selber machen?

Emanuel Eckardt

Lieber Emanuel Eckardt,   5. 1. 83
ich denke, wir kommen der Sache näher. (Näher, mein Herr, zu mir …)

Hatten Sie in Ihrem ersten Brief noch den Sinn jeglicher Humor-Kritik bestritten, so streiten Sie nun lediglich mir die Befähigung ab, dieses Amt qua Mentz zu verwalten. Sie zählen dafür vier Gründe auf, drei lassen sich leicht widerlegen:

1. Sie haben keinen Fernseher.

Ich habe auch keinen Zug und fahre trotzdem Eisenbahn. Außerdem: Alle meine Freunde haben Fernseher. Der Mentz ist ja eine Kunstfigur, Eilert, Henscheid und ich sind ständig mit von der Partie, Gastkritiker steuern bei. So schrieb Bernstein über die Wiederholungen der Hesselbach-Serie, Henscheid über TV-Fasching, Eilert über die ›Himmlischen Töchter‹, Gernhardt über Didi Hallervorden, Henscheid über Frankenfeld und Loriot, Eilert über ›Sesamstraße‹, Knorr über Susi (Pfleghar) – ich bin nicht auf Vollständigkeit aus, blättere lediglich im einzigen mir momentan verfügbaren ›Titanic‹-Jahrgang, dem von 1980.

2. Sie sind selbst Humorproduzent …

Bin ich, und genau das prädestiniert mich zum Kritiker. Aber warum in die Nähe schweifen, da doch ein einziger Blick auf entferntere Größen die ganze Haltlosigkeit Ihres Einwands offenbart: Große, gute Macher waren schon immer die besten Kritiker – Lessing (›Hamburgische Dramaturgie‹), Schiller/Goethe (›Xenien‹), Heine (›Die Romantische Schule‹) und so fortan über Fontane, Tucholsky, Brecht bis hin zu Enzensberger (›Enzensbergers Monatslektüre‹, weiland im ›Spiegel‹) und Rühmkorf (›Leslie Meiers Lyrikschlachthof‹, weiland in ›konkret‹). Alles Leute, die deswegen (auch und zeitweise) Kritiker waren, weil sie eine Zeitlang das Bedürfnis hatten, etwas ein wenig zu bewegen, nicht nur – als Macher – den Lauf der Zeit (die Kunstgeschichte), sondern auch den Stand der Dinge (das Niveau der Reflexion). Natürlich gehen solche Bewegungen immer auch auf Absichten zurück. Ich behaupte: Je subjektiver und dringlicher diese Absichten, desto besser für die objektive Qualität der Kritik. Die Wahrheit ist konkret. Der kritische Geist schwebt nicht über den Wassern, sondern nimmt immer erst dann Form an, wenn ein bewegtes Wollen mit dem starren Sein zusammenprallt – drücke ich mich undeutlich genug aus? Recht so – man soll nicht immer alles gleich auf den Punkt bringen wollen, das hieße ja bereits wieder Stillstand.

4. Sie haben … die erkennbare Neigung, sich nicht die Hände schmutzig zu machen mit dem Humor, der … Volksbelustigung genannt wird … Über Willy Millowitsch nichts. Über Volkstheater nichts. Über Clowns nichts. Über ›stern‹-Humor nichts (mit zwei Ausnahmen, ich weiß). Über Playboywitze nichts. Kishon. Breinholst. Oder hab ich was überlesen?

Überlesen, bei Gott. Kishon wurde bereits in der allerersten Humor-Kritik recht breit behandelt. Die Breinholst-Manie der Deutschen tatzelte Eilert erst unlängst. Clowns: Wir schrieben über Jango Edwards (und Jerry Lewis, Marx Brothers, Valentin, Otto Sander, Totò, Tashlin-Filme). Playboywitze: Nein, wohl aber andere Anekdoten- und Witzsammlungen (Lattmann, Röhrich, Frauenbild im Männerwitz). Volkstheater: Nein, dafür, s. o. TV-Serien. ›stern‹-Humor: Es gab drei Ausnahmen, papan, Markus, Neugebauer, und sehr viel mehr ist über den ›stern‹-Humor nun wirklich nicht zu sagen. Mentz brachte einen – den einzigen? – Nachruf auf den Volkskomiker Hiesl, er wies als sicherlich einziger auf die DDR-Volkswitzzeichner Jankofsky und Epper hin, er machte sich Gedanken über Kannibalenwitze und »Chef«-Aphorismen, Cartoon-Kalender und Donald Duck, die schlechtesten Filme aller Zeiten und die Humor-Seite der ›Frankfurter Rundschau‹, nur in seiner Kolumne findet das Stiefkind unserer Kultur, die komische Zeichnung, regelmäßig Zuflucht und Zuspruch – bester Emanuel Eckardt: Wenn jemand um die unlösbaren Bande zwischen Hoch- und Niederkomik weiß, dann doch der Mentz! Bei kursierendem, dreistem Witzgut und bei Dostojewski geht ihm gleichermaßen das Herz auf, doch mit gnadenlosem Zorn verfolgt er jenes niveauvolle, unpersönliche, pointenbare und überraschungsfreie Mittelmaß, für das hier mal kein Name stehen soll, sondern eine Gattung: der Limerick. (Nicht der Learsche, sondern das, was deutsche Weiterdichter Woche für Woche aus dieser bemoosten Erfindung machen – mehr dazu bei Mentz a.a.O.) Mehr noch: Wenn er befürchten muß, daß Komiker sich allzu weit vom Kraftquell der volkstümlichen Komik entfernen, dann wird der Mentz zum Warner und Mahner: »›Stardust Memories‹ hat meine Achtung vor Woody Allen nicht gemindert, ich kann aber gar nicht sagen, wie sehr sie steigen würde, ließe er den kunstkonformen Sternstauberinnerungen einen verstörenden Heuler vom Typ ›Woody, der Schrecken der Kompanie‹ folgen.« Also. Nicht gleich über Mentz ärgern, erst mal Mentz gründlich lesen. Und immer wieder fragen: Was wollte uns der Humorkritiker damit denn nun schon wieder sagen.

Bleibt von vier Einwänden lediglich der hier übrig:

3. Sie können einen der wichtigsten Ströme im deutschen Humor ... nicht kritisch, sondern nur solidarisch würdigen ...

Richtig. Und weil das so ist, würdigt der Mentz diesen Strom überhaupt nicht, auch nicht solidarisch. Das ist der einzige blinde Fleck in seinem Adlerauge, da hofft er – man kann nicht alles selber machen – auf ungebundene Falken, die die Umtriebe der Neuen Frankfurter Schule mit jener Scharfsicht und Gnadenlosigkeit beäugen, die er all den Aktivitäten außerhalb seines Kreises zuwendet. Auf Leute wie Sie beispielsweise.

Sie wollen über Waechter schreiben? Ich beneide Sie nicht. Ich schriebe ungern über Waechter. Was ist an seinen Sachen eigentlich komisch? Warum brechen Jugendliche in der DDR – ich war Zeuge einer solchen Szene – vor Lachen fast zusammen, wenn sie einander Sätze aus ›Wahrscheinlich guckt wieder kein Schwein‹ zurufen, etwa »Die Wiese war über und über mit Blumen bedeckt«. (Ich hatte ihnen das Buch mitgebracht, beim nächsten Besuch kannten sie es auswendig.) Noch einmal: Wo ist da der Witz? Anders: Wie kann man über Waechter schreiben, ohne diese Frage ernsthaft zum Thema zu machen? Und: Ist nicht der, der dieser Frage nachgeht, zwangsläufig Komikkritiker, einer, der erst mal zwischen unterschiedlichen Manifestationen des Komischen unterscheidet? Was unterscheidet einen Waechter-Witz von einem sagenwirmal Bundfuß- oder Mordillo-Witz? Wobei ich – gnädig, gnädig – das heikle Gebiet der Qualitätsunterschiede ausklammere, lediglich nach ebenso vordergründigen wie grundsätzlichen Unterschieden frage.

Fragen über Fragen, doch das Neue Jahr ist ja noch jung, vielleicht reifen im Lauf der Zeit Antworten heran.

Das zu hoffen wird nicht müde
Ihr
Halbmentz und Ganzgernhardt

Lieber Robert Gernhardt,   Hamburg, den 30. 1. 82
ich denke, wir sind der Sache nicht nur nähergekommen, wir haben sie hinter uns …

Sie haben mich auf dem linken Bein erwischt; ich hätte den Mentz sorgfältiger studieren sollen, bevor ich mit dem Schraubenschlüssel der Kritik an seiner Mutter herumwürge.

In solchen Fällen hilft nur noch der rasche Blick nach Verbündeten, die meinen Rückzug decken könnten. Wer hätte das gedacht? Da steht der gute alte Theodor W. Adorno und ruft mir aufmunternd zu:

»Sind Kritiker selbst Humoristen, also in der Sache zu Hause und nicht schlecht über sie erhaben, so sind sie fast auch in der Unmittelbarkeit und Beschränktheit ihrer eigenen Intentionen gefangen.«

Natürlich fallen Sie auf diese kleine Fälschung nicht herein, weil Sie wissen, daß er nicht Humoristen sondern Komponisten, bzw. Musiker, meinte.

»Die Kritiken, die bedeutende Komponisten schrieben, sind vielfach vergiftet«, sagt er auch. Ob Komponist, Komponiker, Kompost oder Komiker, – der Humus, dem Humor entwächst, was das ist? Alles Mist. Fälschung, Mao Se Dung zugeschrieben.

Sie wissen, daß ich eine Ode an Otto schreibe, dabei hätte Odo auch eine verdient, Odo Marquard, ordentlicher Professor für Philosophie in Gießen, der eine Kritik der Kritik unter anderem so begründete:

»Die Kritik, die ernst machen will, ist trotz ihrer Geltung nichtig. Die Kritik, die Ernst machen will, hat trotz ihrer Nichtigkeit Geltung, und zwar in wachsendem Maße. Denn gerade weil sie – durchschaut – Flucht aus der Wirklichkeit, und gerade weil sie – durchschaut – ein Entlastungsarrangement ist, ist sie erfolgreich: Die Moral ist ihre Maske, ihr faktischer Eskapismus aber der Grund ihres Erfolges; gerade auf ihrer Fragwürdigkeit beruht ihre Attraktivität, ihre Unwiderstehlichkeit, der Triumph der Kritik. So fährt sie – wachsend erfolgreich – fort, durch ihre Anklagen die Wirklichkeit zu belasten und zu definieren, durch ihre Anklagen die Kunst zu belasten und zu diskriminieren. Der wachsende Triumph der Kritik ist das Ende der Kunst: das Ende ihrer Heiterkeit.« (Aus:

Preisendanz/Warning »Das Komische«, München 1976, Seite 140)

Ich zitiere das nur, um der erdrückenden Zahl der Humoristen Lessing, Schiller, Goethe, Fontane, Tucholsky, Brecht, Enzensberger, Rühmkorf, die Sie als Zeugen anführen, etwas entgegenzuhalten. Sie vergaßen Jean Paul, meiner Treu...

Emanuel Eckhardt

OTTO – DER FILM
oder: Der Komikkritiker im Kreuzfeuer der Kritik

In der Regel herrscht im Reiche der Schönen Künste Gewaltentrennung. Die Maler malen, die Musiker musizieren, die Zeichner zeichnen, die Schreiber schreiben, die Dramatiker dramatisieren, die Filmer filmen, die Schauspieler spielen – die Kritiker aber nehmen all das zur Kenntnis und kritisieren es nach bestem Wissen und Gewissen. Freilich: Keine Regel ohne Ausnahme, und von Ausnahmen soll jetzt die Rede sein.

Nicht immer nämlich sind die Gewalten reinlich geschieden. Am ehesten noch bei den Malern, Musikern und Filmern, obwohl ein Jazzer wie Michael Naura, ein Maler wie Hans Platschek oder ein Filmer wie H. C. Blumenberg teils gleichzeitig, teils in zeitlichem Nacheinander auf beiden Schultern getragen haben, der produzierenden und der räsonierenden.

Noch fließender aber sind die Grenzen zwischen Produzenten und Rezensenten im Reich der Literatur. Da sich beide des gleichen Mediums, des Worts, bedienen, da eine Kritik nicht nur schnelles Geld via Zeitschriftenhonorar verspricht, sondern auch langanhaltenden Erkenntnisgewinn via investierte Denkleistung – da das alles so ist, haben Literaten aller Zeiten immer wieder die Fronten gewechselt, haben teils als Kritiker ausgeteilt, teils als Macher eingesteckt, haben also ein Doppelleben geführt, das an Zweideutigkeit nichts zu wünschen übrig ließ und daher auch von Nur-Kritikern immer wieder eindeutig kritisiert worden ist: Wer selber schreibend erschaffe, sei in seinem Urteil befangen, da er lediglich das beurteilen könne, was seinen ureigenen Zielen verwandt sei, wird da gern eingewandt, sowie: Wer selber Gefahr laufe, Opfer der Kritik zu werden, werde sich als Kritiker mit seinem Urteil zurückhalten – sei es, weil er wisse, wie weh das Kritisiertwerden tue, sei es, weil er auf künftige Schonung hoffe, sofern er selber verschone: Eine Krähe hackt der anderen ...

All das ist nicht falsch, aber auch nicht ganz richtig. Wenn einer erlebt hat, wie es ist, kritisiert zu werden, dann ich. Ich habe Ausstellungen gemacht und bin als Maler kritisiert worden. Ich habe Bücher geschrieben und bin als Autor kritisiert worden. Ich habe ein Schauspiel verfaßt und bin als Dramatiker kritisiert worden. Ich habe komische Zeichnungen veröffentlicht und bin als – aber nein. Der komischen Zeichnung sowie dem komischen Zeichner nämlich widerfährt in unserem Lande etwas, was noch schlimmer ist als gemeine Kritik, nämlich: keine Kritik. Unkritisiert jedenfalls blieben meine mir lieben Bücher ›Die Magadaskar-Reise‹ von 1980, ›Gernhardts Erzählungen‹ von 1983, ›Hier spricht der Dichter‹ von 1985 – alle voller Zeichnungen. Kritisiert aber wurden im gleichen Zeitraum meine mir teuren Werke ›Ich Ich Ich‹ von 1982, ›Glück Glanz Ruhm‹ von 1983 sowie ›Letzte Ölung‹ von 1984 – alle voller Worte.

Die Gründe dafür liegen auf der Hand. In unseren Medien sind Kunstkritiker für die bildende Kunst zuständig und Literaturkritiker für die Literatur – um die Mischformen Cartoon, Comic-Strip und Bildergeschichte kümmert sich natürlich mal wieder kein Schwein. Außer dem ohnedies überforderten Komikkritiker, der sich dieser Aufgabe freilich nicht ganz uneigennützig und keineswegs ohne Skrupel unterzogen hat.

Lobte ich einen Zeichner, so lobte ich ihn so, wie ich selber gerne mal gelobt worden wäre: so engagiert, so kenntnisreich, so herzlich. Tadelte ich aber einen Zeichner, so war ich mir der Tragweite meines Tuns nicht zuletzt deswegen bewußt, weil auch ich ein Zeichner war:

Wer selber nicht oder kaum kritisiert – meint: zur Kenntnis genommen – worden ist, der weiß, wie gewichtig eine, die möglicherweise einzige veröffentlichte Kritik ist und bleibt: Da wird eine wie auch immer persönliche Meinung unversehens zu einer Art Gottesurteil, zu einem Verdikt jedenfalls, gegen das es keine Revision zu geben scheint, da andere Stimmen sich nicht regen, nicht im Blätterwald, nicht in anderen Medien – was tut ein so Kritisierter?

Er grämt sich, er ärgert sich, er giftet sich, er wünscht sich, daß dem Kritiker, welcher ihn derart unverständig kritisiert hat, mal jemand unmißverständlich klarmacht, welch ein unvollkommenes, ja vollkommen unwichtiges Subjekt er selber ist – und all diese Wünsche kann ich, soweit sie mich, den Komikkritiker, als Komikproduzenten betreffen, erfüllen. Mehr als dies: Neben solch punktuellem kann ich kraft meiner Lebenserfahrung auch substantiellen Trost spenden.

Punktueller Trost: Ich könnte all die Blessuren vorzeigen, die mir durch rohe Kritiker anläßlich des einen oder anderen meiner Druckwerke zugefügt worden sind – kein allzu spannender Vorgang.

Substantieller Trost: Ich kann von einem Kritik-Hagel berichten, den so leicht wohl kein anderer Komikproduzent, geschweige denn ein Komikkritiker, über sich hat ergehen lassen müssen – schon spannender.

Allerdings nicht mein Verdienst. Im Mittelpunkt des Interesses stand nicht ich, sondern der Komiker Otto Waalkes, Zentrum der kritischen Bemühungen war dessen erster Spielfilm ›Otto – Der Film‹, an dessen Drehbuch ich neben Bernd Eilert und Peter Knorr mitgewirkt hatte. Fazit der etwa hundert Filmkritiken aber war – ja, was eigentlich?

Es war traurig und tröstlich. Traurig, weil es offenbar keine verbindliche Wahrheit gibt, jedenfalls nicht im engen Raum der Komik. Wie auch immer der eine Kritiker befindet, stets steht ein anderer auf und behauptet ungestraft das reine Gegenteil.

Tröstlich, da es offensichtlich keine gesicherten Werte gibt, jedenfalls nicht auf dem weiten Feld des Komischen: Was dem einen sin Uhl ...

Wäre der Mensch unsterblich, er würde im Laufe seines unendlichen Lebens alle Möglichkeiten des Menschseins verkörpern: den Täter, das Opfer, den Priester, den Ketzer, den König, den Bettler – Simone de Beauvoir und Jorge Luis Borges haben solche Denkspiele zu Papier gebracht, und ich habe sie gern und kopfnickend gelesen. Eine vergleichbar nivellierende Wirkung aber stellt sich auch dann ein, wenn ein Werk der Einbildungskraft nicht ein- oder zehn-, sondern hundertmal kritisiert wird. Das zu erleben aber ist nur wenigen Machern beschieden, und auch mir wäre derlei nie passiert, hätte ich nicht dabei mitgewirkt, den sehr populären Komiker Otto Waalkes im höchstpopulären Medium Film auftreten zu lassen. Ein Auftritt, welcher 1985 allüberall kritische Federn in Bewegung setzte und der mir jetzt, 1987, die Gelegenheit gibt, einen straffen, aber repräsentativen Zusammenschnitt all der Rezensenten-Mühen vorzulegen, ein, wie ich hoffe, so unterhaltsames wie trostreiches Dokument von Sinn und Unsinn jedweder Komikkritik.

›OTTO – DER FILM‹ EINE PRESSE-RUNDSCHAU

»Um es vorweg zu sagen: Der Film bringt keine Überraschungen.«
FAZ / Jürgen Richter

»Dennoch überrascht dieser Film. Nach lahmen Fernsehshows hat ›Ostfrieslands Exportschlager Nr. 1‹ (›cinema‹) zu neuer Frische gefunden.«
Lüdenscheider Nachrichten / Martin Krigar

»Wo der Anfang eines Films sich im Rund einer Toilette birgt, läßt sich unschwer die Beschaffenheit eines Produktes erahnen, das den prekären Kreislauf dieses Kloakenhumors beschließen wird.«   *Frankfurter Rundschau / Heike Kühn*

»An deutschen Lustbarkeiten gibt es nichts, was dieser satirischen Nonsenskomödie das Wasser durch die Klobrille reichen könnte.«   *Abendzeitung, München / Ponkie*

»Leider wird diese Nummernrevue durch eine ungeschickte Rahmenhandlung immer wieder scharf gebremst.«
Kölnische Rundschau / Thomas Linden

»Eine Komödie, kein Klamauk, keine bloße Nummern-Revue ist es, weil Otto schon etwas sehr Wichtiges gelang, nämlich seine hemmungslose Bereitschaft zum Unsinn zugunsten einer Filmstory ein gut Teil zu disziplinieren.«   *epd Film / Detlev Kühn*

»Wer Otto mag, wird auch diesen Otto-Film mögen, denn mit seinen meist harmlosen, manchmal auch dämlichen Späßen liegt Otto voll im Trend der flachen Lacher.«   *zitty, Berlin / maho*

»Eine ganz hintersinnige Komödie ganz nach Otto-Art.«
Oberpfälzischer Kurier

»Natürlich ist das Handlungsgerüst erbärmlich.«
Badische Zeitung / Martin Halter

»Man spürt hier die Qualitätsarbeit eines satirischen Profi-Teams.«   *Abendzeitung, München / Ponkie*

»An drei Problemen leidet auch der Film: Dramaturgie, Rhythmus und Timing.«   *Süddeutsche Zeitung / H. G. Pflaum*

»Ottos erster Film ist ein rundum gelungener Spaß mit allen Tugenden, die einen guten Film ausmachen: gutes Timing, witzige Dialoge, hervorragende Schauspieler.«
Stuttgarter Zeitung / Gunter Scheuthle

»›Otto – Der Film‹ darf man in Anbetracht der übrigen deutschen Filmkomödien der letzten Zeit schon fast ein Meisterwerk nennen. Wer jemals Didi Hallervorden gesehen hat, wird's verstehen.«   *Stuttgarter Zeitung / mrt*

»›Otto – Der Film‹ ist unter aller Hallervorden!«   *Film Faust / BiS*

»An die Marx Brothers, denen Otto ja auf sehr deutliche Weise entfernt ähnlich sieht, darf man da nicht denken.«
Die Welt / Friedrich Luft

»If there ist someone Otto resembles in antics, however, it's Harpo Marx.«   *Variety / Holl.*

»Nur die musikalischen Parodien wie ›Singin in the Rain‹ und ›Schwarzbraune Haselnuß‹ (Heino) erreichen nicht das Format, wie man es vom ostfriesischen Komiker gewöhnt ist.«
Salzburger Nachrichten / Michael Stadler

»Natürlich gibt es in 90 Kinominuten doch Stellen, wenn auch sparsam, in denen Ottos Körper-Clownerien nachhaltig erheitern. Etwa wenn er… Gene Kellys ›Singin in the Rain‹ geradezu veitstänzerisch imitiert.«   *Hannoversche Allgemeine Zeitung / Uta Grote*

»Wenn der ostfriesische Blödel vor einem Seniorenclub der Frage ›Seid ihr alle da?‹ ein hämisches ›Aber nicht mehr lange!‹ anfügt, so ist das nicht nur abgeschmackt, sondern in höchstem Maße geschmacklos.«   *Darmstädter Echo / Thomas Frickel*

»Sehr schön die Michael Jackson nachempfundene Heino-Parodie, sehr gelungen der böse Altenheim Slapstick.«
Tango, Hamburg / ww

»Um es gleich vorweg zu sagen: Ich habe über den Otto-Film nicht lachen können. Das kann zwei Ursachen haben: Entweder fehlt mir der Humor – oder er fehlt dem Film. Letztlich wird das wohl die Zuschauer-Mehrheit entscheiden.«
Darmstädter Echo / Thomas Frickel

»Im Film-Palast wurde am Wochenende wenig gefragt, aber viel gelacht.« *Lüdenscheider Nachrichten / Martin Krigar*

»Folgte man den Begeisterungsschreien der Presse, so haben die Bundesbürger es bereits geschafft… bis zum Übermenschen. Bei Gott – und sind die Witze auch unter aller Sau, Übermenschen sind sie trotzdem, denn sie lachen über alles, alles in der Welt. Sogar über Otto…« *Pflasterstrand / Peter Bexte*

»Otto hampelt… durch ein Movie, das mit Fug und Recht als die beste Komödie in der Geschichte des neuen Deutschen Films genannt werden kann.« *Spektrum Film / JM Thie*

»Der erste Spielfilm des ostfriesischen Komikers jedoch paßt sich beinahe sang- und klanglos dem desolaten Niveau des deutschen Kinos an.« *Saarbrücker Zeitung / Michael Peter*

»›Otto‹ is good fun, and although much too heavy on the verbal gag, the humour is quite refreshing. Otto Waalkes may one day become an international celebrity. He has all the makings of an anarchic wildman of the screen.« *Variety / Holl.*

»Daß wir hierzulande mit dem deutschen Humor unsere liebe Not haben, darf vorausgesetzt werden.«
Die Presse, Wien / Franz Manola

»›Otto – Der Film‹ is not your typical German movie. It's funny.«
The Wallstreetjournal / Roger Thurow

OTTO – DER NEUE FILM
oder: Der Komikkritiker schlägt zurück

Das kritische Echo auf ›Otto – Der Film‹ war zwiespältig, das Urteil der Zuschauer fiel eindeutig aus: Mit irgendwelchen 13 Millionen Besuchern in der BRD, der DDR, Österreich und der Schweiz war der Streifen nicht nur der erfolgreichste deutsche Film der Nachkriegszeit, er rangierte hierzulande auch gleich neben den erfolgreichsten ausländischen Filmen wie ›E. T.‹ und dem ›Dschungelbuch‹.

Als Kritisierender weiß ich, daß der Erfolg eines Werks den Kritiker scharfsichtig und hellhörig macht: Die Leute kaufen XY? Die Medien haben ihn witzig genannt? Ha! Das wollen wir doch mal sehen …

Als Kritisierter mußte ich die Erfahrung machen, daß ein allzu gebanntes Starren auf den Erfolg eines Produkts den Kritiker auch blind und taub machen kann. Anders vermag ich mir einige Reaktionen auf den ersten wie den zweiten Otto-Film nicht zu erklären, und da ich mich bereits als Kritiker und als Kritisierter präsentiert habe, sei mir ein kurzer Auftritt als Kritiker-Kritiker ebenfalls gestattet.

Alles in allem hatten mich die Reaktionen auf den ersten Film erfreut. Da gab es anfeuerndes Lob wie das von Ponkie in der Münchener ›Abendzeitung‹, bedenkenswerte Einwände wie die von Heiko R. Bluhm in der ›Recklinghäuser Zeitung‹, und selbst die harsche Kritik H. G. Pflaums in der ›Süddeutschen Zeitung‹ nahm das Werk zum Anlaß, dem Publikum und den Produzenten geduldig auseinanderzusetzen, was alles warum nicht funktioniert hatte.

Eben diese Bereitschaft aber, den Machern redliches, wenn auch vergebliches Bemühen zu unterstellen, diese

Hoffnung, sie mit gebotener Härte und kenntnisreicher Argumentation zu besserer Einsicht und zu verbesserten ästhetischen Hervorbringungen anzuhalten, diese zutiefst humane und höchst aufklärerische Haltung also, ließen einige der Rezensenten derart vermissen, daß ihre Rezensionen eigentlich nicht mehr Kritik, sondern Aufschrei genannt zu werden verdienen. Was aber ließ sie so aufschreien?

Bevor ich mich in Vermutungen verliere, zunächst einige Fakten. Alle Aufschreie – bitter, bitter – kamen aus ein und derselben Ecke, meiner, aus jenem linksliberalen Lager also, das gemeinhin stolz ist auf seine Fähigkeit zum Dialog und seine Bereitschaft zum Diskurs. Heike Kühn schrie in der ›Frankfurter Rundschau‹ auf, Mathias Bröckers in der ›taz‹, Peter Bexte im Frankfurter ›Pflasterstrand‹ – um nur die drei Lautesten zu nennen. Doch die Lautstärke ist nicht ihre einzige Gemeinsamkeit: Alle drei erwähnen teils leidend, teils erbittert, daß der ›Spiegel‹ dem Otto Waalkes eine Titelgeschichte gewidmet und ihn »Lachmann der Nation« genannt hat. Alle drei betonen die Tatsache, daß der Film (zuviel) Geld gekostet habe, und beklagen das Faktum, daß er sein Geld – und nicht nur das – einspielen werde. Alle drei versuchen, den als schauerlich komisch empfundenen Anlaß durch noch schauerlichere komische Wortspiele zu übertrumpfen: »Waalkes, Waalkes noch ein Weilchen« (Bröckers), »Otteist … Ottyssee … Ottopsie« (Kühn), »Banalerotik« (Bexte). Alle drei lassen aber auch kein einziges gutes Haar an dem Film und am »Kloakenhumor« seiner Macher, und alle drei lassen durchblicken, daß ein Volk, das in solche Filme geht, nicht ganz wert ist, daß es lebt: »Dieser neue Kleinbürger bewältigt die Realität im T-Shirt und liest auf dem Klo ›itanic‹ … Über drei Millionen Exemplare dieser Gattung erschienen bereits in Ottos Film!« (Bexte)

Nochmals: Weshalb dieser Aufschrei? Weshalb dieser vollständige Verzicht auf Argumente zugunsten lang-gezogener Wehklagen? Denn lang sind sie, all diese Rie-men, nur, daß nichts an produktbezogener Kritik in ih-nen steht, was nicht auch in einem Wort hätte gesagt werden können: Finnichnichgut.

Da sei Neid im Spiel, höre ich, doch ich höre es ungern. Wir leben nicht mehr im Zeitalter der Retourkutschen, denke ich, und zugleich fällt mir als warnendes Beispiel eine Episode aus frühen ›pardon‹-Tagen ein: Da hatte sich der Karikaturist Chlodwig Poth in einer Glosse an-läßlich eines Buches dagegen verwahrt, mit dem Witz-zeichner Bundfuß in einen Topf geworfen zu werden, und der hatte prompt zurückgeschossen: »Von der Höhe meiner Einkommensteuererklärung blicke ich gelassen auf ihre neidischen Schmierereien herab.«

So tief aber wird mich nicht einmal ein Peter Bexte sin-ken lassen, obwohl dessen mit Weltfremdheit gepaartes Verdrängungstalent mich schon neidisch machen könn-te: Da unterstellt Bexte im alternativen ›Pflasterstrand‹ der chronisch kriselnden, systemkritischen ›Titanic‹, auf allen Kleinbürger-Klos auszuliegen, und verdient zu-gleich selber sein Geld damit, daß er als Lohnschreiber im Anzeigenträger der ›Frankfurter Allgemeinen Zei-tung‹, dem auf allen Großbürger-Toiletten aushängenden ›FAZ-Magazin‹, dafür sorgt, daß all die perfide konsum-orientierten Vierfarbanzeigen in einen harmlos feuille-tonistischen Lauftext eingebettet werden können, der – beispielsweise – vom »Lachen« handelt.

Ja – ausgerechnet über dieses Thema durfte sich Peter Bexte seitenweise im Leib- und Magenblatt des Kapi-tals auslassen, und nicht nur darüber. Wer Abs sagt, muß auch Bexte sagen, und diesem Hofnarren der deutschen werbetreibenden Wirtschaft stehen die Spalten des ›FAZ-Magazins‹ auch für ganz andere, weit schleimigere Vorhaben offen. So verbreitete sich Vielschreiber Bexte dort über so bezeichnende Themen wie – doch genug der so sinn- wie witzlosen Retourhäme, zurück zur Eingangsfrage: Warum all diese – leider auch hämischen – Aufschreie?

Noch habe ich keine Antwort. Statt dessen eine Frage: Hat es nicht etwas vom Geschnatter der Gänse auf dem Kapitol? In stiller Ruh liegt die BRD, schon hat die Hausfrau ihren Hegel zugeklappt und der Arbeiter seinen Adorno beiseite gelegt, lediglich der Waldbauernbub blättert noch etwas in seinem Wittgenstein – da bricht der volksverdummende Otto-Film in dieses verträumte Gehege ein. Doch o Schreck! Weder die Wachhunde vom ›Spiegel‹ noch die Bluthunde vom ›stern‹ geben Laut. Statt dessen kuschen sie wedelnden Schwanzes vor dem Eindringling. Ja, da muß man doch ganz einfach losschnattern, damit nachher wenigstens keiner sagen kann, niemand habe in diesem Moment äußerster Gefahr das traditionelle Wächteramt des Intellektuellen in diesem unserem Lande versehen – war *das* der Grund?

Richtiger: *Ist* das der Grund? Denn das Geschnatter geht weiter, ja es ist dank ›Otto – Der neue Film‹ zu einer Lautstärke angeschwollen, die es schwer macht, angemessen hinzuhören oder gemessen zu antworten.

Damit wir uns recht verstehen: Kritik muß sein, auch wenn ich im tiefsten Grunde meines schwarzen Komikkritiker-Herzens natürlich der Meinung bin, ich allein wäre berufen, meine Werke angemessen zu kritisieren. Eine Meinung, mit welcher ich nicht ganz allein dastehe und der zumindest *ein* anderer Humorist Taten folgen ließ. Folgendermaßen instruierte Thomas Mann im Jahre 1901 seinen Freund, den Literaten Otto Grautoff, welcher die gerade erschienenen ›Buddenbrooks‹ besprechen wollte bzw. sollte: »Ein paar Winke noch Buddenbrooks betreffend. Im Lootsen sowohl wie in der Neuesten betone bitte den deutschen Charakter des Buches. Als zwei echtdeutsche Ingredienzen … nenne Musik und Philosophie … Tadle ein wenig (wenn es Dir recht ist) die Hoffnungslosigkeit und Melancholie des Ausganges …« Otto Grautoff aber war es recht, er lobte und tadelte, wie vorgeschrieben … Ja – so ging's zu, damals im Kaiserreich, aber heute haben wir ja leider eine Demokratie, in welcher jeder Schmierfink egal das hinschreiben darf, was ihm gerade zufällig durch die Rübe rauscht – Oh! Liest da jemand mit? Ahemm! Worum ging's noch mal? Ach ja! Die Otto-Filme! Alsdann:

Beide habe ich mir mit vielfach gemischten Gefühlen angeschaut. Bei beiden Premieren war ich ja in doppelter Eigenschaft anwesend, als Bestandteil des Drehbuch-Teams und als Komikkritiker. Dank dieser Doppelrolle habe ich keinen Moment ohne Eifer und Zorn auf die Leinwand sehen können: Da! Da haben sie ja eine ganze, ganz unverzichtbare Sequenz weggelassen! Da! Da müßte das Tempo aber verlangsamt werden! Da! Da geht die Produktplaziererei aber wirklich an die Substanz! Da! Da hat der Ausstatter aber viel zu ärmlich ausgestattet! Da! Da nervt die Neue aber nicht nur im Film, sondern in echt! Da! Da hätte der Regisseur dem Künstler aber entschieden zur Mäßigung raten müssen! Da! Da sind doch drei Szenen zu einer gerafft worden! Und da!

So ein Autor ist im Filmgewerbe sicherlich einer der traditionell kritischsten Premierenbesucher. Vor Jahresfrist fast hat er monatelang mit Freunden zusammengesessen. Mit viel Eifer, großem Gegacker und einigem Kunstverstand haben sie alle zusammen ein Ei gelegt. Das aber haben in der Zwischenzeit andere ganz ohne sein Zutun ausgebrütet, und unversehens sieht er sich dem bildgewordenen Produkt seiner Einbildungskraft gegenüber. Welch ein Bankett! Immerhin: Es steht ja. Besser gesagt: Es fällt nicht um. Und plötzlich einer dieser anrührenden Momente: Es geht ja! Es geht ja ganz gut! Da! Es läuft ja! Und mächtig verstärkt das Lachen des Publikums diese Erkenntnis ... Doch bevor noch der Autor sich ganz diesem rauschhaften Erleben hingeben kann, zupft ihn der Komikkritiker am Ärmel: »Der Lacher vorhin war ja ganz schön – sauber herausgespielt und bedacht plaziert. Doch der eben! Reichlich wohlfeil, reine David-deckelt-Goliath-Routine.«

»Aber die Leute haben doch gelacht! Mehr als vorhin!«

»Die Leute! Die Leute!«

Die Leute. Diese vielen Leute. Merkwürdig, worüber sie lachen und worüber nicht. Als Autor war ich vor Jahresfrist einer von denen, die sie zum Lachen bringen wollten, nun, im dunklen, großen Premierenkino erhalte ich die Quittung. Auch wenn das Publikum ausschließlich den Komiker für Lacher und Nichtlacher haftbar macht – ich fühle mich ebenfalls in die Haft genommen. Mitgefangen, mitgehangen. Aber soweit sind wir ja noch gar nicht. Noch läuft der Film, noch sind wir bei der Beweisaufnahme, noch steht das Urteil aus. Wie wird es ausfallen? Und wer fällt es? Die Lacher hier und heute? Die Zuschauerzahlen der nächsten Wochen und Monate? Die Kritiker?

Die Lacher sind eine zumindest wacklige Instanz. Mal erschallen sie da, wo wir sie eingeplant hatten, mal an dafür gar nicht vorgesehenen Stellen. Mal lache ich erfreut mit – Schön, daß dieser etwas abwegige Scherz funktioniert hat! –, mal teilt so gar niemand meine Freude, daß ich beschämt und ratlos verstumme: Aber das war doch ein todsicherer Lacher!

Viele Zuschauer, Instanz zwei, sind ein handfestes Indiz, fragt sich nur, wofür. Sicherlich sind sie kein Qualitätsurteil, doch bieten wenige Zuschauer ebenfalls keine Garantie dafür, daß ein Film etwas taugt. Ich sage diese Selbstverständlichkeit deswegen so laut, weil es mich jedesmal traurig macht, wenn Kritiker die ästhetische Verdammung der Otto-Filme mit deren pekuniärem Erfolg begründen. Ist denn solch eine Falschmünzerei eines vernunftbegabten Menschen würdig?

Instanz drei schließlich, die Kritiker. Vielleicht die schwankendste von allen. Da gibt es ja leider nicht nur verständiges Lob und unverständigen Tadel, sondern auch unverständiges Lob und verständigen Tadel. Am niederziehendsten aber sind jene Kritiker, derentwegen ich diese ganze Kritiker-Kritik überhaupt veranstalte. Jene, die nicht kritisieren, sondern menetekeln. Jene, die nach dem Kinobesuch den Leser nicht mit beinharten Befunden konfrontieren, sondern mit windelweichen Beschreibungen ihrer Befindlichkeit terrorisieren.

Sie sind in der Minderheit, zugegeben. Die Kritiker zu ›Otto – Der neue Film‹ wiederholen, soweit ich die Kritiken kenne, das, was sie zu ›Otto – Der Film‹ sagten. Ponkie von der Münchener ›Abendzeitung‹ spendet wieder Lob, Heiko R. Bluhm aus dem Ruhrgebiet gibt wieder zu bedenken, Mathias Bröckers von der ›taz‹ – aber nein. Der schreit nicht nur wieder auf, jetzt klagt er geradezu herzzerreißend. Auch hat die Aufschrei-Riege Verstärkung bekommen. In der ›Zeit‹ ist Andreas Kilb dazugestoßen, im ›Spiegel‹ hat Arnd Schirmer erste Aufschrei-Versuche gemacht, die dann freilich in stocknormaler Räsoniererei endeten. Das freilich wird ihn nicht vor einer Verwarnung retten: Kraft meines angemaßten Amtes werde ich hier und jetzt als Kritiker-Kritiker zur Sache kommen. Die Sache aber ist die Komikkritik, und auf diesem Felde haben die Herren Schirmer, Kilb und Bröckers mit derart raffiniert verdeckten oder derartig unverfroren offenen Fouls gearbeitet, daß ich leider dreimal die rote Karte zeigen muß, na gut, bei Schirmer tut es auch die gelbe:

Der enorme Erfolg des ersten Filmes habe einen Haufen Geld eingebracht, schreibt Schirmer und folgert: »So hatten Otto und seine Frankfurter Gag-Schreiber ... jede Möglichkeit ... eine gelungene deutsche Filmkomödie zu schaffen, witzig, bissig, cool und nicht so verteufelt harmlos. Vertan ...«

Vertun wir unsere Zeit nicht mit terminologischen Spitzfindigkeiten wie der, ob ein Otto-Film überhaupt als Filmkomödie zu klassifizieren sei. Erinnern wir Schirmer lieber kühl an eine belegbare Tatsache: Weder wir, die Frankfurter Gag-Schreiber, noch Otto haben weder dem deutschen Volke noch dem ›Spiegel‹ jemals eine »bissige« oder »coole« Komödie versprochen. Was man nicht verspricht, braucht man aber auch nicht zu halten. Der einzige Anspruch, den ein Zuschauer oder ein Kritiker zu Recht an eine Komödie erheben kann, ist der, daß sie witzig ist. »Bissig«, »cool« und »nicht so verteufelt harmlos« aber sind private Sonderwünsche eines Kritikers, die er aus Gründen intellektueller Redlichkeit auch als solche deklarieren sollte. Keineswegs sind sie der »Komödie« wesenseigen, so wenig, wie vier Taschen, breite Revers und hinten zwei Schlitze zur unverzichtbaren Essenz eines Jacketts gehören.

Die gelungene deutsche Film-Komödie läßt viele Wünsche offen. Der eine will sie subtil und anarchisch, der zweite intim und politisch, der dritte privat und erotisch, der vierte turbulent und poetisch, der fünfte verdreht und satirisch – ja, da verfaßt ein jeder Deutscher seine Wunschkomödie doch am besten gleich selber! Hier sind die gelbe Karte, Papier und Bleistift – Arnd Schirmer, bitte schreiben Sie!

Andreas Kilb kommt leider nicht so glimpflich davon. Eine ganze ›Zeit‹-Spalte lang klagt er vor sich hin. Daß er dabei den Otto-Film »Bildermüll« nennt, »den nach dem Atomabfall teuersten Dreck der Welt« – gänzlich abwegig, da ein solcher Vergleich die Ausstrahlung und die Halbwertzeiten der Otto-Filme denn doch gewaltig überschätzt. Daß Kilb vermerkt, »daß es fast sechs Millionen Mark gekostet hat, den Regisseur Xaver Schwarzenberger und die Satiriker Gernhart (sic), Eilert und Knorr aufs unterste Niveau, auf Otto-Niveau zu drücken« – reichlich unfair, da nicht nur die Unterstellung mitschwingt, »Für Geld tun die alles«, sondern auch der Anschein erweckt wird, jeder von uns Bildermüll-Männern hätte ein Viertel dieser sechs Millionen eingesackt – ja Kuchen! Daß es Kritiker Kilb anläßlich des Otto-Films nach dem gelüstet, was er unter Kino versteht, »Kino, das bedeutet Ausblicke, Umgebungen, Landschaften, durch die sich Menschen bewegen«; daß er angesichts des Otto-Films an all das denkt, was sein »Auge begehrt: Bertolucci-Werkschauen, Tarkowski-Retrospektiven« – ziemlich ausgefallen, da doch kein Tarkowski-Betrachter bisher »Einblicke, Wortumdrehungen und Zimmer, in welchen Komiker kobolzen« vermißt hat.

Das alles freilich rechtfertigt noch immer nicht die rote Karte. Die gebührt Kilb für eine kritische Rempelei von unerhörter Ungezogenheit. In seiner Filmbetrachtung spricht Kilb nicht selber. Als Sprachrohr hat er sich bei Goethe einen Eduard ausgeborgt; den läßt er als sein alter ego das Kino-Programm studieren und dabei auf ›Otto – Der neue Film‹ stoßen:

»Otto? Den kennt Eduard aus dem Fernsehen, die letzte Otto-Show und den ersten Otto-Film hat er glücklich vermieden, und auch der neue ›Otto‹ lockt ihn nicht …« Doch dann will Eduard etwas erleben und »macht einen Fehler. Er geht ins Kino. Zu Otto.«

Wäre Eduard nicht Andreas und hätte dieses Kilb seiner gespielten Verzweiflung nicht zeilengenau die abgesprochene Rezension abgepreßt – der ganze Vorgang gehörte in die Psychopathologie des Alltagslebens. Einer will Gurkensalat und auf keinen Fall Schokolade essen, findet dann aber eine Tafel Schokolade und frißt sie auf;

nachher ist ihm ganz schlecht, und er sehnt sich nach Gurkensalat – so etwas macht man als erwachsener Mensch gemeinhin mit sich selbst ab. Kilb aber veröffentlicht diesen peinlichen Vorgang nicht nur, er entblößt aller Öffentlichkeit stolz auch noch das, was der Kritiker gemeinhin gerne bedeckt hält: seine Unwissenheit.

»Botho Strauß? Den kennt Andreas vom Fernsehen. Das letzte Botho-Buch und das letzte Botho-Theaterstück hat er glücklich vermieden, und auch der neue Botho lockt ihn nicht« – dann aber geht er trotzdem in ›Die Fremdenführerin‹ und mopst sich drei Stunden lang und – doch, doch, doch: Ich bestehe auf der Botho-Otto-Parallele, da sie erschreckend schön deutlich macht, daß ein Komikkritiker auch in unseren Intelligenz-Blättern ungestraft all das sagen darf, was ihm als Ernstkritiker unweigerlich einen Rüffel vom zuständigen Ressortchef eingetragen hätte: »Guter Mann, wenn Sie nichts über Botho Strauß wissen und nichts von ihm wissen wollen – woher nehmen Sie dann die Gewißheit, irgendein Leser könne sich für Ihr gesammeltes Nichtwissen interessieren?!«

Arnd Schirmer und Andreas Kilb sind neu im O-Otto-Aufschrei-Gewerbe, Mathias Bröckers von der ›taz‹ ist ein Wiederholungstäter. 1985 räumte er noch ein, Otto sei »hervorragend unter den Didis und Supernasen des komischen Gewerbes. Noch hervorragend …« – 1987 sieht er die Unterschiede ganz anders: »Verglichen mit diesem Film ist jede Hallervorden-Grimasse eine komische Großtat, jede Klimbim-Klamotte ein dramaturgisches Meisterstück. Noch die 120. Prügelorgie von Bud Spencer ist herzerfrischender als Ottos Hampeleien« – alles Vergleiche, die ich für völlig haltlos halte, die jedoch durch das Recht auf eigene Meinungsäußerung gedeckt sind.

Seine Kritik an Ottos erstem Film hatte Bröckers mit den Worten geendet »Was wir brauchen, ist ein ostfriesischer Woody Allen, ein Nationalphilosoph, über den man lachen kann«, seine Kritik am zweiten schließt er mit dem Wunsch: »Wir brauchen keinen Doofmann der Nation, sondern einen komischen Rock'n Roller.« Wer selber nicht so recht weiß, was er will, sollte nicht erwarten, daß es ihm irgend jemand recht machen kann.

»Es ist schwer zu verstehen, wie man im Fachblatt ›Titanic‹ für ›Humor-Kritik‹ verantwortlich sein und gleichzeitig ein derartiges Debakel anrichten kann«, wundert sich Bröckers, hat die Erklärung dafür aber schon längst geliefert: »Die wider Erwarten Reichgewordenen« vom »Otto-Konzern« treibt die »Groschengeilheit«, und »wenn in ihren Film ›Otto Debil‹ nur halb so viele Idioten reinrennen, ist Reibach satt garantiert«. Das alles streift den Straftatbestand der verübelnden Nachrede und der Verächtlichmachung Anderslachender, zieht jedoch noch keine rote Karte nach sich. Die erhält Bröckers für ein so bösartiges wie unnötiges Foul, das von mutwilliger Verachtung auch der schlichtesten kritischen Anstandsregeln zeugt: Otto sei von seinen Mitspielern und Drehbuchautoren alleingelassen worden, schreibt Bröckers und fragt: »Wie hält man da eine Filmkomödie zusammen?«

»Otto hopst«, antwortet er, und nun kommt es: »Noch stolpert er nicht, oder fällt gar hin. Noch fliegen keine Torten und Suppenschüsseln. Das ist, so steht zu befürchten, dem Dritten, Achten, Letzten Film vorbehalten, wenn die Fertigsoup-Opera des Ersten und Zweiten auf Maggiwürfel-Format eingedampft und der Rest reine Materialschlacht ist – Humor-Pornographie.«

Kritik-Karikatur. Welche Fehler wir Drehbuchautoren beim Verfassen der Otto-Drehbücher auch immer gemacht haben mögen, stets haben wir uns an den kollegialen Rat von W. C. Fields gehalten: »Etwas zu verbiegen ist komischer als etwas zu zerbrechen.« Wenn in den Otto-Filmen keine Torten fliegen, keine Autos zu Schrott gefahren werden und keine Panzer in Damenunterbekleidungsabteilungen rattern, dann nicht deswegen, weil uns das nicht eingefallen wäre, sondern deswegen, weil uns so etwas nicht gefällt. Wir finden krachende Karambolagen und scherzhafte Schlägereien nun mal nicht komisch, daher wollten wir sie auch den Zuschauern nicht zumuten. Bröckers ist da einerseits weniger pingelig – »Noch die 120. Prügelorgie von Bud Spencer ist herzerfrischender als Ottos Hampeleien« –, andererseits haut er uns die »Materialschlacht« um die Ohren. Nicht die, die wir geschrieben haben, sondern die, die wir noch schreiben werden, Bröckers' Meinung nach zwangsläufig schreiben werden müssen, im Dritten, Achten, Letzten Film. Eine Meinung, die durch keinerlei Anschauung gedeckt wird. Im Zweiten Film wurde weit weniger Material geschlachtet als im Ersten – da hatten wir noch die Sequenz eines französischen Action-Filmes verwenden können, in welcher eine Boeing auf einem Flugzeugträger landete. Im zweiten Otto-Film geht so gut wie überhaupt nichts zu Bruch – wie kann da jemand, der noch Herr seiner Sinne ist, menetekelnd auf die Leinwand malen: »Der Rest ist reine Materialschlacht – Humor-Pornographie« …?!

Kritik sollte vom kritisierten Gegenstand handeln. Weder seine persönlichen, das Genre betreffenden Wünsche noch seine allgemeinen Befürchtungen für das weitere Fortkommen des Künstlers sollten dem Kritiker den Blick auf die drei schlichten Grundfragen aller Kritik verstellen – ich zitiere mit freundlicher Erlaubnis von Johann Wolfgang von Goethe –: »Was hat sich der Autor vorgesetzt? Ist dieser Vorsatz vernünftig und verständig? Und inwiefern ist es gelungen, ihn auszuführen?«

Ein so hohes wie selten erreichtes Ziel! Unter Kritikern der Hochkünste immerhin kein blasses Ideal mehr, sondern handfeste Richtschnur kritischen Handelns. Kein

Ernstkritiker ist mehr denkbar, der es wagte, ein kritisiertes Werk der ernsten Muse an der Elle einer normativen Ästhetik zu messen: Lyrik ist, wenn ... In den komischen Künsten aber wird das Werk nicht nur ungestraft nach dem bewertet, was der Rezensent zufällig so in seinem Hirnkastl hat (Schirmer), da darf er nicht nur ungerügt all das entleeren, was er so alles nicht in seinem Hirnkastl hat (Kilb), da nimmt er sich auch ungeniert die Freiheit, auf die Ausgeburten seines eigenen Hirnkastls einzuprügeln (Bröckers) – und das alles wird dann auch noch als Kritik verkauft. Echt bitter.

Einmal die gelbe, zweimal die rote Karte also, doch nun spätestens ist es an der Zeit, daß sich der rächende Komikkritiker-Kritiker schleunigst in einen dezidiert demütigen Komikkritiker zurückverwandelt. Weiß er doch: Welchen Stein auch immer er gegen andere Komikkritiker geworfen hat – er wird auf ihn zurückfallen. Welchen Stecken auch immer er zum Maßstab der Komikkritik erklärt hat – er selber wird an ihm gemessen werden. Wen immer er des Irrtums überführt hat, er wird ihn fragen können: »Und du? Du irrtest wohl nie?«

Tat ich natürlich, doch darum geht es hier nicht. Vielmehr darum: Als Komikproduzent habe ich es erleben müssen, daß gewisse Kreise bestimmten, von mir mitverantworteten Produkten jeglichen Dialog verweigerten.

Als Komikkritiker, als jemand also, der nur in eben diesem Dialog mit auch noch dem geringsten seiner komischen Brüder Sinn und Heil seiner Tätigkeit sieht, habe ich diese Verweigerung mit Betroffenheit und Trauer zur Kenntnis genommen.

Als Komikkritiker-Kritiker schließlich habe ich versucht, den Dialog mit den Dialogverweigerern aufzunehmen.

Sie haben aufgeschrien – ich habe zugehört. Sie haben mich beschimpft – ich habe sie berichtigt. Sie haben unterstellt – ich habe richtiggestellt. Sie haben verteufelt – ich habe verteufelt human reagiert. Sie haben gefehlt – ich habe ihnen verziehen. Ich fürchte, ich werde demnächst heiliggesprochen werden.

P.S. Am 1. August 1987 hatte ich mir diesen Ärger von der Seele geschrieben, zwei Tage später sah ich meine heiligmäßige Gelassenheit auf die bisher härteste Probe gestellt. Am 3. August veröffentlichte die ›taz‹ die folgende Nachricht, deren nicht genannter Verfasser mit Sicherheit Mathias Bröckers ist:

»Ein trauriger Rekord ist zu vermelden: Otto Waalkes zweiter Film ›Otto – der neue Film‹ ist nach Angaben der Tobis Film Berlin nach 15 Tagen bereits von drei Millionen Deutschen (welche Nation würde sich das noch zumuten?) gesehen worden. 5 % der Bevölkerung – für immer debil.«

Was geht in einem Kritikerkopf vor, der denjenigen, der seiner Kritik zuwiderhandelt, für – nein, nicht für »verführt« oder für »verwirrt«, sondern für unheilbar »debil« hält? Der so etwas nicht nur in einem Anfall von menschenfeindlicher Wut denkt, sondern auch noch hinschreibt? Der das nicht nur hinschreibt und im nächsten Moment entsetzt und schamerfüllt zerreißt, sondern in Druck gibt? Und was ist das für eine Zeitung, die die Worte eines derart Wütenden anstandslos und unkommentiert veröffentlicht?

Mir fallen dazu einige Antworten ein, doch die will ich allesamt für mich behalten. Mögen ›taz‹ und Bröckers noch so wüten, ich werde ihren Komikfasch- – aber nein! Kein Wort mehr, nur ein Satz noch: Ich weiß, ich werde dereinst heiliggesprochen werden.

SELBSTANZEIGE
oder: Prozeß in eigener Sache

Kritisieren ist einfach und schön, Kritisiertwerden ist einfach unschön. Besonders dann, wenn die Kritik zwar von der richtigen Seite kommt, die Kritisierenden aber völlig falsch liegen. Doch das wiederum ist eine jener Kritiker-Kritiken, die leicht dahingesagt und nur schwer zu begründen sind. Ich will es trotzdem versuchen. Schließlich geht es um ein höheres Gut als meine persönliche Ehre – so überpersönlichen Werten wie Satire, Ironie und Komik wird gleichermaßen der Prozeß gemacht. Mit welchem Ausgang? Darüber maße ich mir kein Urteil an. Denn das Hohe Gericht, verehrte Leserinnen und Leser, sind – – – Sie!

Freudige Überraschung bei allen Leserinnen und Lesern. »Wir sind das Hohe Gericht?!« – »Ja, wie finden wir denn das mal wieder?!« – »Super!«

DER STRAFTATBESTAND
Dreimal habe ich im Verlauf der letzten drei Jahre öffentliches Ärgernis erregt. Nein, eigentlich nicht ich, vielmehr zu Druck beförderte Darstellungen aus meiner Feder. Nein, eigentlich nicht so sehr Feder, sondern mehr Kreide, und einmal war überhaupt F. K. Waechter der Zeichner, und der hat den Pinsel benutzt, als er seine Frauenfeindlichkeit zu Papier brachte. Nein, eigentlich eher seine Frauenfreundlichkeit, der Waechter ist nämlich ein ebenso großer Frauenfreund wie ich ein Chinesenfreund bin, obgleich gerade das in kränkendster Weise in Abrede gestellt worden ist, denn, Hohes Gericht, man hat mir, Hohes Gericht, sogar vorgeworfen, daß ich – ja, Hohes Gericht?

– Wovon reden Sie eigentlich?

Ich? Das sollen Sie sogleich erfahren!

Jubel bei allen Leserinnen und Lesern. »Wir werden es erfahren?« – »Ja, ist denn das die Möglichkeit!« – »Spitze!«

VORGEBLICHES SCHULDBEKENNTNIS

Jawohl, Hohes Gericht, ich habe dazu beigetragen, Frauen »tief zu beleidigen«, und ich habe »in bester Stürmermanier« »sprachliche Besonderheiten der Chinesen« karikiert. Ferner gestehe ich, daß ich durch »hochgradig menschenverachtende Satire« »ausländerfeindliche Tendenzen mit der Waffe des Humors versteckt« habe – was mir freilich nicht gelungen zu sein scheint, da mir diese Tendenzen ja sonst nicht um die Ohren hätten geschlagen werden können. Dabei, Hohes Gericht, kann ich Ihnen jederzeit den Beweis dafür liefern, daß ich, Hohes Gericht – ja, Hohes Gericht?

– Könnten Sie nicht wenigstens einen dieser Fälle so darstellen, daß wir uns ein Bild von den inkriminierten Vorfällen machen können?

Aber gern! Am besten beginne ich wohl mit dem ersten Fall.

Umarmungen zwischen Leserinnen und Lesern. »Er beginnt mit dem ersten Fall!« – »Darauf muß man erst mal kommen!« – »Welch ein Teufelskerl!«

DER ERSTE FALL

Im März 1984 berichtete die auflagenstarke Schweizer Zeitschrift ›Der schweizerische Beobachter‹ in ihrer Rubrik ›Beobachter aktuell‹ über »Frauenfeindliche Kleber«: »Silvia M. konnte ihren Augen nicht trauen: Als sie am Kiosk einer Tankstelle in Suhr eine Kleinigkeit kaufen wollte, stieß sie auf eine Kollektion frauenfeindlicher

Aufkleber, die sie in ihrer Würde als Frau tief beleidigten: eine unbekleidete Frau« – Aber, Hohes Gericht, sehen Sie selbst:

»Man braucht in keiner Frauengruppe – und nicht einmal Frau zu sein«, kommentiert der ›Beobachter‹, »um sich von dieser Aussage betroffen zu fühlen: Hinter dem Kleber steht jene Menschenverachtung, die sich von jeher in einem Herren-Knecht-Denken geäußert und im Dritten Reich in der Vernichtung von sechs Millionen Andersrassigen ihren schrecklichsten Ausdruck gefunden hat« – auf den ersten, wenn auch nicht allzu klaren Blick scheint das alles rundum plausibel, stimmt aber auf den zweiten hinten und vorne nicht. Nicht Menschenverachtung steht hinter dem Kleber, dahinter stehen vielmehr ›Titanic‹, F. K. Waechter und ich, und das kam so: Wir, die ›Titanic‹-Mitarbeiter, planten für das Oktoberheft 1980 einen Beitrag, welcher schlimme, leider stets virulente, frauenfeindliche Männerphantasien aufs schärfste geißeln sollte; ich, der gelernte Visualizer, brachte diese, vom sich gerade anbahnenden Wende-Klima neu entflammten Tendenzen auf jenen – das zumindest glaubte ich – vollkommen überzogenen Punkt, an welchem sie zur Kenntlichkeit entstellt wurden; und F. K. Waechters stets einfallsreicher Pinsel wählte für die Ausführung jene bewußt grobe Comic-Manier, welche die Plattheit der verbalen Behauptung noch durch die Plumpheit der graphischen Mittel steigerte, um sie somit vollends der Lächerlichkeit zu überführen – dachten wir zumindest:

Gar nicht so falsch gedacht, denn vier Jahre lang regte sich kein Widerspruch. Erst die Firma ›Bobo-Kleber‹ aus Biberstein brachte den Stein des Anstoßes ins Rollen und den ›Beobachter‹ zum Grollen, als er das hochkritische Motiv ohne ›Titanic‹-Schriftzug, ohne Unterzeile und natürlich auch ohne unsere Genehmigung zum Kleber herabwürdigte. Zum nun eindeutig frauenfeindlichen und tiefbeleidigenden Kleber, welcher von Rechts wegen – aber bin ich nicht zu vorschnell? Kein Pardon für den kriminellen Bobo-Versand! Doch hätte frau/man den Kleber – Bobo hin, Bobo her – nicht auch anders sehen können? Als derart übertriebene Darstellung derart überdrehter Männerwünsche, daß sie nicht kränkend, sondern einfach lachhaft wirken und Lachen bewirken mußte – sei es nun ein die Satire durchschauendes Lachen oder eines, das, den vermeintlichen Ungeist für bare

Münze nehmend, ihn seiner offenkundigen Stumpfheit und Dumpfheit wegen verlachte? Hohes Gericht, ich will Ihrem Urteilsspruch nicht vorgreifen! Bevor Sie nicht auch die anderen beiden Fälle kennen, den zweiten und den dritten, können Sie, Hohes Gericht, nur sehr begrenzt – ja, Hohes Gericht?

– Dann berichten Sie doch mal den zweiten Fall!

Ich ziehe es mit Verlaub vor, den dritten voranzustellen!

Fassungsloses Staunen bei Leserinnen und Lesern. »Er stellt den dritten voran!« – »Vor den zweiten!« – »Einfach einzigartig!«

DER DRITTE FALL

Er liegt noch nicht lange zurück, beginnt jedoch recht eigentlich im Jahre 1987. Von allen Seiten wurde damals den in der BRD lebenden Ausländern das Leben schwergemacht, von oben durch Gesetze, von unten durch Parolen und Türkenwitze. Dazu wollte ich mich in ›Titanic‹ äußern, und auch diesmal vertraute ich darauf, daß satirische Übertreibung das Widerwärtige dieses Gebräus besser sinnfällig machen könne als der Klartext. Ich zeichnete die vorgeblichen Witzseiten ›Ausländer vergraulen – aber mit Humor‹, baute jedoch einige Verständnishilfen ein. Die Zeichnungen wurden einem erfundenen, volkstümlichen Zeichner namens Paul Päng zugeschrieben, einer ausgesprochenen Schießbudenfigur, und der Vorspann ließ keinen Zweifel daran, daß nicht Ausländerfeindlichkeit, sondern Ausländerfeindlichkeit-Feindlichkeit Sinn und Zweck der humorkritischen Übung war: »Vier von fünf Bürgern der Bundesrepublik sind laut Allensbach der Meinung, daß bei uns zu viele Ausländer wohnen. Ihr Kanzler ist der gleichen Auffassung: ›Es war ein Fehler, so viele Ausländer ins Land zu lassen.‹ Das Bundeskabinett handelte: Einstimmig beschloß es Empfehlungen an die Bundesländer, die den weiteren Zuzug von Familienangehörigen der hier bereits lebenden Ausländer drosseln sollen. Der Bundesbürger jedoch beschränkt sich darauf herumzumaulen, anstatt selber etwas gegen die unerwünschten Mitbürger zu tun. Dabei könnte auch er ihnen zu verstehen geben, daß unsere Wirtschaft sie nicht mehr in dem Maße braucht wie bisher. Nicht mit ausländerfeindlichen Parolen oder Taten – die heben wir uns mal lieber für später auf –, nein, mit der Waffe des Humors sollte jeder von uns dort gegen die Ausländerflut ankämpfen, wo er mit ihr konfrontiert wird.

Wie das gemacht wird, zeigt Paul Päng.«

Worauf sechs Zeichnungen folgten, auf welchen nicht-karikierte Ausländer von derb karikierten deutschen Witzfiguren verspottet werden, ein Spott, welcher, ganz klar, wider die Spottenden zeugt. Ganz klar? Die ›Titanic‹-Leser von 1982 jedenfalls schienen begriffen zu haben, daß der Beitrag einheimischenkritisch und nicht ausländerfeindlich gemeint gewesen war; ich weiß von keinen Protesten. Auch als der Beitrag 1984 in meiner Satirensammlung ›Letzte Ölung‹ erschien, blieb alles ruhig. Und selbst als eine Verkettung unglücklicher Umstände dazu führte, daß das Ganze ausgerechnet im Heyne-Taschenbuch ›Nonsens-Festival‹ abermals abgedruckt wurde, krähte noch immer kein Hahn danach. Dann aber! Am 21. 2. 1987 brachte die ›Frankfurter Rundschau‹ auf ihrer allsonnabendlichen ›Spaß – Satire – Humor‹-Seite zwei der sechs Zeichnungen samt Einleitung, und am 6. 3. mußte sie tätige Reue üben:

›Mißverständnis‹ war der Vorspann überschrieben, »Satire ist ein schwieriges Geschäft«, begann er. »Hier sollte mit Mitteln der Satire miserable Stammtisch-Mentalität vorgeführt und angeprangert werden«, plädierte er, leider sei das nicht verstanden worden, resignierte er: »Wir veröffentlichen im folgenden Auszüge aus Briefen von Lesern, die eine andere Meinung vertreten.« Briefe? Aufschreie! Neunmal flammende Empörung, die sich vor allem an dieser Zeichnung hier entzündet hatte:

»Jawohl, Herr Bimbo, wir haben Arbeit für Sie –
als Schwarzfahrer!«

»Als schwarze Deutsche bin ich entsetzt über Ihren Buchtip und die Abbildungen einschließlich des zitierten Textes. Ganz klar zu erkennen, daß den weißen Bundesbürgern die Angst vor der sogenannten ›Ausländerflut‹ genommen werden soll und ihnen hierzu ›humoristische‹ Tips auf Kosten von Menschen aus anderen Kulturkreisen gegeben werden ... Das unsensible Verhalten betrachte ich einmal als persönliche Beleidigung, nicht nur, weil das Wort Bimbo (eines der übelsten rassistischen Wörter überhaupt) nachgedruckt wurde, sondern weil auch ein Weg gefunden worden ist, wie man Rassismus verpackt und diesen auch noch als Tip verbreitet«, schreibt Vera Holzhauser aus Mainz.

»Ich als schwarze Deutsche bin empört, daß die FR skrupellose Bimbo- und Türkenwitze präsentiert«, schreibt Eleonore Wiedenroth aus Wiesbaden.

»Unverständnis«, »Schande«, »Totalausfall«, »Bestürzung« – so schallt es auch aus den Briefen nichtschwarzer Deutscher, ein Bürgerzorn, der Züge einer Bürgerinitiative anzunehmen vermochte: Acht Unterzeichner meldeten sich aus dem Reformierten Studienhaus in Göttingen zu Wort und beklagten die »Verharmlosung des Fremdenhasses«.

Doch warum beklage ich mich eigentlich? Angeklagt in all diesen Briefen ist doch die ›Frankfurter Rundschau‹. Nur einmal wird der vorgebliche Zeichner Paul Päng als »Hohlkopf« bezeichnet, keinmal geht es mir ans Leder – einfach deshalb, weil die FR meine Autorenschaft glatt unterschlagen hat. Nochmals: Was rege ich mich so auf?

Nun: Erstens finde ich gerade diesen Vorgang beklagenswert. Den Paul Päng hatte ich ja nur ins Feld geführt, um das üble Witzblatt-Niveau der folgenden Zeichnungen anzuzeigen, nicht, um mich hinter ihm zu verbergen. Die FR hätte meinen in der Vorlage ausgedruckten Namen also nicht nur ruhig nennen können, sondern unbedingt angeben müssen – richtig verteidigen kann sich nur der, der auch so richtig persönlich angegriffen wird.

Zweitens lese ich die geballte Entladung all der persönlichen Betroffenheit, all der gutgemeinten Empörung, all des ehrenwerten Zorns mit sehr gemischten Gefühlen.

Das alles kommt mir derart blind und wütend vor, daß ich es als blindwütig bezeichnen möchte. Da genügt offenbar ein – natürlich bewußt und in bewußt kritischer Absicht plaziertes – Reizwort wie »Bimbo«, um allüberall all das scheinbar aufgeklärte Bewußtsein nach dem Muster des Pawlowschen Reflexes losbellen zu lassen, ohne daß die Gereizten dazu fähig sind, auch nur einen Gedanken daran zu verschwenden, ob nicht Scherz, Satire oder Ironie eine, wenn nicht tiefere, so doch andere Bedeutung des Gelesenen zulassen könnten. Da wird sogar der selbstverordnete Gedankenstop als humane Leistung gefeiert: »Der im Kasten gesetzte Beitrag ›Ausländer vergraulen‹ ist mir in die falsche Kehle geraten«, schreibt Gotthold Hummer aus Coburg. »Ich halte diese Satire für hochgradig menschenverachtend … Die Bilder und Sprüche bleiben haften. Ich protestiere gegen Beispiele dieser Art, und mögen sie noch so hintersinnig gedacht sein. Da hört bei mir der Humor auf.«

Bei mir auch, möchte ich Herrn Hummer zurufen, auch bei mir! Denn offenbar hat der ja was vom Hintersinn der Zeichnungen geahnt, freilich nur, um noch trotziger auf seiner vorgefaßten Meinung zu bestehen. Weshalb eigentlich? Das, Hohes Gericht, möchte ich vorerst dahingestellt sein lassen. Tatsache aber ist, Hohes Gericht, daß es immer wieder Männer wie Herr Hummer waren, die, Hohes Gericht – ja, Hohes Gericht?

– Gegen wen wird hier eigentlich verhandelt? Gegen Herrn Hummer oder gegen Sie?

Gegen mich immer noch! Doch man schlägt den Sack und meint den Esel! Der Esel aber heißt Komik! Das wird der zweite Fall, den ich gleich schildern werde, einwandfrei belegen!

Jubelchor der Leserinnen und Leser: »Es schallt ein Ruf wie Donnerhall / Gleich hören wir den zweiten Fall!«

Er ereignete sich im Jahre 1984, und er ist sicherlich der zugleich heikelste und erhellendste. Ging es in den anderen Fällen darum, daß Werke meiner Einbildungskraft auch dadurch ins Zwielicht geraten waren, weil sie an unvermutetem Ort, verstümmelt und ohne Verfasserangabe auftauchten, so kann diesmal von alldem nicht die Rede sein. Seit 1978 zeichnete und schrieb ich fürs ›Zeitmagazin‹ und für die Seite ›Hier spricht der Dichter‹; ich war also – zumindest in diesem Umfeld – kein Unbekannter mehr, als das ›Zeitmagazin‹ mein Werk ›Chines und Has – ein Vergleich‹ veröffentlichte, und dennoch sah ich mich unvermutet den übelsten – doch vielleicht sollte ich erst einmal das Werk selber zu Wort kommen lassen. Es handelt sich dabei um ein Acht-Bilder-Gedicht, das mit den Zeilen beginnt »Der Chines spielt leicht ins Gelbe / Von Chinas Hasen gilt dasselbe«, und sodann folgende Behauptungen aufstellt:

Der Chines schaut gern verschlagen

Das kann man auch vom Hasen sagen.

Ein Ladi!

Der Chines, der packt kein ‚R‘

Oh, Ladieschen!

Der Hase noch viel weniger.

um schließlich mit den Zeilen zu enden: »Del Chines velzielt die Vase / Del Hase schlummelt geln im Glase«. (Natürlich zeigt ihn die Zeichnung im Grase.)

Ein Nonsens-Gedicht, wenn man so will, jedenfalls kein satirisches. Also auch keine Satire auf chinesenfeindliche Witze – da wird lediglich ein herzlich unsinniger Vergleich angestellt und mit nonsens-typischem Reimzwang und Systemwahn durchgezogen. Da werden landläufige Meinungen über den Chinesen angetippt, doch nicht, um sie zu entlarven – zuviel der Ehre! –, sondern um mit ihnen zu spielen: Die stete Parallel-Aktion des Hasen überführt auch noch den letzten Rest an Wirklichkeit, der dem Chinesen anhaften mag, in Schnirklichkeit – aber ich verteidige mich bereits, ohne daß doch die Ankläger zu Wort gekommen wären.

»Auf der Seite 20 des beiliegenden Zeitmagazins findet sich der komisch sein sollende Vergleich Chines und Has«, schreibt Dr. Werner Schubert aus Heidelberg. »Nicht genug, daß hier ein Angehöriger einer fremden Nation auf geschmacklose Weise mit einem Tier verglichen wird; nein: In bester Stürmer-Manier finden wir als drittes Bild einen zähnebleckenden Chinesen mit zusammengekniffenen Augen« – welch schlimmer Hammer, dies »in bester Stürmer-Manier«! Drei Worte, die mittlerweile zusammengehören wie »freiheitlich demokratische Grundordnung«, die ebenso leiernd heruntergebetet und ebenso gedankenlos immer dann eingesetzt werden, wenn mal wieder jemand ausgegrenzt werden soll: Hie ich (gut, demokratisch, tolerant), dort der andere (ä bäh).

»›Chines und Has – ein Vergleich‹ hat uns sehr befremdet«, schreiben Beate Meinck und Wolfgang Wenzel aus Saarbrücken. »Ausländer und Nagetier auf einer Stufe? Der Gipfel der Unverschämtheit liegt in der durch eine Zeichnung unterstützten Behauptung, daß der chinesische Mensch ›gern verschlagen‹ schaut. Da wird einem Volk eine Charaktereigenschaft angedichtet, die jeder Grundlage entbehrt – wir bitten um Stellungnahme.«

Bitte sehr. Ich könnte mich an Einzelheiten klammern. Zu bedenken geben, daß die altehrwürdige Technik der Mensch-Tier-Gleichsetzung einerseits seit Jahrtausenden für viel fabelhafte, märchenhafte und bildhafte Belehrung und Belustigung gesorgt hat, andererseits trotz dieser Verdienste von mir ad absurdum geführt worden ist.

Einwenden, daß ich vom chinesischen Menschen keineswegs gesagt habe, daß er verschlagen ist, sondern daß er gern verschlagen schaut – was man ebensowenig als Charaktereigenschaft bezeichnen kann wie das Dummstellen oder das Weghören.

Aber ob meine Worte die Adressaten überhaupt erreichen würden? Schreien die nicht deshalb so auf, weil sie nicht dazu in der Lage sind, uneigentliches von eigentlichem Sprechen zu unterscheiden? So, wie Kinder lauthals das Kasperle warnen, da sie es in wirklicher Gefahr sehen? So, wie Erwachsene, die den Sinn- und Formzusammenhang »Märchen« nicht mehr begreifen, bei der Lektüre fortwährend »Lüge, Lüge« denken?

Doch ich will nicht mehr Verständnis als nötig heucheln. Auch nicht heiter über all die Beschimpfungen hinweggehen. Denn eigentlich ist das alles ja sehr traurig: Da streitet man nun seit 25 Jahren als Verdienter Satiriker des Volkes für das Gute und gegen das Böse – doch wer schlägt einem die Begriffe »Unverschämtheit« und »Geschmacklosigkeit« um die Ohren? Nicht die bösen Rechten, sondern die guten Linken. Da laufen durch mich so gestandene und über jeden Zweifel erhabene Flaggschiffe des Wackertums und Gutdenkens wie die FR und das ›Zeitmagazin‹ Gefahr, von ihren noch wackereren und noch gutdenkenderen Lesern der bösschlimmen Kursabweichung überführt zu werden. Ja, da kann man sich doch eigentlich nur einfach hinlegen und bitterlich weinen über so viel brummenden Unverstand und derart auftrumpfende Selbstgerechtigkeit.

Wobei wir uns noch immer im Vorhof des unübersichtlichen Komikproblem-Komplexes befinden. Wo es eigentlich weitergehen müßte, deutet ein Ausspruch des Amerikaners, Komikers und Juden Mel Brooks an: »Ich kann alles über jeden sagen. Ich kann jeden Schwarzen, jeden Juden, eigentlich jeden auslachen ... Ich bedrohe alle Dogmen ... Ich bin hinter allen her ... Wir können die Blinden nicht auslassen, sie leiden wie die Sehenden. Geht es um Komik, kriegt jeder was ab ...«

Ich weiß, die Verhältnisse hierzulande, die sind nicht so, noch nicht, und vielleicht werden sie es nie sein. Ich weiß auch, daß nicht nur ich Mißverständnissen und falschen Anschuldigungen ausgesetzt bin, jeder ›Titanic‹-Mitarbeiter, jeder Redakteur kann davon zwei, drei, viele Lieder singen. Aber, Hohes Gericht, mein Plädoyer ist ohnehin etwas breit geraten, nicht meinetwegen, Hohes Gericht, der Sache wegen, doch nun, Hohes Gericht – ja, Hohes Gericht?

– Meinen Sie eigentlich, daß wir hier unsere Zeit gestohlen haben?

Oh – das müßte ein gesondertes Verfahren klären! Erst einmal aber bitte ich darum, darüber zu befinden, ob und welcher Verfehlungen *ich* mich schuldig gemacht habe!

Die Leserinnen und Leser ziehen sich zur Beratung zurück:
»Bist du auch so hungrig?« – »Gibt's eigentlich was zu trinken?« – »War hier nicht irgendwo ein Hinterausgang?«

Zuerst in ›Titanic‹ 5/87

III. KRITIK DER KOMIK

Das Lachen entspringt der Vorstellung der eigenen Überlegenheit. Eine satanische Idee, wenn es
je eine gab! Hoffart und Aberwitz! Ist es doch all-
bekannt, daß die Vorstellung der eigenen Überlegenheit bei allen Insassen der Narrenhäuser ins
Maßlose entwickelt ist. Mir sind noch keine Narren der Demut bekannt geworden.

CHARLES BAUDELAIRE

VORBEMERKUNG ZU DEM
›VERSUCH EINER ANNÄHERUNG AN
EINE FELDTHEORIE DER KOMIK‹

Nichts komischer als eine Theorie des Komischen – wer zu diesen Worten auch nur andeutungsweise mit dem Kopf genickt hat, ist bereits gerichtet. Natürlich ist selbst ein schlechter Witz komischer als eine solche Theorie, und ein guter ist dies sowieso, der hier z. B.:

Die verbindliche Pensionswirtin, während sie dem Gast den Morgenkaffee eingießt: »Sieht nach Regen aus.«

Der verbindliche Gast: »Aber wenn man dann genau hinschaut, ist es doch Kaffee.«

Nichts trister als jene Gemeinplätze über das Komische, die sich den Anschein hemdsärmliger Unangepaßtheit geben – stimmt zwar immer noch nicht ganz, kommt der Sache aber schon näher. Daß nichts komischer sei als eine Theorie des Komischen, daß das Leichte des Deutschen Sache nicht sei, daß gerade das Leichte das Schwerste sei, daß Lachen nicht gleich Lachen sei und das, welches einem im Halse steckenbleibe, das wertvollste – all das gehört seit Jahrzehnten zum Standardrepertoire wohlmeinender Kulturträger und wird doch immer noch so vorgetragen, als verdanke es sich jäher Erleuchtung: »Ich will jetzt mal etwas ganz Ketzerisches sagen: Gerade das Leichte …«

Da sind mir die Verächter des Komischen und der Komik schon lieber. So wie der Asket, welcher eifernd zur Abtötung der Begierde aufruft, weit mehr von ihr weiß und ihr weit angemesseneren Respekt bezeugt als der Briefkastenonkel, welcher kriselnden Paaren den kalkulierten Seitensprung oder die dosierte Perversion empfiehlt, so läßt der Eifer, den mancher Ernstmacher wider das Komische wendet, noch etwas von dem Skandal ahnen, den der erste Komiker der Menschheitsgeschichte ausgelöst haben muß:

In einer Höhle der sehr frühen Steinzeit versammelt sich die Horde unter Führung des Häuptlings um den Schamanen, welcher sich feierlich daran macht, den alljährlich fälligen Jagdzauber dadurch zu vollziehen, daß er mit ausgebreiteten Armen vor der Höhlenmalerei einer Wildkuh niederkniet.

Schamane: Kuh, du schnelle, schöne, nahrhafte, höre uns an!
Alle: Mit deinen großen Ohren!

In der letzten Reihe der Horde läßt einer einen fahren. Der Blick des Häuptlings schweift prüfend über die Hordenmitglieder.

Schamane: Kuh, du weißt, wer vor dir steht, dein Volk, der Stamm der Kuhmenschen. Und wir alle rufen dir zu:

Bevor die Horde antworten kann, läßt der geheimnisvolle Puper wieder einen fahren. Gekicher wird laut. Häuptling und Schamane mustern aufmerksam die Gesichter der Versammelten.

Schamane: Kuh! Wir haben deine Kinder gejagt, getötet und verspeist. Aber wisse, Kuh, wir taten all dies nur, weil du, Kuh, mir im Schlafe erschienen bist und folgendes zu mir und deinem Volke gesagt hast:

Ein dritter Furz, der unverkennbar das Muhen einer Kuh nachahmt. Unverstelltes Gelächter. Der Schamane steht wütend auf und wechselt einige Worte mit dem Häuptling. Darauf bahnt der sich einen Weg durch die Horde und tritt ohne zu zögern vor den, der als einziger ernst geblieben ist, Bobo, den Buckligen.

Häuptling: Bobo, wenn du noch einmal einen fahren läßt, dann erschlage ich dich auf der Stelle mit diesem Feuerstein.

Bobo läßt wieder einen fahren und blickt sich in gespielter Entrüstung um.

Bobo: Wer fahr das?

Riesengelächter. Der Häuptling erschlägt Bobo. Als er schweigend zum Schamanen zurückkehrt, glaubt er, hinter sich ein leises Pupen zu hören. Rasch wendet er sich um, doch wohin er auch blickt, sieht er gesammelte Mienen und ehrfürchtig gesenkte Köpfe. Oder sind sie nur deshalb so tief gebeugt, weil sich der eine oder andere ein Lachen verbeißen muß? Für einen Moment zögert der Häuptling, dann bedeutet er dem Schamanen mit einem barschen Handzeichen fortzufahren, worauf der seinen Zauber ohne weiteren Zwischenfall zu Ende bringt. Nachts freilich, als sich die Horde in die Felle gewickelt hat und die Fackeln der Wachen nur noch gedämpft blaken, da will das Gepupe und Gekicher schier kein Ende nehmen, ja selbst auf das »Ruhe verdammt noch mal!« des Häuptlings ertönt ein wie von Kinderstimme gepiepstes »Wer fahr das?«, und wieder brandet das Gelächter mächtig auf...

Urkomisch, doch der Urernst hat ein langes Gedächtnis. Bis auf den heutigen Tag liegt er mit der Urkomik in Fehde. Zwar hat er sie nicht ausrotten können, doch zeugen die vielen herabsetzenden Begriffe für Komisches von der Verbissenheit, mit welcher der Ernst den Kampf geführt hat und führt:

Witz. Witzeln. Witzelei. Gewitzel. Witzbold. Witzfigur. Witzblatt.

Blöd. Blödeln. Blödsinn. Blödsinn hoch zwei. Höherer Blödsinn. Blödelei. Blödel. Blödelbarde.

Dem haben die Verfechter des Komischen wenig entgegenzusetzen. Weil es ihnen die Sprache verschlagen hat?

Ernst. Tierischer Ernst. Bierernst.

Aber nicht: Ernsteln. Ernstelei. Ernstel. Geernstel. Ernstbold. Ernstfigur. Und schon gar nicht: Das Ernstblatt.

Wahrscheinlich sind die Gründe für die Zurückhaltung der Herabgesetzten darin zu suchen, daß sie selbst seit Urzeiten keine allzu hohe Meinung von sich haben. Daß die Angst und der Respekt, die ihnen in der Urhorde vor dem Häuptling und dem Schamanen eingebleut worden sind – vor dem Gesetz und den Göttern also –, sie bis auf den heutigen Tag nicht verlassen haben. Daß sie zudem wissen, wie sehr sie die da oben brauchen, da die erst die ihrem Witz nötige Fallhöhe schaffen, während sie da unten denen da oben lediglich auf den Nerv gehen. Haben die Komiker nicht etwas von Kötern oder Aasgeiern? Von schamlosen Schmarotzern, die, tausendmal verscheucht, sich immer wieder dort einfinden, wo sie Macht und Kraft, Sinn und Glanz, Ernst und Kult wittern, um entweder begierig das Kraftlose, Sinnlose, und Lästerliche auszuspähen und es niederer Lächerlichkeit preiszugeben oder aber um – Gott sei's geklagt! – mit den Oberen gemeinsame Sache gegen die Unteren zu machen, indem sie ihren Witz für allerlei besänftigenden Unernst zur Verfügung stellen, welcher doch die Lachenden lediglich mit dem Ernst des Lebens versöhnen und für ihn kräftigen soll, ganz gleich, worüber sie lachen, ob es sich nun um einen Bunten Höhlenabend, ein Mittelalterliches Fastnachtsspiel oder ein Modernes Telequiz handelt.

Doch so zahlreich und einleuchtend die Gründe sind, Komik, Komisches und Komiker zu verachten – erst recht verächtlich sind die Argumente, welche von ihren Verteidigern angeführt und gern in dem Kernsatz zusammengefaßt werden, daß Lachen die beste Medizin sei. Verächtlich, da diesem therapeutischen Kalenderspruch auch noch der Schatten einer Ahnung fehlt von einem Witz, welcher dich schier zerreißt, und nicht nur dich, sondern auch die Ordnung, in welche du scheinbar unauflöslich eingebunden bist. Wie achtbar dagegen der Psalmist, der den Witz dadurch ehrt, daß er nichts Eiligeres zu tun hat, als bereits im ersten Vers seines ersten Psalms vor den Witzigen zu warnen:

Wohl dem, der nicht wandelt im Rat der Gottlosen/ noch tritt auf den Weg der Sünder / noch sitzt, da die Spötter sitzen / sondern hat Lust zum Gesetz des HErrn.

»Noch sitzt, da die Spötter sitzen« – wo aber dann? Wo ist der angemessene Platz für den Komiktheoretiker? Sicherlich nicht dort, wo die Gesetzgeber, die Religionsstifter und die Systembauer Platz genommen haben. Sosehr er sich auch beim Nachdenken über Komisches vom komischen Tun entfernt haben mag, nie wird er so weit gehen, das Komische durch die Brille derer zu sehen, die es bis auf den heutigen Tag verketzern, verteufeln und verfolgen, wobei sie zu immer neuen Lügen greifen wie der, Wahrheit und Werte seien weltweit ernsthaft durch Witz und Komik bedroht, Beweis: die Fernsehunterhaltung – »Wir amüsieren uns zu Tode« –, wo die doch in der Regel weder witzig noch komisch ist, sondern lediglich unernst, und wo doch feststeht, daß das Komische zu keiner Zeit und in keiner Kultur der Menschheitsgeschichte auch nur mit einem Nebensatz dort zu Wort gekommen ist, wo seit alters nun wirklich die Weichen ins Verderben gestellt werden, in all den Heiligen Schriften nämlich und all den Gesetzestexten, all den Heldensagen und all den Speisevorschriften, all den Besteuerungssystemen und all den Weltbildern. Zu deren Schöpfern, zu all diesen Männern von Gesetz und Ordnung also, wird sich der Komiktheoretiker gewiß nicht setzen; und ganz bestimmt wird das Ergebnis seiner Überlegungen kein weiterer Gesetzestext sein, welcher einer ohnehin schon unter der Last der Schriften stöhnenden Menschheit nun auch noch aufgeladen wird: Komik ist, wenn erstens …

Wohin aber dann mit den beiden, mit dem Theoretiker und mit seinen Theorien? Auf die Bank der Spötter? Nein, und das aus gleich zwei Gründen: Erstens ist dieser Platz den Praktikern vorbehalten, der Reflektierende aber sollte sich nicht anbiedernd zu ihnen, sondern sich furchtlos ihrem Spott aussetzen. Und er sollte, zweitens, überhaupt nirgendwo sitzen – auch nicht zwischen den Stühlen –, sondern sich bewegen, wenn auch nur in Gedanken. Die Recherche sollte ihm wichtiger sein als der Fund, die Bewegung des Denkens wichtiger als das Ziel, selbst gewisse Gedankensprünge wird er nicht nur in Kauf nehmen, sondern begrüßen, hofft er doch, daß die das weite Feld des Komischen besser auszumessen in der Lage seien, als es das behagliche Fürbaß des gemächlichen Gedankenganges vermöchte. Also wird der Komiktheoretiker – doch spätestens hier sollte ich mich kurzfristig aus den Gefilden luftiger – windiger? – Abstraktion auf den Boden der Tatsachen abseilen und dem Leser mit dürren Worten mitteilen, worum es sich bei den nun folgenden Aufzeichnungen eigentlich handelt.

Seit etwa zehn Jahren führe ich, wo ich gehe und stehe, Heft und Stift bei mir, zwischen 1982 und 1985 häufen sich in diesen Heften Notizen zum Thema Komik. Obwohl ungeordnet und unverbunden – meist fehlte mir die Möglichkeit, die vorhergehende Notiz noch einmal nachzulesen, da das Heft nicht zur Hand war –, werden diese Aufzeichnungen nicht nur durch das Thema zusammengehalten, sie drängen auch – je länger, je mehr – darauf, das komische Werk, ja die gesamte Komik in einen größeren Zusammenhang zu stellen, in ein derart erweitertes Feld, daß der Begriff »Feldtheorie« im nachhinein nicht zu weit gefaßt bzw. zu hoch gegriffen erscheint. Doch sind das Bewertungen, die ich lieber dem Leser überlassen sollte, zumal sie den ursprünglichen Zwecken dieser Vorbemerkung völlig zuwider laufen: Hatte ich doch meine Ware keineswegs anpreisen, sondern dezent vor ihr warnen wollen. Erwarte bitte keiner mehr als komisches Kraut und nur mäßig redigierte Rüben, allerdings in Herzblut eingelegt und auf der Flamme heißesten Erkenntnisstrebens gegart.

VERSUCH EINER ANNÄHERUNG AN EINE FELDTHEORIE DER KOMIK

Komikprägungen. Überlebt ein komischer Künstler, lebt er sehr hartnäckig weiter, siehe, im deutschen Sprachraum, Busch, Morgenstern, Ringelnatz, Valentin, Tucholsky. Im Busch- wie im Valentin-Jahr gab es Hunderte von Gedenkartikeln und Gedenksendungen, aktuelle Komik dagegen wird nur sehr zögernd zur Kenntnis genommen, sofern es sich nicht um erfolgreiche Filme handelt. Wie kommt das?

Ich vermute, daß komische Prägungen sehr früh stattfinden und sehr hartnäckig sind. Zwei Gründe: Der junge Mensch ist ein recht unbedingter Lustsucher; auch ist er ein noch unbeschriebenes Blatt, um so nachdrücklicher prägen sich ihm komische Erlebnisse ein. Wenn der Ernst des Lebens beginnt, nehmen die Bereitschaft und die Fähigkeit ab, sich derart verführen und beeindrucken zu lassen. Das Interesse am Komischen versiegt, das am Ernsten wächst, zum Schluß wird der Mensch weise, weinerlich und religiös. Zugleich aber wächst der Wunsch, der einst eindeutig lustbetonten komischen Prägung einen Wert über die Lust am Komischen, über das Nur-Lachen hinaus zu gehen. Also wird der sittliche Wert der Komik und der ästhetische Rang der Komiker betont, das Lustmoment aber abgewertet: Wilhelm Busch wird zum Weisen von Wiedensahl stilisiert, rühmend werden seine Schopenhauer-Lektüre und seine Malerei hervorgehoben. Morgenstern, so hört man, war vor allem ein ernstzunehmender Dichter. Ringelnatz wird zu einem lächelnden, zutiefst menschlichen Philosophen stilisiert, Valentin zu einem der wichtigsten Dramatiker dieses Jahrhunderts. Das alles ist nicht aus der Luft gegriffen und dennoch unwahr, wenn nicht verlogen. Überlebt haben sie alle, ihre Gedenktage feiern wir deshalb, weil sie komisch waren. Sie leben deshalb weiter, weil sie immer noch komisch sind.

Anstatt sie dadurch zu adeln, daß man sie mit den großen Ernstmachern in eine Reihe stellt und konkurrieren läßt, eine Konkurrenz, bei der sie zwangsläufig den kürzeren ziehen müssen – daher dann dieses Schulterklopfen, diese letztlich immer herablassende Haltung dem Komiker gegenüber –, muß darauf gedrungen werden, daß große Komiker deshalb groß waren und sind, weil sie große Komik produziert haben und nicht Weisheit im komischen Gewande (Ringelnatz) oder hohe Zeichenkunst (Busch) oder hohe Sprachkunst (Morgenstern) – gewichtige Werke also, die wie zufällig auch komische Wirkungen erzeugt haben. Das Komische dieser Werke war immer beabsichtigt. Der Wunsch, Komik zu produzieren, war bei allen die einzige oder doch die wichtigste Kraft, die sie am Machen hielt, bis es dann irgendwann nicht mehr ging.

Sicher, Morgenstern hat auch, parallel zu seinen komischen Gedichten, ernste produziert, doch hat er diese Bereiche nicht zufällig sauber geschieden, so, wie auch Busch seine Malerei immer völlig von der komischen Zeichnung ferngehalten hat. Wenn aber Morgenstern komische Gedichte machte, dann sollten die auch komisch sein – natürlich gibt es da Abstufungen, nicht immer ging es ihm lediglich um den großen Lacher, doch das ist eine Frage der Komik-Ökonomie: Man kann nicht dauernd voll auf die Tube drücken.

Ebenso fragwürdig erscheint mir der Versuch, ausgewiesen ernste Dichter wie Beckett, Kafka oder Dostojewski aufgrund erwiesen komischer Passagen in ihren Werken zu im Grunde komischen Dichtern zu stilisieren. Auch diese Haltung hat etwas Apologetisches: Komik gleich wertvoll, weil Hochliteratur. Die Frage sollte vielmehr lauten: Weshalb muß das Komische ständig aufgewertet werden? Ist es denn kein Wert für sich?

Die Unreinheit des Komischen. Weit stärker als der ernsten haftet aller komischen Kunst immer etwas an vom Menschlichen und Dringlichen, dem sie ihre Herkunft verdankt. Dem Drang, sich zugleich zu überheben und angenehm zu machen. Sich zu rächen und einzuschmeicheln. Sich zu entziehen und im gleichen Moment anzulocken. Kunst will mit interesselosem Wohlgefallen wahrgenommen werden; Komik, die lachen macht, legt es darauf an, eindeutig interessiertes Wohlgefallen zu erregen: Mehr, mehr! Bis zum Geht-nicht-mehr, zum Ich-kann-nicht-mehr, zum Hör-auf!

Zum Komiker. Er lebt von den Konventionen, da er von der Regelverletzung lebt. Er bestätigt diese Regeln jedoch nicht nur, kurzfristig verändert er sie auch. Er nutzt scheinbar das harmlose Bedürfnis nach Entlastung und Unterhaltung, um unvermutet an den Sack, die Musch zu greifen. Der reale Griff zwischen die Beine ist beides. Verletzung der Körpersphäre und Aufhebung des Getrenntseins der Körper, Aggression und – bei entsprechender Bereitschaft – Lustbereitung. Ebenso der verbale:

Der Komiker ist gemein und macht sich gemein. Er überrumpelt und verführt. Er verspricht Lust, lockt an und schafft ein Einverständnis, das diejenigen, die mit ihm und über ihn lachen, zu Komplizen macht. Doch sie werden nicht nur in etwas hineingezogen, sie lassen sich nicht nur in etwas hineinziehen, sie ziehen auch selber. Die Verführten werden zu Verführern. Sie stacheln den Komiker dazu an, dem Affen Zucker zu geben, sie fordern mehr, mehr, bis zur ersehnten komischen Klimax: Ich kann nicht mehr.

Reaktionen nach dem komischen Erlebnis lauten häufig: So etwas Blödes! Also so ein Blödsinn! Eine Sprachlosigkeit, die der Reaktion auf das sexuelle Erlebnis ähnelt: Man ist der Verführung erlegen, man hat selber verführt, nun geht es wieder um den klaren Kopf. Doch der ist leer. Der bemüht sich, Worte für etwas zu finden, das gerade deswegen von derart körperlicher Anteilnahme bestimmt war, da Worte (Logos, Logik) außer Kraft gesetzt waren. Alle Anteilnahme war über Sympathie, sympathetisches Erahnen und Erfassen von Vieldeutigkeiten gelaufen – nun aber meldet sich die Scham: »Darüber habe ich gelacht, sagt meine Erinnerung. Darüber kann ich nicht gelacht haben, sagt mein Stolz. Und mein Stolz behält recht.« (Frei nach Friedrich Nietzsche)

Über die Schwierigkeit, sich für ein komisches Erlebnis dadurch erkenntlich zu erweisen, daß man es weiterempfiehlt. Das Erlebnis war stark, ergreifend, voller Ober- und Untertöne, es sprach nicht nur zu dir, sondern regte auch vieles in dir an, du fühltest dich reich, freutest dich deiner vielfältigen Ansprechbarkeit, deiner Schnelligkeit im Begreifen und deiner Genußfähigkeit. Nun willst du dein Erlebnis mitteilen, das meint auch, deinen Gefühlsreichtum, deine Erlebnisfähigkeit, dein Genußvermögen vorführen und du merkst zweierlei: Daß sich all das eigentlich nur dem mitteilen läßt, der all diese Erfahrungen ebenfalls gemacht hat oder doch ähnliche, so daß die Verständigung nicht über Begriffe, sondern über Chiffren läuft, über erfahrungsgesättigte Kürzel, die gleich japanischen Wundermuscheln sich erst im Klima verbindender und verbindlicher gemeinsamer Sympathie zu entfalten imstande sind. Fehlt diese verbindende Feuchtigkeit der Seelen, dieser Humor, dann sieht der andere nur die geschlossene Muschel, so sehr du dich auch anstrengst, sie vor seinem Auge erblühen zu lassen. Zugleich merkst du, daß du eigentlich nicht mehr bei der komischen Sache bist und bleibst, von der du doch eigentlich erzählen wolltest, sondern daß du von dir selber redest, da die Komik der Sache sich bereits im Erleben erschöpft hat. Was immer du mittels welcher Begriffe auch immer im nachhinein an Erklärungen dafür lieferst, warum das, was dich lachen ließ, nachprüfbar komisch war – es geht an der Sache vorbei. Das komische Erleben, das Erleben des Komischen – es läßt sich nur noch beschwören, nicht wiederholen. Es ließe sich nicht einmal durch das Wiedersehen/Wiederlesen/Wiederhören des komischen Anlasses wiederherstellen – du hast es gehabt, ein Mehr gibt es nicht. Schon beim Reden über das gehabte Komische spürst du, wie das Erlebnis sich verflüchtigt, matter wird – machst du deshalb so viele Worte? Oder treibt dich die Hoffnung, das komische Erlebnis dadurch erneuern zu können, daß du es in den Zuhörern noch einmal entflammst, um dich dann an dem von dir selber entzündeten Feuer noch einmal wärmen zu können? Dafür spricht, daß der, der einen Witz erzählt, über den er das erste Mal hat lachen können, jedesmal dann wieder lacht, wenn die, denen er den Witz erzählt, darüber lachen. Doch das ist nicht das genuine Lachen. Das ist soziales Verhalten, nicht das Ergriffensein vom überwältigend komischen Vorgang, der dir einst zu Ohren gekommen ist. Du aber weigerst dich, zu glauben, daß das Erstlachen schon alles gewesen sein soll, daß nichts Besseres kommt. Du willst die Lebensuhr aufhalten, zurückdrehen, dich nicht nur des Erlebnisses vergewissern, sondern es wiederholen können. Das Einmalige aber verrätst du gerade dadurch, daß du davon redest. Denn du redest, damit ein Zeugnis bleibt nicht des Belachten, sondern deiner lachenden Ergriffenheit. Du Tor: Je hartnäckiger du das Belachte zu bewahren suchst, desto endgültiger ist es vergangen. Je größer die Runde derer, denen du vom Belachten Bericht erstattest, desto weniger hat es noch mit dir zu tun. All die Jünger, die du wirbst, sollen doch lediglich von der Tatsache ablenken, daß du den Glauben insgeheim längst verloren hast. All die Jüngeren, die du in den Glauben einführst, lassen dich doch um so schmerzlicher dein Ältersein empfinden. All die Worte, die du machst, meinen doch nur, daß nichts mehr zu sagen ist.

Spaßmacher und Ernstmacher. Daß die Spaßmacher zwar die Ernstmacher verstehen können, sie gerade dann verstehen, wenn sie sie verspotten, daß aber die Ernstmacher nie etwas von den Spaßmachern begriffen haben und begreifen werden, gerade dann, wenn sie sie verdammen.

Der Spaßmacher wäre ja gerne ganz und heil und gut und eigentlich und rund und wichtig und geachtet und tief und so weiter, er neidet es ja dem Ernstmacher, daß der all das guten Glaubens und reinen Herzens sein kann, was er ums Verrecken nicht schafft, da der Riß, der durch die Welt, also auch durch ihn geht, einfach nicht heilbar ist, da er den nur aushalten kann, indem er ihn nicht mit Macht leugnet oder zuschüttet oder überbrückt, sondern indem er in ihm herumbohrt, ihn erweitert, ihm auf den komischen Grund geht, so, wie die Zunge fortwährend den pochenden Zahn sucht, sich lauernd in ihn schmiegt, in der Hoffnung, den Schmerz, da er nun mal nicht zu betäuben ist, wenigstens so weit zu reizen, daß er sich ganz und gar zu erkennen gibt und zugleich seine Grenzen offenbart: die Schmerzgrenze, die Grenze des Komischen.

Blanker Neid. Dem, der seinen Neigungen zum Ernsten frönen will, stehen viele Laufbahnen offen: Er kann Verbrecher oder Richter werden, Aufrührer oder General, Künstler oder Philosoph, Ketzer oder Papst.

Dem jedoch, der ganz seiner Veranlagung zum Komischen leben möchte, bleibt nur eine Wahl, die, Komiker zu werden.

All die Ernsten in all ihren ernsten Berufen haben die Möglichkeit, den Ernst ihrer Tätigkeit dadurch zu mildern, daß sie dosierter Heiterkeit, sanfter Ironie und therapeutischem Witz hin und wieder gestatten, einen wärmenden Strahl in ihr kaltes Tun zu werfen. Sind sie es selber, die diesen Strahl aussenden, ist ihnen der Beifall der Verständigen und das dankbare Gelächter der Betroffenen sicher: Nirgends wird herzlicher gelacht als in jenen Hörsälen, in denen der gestrenge Herr Professor die schwierige Materie unvermutet durch ein paar launige Bemerkungen auflockert.

Neidisch nimmt der Komiker wahr, wie leicht die Leute dann zum Lachen zu bringen sind, wenn sie gar nicht mit Scherzen rechnen. Über Scherze übrigens, die der professionelle Spaßmacher meist zum Speien findet – doch ob da nicht der Neid seine Urteilskraft trübt?

Ein Neid, welcher anhält, ja sich noch steigert, wenn der Komiker die Ernsten nach Dienstschluß erlebt. Wie sie da die Bürde des Amtes abwerfen und in unbeschwerter Heiterkeit neben sich treten können! Wie ihnen Scherz, Satire und Ironie zur Hand gehen, die Last des Tages zu mildern! Wie sie erleichtert auflachen!

Nicht, daß das auch alle tun. Aber alle Ernsten könnten es so halten, während der, welcher tagsüber Witze gemacht hat, dann, wenn er abends ebenfalls heiter neben sich treten wollte, hart gegen die Wand knallte oder geradewegs ins Leere rauschte.

Alles unter Kontrolle? Es gibt kein niveauvolles Lachen, so wenig, wie es einen niveauvollen Orgasmus gibt. Trotz des verständlichen Wunsches, dann, wenn man denn schon lachen muß, es wenigstens nicht unter seinem Niveau zu tun, ungeachtet der verbreiteten Hoffnung, doch nicht ganz von der Lachlust überwältigt zu werden, sondern ihrer irgendwie Herr zu bleiben. Jedes Lachen ist Verlust an Kontrolle, und jeder Kontrollverlust senkt das Niveau. War es eigentlich mal unfein, in Gesellschaft zu lachen? (So, wie Leute unter Leuten ja auch manchmal das Niesen und so gut wie immer das Furzen zu unterdrücken suchen?)

Auf jeden Fall gibt es Orte, an denen es sich nicht geziemt zu lachen (die Kirche, der Friedhof), während es keine gibt, an denen man nicht ernst bleiben darf. (Es gibt freilich solche Situationen, zum Beispiel Karnevalssitzungen.)

Eindeutig zweideutig. Das Mißtrauen gegenüber dem Komiker und dem Komischen ist nur zu berechtigt. Komik zu produzieren und Lachen zu erregen – erregen (!), wo doch nur Lust erregt wird und nicht Ernst oder gar Trauer! – ist eine zweideutige Tätigkeit. Komik, noch die schlechteste, lebt von Lust- und Triebressourcen, die besser im dunkeln blieben. Freud hat zwar in dieses Dunkel geleuchtet, doch die komische Sicht der Dinge bleibt ein Skandal, auch und gerade im Zusammenhang einer Psychotherapie. Dort erst recht nämlich gilt die These, daß nur geballter Ernst die naturgemäß ebenfalls äußerst ernsten Probleme des Therapierten lösen könne. Der komische Blick auf die Probleme aber wird, wenn er hartnäckig ist, abgewertet als Vermeidung, Regression, Infantilismus. Wie aber, wenn eine komische Existenz, eine, die allen Ernst ständig auflöste, gelänge? Wenn Oscar Wilde nicht als Wrack und Ex-Zuchthäusler geendet, sondern reich, berühmt und bis ins hohe Alter schwul, potent und witzig gewesen wäre? Das ist unzulässig, und warnend weisen alle Finger, die klerikalen, die juridischen, die therapeutischen in ein und dieselbe Richtung: Wehe, wehe, wehe, wenn ich auf das Ende sehe!

Und haben sie nicht recht? Im Augenblick des Sterbens hat es sich naturgemäß ausgelacht, und im Grunde genommen ist diese finale Sicht all jenen eigen, die Komik und Lachen verachten, angreifen, verdammen: Willst du denn nie erwachsen werden? Was meint: Willst du denn nie sterben?

»Doch alle Lust will Ewigkeit« – das ist der Skandal der Lust und der des Lachens. »Hunde, wollt ihr ewig leben?« – das meint: ewig furzen, ewig scheißen, ewig ficken, ewig lachen?

Auf Lust läßt sich kein Lebenskonzept gründen, auf Komik, als domestizierteste und gesellschaftsfähigste Form der Lust, natürlich auch nicht. Spätestens der Tod macht dem Skandal ein Ende.

Nur daß dieser finale Blick natürlich einen blinden Fleck hat: Er übersieht, was vor dem Finale liegt. Genausogut könnte man einem Läufer sagen: Ja, lauf nur, lauf schnell, schneller, als je ein Mensch gelaufen ist, eines Tages wirst auch du am Stock gehen. Aber: Er hat doch mit dem Laufen und für das Laufen gelebt, während andere nur gingen; er hatte derweil seine Ekstasen und Niederlagen, seine Erfolge und seine Zusammenbrüche, seinen Wahnsinn und das Erlebnis des erfüllten Augenblicks, während die anderen nichts hatten. Die gingen ihren Weg, dann aber, wenn der Läufer keiner mehr ist, wenn auch er nur noch geht – dann begrüßen sie ihn mitleidig lächelnd als einen der ihren: Siehst du? So geht es. Immer langsam voran. Mach dir nichts draus – früher oder später kommt jeder dahinter, daß der Mensch kein Läufer ist, sondern ein Geher. Bei dir hat es zwar etwas länger gedauert, aber Schwamm drüber, jetzt bis du ja einer von uns. Hier, dein Stock!

Frage der Fragen. Die Frage ist doch: Wann kriegen sie dich? (Ich, der 14jährige, auf dem Fahrrad, im Begriff, in die Innenstadt von Stuttgart hinunterzuradeln, bin plötzlich erfüllt von einem Vorsatz, einem Versprechen, ja fast einer Gewißheit: Sie sollen mich nicht kriegen!)

Sie alle warten doch nur darauf, dich zu kriegen. Du wirst als Triebbündel, als Sprengsatz geboren, und vom ersten Moment an versuchen sie, dich in den Griff zu kriegen, dich zu entschärfen. Sie kriegen dich soweit, daß du nicht in die Hosen scheißt, sie kriegen dich dazu, fraglos in die Schule zu gehen, sie kriegen dich unter Kontrolle, indem sie dich dahin kriegen, daß du all ihre Forderungen zu deinen eigenen machst: Gut sein, sauber sein, verantwortungsbewußt sein, wahr sein, ernst sein.

Sicher: Diese ganze Dressur muß sein, damit die Art weiterexistiert. Doch ebenso wahr ist, daß erst die Ventile – Kunst, Wahn, Religion und Komik – das Überleben der Art ermöglichen. Schließlich aber ließe sich die Art als eine begreifen, die nur deswegen überlebt hat, weil sie stets das, was ist, gering geachtet und an dessen Stelle das, was sein könnte, gesetzt hat. So wäre die Deutung dessen, was ist, die eigentliche Realität, wären die Blickwinkel die Sache selber, wäre der komische Blick nur einer unter anderen, einer, den die anderen eigentlich als einen Bundesgenossen bzw. als Artgenossen begreifen müßten. Alle überlieferten Deutungen dessen, was ist, all diese Blickwinkel also, sind ja nur deswegen erfolgreich, weil sie radikal sind, und das ist der komische Blick ebenfalls. Er, der aus allen Widersprüchen nicht Erkenntnis, sondern Lust gewinnt, ist zwar auf Blicke erster und ernster Hand angewiesen, auf Gebote, Gesetze, Gebräuche, auf jene Deutungen und Zielsetzungen also, die die widersprüchliche Natur des Menschen in den Griff zu kriegen trachten; doch da all diese Griffe den Widerspruch nicht lösen, sondern lediglich kanalisieren, schaffen gerade sie jene ganz willkürlich gezogenen Grenzen, die zu übertreten Lust macht, Lust in Form von Sex, Lust in Form von Phantasien, Lust in Form von Komik.

Natürlich: Auch die Übertreter unterliegen früher oder später dem Gesetz, nach dem die Kanalisatoren angetreten sind. Auch sie ihrerseits werden gebändigt, zunutze gemacht und für das Überleben der Art in Dienst genommen: durch ritualisierte Eingemeindung in eine Hochkultur, die selbst nach dem Revolutionär Georg Büchner einen Preis benennt, oder durch die ritualisierte Abdrängung in unverstellt kommerzielle Randzonen, wo die einst normverletzende Übertretung normiert, planiert und geradezu pervertiert wird: Der Sex verendet in ›Emanuelle 1 bis 99‹, die Phantasien münden in die Werbung, und die Komik verkommt im Mainzer Karneval.

Komische Kraft. Vom Komiker verlangen die Leute, daß er sie zum Lachen bringt. Doch wieso eigentlich muß der Lachlustige zum Lachen gebracht werden? Ist er nicht in der Lage, selber dorthin zu finden?

Offensichtlich nicht. Während es den meisten Menschen nicht schwerfallen dürfte, ihre Körperlust selbständig und selbsttätig zu befriedigen, sind sie nicht einmal fähig, ihre Lachlust selber zu reizen, geschweige denn dazu, sie eigenhändig zu stillen. Das Auflachen des Einsamen ist ein so unheimliches wie zweideutiges Hohnlachen, bei welchem nicht auszumachen ist, wen es auslacht: den Lachenden selber, weil die anderen nicht einmal ein Wort an ihn verlieren, oder all die anderen, weil niemand von ihnen zuhören will.

Wer recht von Herzen lachen will, ist auf Gesellschaft angewiesen, auf die der Mitlacher und die der Spaßmacher. Zumindest auf die eines Spaßmachers, eines persönlich anwesenden oder eines mittels Platte, Cassette, Film oder Buch konservierten. Bei aller Bereitschaft zum Lachen sind all diese Begegnungen auch Kraftproben, zumal dann, wenn der Lachlustige dem Lachermacher alleine gegenübertritt, und besonders dann, wenn der Auftritt des Komikers in der reichlich unsinnlichen Arena eines Buches stattfindet.

Ein tonloser Countdown, bei welchem die Kräfte ungleichmäßig verteilt sind: Während der eine fortwährend Lachsalven abfeuert, muß sich der andere gerade dann nicht getroffen fühlen, wenn ihn eine dieser Salven tatsächlich erwischt – er war ja zum Lachen angetreten. Wehe aber, die Treffer bleiben aus! Kein Getroffener könnte klagender reagieren: »Ein Pointenfeuerwerk, das leider folgenlos verpufft ... Nur selten traf ein Witz ins Schwarze ... Viel Aufwand also, doch nur wenige wirklich zündende Ideen« – daß die kritische Beschreibung komischer Wirkung sich stets ballistischer Bilder bedient, ist sicherlich ebensowenig Zufall wie die gewohnt kriegerischen Anpreisungen komischer Werke: »Zwerchfellerschütternd ... Bombenstimmung ... Ein Totalangriff auf Ihre Lachmuskeln ...«

Kein Wunder, daß gerade die Leistungskomiker aller Sparten relativ früh die Lust daran verlieren, sich fortwährend in diesem martialischen Umfeld zu beweisen. Wenn sie nicht frühzeitig starben oder Hand an sich legten, wie Morgenstern oder Tucholsky, dann hörten sie bereits früh mit der Produktion eigener, kompromißloser Komik auf, wie die Mitvierziger Chaplin und Keaton z. B. oder wie der Frühfünfziger Busch.

Komik kostet Kraft, auch die, die sich nicht leibhaftig vor dem Publikum beweisen muß, das da zum Lachen gebracht werden will und soll. Noch der einsamste Schreibtischkomiker denkt, schreibt und zeichnet für ein Gegenüber, das es mit allen Mitteln zu bezwingen oder zu bezaubern gilt.

Daher der dialogische, rhetorische, dramatische, gestische, ja gestikulierende Charakter aller komischen

Kunst – wer je einem komischen Zeichner bei seinem Tun zugeschaut hat, dabei, wie er beim Zeichnen einer tumben Person tumb dreinschaut und beim Zeichnen einer spitzbübischen spitzbübisch, der weiß, daß da nicht nur ein Grafiker am Werk ist, sondern auch ein Regisseur und Darsteller, und daß die alle zusammen das in Gang setzen, was Wilhelm Busch mit dem nicht nur für seine eigene Arbeit einleuchtenden Wort »Taschentheater« bezeichnet hat.

All das, der Kraftaufwand und die Mehrfachbelastung, hat seinen Preis, doch glücklicherweise ist niemand zu lebenslänglicher Fron in den Scherzbergwerken vergattert. Allerdings sollte der, der niemanden mehr zum Lachen bringen kann oder will, darauf verzichten, diese Tätigkeit im nachhinein zu verunglimpfen. Eine Anstandsregel, gegen die Woody Allen fortwährend verstößt, ein Verhalten, das an die herabsetzenden Reden jener Männer erinnert, die endlich und endgültig mit den Weibern Schluß gemacht haben: Ein Glück, daß diese Flittchen und ich nichts mehr miteinander zu schaffen haben! (Seufz.)

Es gibt nur eine Komik. Alle Komik entspringt einem gemeinsamen Bedürfnis, dem nach Veränderung, Verunstaltung, Negierung, Aufhebung der Realität, alle Komik hat ein einziges Ziel, das der vollständigen Überwältigung des Gegenüber –: All das kann man grundsätzlich bejahen oder ablehnen im Sinne von: Das soll/darf sein oder das soll/darf nicht sein.

Lehnt man Ausgang und Ziel grundsätzlich ab, ist es sinnlos, gewisse Formen höherer bzw. feinerer Komik huldvoll dennoch zuzulassen – das sind dann Diabetikerpralinen oder Vegetarierschnitzel: »Ein Papst lacht«-Anekdoten bzw. vergleichsweise professoraler TV-Humor im Stil der Beck-Dülmen-Parodien.

Stimmt man Ausgang und Ziel grundsätzlich zu, dann wird die Sache so kompliziert wie spannend: Was ist eigentlich komisch?

Dabei scheint anfangs alles ganz einfach: Komisch ist das, worüber ich lache. Wie jede Lust aber ist auch die Lachlust doppelgesichtig: Das Ziel ist immer das gleiche, doch der Weg muß nach Maßgabe der Möglichkeiten wechseln. Bei der Pornographie, die nur ein Thema hat, ist die Möglichkeit der Abwechslung begrenzt, von einem bestimmten Punkt an wird der Wechsel innerhalb des Genres komisch bzw. nerv- und lusttötend, so in den endlosen Aufzählungen endloser Perversionen in den nicht enden wollenden ›120 Tagen von Sodom‹ von de Sade.

Bei der Komik, deren Stoff so grenzenlos wie das Leben selber ist, liegt der Mangel an Abwechslung seltsamerweise eher an den Rezipierenden, die ein großes Bedürfnis danach zu haben scheinen, Komisches, zumindest eine Zeitlang, als Immerwiedergleiches und Immerwiederzuerkennendes serviert zu bekommen, bis auch sie schließlich genug von dem einen Muster haben und nach neuen suchen.

Daß trotzdem ungefragt immer wieder neue Manifestationen des Komischen bereitstehen, die alten abzulösen, liegt erstens daran, daß es ein Potential an gereiften Lustsuchern gibt, die auf immer neue Reize aus sind, und zweitens daran, daß neue Lustsucher heranwachsen, die eine unbestimmte Ahnung davon haben, daß auch sie mit Neuem bedient werden sollten, mit neuen komischen Inhalten und neuen komischen Sehweisen, solchen, die ihnen das Gefühl geben, nicht irgendeine, sondern eine ihnen und ihrer Zeit gemäße Komik geliefert zu bekommen.

Der Komikkritiker nun gehört sicherlich zur ersten Sparte. Daß er aufs Überwältigtwerden aus ist und trotz-

dem versucht, das ihn Überwältigende auseinander-
zunehmen, ist kein Widerspruch. Entweder wird er nicht
überwältigt, dann ist die Frage legitim: Wieso nicht?
Liegt es an mir? Am Produkt? Ist es nicht wirklich neu
oder nicht gut genug zusammengeleimt aus Altem?
Kommt es nicht wirklich aus dem Bauch? Fehlt es an
Kunstverstand?

Wird er aber überwältigt, dann ist er wegen seines
selbstgewählten Amtes erst recht gehalten, das anderen
zu vermitteln, was ihn da überwältigt hat. War es die
Inspiration oder die Mechanik? Bauch oder Kopf? Die
komische Kraft der Person oder die überpersönliche
Kraft des Komischen?

All das verschränkt sich im gelungenen komischen
Werk; schwer, den Zusammenhang aufzudröseln.

Was macht eine Filmkomödie eines Lubitsch so besonders komisch? Seine ganz persönliche Verarbeitung ganz
persönlicher Niederlagen und Sehnsüchte? Die Art, wie
er sich einer so unpersönlichen Erzählform wie der der
Komödie bedient, um überhaupt von seinen Niederlagen
und Sehnsüchten berichten zu können? Oder sein Ehrgeiz, den Komödienzuschauer zugleich zu bedienen und
zu düpieren, indem er mit dessen Erwartungen spielt, sie
mal erfüllt, mal unterläuft und mal ad absurdum führt?

»Wie wurde das bisher erzählt? Wie kann man es
anders erzählen? Wie kann man es besser erzählen?« –
Lubitsch zu seinen Mitarbeitern.

Besser – das meint nicht feiner, gar feinsinniger, sondern komischer, schneller, überraschender. Bei Bedarf
auch gröber, da grobe und feine Komik keine Gegensätze
sind, vielmehr verschiedene Zustände ein und derselben
Kraft, deren wahren Widerpart die instrumentalisierte
und kastrierte Komik darstellt. Die zieht nieder und
lähmt, da sie entweder niedere Absichten (Werbung,
Stimmungsmache) verfolgt oder dem dumpfen Stoff des

Lebens bewußtlos verhaftet bleibt. Während das genuin Komische immer da stattfindet, wo Erdenschwere nachhaltig vernichtet wird, gleichgültig mit welchen Mitteln, egal ob durch Sprengung oder Levitation.

Komische Karriere. Da wächst einer heran, hadernd, leidend, wütend. Da macht er die Entdeckung, daß Schauspieler, Schriftsteller und Zeichner diese Empfindungen ungestraft in Spiel, Worte und Bilder fassen dürfen, sofern es für die anderen etwas zu lachen gibt. Da versucht er es selber, und siehe da: Es wirkt! Es wirkt wirklich! Die Komik ist tatsächlich der Zauberstab, der aus Leid Lust, aus Unterlegenheit Überhebung, aus Einsamkeit Anerkennung, aus Wut Witz, aus Scheiße Bonbon macht.

Also komisch sein. Noch ist da kein Gedanke an Verwertung des komischen Tuns oder Ausbeutung der komischen Kraft. Noch wird die lediglich dafür trainiert, das Überleben zu erleichtern. Viel Bedrohliches rings: Verwandtschaft, Pfarrer, Arbeitgeber, Lehrer, Mitschüler. Doch wo die Bedrohung am größten, wächst das Rettende auch. Die Witzreflexe werden schneller, die Ironien unangreifbarer, die Pointen präziser. Learning by doing: Zunächst nur verbal und gestisch, dann zeichnend oder schreibend, situationsgebundene Spitzen und personenbezogene Karikaturen, die auf kleinen Zetteln kursieren und von Pult zu Pult weitergegeben werden: »Was haben wir denn da unter der Bank?« – »Äh …«

So haben viele begonnen, ohne gleich auch so enden zu müssen. Oft schon nach kurzer Zeit schauen sie amüsiert oder befremdet auf derlei Jugendstreiche zurück, die späteren Tiefbauingenieure und Oberärzte, Großhändler und Hochschullehrer. Mancher von ihnen pflegt seine komische Ader sogar noch weiter, ob er seinen Witz nun im Kollegenkreis oder bei Familienfesten wirken läßt. Wie die Kunst steht die Komik jedem offen, auch zu Stippvisiten – warum sich also gleich häuslich niederlassen – zumal im Zirkuszelt der Komik, das neben dem Tempel der Kunst denn doch reichlich unseriös und wenig dauerhaft ausschaut?

In der Tat will kaum jemand Berufs- oder auch nur Teilzeitkomiker werden. Da rutscht man mehr so rein: Der angehende Maler rutscht in die Bildergeschichte (Wilhelm Busch), der angehende Schriftsteller rutscht in die Parodie (Robert Neumann), der angehende Schauspieler rutscht in den Sketch (Jürgen von Manger), der angehende Musiker rutscht in die Comedy Show (Otto Waalkes). Rutschiges Gelände, auf welchem nicht nur angehende Künstler vom geraden Weg abkommen, sondern auch Juristen in die Satire schlittern (Kurt Tucholsky), Postbeamte ins Brettl (Emil Steinberger) und Mathematiker in den Nonsens (Lewis Carroll).

Keine geplanten Lebensläufe, diese komischen, häufig so schwankend wie das Gewerbe, dem sich die Schlitternden, oft wider Willen, verschreiben; meist so zweideutig wie die Behausung, die sie oft nur deswegen aufsuchen, weil sie – kurzfristig, versteht sich – ein Dach über dem Kopf brauchen.

Zirkuszelt der Komik? Von außen jedenfalls wirkt es anziehend und einladend, und auch dem Eintretenden bestätigt der erste Eindruck, daß es hier lustig zugeht: Alles schön laut und bunt und lebenssteigernd. Er ist hineingerutscht, doch nun geht er freiwillig weiter, zuerst verwirrt von der Vielfalt der Verheißungen, dann verlockt von der Vorstellung, das ganze Ausmaß des über Erwarten großen Zeltes zu erkunden. Aber ist das überhaupt ein Zelt? Nicht eher ein Nutzbau, eine Art langgestreckter Halle? Und wo sind da überhaupt die Arenen des Anfangs, in welchen die Komiker ihre anarchischen Kräfte erprobten? Sitzen die nun nicht vielmehr an Fließbändern, auf welchen sorgfältig ausgeklügelte Serienprodukte zusammengesetzt werden?

Immerhin gibt es was zu sehen und zu lernen. Und irritiert erst, dann interessiert schaut der Neuling den Serienproduzenten auf die Finger: Ach – so geht das!

Ach – so geht ein Ostfriesenwitz! Ach – so geht ein Eulenspiegel-Schwank! Ach – so geht ein Wendriner-Monolog!

Ach – so geht ein Cartoon! Ach – so geht ein Peanuts-Strip! Ach so geht eine Vater-und-Sohn-Bildergeschichte!

Ach so geht ein Sponti-Spruch! Ach – so geht ein Sketch! Ach – so geht eine Commedia dell'arte!

Ach – so geht ein Schüttelreim! Ach – so geht ein Wirtinnen-Vers! Ach – so geht ein Palmström-Gedicht!

Ach – so geht ein Tom-und-Jerry-Film! Ach – so geht eine Dick-und-Doof-Klamotte! Ach – so geht ein Stummfilm-Slapstick!

Alles sehr spannend, denkt der Betrachter, schon juckt es ihn in den Fingern, selber mit Hand anzulegen, da hält er jäh inne. Wohin ist er eigentlich geraten? Diese helle Halle, dieses schnelle Band – wollte er denn jemals dorthin? Das seriell hergestellte komische Produkt – bedeutet das nicht geradezu einen Verrat an jener komischen Kraft, mit welcher er sich zur Wehr gesetzt, dank der er überlebt hat? Oder hat diese Kraft selber seit Urzeiten nur deswegen überleben und überliefert werden können, weil sie sich dank der Komiker fortwährend in geformten, ja genormten Produkten manifestiert hat? Ist sie vielleicht anders gar nicht zu bändigen und in den Griff zu kriegen? Oder genügen die Komikproduzenten schnöde einer Nachfrage, welche bereits den Standard vorschreibt, welchem das Produkt zu genügen hat? Und was eigentlich tut sich in den angrenzenden Hallen, in jenen zwar ähnlich wirkenden, aber derart entfernten Produktionsstätten, daß nicht mehr auszumachen ist, was da eigentlich hergestellt wird? Offenbar nichts Komisches – was aber dann?

Doch noch bevor der Neuling all diesen Fragen nachhängen und nachgehen kann, bedeutet ihm ein Werkmeister, am Band Platz zu nehmen, und drückt ihm eine spitze Feder sowie einen Bestellzettel in die Hand: »Hier! Das muß heute abend noch raus! Sie haben doch Erfahrung mit One-Linern?«

Verwirrt nickt der Angesprochene, mannhaft unterdrückt er den Impuls, aufzuspringen und fortzulaufen. Statt dessen wendet er sich halblaut an seinen Nebenmann: »Sag mal Kumpel, was ist eigentlich ein One-Liner?«

Komik und Genre. Es gibt im westlichen Kulturkreis fünf etablierte Genres, denen fünf Weisen des Körpers entsprechen, sich zu entladen und zu entleeren:

1. Das Melodram setzt auf Gefühl und rührt zu Tränen.
2. Der Thriller setzt auf Spannung und führt zu Gänsehaut und Schweißausbruch, im Extremfall zum Sich-in-die-Hosemachen vor Angst.
3. Der Horror setzt auf Ekel und provoziert Erbrechen.
4. Der Porno setzt auf Lust, Orgasmus und Erguß.
5. Die Komödie will, daß Tränen gelacht werden, bzw. daß sich die Adressaten vor Lachen bepissen.

All diese Genres also sind auf Reaktionen aus und nur auf sie, sie alle ordnen alle ästhetischen Mittel diesem Zweck unter, betreiben also nicht Part pour Part, sondern Part pour Zweck. Aber ist es dann noch Kunst?

Vielleicht keine Kunst, aber Part. Anders als die Kunst läßt das Genre von den unendlich vielen denkbaren Aspekten und Interpretationsmöglichkeiten der Welt all die weg, die nicht dem erstrebten Zweck dienen. Daher das letztlich Flache jedes artistischen Produktes, das ganz und gar auf Wirkung ausgerichtet ist. Daher auch das Un- bzw. Überpersönliche der Genre-Produkte: Pornographische Romane erscheinen häufig anonym, komische Stücke bzw. Filme haben häufig mehrere Verfasser. Daher auch die Möglichkeit, von einem Genre-Produkt wie von einem Gebrauchsgegenstand zu reden. Es funktioniert – als Komödie, als Porno, als Thriller – das meint: Wenn man die Kaffeemaschine anwirft, kommt Kaffee raus, wenn man einen Spannungsfilm nach allen Regeln der Kunst baut, kommt Gänsehaut raus. Das wiederum hat zur Folge, daß für den Genre-Konsumenten das Produkt zunächst viel interessanter ist als der Produzent. Nur langsam wird der Produzent für jene, die ein gut gebautes Genre-Produkt schätzen, zum Markenartikel, nach und nach erst halten sich kundige Kunden an Namen wie Hitchcock, Chandler, Chaplin oder Sirk, nicht, weil sie etwas über deren artistische, ästhetische oder gar welt-interpretierende Ambitionen erfahren wollen, sondern weil diese Namen verläßliche Wirkungen garantieren. Und sehr viel später erst treten diejenigen auf den Plan, die herauszufinden suchen, was denn das spezifisch Hitchcocksche, das spezifisch Chandlersche, das spezifisch Chaplinsche oder das spezifisch Sirksche des offenbar doch nicht so ganz unpersönlichen Produktes ist.

Jedes Genre ist auf Überrumpelung und Überwältigung aus. Jeder Genre-Produzent verfolgt Interessen und erfüllt Zwecke, die ihm vom Konsumenten diktiert werden, von dessen Wunsch nach Lachen, nach Lust, nach Schauder usw. Das unterscheidet ihn vom Künstler. Er bedient handfeste Bedürfnisse, während der Künstler reichlich vagen genügt, dem Bedürfnis nach Überhöhung, Deutung, Sinn – niemand käme auf den Gedanken zu sagen: An Rilkes Gedichten kann man sehr schön studieren, wie Sinngebung bzw. Verrätselung der Welt funktioniert. Es ist das Risiko des Künstlers, sich auf die Erzeugung und die Befriedigung derart diffuser Bedürfnisse einzulassen. Hat er Glück, dann leuchten seine Weltsicht und seine Weltdeutung ein, dann gewinnen sie ihm Leser und Preise, Ruhm und Interpreten. Doch das Ziel ist dunkel, die Konkurrenz ist groß, zumal sich der Künstler der Konkurrenz aller Zeiten stellen muß: Wer heute ein Schauspiel schreibt, hat sich noch immer gegen Euripides oder Shakespeare als Konkurrenten auf den Spielplänen zu behaupten.

Wer dagegen für ein Genre arbeitet, geht erst mal ein deutlich geringeres Risiko ein. Da er ein Bedürfnis bedient, kann er mit einer Abnehmerschaft rechnen, die nicht nach ihm, nach seiner unverwechselbaren, aber vorerst auch herzlich uninteressanten Person verlangt, sondern gezielt nach dem begehrten Stoff. Also nicht nach einem Chandler, sondern nach einem ›Black-Mask‹-Heft fragt. Nicht nach einem Wilhelm Busch, sondern nach einem ›Münchner Bilderbogen‹. Nicht nach einem Salten, sondern nach einem Porno – wenn denn die ›Josephine Mutzenbacher‹ wirklich von Salten ist.

Das aber heißt, daß der Genre-Produzent auf Nummer Sicher geht. Daß er sein einmaliges Ich in den Dienst einer überpersönlichen Ware stellt. Daß er zunächst einmal Erwartungen zu erfüllen hat und nicht erwarten kann, daß das Publikum oder gar das Feuilleton sogleich merkt, wie er das Genre bereichert, unterläuft oder verändert. Das kommt dann schon noch – gesetzt den Fall, er tut wirklich dergleichen. Erst mal aber muß sich der Genre-Produzent in Bescheidenheit üben, tritt er doch nicht als Bedürfniserzeuger auf, sondern als Bedarfsdecker.

Das Genre und sein Konsument. Da das Genre eine klare Absicht hat, hat der Konsument zwei Möglichkeiten: Er kann die erwartete Wirkung wollen oder nicht wollen. Er kann von vornherein bereit sein, jeden Widerstand aufzugeben – das ist die Regel, dementsprechend verärgert fällt die Reaktion aus, wenn die Wirkung ausbleibt. Oder er nimmt die Herausforderung an, die in jedem Genre steckt: Mich bringt ihr nicht zum Gruseln, zum Lachen, zum Weinen, zum Orgasmus.

Das Genre bedient ja nicht nur bestimmte Bedürfnisse, sondern bezweckt auch Reaktionen. Der komische Kontext zum Beispiel liefert, wenn er bedenkenlos genug ist, nicht nur eine Lachvorlage, sondern er enthält auch so etwas wie eine Lachvorschrift. In Gesellschaft von Lachwilligen hat der Lachunwillige einen besonders schweren Stand und reagiert dementsprechend verärgert, auch und gerade dann, wenn er, seinem Vorsatz zum Trotz, dennoch lachen muß. Das ist hin und wieder bei Kritikern der Fall.

Die Kunst des Genre-Produzenten besteht darin, einen möglichst lückenlosen und möglichst wirkungsvollen Zusammenhang herzustellen. Doch je näher er diesem Ziel kommt, desto weiter entfernt sich sein Produkt von den Werken der Kunst. Je fester der Produzent den Konsumenten im Griff hat, desto größer sein Risiko, daß der ihm völlig abhanden kommt. Wer vor Lachen unter dem Tisch liegt, wer nicht mehr hinsehen kann vor Angst, wer sich entlädt vor kunstreich geschürter und angestauter Begierde, der fällt für unbestimmte Zeit als wahrnehmungsfähiger Teil ästhetischer Vorgänge aus. Genau dieses Schachmattsetzen aber ist das eingeschriebene Ziel all der Genres ebenso wie das ihrer Macher, und dieses letztlich knäbische Kräftemessen läuft den Zwecken des Kunstwerks herzlich zuwider: der ästhetischen Erziehung des Menschengeschlechts, der Ausbildung autonomer, weil aus der Welt platter Notwendigkeit ins Reich freier Bedeutungen und flutender Bilder aufgestiegener Individuen, der Vereinigung schließlich von Sinnlichkeit und Erkenntnis, Spiel und Gesetz.

Zwischenruf. Aus einer Theaterkritik, geschrieben von Ulrich Schreiber, abgedruckt in der ›Frankfurter Rundschau‹: »Hatte im großen Hause [i. e. in Bochum] die Star-Regisseuse Andrea Breth das aufgeblasene Nichts inszeniert [i. e. Alan Ayckbourns Farce ›Schöne Bescherung‹] – so wurde mit Lessings ›Minna von Barnhelm‹ der Klassiker in die Kammerspiele abgedrängt … Die Eindringlichkeit, in der Trollers Inszenierung den Text ausbreitet und zu einem Kommunikationsmittel zwischen den Figuren macht, ist auch eine Verbeugung vor dem Publikum: Es wird noch eines beweglichen Kopfes für wert erachtet, nicht zur Lachmaschine deformiert … Lessing selbst sagt es in Minnas Worten einmal in der Formel: im Lachen ernsthaft sein … Daß Sprache mehr ist als Stichwortgabe für krachende Lacheffekte, vermittelt Troller über seine Minna zweimal wundervoll« – Ayckbourn also pfui, Lessing gut.

Schreiber weniger gut, jedenfalls als Schreiber. Natürlich erachtet kein Regisseur, der noch etwas Sprachgefühl im Leibe hat, sein Publikum eines beweglichen Kopfs für wert, er traut ihm lediglich zu, daß es den benutzt. Natürlich wird er es nicht zur Lachmaschine deformieren, sondern bestenfalls zu einer Lachmaschine degradieren. Und natürlich hätte Lessing selbst einen Satz wie »Lessing selbst sagt es in Minnas Worten in der Formel« sofort in den Papierkorb befördert, um statt dessen zu schreiben: »Lessing selbst läßt es Minna auf folgende Formel bringen« etc. Schludrigkeiten, gewiß. Aber auch Indizien dafür, daß Schreiber selbst seinen Text nicht unbedingt als Kommunikationsmittel versteht, er hätte dessen Verständlichkeit sonst ernster genommen. Dennoch habe ich seine Botschaft immerhin so gut verstanden, daß ich nur den Kopf schütteln kann:

Daß Lessing im Lachen ernsthaft sein wollte, ehrt ihn, berechtigt einen Kritiker jedoch nicht dazu, den gleichen Ernst nun jedweder Komödie abzuverlangen. Er sollte ihr zumindest die Absicht, lustig zu sein, zubilligen, ja sogar die: nur lustig sein zu wollen. Lustig kommt von Lust – da ist er wieder, der metaphorische Griff zwischen die Beine des Publikums. Das aber ist dem ästhetischen Produkt gegenüber sowenig wehrlos wie man/frau in vergleichbaren erotischen Situationen, in solchen also, in welchen keine andere Gewalt angewandt wird als die, welche sich das Opfer via Netzhaut und Trommelfell gefügig zu machen sucht. Mentaler Widerstand ist möglich, wer dennoch lacht, ist nicht deformiert, bestenfalls verführt worden. Dieser Verführte mag zwanghaft auf Lachreize reagieren – so wie sein erotischer Leidensgenosse zwangsläufig zu Lustreizen aufstöhnt –, eine Lachmaschine ist er deswegen noch lange nicht, im Gegenteil. Kein Tier lacht, geschweige denn eine Maschine. Nur dem Menschen ist diese Fähigkeit gegeben, und wenn es andere Menschen gibt, die ihre Mitmenschen zum Lachen bringen können, so geschieht dies zwar normalerweise nach Gesetzen, in der Regel jedoch nicht automatisch.

Würden plötzlich die Gesetzmäßigkeiten, nach denen mit erheblicher Wahrscheinlichkeit Lacher erzeugt werden, außer Kraft gesetzt – die Komiker und Komikproduzenten müßten sich rasch nach einem anderen Beruf umsehen. Würden die Lacher seit jeher vollautomatisch erfolgen, wäre jedes komische Werk ein Treffer und jedes kritische Wort zuviel. Da es aber nicht so ist …

Kann jemand ein komisches Produkt nicht belachen, so liegt es nahe, den Fehler erst einmal im Produkt zu suchen. Muß jemand über ein komisches Produkt lachen, dürfte er das, gerade dann, wenn ihm sein Lachen nicht ganz geheuer ist, nicht dem Produkt ankreiden. Er sollte vielmehr in sich gehen und unvoreingenommen prüfen, was ihn da so hat aufquieken lassen. Vielleicht das Ferkelhafte in ihm?

Komikproduzenten. Es gibt höhere und niederere, tiefere und flachere, überraschendere und langweiligere, kurz: bessere und schlechtere Komik, und doch sind alle, die in diesem Genre tätig sind, als Erfindende oder Ausführende, als Zeichner oder Schreiber dies: Mitwisser, Mittäter, Mitgefangene, Mitgehangene. Gar Mitbrüder?

Der bessere Komiker kann sich dem schlechteren überlegen fühlen, er kann die Gewißheit haben, die Gesetze des Genres besser zu kennen, auch die, sie besser, persönlicher, inspirierter zu erfüllen –: Solange er auf pure Komik aus ist, bleibt er in die Grenzen des Genres eingeschlossen, da kann er sich bei allem Reichtum der Erfindung nicht über den armen Bruder im Geist erheben, eben weil er dabei an eine Grenze stoßen würde.

Alle Komik will dasselbe: Lachen machen. Alle Komik bedient sich der gleichen Mittel: Übertreibung, Untertreibung, Stilisierung usw., vor allem aber: Alle Komik schöpft aus dem gleichen Brunnen – richtiger: Sie greift in die Büchse der nämlichen Pandora – noch richtiger: Sie nährt sich seit Jahrtausenden vom immergleichen Urschlamm der Triebe und Lüste, in welchen alle Kulturen ihre Pfähle der Sitte, Moral und Religionen gerammt haben, um eine Grundlage zu schaffen für beständige, funktionierende Gemeinwesen; dabei ist die Tatsache dieses Urgrunds allen, die da auf scheinbar festem Boden wandeln, ebenso bewußt, wie der Widerwille, ihn zur Kenntnis zu nehmen, groß. Es sei denn, diese Kenntnisnahme vollzieht sich so, daß sie Lust verschafft – und eben das tut Komik, radikaler noch als die anderen Genres, und sie tut es rasch: Ein blitzschneller Blick in den Brunnen, in die Büchse, in den Sumpf – und dann ebenso schnell den Deckel des Lachens draufgestülpt und den Blick wieder abgewendet.

Der gute Komiker ist ein sicherlich besserer Komiker als der schlechte, doch er ist nichts an sich Besseres. Schämt er sich des schlechten Komikers, der schlechten Komik, handelt er wie der Schwule, der die Homosexuellen in normalere und unnormalere Schwule unterteilt und sich selber bereits zu den fast ganz und gar Normalen zählt.

Der seriöse Komiker: fast schon, eigentlich bereits beinahe ganz ein richtiger Künstler. Er schaut hinab auf diejenigen, die die Witzseiten füllen und ist eigentlich der uninteressanteste von all jenen, die sich in Kunst und Komik tummeln, nicht Fisch, nicht Fleisch, einer wie Hans-Georg Rauch oder André François, wie Wilhelm Schlote oder Folon.

Pure und angewandte Komik. Jedes Genre hat die Tendenz, sein jeweiliges Ziel ganz und gar zu erreichen, und solche Produkte können keinen anderen Zweck haben als Lachen, bis alle unterm Tisch liegen, oder Grusel, bis alle untern Sessel kriechen usw.

Die Produkte sind also herzlos, ebenso herzlos wie ihre Hersteller. Die sind so herzlos, sich alles, was Gefühl im Menschen erregen kann, zunutze zu machen, um ihr Ziel zu erreichen: Menschen durch und für ein Nichts an Sinn oder Aussage in die von ihnen gewünschte Richtung zu bewegen. Sie sind die Virtuosen, die sich der Klaviatur der Gefühle, Tabus, Ängste, Lüste usw. bedienen, um ihre Omnipotenz-Phantasien auszuleben, während sie dem Publikum zugleich suggerieren, all das geschehe für dessen Bedürfnisse, all das habe sogar eine Botschaft, beispielsweise die, daß Verbrechen nicht lohne.

Freilich: Die gänzlich sinnfreien Genre-Produkte sind ebenso selten, wie die ganz und gar herzlosen Genre-Produzenten. In der Regel geht es nicht ganz ohne Beimischung von Erklärung und Belehrung ab – am Ende von ›Psycho‹ hat dann doch noch der Psychologe das Wort –, oder es wird das, was das Genre so verlockend macht, für andere Zwecke genutzt, was dann zu angewandter Komik führt, zu angewandtem Grauen, zu angewandter Spannung usw. Das ist immer dann der Fall, wenn der Autor eine Botschaft hat, sei er nun Satiriker, Moralist, Parteigänger, Reformer o. ä. Beispiele: Chaplins ›Großer Diktator‹, die Romane von Johannes Mario Simmel, das deutsche Fernsehspiel. Und dann gibt es natürlich noch diejenigen, denen es die Einsicht in die durchmischten Strukturen der Welt und des Lebens verbietet, überhaupt auf ein Genre zu setzen, die auch im Werk das Durchmischte wollen, die Künstler also mit ihren vieldeutigen Botschaften. Da bleibt dann das Lachen in der Kehle stecken, da wird die Sinnenlust in ihrer ganzen Bodenlosigkeit vorgeführt, da schlägt das Grauen um in Katharsis.

Das Problem solcher durchmischten Werke ist es natürlich, daß sie vielfältige, aber keine reinen Empfindungen bzw. Reaktionen hervorrufen. Ihre Komik z. B. mag vielschichtig sein und sich aus vielen Quellen speisen, umwerfend wird sie in den wenigsten Fällen wirken, siehe die Lustspiele eines Lessing. Oder: Bei Henry Miller gibt es sicherlich aufgeilende Momente, er kann und will jedoch nicht durchgehend die sexuelle Spannung halten und sie schon gar nicht lösen.

Wie auch immer: Dafür, daß er Wirkung nicht pur bekommt, wird der Konsument eines Kunstwerks durch – toi, toi, toi! – differenziertere und subtilere Empfindungen, Einsichten und Erregungen entschädigt – in der Regel ein gutes Geschäft.

Nur sollte man nicht behaupten, daß solche Werke nun ganz besonders komisch, spannend oder aufgeilend seien. Zumal bei der Komik findet sich die Tendenz, die feinsinnige Komik über die grobsinnliche zu stellen und aus der Tatsache, daß einem das Lachen im Halse steckenbleibt, darauf zu schließen, daß es sich dabei um eine ganz besonders zu empfehlende Form von Komik handle. Dem ist entgegenzuhalten, daß es Aufgabe der Komik ist, das Lachen aus dem Halse zu locken; daß man das Lachen, das im Halse steckenbleibt, also ruhig einer anderen Ursache zuschreiben und getrost zugeben sollte, daß sie so komisch ja wohl nicht gewesen sein kann.

Die angemessenste Kritik an einem komischen Werk wird immer lauten: Ich habe darüber nicht lachen können. Eine Reaktion, die nicht widerlegt werden kann. Angemessene Kritik an einem Kunstwerk wendet ein: Es gibt die Totalität der Welt nicht zutreffend oder hinlänglich wieder. Ein Urteil, das bestritten, das mit der und durch die Zeit sogar widerlegt werden kann.

Das Ideal und das Genre. Das idealtypische Genre-Produkt hat keine Botschaft, da es auf Wirkung pur aus ist. Wirkung pur meint ununterbrochene Wirkung. Ununterbrochene Wirkung aber heißt, daß nichts Fleisch ansetzen darf, weder Personal noch Logik, weder Motivation noch Ideologie. (Chandler über seine ersten Kriminalstories: Wenn ich nicht weiter wußte, ließ ich einfach jemanden mit einem Revolver zur Tür reinkommen.) Daher die Schwierigkeiten des Kriminalgenres, die erzeugten Wirkungen nachträglich zu motivieren: Auf einmal schaltet die Handlung um von Wirkung auf Erklärung, bemüht der Macher Psychologie, Pharmakologie, Physik, Wahrscheinlichkeit usw. Das ist so gut wie immer enttäuschend. Die Kunst des Spannungs-Produzenten bestünde darin, die Erklärung, soweit es geht, zu minimieren und statt dessen am Schluß noch mal ein Maximum an Wirkung zu bringen – gar nicht so einfach. Dem entspricht Woody Allens Klage über den Cartoon-Film: Man stecke dauernd was rein und kriege nichts raus, man müsse im Gegenteil am Ende immer noch ein Brikett drauflegen und sechsmal so komisch sein wie am Anfang. Das sei unbefriedigend. Ist es, aber das ist nun mal das Gesetz des Genres.

Schwieriges Entkommen. Die Schwierigkeiten, die sich für den ergeben, der innerhalb eines Genres zum Markenzeichen geworden ist und nun, nein, nicht das Genre wechseln, sondern dem Genre entkommen will: Leute wie Woody Allen, wie Chandler, wie Chaplin, wie Busch. Ein Entkommen führt den Flüchtigen naturgemäß in Kunstbereiche, und da wird er immer wieder zu hören bekommen: »Im Genre warst du doch so gut, warum machst du nun Kunst wie alle anderen auch«, oder: »Das macht der aber ganz gut für jemanden, der aus dem Genre kommt«, und so weiter und so weiter. Immer wird ihn der Vergleich verfolgen, nie wird man den dem Genre Entlaufenen als jungfräulichen Novizen im Reich der Kunst begrüßen, und er ist ja bei Licht betrachtet auch keiner mehr.

Verschiedene Gewichtsklassen. Ein Genre zu verlassen ist eine zweischneidige Sache. Man gibt etwas auf, die schützende Unbedarftheit des Genres. Man wechselt die Gewichtsklasse, was auch bedeutet, daß man nun an ganz anderen Maßstäben und Vorbildern gemessen wird. Man gibt zugleich eine Quelle der Kraft auf, das letztlich infantile Bedürfnis nach Überwältigtwerden und Überwältigen, das jedem Genre Macht und Wirkung verleiht und zugleich die Omnipotenzphantasien der Macher nährt, Kindsköpfe auch sie. Es ist immer traurig, erwachsen zu werden. Die Ausreden fallen weg, wenn man Kunst macht: Alles nicht so gemeint, soll doch nur Spaß machen oder rühren oder gruseln. Und eine Hoffnung wird aufgegeben, die, das selten geachtete und wenig beachtete Terrain des Genres nicht nur ungestört sondieren zu können, sondern dort auch Funde zu tätigen, die die Masse besinnungs- und atemlos bestaunt, während der Kenner sie mit achtungsvoll emporgezogenen Augenbrauen zur Kenntnis nimmt: Das soll ihm mal einer von den Künstlern nachmachen!

Genre und Anonymität. Häufig haben die in einem Genre Tätigen Pseudonyme. Häufig wird erst einmal nicht der Autor berühmt, sondern die Figur, die er schafft. Am ehesten werden darstellende Künstler zu einem Begriff, doch auch die vorerst als jene Kunstfigur, die sie geschaffen haben und zumeist in Serie auftreten lassen. Gerade die komischen Figuren werden gerne mit Vornamen benannt und unter Vornamen bekannt: Buster, Charlie, Fernandel, Totò, Didi, Otto – eine Anrede, die sich bis in die seriöse Kritik fortsetzt. Weshalb diese Unpersönlichkeit?

Die Wirkung des Genres ist, wenn sie stark ist, so selbstverständlich, daß selbst der verständige Betrachter dazu neigt, sie nicht als etwas von einer Person Gemachtes, sondern als etwas von außerpersönlichen oder unpersönlichen Kräften in Szene Gesetztes zu betrachten. *Das* war aber komisch/spannend/geil – und ebenso reagiert er, wenn die Wirkung ausbleibt: *Das* war aber nicht so komisch, nicht so spannend, nicht so geil. Weder im Falle des Gelingens eines Genre-Produktes noch im Falle seines Scheiterns wird ein kritischer Apparat in Bewegung gesetzt, da wird lediglich festgestellt: *Es* hat gewirkt, oder: *Es* hat nicht gewirkt.

Erst später gehen Leute, die es ganz genau wissen wollen, daran, die Mechanismen der Wirkung zu analysieren. Selten allerdings, daß verständig analysiert wird; ein Glücksfall, wenn Leute vom Fach analysieren: so, wie Truffaut einen Hitchcock analysiert hat oder Alfred Polgar einen Charles Chaplin. Schon beim Porno wüßte ich keinen kompetenten Untersucher zu nennen.

Warum es für einen empfindsamen Menschen schwer ist, dem Genre die Treue zu halten. Das Abstrakte des Genres, seine Billard-Struktur. Das, was anfangs Spaß machte, das herzlose, auch herzlich sinnlose Durchspielen von allen denkbaren Möglichkeiten im Rahmen übernommener und selbst auferlegter Regeln, das, was anfangs geradezu einen Rausch von Freiheit und Macht erzeugt hatte, da gerade die starke Klammer des Genres größtmögliche Berechenbarkeit der Wirkungen verhieß –: das wird als Fessel und Unzulänglichkeit begriffen und erlebt.

Zumal das Abstrakte der Komik. Die Unbedingtheit, mit der komische Wirkung erzeugt wird, entlarvt sich dem Einwirkenden nach und nach als Zwang, stets von sich selber abzusehen, um es anderen zu besorgen. Solche Einsicht freilich braucht ihre Zeit. Den jungen, auch noch den jüngeren Menschen verlangt es nach abstraktem System und absolutem Gesetz, nach Schutz und Panzer also, um nicht dem Ansturm der Eindrücke zu unterliegen oder sich im Sumpf der möglichen Verarbeitungen zu verlieren. Das ist die Zeit der Unbedingtheit in jeder Hinsicht, in jeder Denkrichtung und in jeder Kunstgattung, die Zeit der philosophischen Systeme ebenso wie der unerbittlich sich vollziehenden Tragödien und der wie ein Uhrwerk ablaufenden Schwänke. Alles sehr unangreifbar und sehr unpersönlich. Warum eigentlich? fragt sich der reifere Mensch und wird persönlicher und angreifbarer.

Dennoch: Das Genre kann eine hervorragende Schule sein. Wer erst mal ein Handwerk erlernt und die Gesetzmäßigkeiten dieses Handwerks studiert hat, wer also längere Zeit bereit war, von sich abzusehen, der besitzt die Möglichkeit, anders von sich zu reden, überhaupt anders zu reden als der, der von Anfang an die begrenzte Mine seines kostbaren Ichs auszubeuten gezwungen war. Hoffentlich nutzt er diese Möglichkeit. Der Sturz des Ex-komikers aus den Höhen der Abstraktion in das Tal der unverstellten Gefühle kann schrecklich enden, in Humor und Verbindlichkeit, im Augenzwinkern und Mensch-lich-allzu-Menschlichen.

Bewundernswert aber sind all diejenigen, die gerade, gerade noch die Balance halten. Die es schaffen, das Genre zu bedienen *und* von sich zu reden. Die dem Affen Zucker geben und zugleich selber auf ihre Kosten kom-men, indem sie beispielsweise dem Affen sehr merkwür-dige persönliche Botschaften unterjubeln oder dadurch, daß sie die Gesetze des Genres neu definieren, indem sie sie unterlaufen, siehe Lubitsch und sein: »Wie wurde das bisher erzählt?« Siehe Hitchcock und seine Frage: »Wie wurde Spannung normalerweise erzeugt? Kann man diese Gesetze nicht einfach umkehren?« Fragen, die sich jenem artistischen Ehrgeiz verdanken, welcher bei Licht besehen allein dafür gesorgt hat und dafür sorgt, daß die ganzen Genres überleben konnten. Ein reichlich rätsel-hafter Ehrgeiz, da ihn zunächst einmal niemand würdigt und da lange Zeit niemand dem Ehrgeizigen dankt.

Es sei denn, der Glücksfall tritt ein, daß sich eine Szene bildet, daß dank günstiger oder neuartiger Produktions-bedingungen an einem Ort oder in einem Medium oder geschart um ein Zentrum gleichzeitig viele Protagonisten eines Genres wetteifern. Nicht nur um die Publikums-gunst, sondern auch miteinander, und nicht so sehr dar-um, die Massen, als vielmehr darum, den Rivalen, den Konkurrenten oder den Kollegen in Staunen zu versetzen oder zum Lachen zu bringen. Das war ganz sicher in der

Frühzeit vieler Witz- und Satireblätter der Fall, das gilt für Kabarett, Brettl und Vaudeville sowie für die Anfänge des komischen Films. Das kann und wird sich jederzeit überall dort wiederholen, wo aufgeweckte junge Menschen sich selbst, einander, den anderen sowie Gott und der Welt zeigen wollen, was eine Harke ist.

Zum letzten Mal: Komische Wirkung, komisches Genre und Komikkritik. Während die ausgebliebene oder eingetretene Wirkung derart unzweifelhaft ist, daß sie weder eingeklagt noch rückgängig gemacht werden kann, während da also wenig zu sagen ist, kann man darüber, wie und ob der komische Zusammenhang funktioniert, viele Worte machen. Man kann den Zusammenhang auseinandernehmen und ihn, wie ein Uhrwerk, wieder zusammensetzen. Man kann ihn analysieren, studieren und, bei Bedarf, reparieren.

Freilich: Die ganze Operation wird denjenigen, der nicht gelacht hat, nicht dazu bringen können, nun doch noch zu lachen. Hat dagegen jemand gelacht, so wird die Demontage des mißglückten Zusammenhangs – eines komischen Zusammenhangs, den ich für mißglückt halte, da ich nicht darüber lachen mußte – niemanden, der gelacht hat, dazu bringen, sein Lachen zu widerrufen.

Dennoch: Man kann einen Witz falsch und richtig erzählen, gut und besser. Man kann erkennen und benennen, was falsch gemacht wurde, und man kann den Fehler beheben. Es gibt Gesetze, nach denen die komische Kurzform funktioniert, und nicht nur sie. Auch für längere komische Zusammenhänge gelten Regeln und Normen. Wie anders in der Hochkunst: Da gibt es keinen verbindlichen Kanon mehr, da muß jedes neue Werk als je neuer Versuch bewertet werden, einen neuen Sinnzusammenhang herzustellen (einen neuen Sinn ins Janze zu bringen). Da wird der Kritiker, weil die angestrebte Wirkung, das angepeilte Ergebnis vorerst im dunkeln liegen, sehr viel vorsichtiger sondieren müssen, was natürlich nicht ausschließt, daß am Ende harsche Urteile stehen können: So ist die Welt, in der wir leben, aber nicht. So ist unsere Zeit aber nicht. So sind wir selber aber nicht. So kann man das aber nicht mehr machen. Nie aber wäre heutzutage ein derart aufs Machen bezogener Dialog über Werke der Hochkunst möglich wie der zwischen Truffaut und Hitchcock:

– Wie haben Sie das gemacht, Herr Rilke?
– Nun, ich wollte in den ›Duineser Elegien‹ die Abgründigkeit unserer Existenz thematisieren und fragte mich, wie ist das bisher gemacht worden? Kann man das nicht genau umgekehrt machen?

Die Zeiten, da alle Kunst Regeln zu genügen hatte und um so mehr Kunst war, je weniger sie von der Person des Machers verriet und je vollständiger sie überpersönlichen Normen genügte, sind längst vorbei und mit ihr jene Kritik, die noch naiv auf Regelerfüllung pochen konnte. Einzig in den Genres lebt jener kindliche Geist weiter, welcher die Künste in ihrer Jugendzeit beschwingte. Einzig die Genre-Kritik hat sich noch jene Naivität bewahrt, die einst alle Kritik durchglühte. Einzig die Komikkritik besitzt den juvenilen Mut, das auch zuzugeben, indem sie nicht nur nicht müde wird, sich komischen Werken auszusetzen, sondern zugleich nicht abläßt, die komischen Wirkungen zu erdulden, um in jedem Fall, bei Lachen oder Nichtlachen, unerschrocken die Frage zu stellen: Wie tommt das?

REGISTER

»Robert Gernhardt ist der erfolgreichste lebende deutsche Dichter.«

ROBERT
GERNHARDT

BERLINER ZEHNER

HAUPTSTADTGEDICHTE

HAFFMANS

80 Seiten ISBN 3 251 00501 4

Das neue Buch
von Robert Gernhardt.
Ein lyrisches Großstadtporträt
in zehn Gedichten.
Mit vielen Illustrationen
vom Dichter

»Hat Berlin das verdient? Wie denn nicht.«
Ulrich Greiner / Die Zeit

Haffmans Verlag